商战之巅

上市公司控制权争夺案例及法律问题详解

舒知堂　罗寒　任珊珊　著

法律出版社
LAW PRESS·CHINA
——北京——

图书在版编目(CIP)数据

商战之巅:上市公司控制权争夺案例及法律问题详解 / 舒知堂,罗寒,任珊珊著. -- 北京:法律出版社,2022

ISBN 978-7-5197-7031-0

Ⅰ. ①商… Ⅱ. ①舒… ②罗… ③任… Ⅲ. ①上市公司-控制权-经济纠纷-案例-中国 Ⅳ. ①D922.291.915

中国版本图书馆 CIP 数据核字(2022)第 152687 号

商战之巅
——上市公司控制权争夺案例及法律问题详解
SHANGZHAN ZHI DIAN
—SHANGSHI GONGSI KONGZHIQUAN ZHENGDUO ANLI JI FALÜ WENTI XIANGJIE

舒知堂
罗　寒　著
任珊珊

策划编辑 周　洁
责任编辑 周　洁
装帧设计 李　瞻

出版发行 法律出版社
编辑统筹 司法实务出版分社
责任校对 王晓萍
责任印制 胡晓雅
经　　销 新华书店

开本 710 毫米×1000 毫米　1/16
印张 27.5　**字数** 410 千
版本 2022 年 12 月第 1 版
印次 2022 年 12 月第 1 次印刷
印刷 永清县金鑫印刷有限公司

地址:北京市丰台区莲花池西里 7 号(100073)
网址:www.lawpress.com.cn
投稿邮箱:info@lawpress.com.cn
举报盗版邮箱:jbwq@lawpress.com.cn

销售电话:010-83938349
客服电话:010-83938350
咨询电话:010-63939796

书号:ISBN 978-7-5197-7031-0　　**定价**:98.00 元

凡购买本社图书,如有印装错误,我社负责退换。电话:010-83938349

作者简介

舒知堂

北京植德律师事务所创始合伙人，中国人民大学法律硕士和长江商学院EMBA。先后获《商法》“A-List法律精英”奖项和LEGALBAND风云榜资本市场律师15强。主要执业领域为：境内企业主板、科创板和创业板上市，上市公司重大资产重组，再融资，控制权转让，控制权争夺，投融资，股权激励等。曾为众多上市公司提供专业服务，证券资本市场经验丰富、深受客户好评。2020年12月由法律出版社出版专著《权力的游戏——上市公司控制权交易实务》。

罗　寒

出生于重庆，现为北京植德律师事务所合伙人，主要执业领域包括控制权争夺、境内外资本市场相关事务，主办和参与过多个行业内颇有影响力的案件，如宝钢武钢吸收合并、云南白药混改及整体上市。罗寒律师既精通境内外资本市场相关规则和监管要求，又擅长利用商业思维结合企业实际情况为客户提供具有可行性和建设性的问题全局解决方案，并经常性受邀在《证券日报》《商法》等媒体就资本市场领域新规和前沿动态发表专家意见。

任珊珊

北京植德律师事务所合伙人，曾代理多起重大、复杂和疑难诉讼、仲裁案件，善于运用商业及法律融合思维为客户制订解决方案。任珊珊律师擅长处理投资机构及上市公司投融资相关争议，上市公司及其他公司的控制权争夺争议等，包括但不限于直投回购退出、业绩补偿、竞业禁止、关联交易、决议效力、提案权、征集投票权、公章证照返还、表决权委托及一致行动协议、违规增持表决权相关纠纷等。

前　言

上市公司控制权争夺一直是资本市场比较热门的话题。

比较著名的案例包括“万宝之争”（2015～2017年宝能集团与万科管理层关于万科A的控制权争夺），“山水水泥控制权争夺案”（2015～2018年天瑞集团、原实控人张氏父子、原管理层及职工、中国建材、亚洲水泥等各方关于山东山水水泥集团的控制权争夺），“上海家化控制权争夺案”（2012年11月至2013年9月平安信托与创始人葛文耀关于上海家化的控制权争夺），陈晓与黄光裕关于国美电器的控制权争夺，吴长江与机构投资者赛富亚洲关于雷士照明的控制权争夺。

特别是涉及明星企业与知名人士的控制权争夺案例，更是媒体和社会大众关注的焦点。这些控制权争夺案例集合了豪门恩怨、爱恨情仇、合纵连横、明星人物与企业巨头、荣誉和利益、权力与财富、地位与声望、合作与纷争、股票吸筹与股价炒作、情理与法理、监管态度与立场等多种既能吸引眼球、引发话题，又与巨大利益得失有关的元素，虽与普罗大众的生活和工作没有太大直接关系，但确实为社会各界提供了极佳的近距离、全过程观察商界“顶流”之争的窗口。其情节跌宕起伏、过程波诡云谲、结果出乎意料、结局令人唏嘘，犹如经典电视连续剧般极具故事性、戏剧性、知识性、借鉴性、话题性和观赏性，可谓老少咸宜、丰俭由人，看热闹的觉得过瘾，看门道的津津有味。

控制权争夺并非上市公司独有，只不过因上市公司有信息披露的强制性要求，能够迅速为媒体和公众所知。非上市公司的控制权争夺可能数量更多、更剧烈、更隐蔽，除了涉及行业头部大佬、知名人士（如达能与娃哈哈）以外，少有媒体报道，几乎不为公众所知。

持续关注和深度分析控制权争夺的相关案例及其动态是件很有意思的事情，可仰观天象，可俯察地理，也可探究人性与人伦。无论某一案例多么罕见，总可以探究和总结一些值得借鉴的东西，每个人似乎都可以从中得到些什么。

而对于法律人来说，探究贯穿其中的法律手段亦是一件将法律思维深度融入商战实践的富有价值的体验。总体上，通过分析历史上的经典案例以及近两年的上市公司控制权争夺的全部实例，我们发现其中呈现一些值得注意的特点。

一是控制权争夺的各方各具优势。各方基本都是商界巨子、明星企业，或是早已功成名就、曾经德高望重的企业家，至少不是等闲之辈，都自认为实力强大、资源丰富、经验老到、性格坚韧、手段多样，善于发挥优势，不服输、不轻易妥协。如果双方差距太大，实力不对等，那么很可能出现的问题在过程中早就得到解决，不会演变为公开争夺。

二是控制权争夺的手段和方法的边界清晰。尽管有些案例采用的手段比较大胆和创新，但基本都在合法合规的轨道上运行，很少使用不被法律保护的方法和手段，基本都会有专业律师或其他第三方机构介入，尊重专业人员意见，确保在控制权争夺中取得最大利益的同时不被法律和国家机器所伤。也有不少“伤敌一千、自损八百”的案例（如相互刑事举报），但都是在法律的框架下进行的。

三是控制权争夺很难有真正的赢家。控制权争夺本质上是零和游戏，重点在于存量博弈而不是增量加分。从股价表现来看，短期上涨、长期看低。大部分控制权争夺的结果都不是特别理想，可能是双输甚至多输，不能做到多赢或共赢。一些控制权争夺案例直接或间接导致被争夺控制权的上市公司每况愈下，被投资者抛弃，失去造血能力和融资功能，或被“*ST”，处于退市的边缘。

四是控制权争夺是综合实力的较量和比拼。控制权争夺表面上看是控制权、话语权和管理权之争，但实质上是争夺各方的价值观、管理理念和方法、人格魅力、影响力、财力、魄力、团队专业性、知识经验与智慧等多种策略和手段的博弈和比拼，一定程度上也可以理解为系统之争。控制权争夺各方除受法律、法规、公司治理准则、监管规则等方面的制约外，还要面对很多市场性、竞争性、道德性、社会性评价。有的虽然赢了争夺，但输了民心，失去了道德优势和外界支持；有的开始时抱着必胜的信念，但后来溃不成军，“偷鸡不成蚀把米”；有的开始时针锋相对、寸土不让，后来双双入狱，两败俱伤。

与人体生病的机理类似，控制权争夺就好像人体的免疫系统与外界病毒、细菌的斗争。不能说外来的病毒、细菌、内生的肿瘤细胞一定不好，但外界的侵袭始终存在，正常人需要做的是强身健体，增强和提高免疫力，甚至可以打专门的疫苗（类似公司章程修订防争夺），让免疫机制和功能始终处于有效状态，让外界的入侵不能得手、自动退却、偃旗息鼓。一旦免疫系统出现漏洞，轻则感冒发烧，重则住院手术，最严重的后果就是失去生命，也就是这个公司和组织体被消灭了。

要做“百年老店”，首先需要“百毒不侵”。先防守、再进攻，或者是边攻边防、攻中带防、防中带攻、攻防兼备且旗鼓相当。

在现阶段的中国，研究控制权争夺具有特别的意义。与西方成熟资本主义国家不同，中国市场足够大、人员足够多，不含个体工商户的企业大约有4800万家，而上市公司却只有不到5000家。虽然只有一部统一的《公司法》，但许多企业家都有自己的独特做法，管理公司和企业也有自己鲜明的特色，并非每个优质公司都会上市（如华为、老干妈、娃哈哈就不是上市公司），因此企业管理的方式和理念多样，每一种都有成功的经验和失败的教训值得总结和借鉴。

见微知著。从这些明星企业、顶级企业家及其团队在上市公司控制权争夺这种极端状态下的动作和表现，可以看出在企业家价值观、公司文化、股东关系、规范治理、法律环境、监管应对、信息披露、媒体关注、当下社会思潮等与企业经营有关的全部要素的实际存在状态、演变过程中，被尊重、被接受的程度，初心与结果，乃至“命与运”的玄学关系等丰富的内涵。相当多案例透露的规律性，确实值得其他企业和企业家吸收和借鉴。

作为执业律师和合伙人，笔者长期以来一直在代表客户处理与控制权争夺有关的各种事项，有些是非诉咨询，有些是诉讼仲裁，有些是提出策略性建议，既帮助客户制订宏观、系统、全面的战略规划，也有在复杂具体事宜中的微观、细致和工具性、阶段性、应急性处理。可以说既有远观，也有细察；既要客观中立、体现社会的公平正义，也要有充分维护客户合法权益的“私心”；既有法律分析、案例解剖，也有性格剖析、心理画像；既要知己，明确己方的目标和诉求，也要知彼，动态调整方向和对策。

本来我们认为像控制权争夺这种事情属于“家丑”，“只可做、不可说”，但是，随着案例的增多，笔者确实感觉需要与从事企业投资、并购及企业管理相关实践的人士分享与交流，于是，萌生了撰写本书的冲动和想法。

在与律商联讯（LexisNexis）商讨关于上市公司控制权交易、资本市场重点案例分析和撰写相关文章等事宜的过程中，笔者偶然流露出将上市公司控制权争夺这一主题作为研究和写作重点的想法，得到了律商联讯内容部主编楼莎莎女士的大力支持和鼓励，楼主编代表律商联讯表示愿意提供一定资助。受到楼主编的鼓舞，笔者开始构思和布局本书的结构和篇章，并迅速对案例研究与分析进行了相关安排。在本书初稿成形后，又得到合作多年的法律出版社周洁编辑的专业建议和指导。没有她们的帮助，本书不能如此迅速、高效地面世。

本书分为六章，分别为何为控制权争夺、控制权争夺发生的原因、上市公司控制权争夺案例画像——以2020~2021年度为例、上市公司控制权争夺案例及评析——以2020~2021年度为例、控制权争夺中涉及的重点法律问题解析、控制权争夺的风险识别及救济。其中，关于上市公司控制权争夺案例的信息收集、整理、统计和部分评析工作，以及重点法律问题解析的部分内容分别得到了叶茂鑫、李智、范雅君、李若竹、张雨晨、周品雅、邵华、邱琛、张颖等律师和律师助理的大力协助，在此对前述同事一并致谢。

出于各种考虑，本书无法将控制权争夺的全部细节、方法和策略进行展示，还请读者海涵。

由于时间的仓促和投入精力的局限，差错或失误难免，敬请各位不吝赐教。

舒知堂、罗寒、任珊珊

2022年8月15日

目　录

第一章 何为控制权争夺

控制权争夺是国内最近几年比较高频出现的词，除了因为互联网、传统媒体和自媒体迅速发展、传播速度快且广以外，也与相关市场主体更加重视自己的财产权利、更加具有法律和规则意识有关，还与商业机会、社会资源的逐渐稀缺和市场竞争的加剧（俗称内卷）等外部环境有关。在这里，不讨论个人之间、个人与家庭（族）之间等不直接与商业利益挂钩的控制权争夺问题，仅就商业性市场主体中的有限公司（包括有限责任公司、股份有限公司及上市公司，一定程度上也可包含部分合伙企业、一人有限公司等）的相关方，包括公司本身、公司股东、实际控制人、董事、监事、管理层及重要岗位人员，可能还包括公司外部的人士（如供应商、客户、有影响力人士、利益相关方）或机构（如政府机关、媒体、中介机构），围绕公司的决策、执行、监督等权利展开的试图获得、维持、增加自身或己方利益或权利的控制权争夺等问题展开讨论。

一、何为控制权

有限责任公司或股份有限公司是一种拟制的、用来从事商业和经济活动的经营主体，公司这种组织形态并非源于我国。1904 年，中国历史上首部《公司律》颁布。新中国成立后最早的《公司法》于 1993 年 12 月 29 日由第八届全国人民代表大会常务委员会第五次会议通过。其后又根据公司管理运行的实践，经过了多次修订并出台了多个司法解释，至今不过 30 年。

1994 年 7 月 1 日《公司法》实施以后，立即成为规范和约束公司、股东、管理人员、员工的重要法律依据。但此时的市场主体对公司的名称核准、登记注册、出资增资、股权转让、日常管理、清算注销、股东争议等有待实践检验的相关问题都不是特别熟悉，因而在《公司法》的立法条文中并没有出现“控制”“实际控制人”的概念。1999 年对《公司法》进行修正时也没有加入关于控制、实际控制人的相关表述。直至 2005 年 10 月修订《公司法》时才增加了相关条款，其中第 217 条还专款规定了实际控制人的定义：“实际控制人，是指虽不是公司的股东，但通过投资关系、协议或者其他安排，能够实际支配公司行为的人”。但此次修订并没有对“控制”进行明确定义，也没有给出判定标准，从法条的字面意思可以将“控制”理解为“通过投资关系、协议或者其他安排，能够支配公司行为的行为、事实、过程或者状态”。

在日常经济活动中，一些人士经常将法律条文中的“控股股东”“实际控制人”与民间的“老板”“掌柜的”等表述混为一谈，并没有完全按照公司法的规定去理解和使用。因为现实生活中，特别是在公司的控股股东和实际控制人均为自然人的情况下，这两者经常是同一人，确实没有分开表述的必要。

关于“控制”的含义，虽然《公司法》等相关法律并没有具体详细的规定，但在财务会计上却是个比较重要的、需要厘清的问题。根据《企业会计准则第 33 号——合并财务报表》的规定，“控制，是指投资方拥有对被投资方的权力，通过参与被投资方的相关活动而享有可变回报，并且有能力运用对被投资方的权力影响其回报金额”。其中还详细规定了认定“控制”关系的事实和情况的判定标准：

> 第八条　投资方应当在综合考虑所有相关事实和情况的基础上对是否控制被投资方进行判断。一旦相关事实和情况的变化导致对控制定义所涉及的相关要素发生变化的，投资方应当进行重新评估。相关事实和情况主要包括：
>
> （一）被投资方的设立目的。
>
> （二）被投资方的相关活动以及如何对相关活动作出决策。
>
> （三）投资方享有的权利是否使其目前有能力主导被投资方的相关活动。
>
> （四）投资方是否通过参与被投资方的相关活动而享有可变回报。

（五）投资方是否有能力运用对被投资方的权力影响其回报金额。

（六）投资方与其他方的关系。

其中的关键词包括“投资目的”（以识别投资人的投资动机）、“决策程序”（以考察被投资公司是否具备正常决策程序及如何作出最终决策）、“主导”（以识别何者为最终决策人）、“可变回报”（区别于固定回报，即债权投资）、“权力影响”（能否改变决策结果）等。虽然规定中并没有直接指出何种情形构成控制，而是将判定是否构成控制的权力赋予财务会计人员，一定程度上带有软性、主观和灵活色彩，但仍然可以看出其基本的判断逻辑遵循“实质重于形式”的原则和标准。

“控制”和“控制权”是两个不同的概念。前者内涵较为丰富，更多的是一种（组）管理、决定公司重大事务的行为、事实、过程和存在状态；后者包含法学、经济学和管理学等广泛领域的内容，很难有被广泛接受的准确定义。不过，从法学家的理论观点来看，控制权可以分为：形式控制权、实质控制权，特定控制权和剩余控制权，等等。

二、何为上市公司控制权

现代企业存在所有权与经营权、管理权相分离的情况，具体表现为股东（大）会、董事会、监事会及管理层（主要由高级管理人员组成），即所谓“三会一层”的制度和机制设计，分别履行决策、执行、管理和监督职能。

“三会一层”的职能及其运行机制等一套治理体系经过发达国家长期的实践，已被证明是行之有效的公司治理之道，虽然是从国外引进，并非本土发明，但已全面被我国《公司法》、中国证券监督管理委员会（以下简称中国证监会）颁布的《上市公司章程指引》、沪深交易所的上市公司规范运作指引等法律法规、规范性文件所接受和借鉴，成为对现代企业特别是上市公司规范治理的基本要求，甚至是强制性规范。

除上述规范性文件的一般性和原则性规定外，我国监管上市公司收购的主要制度性文件——《上市公司收购管理办法》（以下简称《收购办法》），主要从股东大会和董事会两个层面规定了控制权的认定标准。控制权的重点在于能够支配、控制的股份比例和表决权比例的大小，以及能否对股东大会的决议产生决定性影响。《收购办法》第84条对控制权的界定如下："有下列情形之一的，为拥有上市公司控制权：（一）投资者为上市公司持股50%以上的控股股东；（二）投资者可以实际支配上市公司股份表决权超过30%；（三）投资者通过实际支配上市公司股份表决权能够决定公司董事会半数以上成员选任；（四）投资者依其可实际支配的上市公司股份表决权足以对公司股东大会的决议产生重大影响；（五）中国证监会认定的其他情形。"

上述关于控制权的规定假定的前提和逻辑是，控制了公司股东大会就可以控制董事会，控制了董事会就可以控制管理层，控制了股东大会、董事会和管理层就可以控制整个公司。但出于各种原因，在各方出现分歧时，尤其是在仅控制了一个层级如股东大会没有控制其他机构如董事会、管理层，或者反过来，仅控制了管理层没有控制股东大会和董事会时，极易产生分歧、矛盾和冲突，进而形成公司治理的僵局或对控制权的争夺。

如果把一个公司视为一个有机的整体，结合法律、法规和规范性文件，考虑到上市公司在上市时已经过严格的审核和内部治理程序的规范过程，以及上市公司日常经营管理的实际状况，笔者认为，对上市公司完整意义上的控制权包括七个层面：（1）拥有或者能够实质性影响出席股东大会股东所持表决权的比例超过50%；（2）一方提名或者能够代表该方利益的董事人数占比超过董事会成员数量的1/2；（3）至少提名一名监事或者至少有一名监事能够代表该方利益；（4）管理层主要成员，包括总经理、副总经理、财务总监和董秘为一方提名并能够代表该方利益；（5）上述人员能够始终或者至少在关键决策中，在心理上认同、在行为上支持和服从于实际控制人；（6）关键岗位人员的关键行为能够根据实际控制人的意思表示执行，或者在没有明确指示的情况下实质性代表该实际控制人的利益；（7）实际控制人始终与其一致行动人、投票权委托人等保持一致，实际控制人提名且当选的董事、高管始终代表并维护其利益。

这些环节或条件构成一个链条或者是"网状"结构，彼此关联和依靠，互为条件和结果，其中任何一个部分出现问题都会导致实际控制人原来的假设和预期出现变化。在攻守双方的实力对比不悬殊时，某些关键环节的细微变化就可以导致控制权争夺形势的逆转，攻守双方的地位和态势平衡就可能被打破，原本被一方视为稳定的控制权就可能部分或全部转移到另外一方。

三、何为控制权争夺

本书想要表达的“控制权争夺”的真正内容和含义更加接近“控制争夺”或“争夺控制”，为了方便理解以及不陷入复杂的学术和理论探讨，本书不对“控制权争夺”“控制争夺”“争夺控制”进行明确区分，将它们合并为“控制权争夺”。

按照公司是否实现上市，公司股票是否已经在证券交易所上市交易的划分标准，可以将控制权争夺分为非上市公司的控制权争夺和上市公司的控制权争夺。两者之间最大的差异是，重大信息公开披露是对上市公司的强制性要求，上市公司发生控制权争夺属于重大信息，对上市公司股价将会产生直接影响，因此上市公司要及时履行信息披露义务。与控制权争夺有关的信息（如抢夺公章、营业执照，罢免董事，解聘高级管理人员等行为都可能与控制权争夺有关），公众可以通过公开渠道查阅。对于非上市公司，公众就没有查阅重大、重要信息的便利，即使发生控制权争夺，也大多不为外人所知。但就控制权争夺的实质而言，两者没有本质区别，只不过上市公司的内部治理更加规范，要求更加严格，信息披露更加充分、及时。同时上市公司还要接受中国证监会及其派出机构和证券交易所的日常监管。两者相同之处：一是均受市场监督管理部门的监督管理，二是控制权争夺的法律依据均是《公司法》及其司法解释的相关规定。

截至2022年6月30日，我国A股上市公司的数量是4818家，而不含个体工商户的企业数量达到4800万户，[①] 上市公司仅为全部企业数量的约万分之一。考虑到这个因素，我们将非上市公司的控制权争夺当作常态，将上市

---

① 参见国家市场监督管理总局：《市场监管总局登记注册局、信用监管司负责人就〈中华人民共和国市场主体登记管理条例实施细则〉进行解读》，载国家市场监督管理局网，https://gkml.samr.gov.cn/nsjg/xwxcs/202203/t20220301_340073.html。

公司的控制权争夺作为非常态。从控制权争夺研究和分析的角度来说，在守法合规意识、企业管理水平、规范治理程度、经营业绩规模等方面堪称标杆和典范的上市公司，无疑是比较理想的对象。

上市公司的控制权争夺，是指在一方（含一致行动人）完全控制、大部分控制或者不控制上市公司的情况下，其他方试图获得、维持、增加、增强自身对上市公司决策、执行、监督等方面决定权的各种努力。通常情况下表现为无控制权、有部分控制权但自认为控制权不够的一方试图完全取代、部分取消或者降低有控制权一方的控制权；有时也表现为有控制权的一方对无控制权的一方试图取得控制权行为的防守、阻止或阻挡。控制权争夺的对象包括股东大会的表决权、董事会席位、监事会席位、高管职位、公司意思表示或代表公司意志的工具或载体［如公章、营业执照、Ukey（电子钥匙）、秘钥］等。

在法律意义上应有、实质意义上已经行使部分或大部分控制权的一方（如大股东或其代表）为巩固己方控制权而对试图挑战控制权的一方采取的各种行动，通常会被理解为在行使职权，因而具有法律上、公司章程上、合同约定上和道德上的正当性。例如，当职业经理人与董事会、大股东出现不可调和的矛盾，试图争夺控制权时，职业经理人夺权的正当性就比较欠缺，其离去几乎是必然的。

四、控制权争夺的类型

为方便读者理解控制权争夺，根据公司规范治理的实践、处理类似项目的经验以及媒体的公开报道，以可以公开查询的上市公司控制权争夺事件为例，从不同的侧面和维度可以对控制权争夺进行一些分类。

（一）根据控制权争夺情况是否公开化，可分为："暗斗"和"明争"

暗斗是明争的早期状态，比较隐蔽、细微，大量存在、多点发作并持续加重，争议各方尚比较克制、含蓄，矛盾尚未完全激化，因没有大规模扩散或被媒体公开报道而不为外人所知。暗斗可以通过沟通、协商、谈判和妥协等方式得以缓解、延后或消除。没有被及时、妥当处理的各种暗斗的不断累积是发展到明争的重要或者主要原因，正所谓由“量变到质变”。

明争是暗斗的升级版，是各方协商不成、暗斗无果、矛盾激化的自然结果。就上市公司而言，各方在一些重要事项上的分歧会通过上市公司的强制性信息披露而为外界所知，引起媒体报道、监管关注或监管立案调查。非上市公司的明争可能因为媒体的公开报道而成为公众话题，也可能是一方为了寻求外界支持而主动将控制权争夺公开。

中国人一向信奉“家丑不可外扬”，不到万不得已不会将内部纷争、矛盾主动公开。即便是上市公司有强制性信息披露的义务，隐而不发的案例也时有发生。

（二）根据控制权争夺双方地位的不同，可分为：“攻方”和“守方”

攻和守可能在过程中相互转化，如先攻后守、先守后攻，或者边攻边守、攻中带守等。

攻方一般是对己方已有的控制权现状不满，主动发起挑战的一方。攻方在发起挑战前，一般会认为其具备某种优势，主动进攻取得胜算的把握较大。攻方不一定最后就会取得控制权争夺的胜利。如果攻守双方势均力敌、不分胜负或各有所得，最后可能演变为公司治理的僵局。有些情况下，攻方虽然没有取得控制权争夺的成功，但这并不表明攻方在其他商业利益上实际遭受损失，其实攻方甚至可能因此盈利，如融创举牌收购金科股份。

守方作为实际管理或者控制公司的一方，在应对攻方进攻的同时，试图保住原有的权力、地位和优势。守方如果警惕性高的话，可能会提前采取针对性防护、阻挡措施，增加攻方难度，但采取的防护措施如过于严密或涉嫌违规，又会引起监管部门的关注和介入。境外资本市场比较常见的措施，如“毒丸计划”“焦土”“白衣骑士”“金色降落伞”均是防守之术。例如，伊利股份欲大幅度修改公司章程试图阻挡外部敌意收购方入侵、万科在与宝能控制权之争时引入深圳地铁等。

（三）根据控制权争夺力量来源的不同，可分为：“内生式”和“外来式”

内生式控制权争夺是指控制权争夺的两方或多方均来自上市公司内部，

争夺的对象大多是管理权、决策权或管理岗位控制权。由于各方可能长期共事、彼此之间比较了解，总能找到平衡、妥协的解决办法，所以内生式的控制权争夺一般表现为“暗斗”，往往不为外界所知。个别受关注的明星企业内部发生控制权争夺时或者尘埃落定后，可能会有媒体挖掘线索，追踪报道。

外来式控制权争夺是指上市公司通过收购、重组、控制权转让、被举牌收购、非公开发行股票、表决权委托/放弃等方式引进新投资人后，这些外来股东、董事和高级管理人员等与原有的人员之间产生的对公司管理和决策权的争夺。大部分公开的控制权争夺都围绕外来力量与原有力量之间的较量展开。

（四）根据参与控制权争夺主体的不同，可分为：“创始人与职业经理人”和“大股东与其他股东”

创始人与职业经理人之间的控制权争夺根源是所有权与经营管理权的分离。企业在发展过程中总要多多少少将公司的经营管理权从私人所有权中分离、剥离，交给更加专业化、职业化的管理层（者）即职业经理人，职业经理人与公司所有者（股东）的利益诉求存在根本区别。虽然大部分情况下职业经理人持有的公司股权占比不大，但是其对公司的人财物、产供销等拥有绝大部分管理权和控制权，这种情况的长期存在比较容易导致管理者与所有者的冲突和矛盾，并进而发生控制权争夺。另外，创业型公司在初始阶段往往会引入职业经理人，由于此时的各种规章制度、体制机制还不完善，职业经理人可能对公司的经营权与管理权拥有绝对的权利，这也容易造成职业经理人与创始人控制权争夺的事件发生。

公司在发展过程中总会因为各种原因（如减持、定增、重大资产重组、并购、控制权转让、二级市场举牌）主动或被动产生多个持股比例5%以上的大股东，在各股东持股情况比较分散，单一股东或者几个小股东的联合就可以影响股东大会的表决结果，股东互不信任、互不尊重、利益诉求不同时，就容易使大股东之间、大股东与其他股东之间有机会争夺公司的控股权。

（五）根据控制权争夺方式的不同，可分为：“协商谈判式”、“法律诉讼式”、“强力抢夺式”与“综合措施式”

公司发展过程中在股东之间、股东与管理层之间不太可能不出现意见分歧甚至纠纷。存在分歧或纠纷本身并不可怕，关键是看各方能否解决，如何解决。解决的方式如果是协商谈判式，就算不是皆大欢喜的结果，也可能是不好不坏。如果通过协商、谈判仍然解决不了，矛盾激化后可能会引发诉讼，通过诉讼、仲裁的方式由有公权力、公信力的第三方进行裁决。

如果控制权争夺以前两种方式都无法解决，或者认为法律诉讼不是自己一方能够接受的方式，可能会导致武力抢夺，抢夺的对象可能是公章、营业执照，也可能是财务资料、凭证等自己认为重要的物件。也有可能采取综合措施，即多种争夺方式的结合，包括先后、同时采取多种措施，这与参与方解决问题的决心、性格、愿意投入的资金和时间成本、是否有专家参与等有关。

（六）根据控制权争夺双方事前是否经过协商沟通，可分为："协议转让"和"举牌收购"

协议转让通常是交易各方经过充分沟通，在协商一致的情况下，对与控制权交易有关的重大事项进行一系列约定和安排，并且就这些事先约定和安排达成一致。目前为止，我国绝大多数上市公司控制权交易都是通过协议转让方式，即善意收购完成。

但在实际的交易履行过程中，总会或多或少存在一些没有约定、约定不明、部分违约、实质改变原协议约定的情况。如果各方就此没能达成新的一致或妥协，极易导致一方或双方不满，信任度和守约意愿下降，逐步演变为各个层面的博弈、较量和暗斗。

"举牌"是指通过证券交易所的证券交易，投资者及其一致行动人拥有权益的股份达到或增、减5%时需要履行权益变动信息披露义务的行为。举牌目的可分为两种：一种为财务性投资，看好上市公司未来发展，不断买入或增持其股票，多以短周期的投机为主；另一种为意在收购，即希望通过持有上市公司更多股票谋求对上市公司的控股权，以长期持有为主。举牌收购者如在未与上市公司大股东、实际控制人及/或管理层协商，协商不成甚至被明确反对的情况下，仍以取得上市公司控制权为目的进行收购，此种行为也被称为"敌意收购"。中国资本市场上的敌意收购案例虽然数量不多，但因需阶段性披露股份增持进展，对公司股价影响大等，一般都会引起媒体广泛报道和股民的密切关注，因其巨大的社会反响，监管机构往往也会适时介入并重点关注。在“宝万之争”引起舆论的极大关注并最终得以平息后，很多上市公司纷纷采取了修改章程及其他相关配套的防守措施，以防止敌意收购方入侵。自2017年开始，敌意（举牌）收购的发生频率下降，成功的案例极少。

（七）根据控制权争夺规模的大小，可分为：“大规模、多兵种、集团作战”和“小规模、单兵种、孤军奋战”

一些公司的控制权争夺就像一场大的战役，各方动用诸多资源，尤其是动用大量资金和专业人士，当然还有看不见的幕后团队等，是双方或多方胆识、知识、经验、人才、智慧等方面的综合较量。而另外一些通过各种途径公开的控制权争夺案例的参与方则显得较为个体和孤单，所采用的手段也较为单一和有限，缺乏回旋、腾挪的余地和空间，其结果往往并不能如己所愿。

当股东和股权较为分散，大股东绝对持股比例较低且与其他股东的股权比例差距不大时，比较容易发生几个股东联合起来与大股东争夺的情况，这个时候控制权争夺一方是否能够取得关键小股东持续的支持就显得尤为重要。

无论是攻方还是守方，兵强马壮、粮草充足、攻防兼顾、合纵连横、有勇有谋，胜算的把握无疑增加很多。

（八）根据专业和技术含量的多寡，可分为：“有战略、讲策略、战术到位”和“无战略、应激式、仓促上阵”

控制权争夺一定会有起因和苗头，利益相关方在早期阶段应该就有所察觉，并应提前采取相关措施，将问题和分歧提前化解，不能等到分歧演化为矛盾，矛盾升级到不可调和的程度后才仓促上阵，被迫出手。

控制权争夺一旦发生，总会有胜负或妥协。无论是发起控制权争夺的攻方还是处于被动地位的守方，在守法合规的前提下认真分析局面、理性评估形势、制定战略、讲究策略和执行到位，是确保取得攻击胜利、防守成功的重要条件。

（九）根据是否合法合规及是否具备道德上的优势，可分为：“合法合规、占据道德高地”和“不择手段、损人利己”

无论是攻方还是守方，在采取相关控制权争夺措施前，一定要评估即将提出的主张、即将采取的行动是否合法合规，是否符合监管要求，是否符合公序良俗，是否可能损害其他方的合法权利和正当利益，是否只是基于情感和利益的考量而忽视了合法性要素，是否能够在道义上、情感上取得相关方的认可和支持等。

需要指出的是，并非一方全部或大部分的主张“合法合规并且占据道德高地”就必然取得胜利，有时还需请第三方专业人员进行客观评估，甚至有时还需要一些运气。

（十）根据控制权争夺持续时间的长短，可分为：“速战速决”和“没完没了”

一种情况是，控制权争夺爆发后，如果控制权争夺的负面影响巨大（如股价暴涨暴跌、监管部门关注、媒体和公众舆论介入），各方都无法承受其严重后果，又都有沟通妥协的愿望，如果再加上强力第三方的介入调停，各方经过仔细权衡可能迅速达成一致，矛盾和分歧得以立即化解，可谓是“速战速决”。

另一种情况是，各方都很强势，互不妥协，或者因涉及的利益相关方众多，需要协调的周期长，则控制权争夺会陷入相持不下、久拖不决、没完没了的状态。

（十一）根据控制权争夺结果的好坏程度，可分为：“各方共赢”“两败俱伤”“有胜有负”“胜负难料”“重归于好”等

控制权争夺牵涉各方利益，包括股东、二级市场股民、管理层、员工、供应商、客户乃至地方政府关注的税收、就业及社会稳定等。因其牵涉面广、利益大、影响深、手段多、难预测、隐形性强、结果不可控等，即便是控制权争夺的发起方，有时候也很难预测争夺开始后，其结果是否一定对己方有利。各种复杂情况交织，如果不能事先或随时进行理性、客观的分析和判断，就贸然启动控制权争夺，结果很有可能偏离预期，事与愿违。

从已有的控制权争夺案例来看，一些案例的结果是各方共赢，皆大欢喜，而另一些案例的最终演变结果显然超出了一方的预期，有的后果还比较严重，如一方或两方承担了刑事责任。

控制权争夺一旦发起，无论是主动发起还是被动应战，无论明争还是暗斗，无论是内生式还是外来式，无论是大规模还是小范围，无论结果是否符合各方预期，都会有个结果，唯一的问题是这个结果是对还是错，是好还是坏。

控制权争夺往往起于利益，依赖规则，终于人性。

第二章　控制权争夺发生的原因

凡事都有因果，一个公司发生控制权争夺也一样。控制权争夺大多发生在公司股东之间，股东提名的董事之间，或股东、董事与高级管理层之间。控制权争夺表面上看是在进行公章、营业执照、董事席位、高管任免等方面的争夺，但其实背后还有更深层次的法律、文化、经济等方面的背景和原因。

从控制权争夺的表面现象和外在结果出发，倒推控制权争夺更深层次的背景和原因，笔者认为最主要的是法律、制度层面的原因，以及中国传统民间文化和思想层面的原因。

一、法律层面

随着对内改革和对外开放的推进，我国也响应国内外各界要求，制定和颁行了《公司法》，至今不过 30 年，应该说绝大多数中国人对有限公司这种商业组织形式还不太熟悉。公司法并非我国原创，而是将不同国家和地区、不同法系的立法理念、架构设立、立法条文等与我国本土实际情况进行了一定程度的融合。

虽然《公司法》根据我国的实践和市场需求不断进行修订，但基于西方宗教文明、商业文化下的公司治理理念和逻辑，与传统中国文化或民间文化之间存在一定程度的内在冲突，《公司法》在中国被广泛接受还存在困难，需要时间适应和磨合。依笔者粗浅的理解和观察，《公司法》及其制度和机制设计意图与传统（民间）观点的差异如表 2 –1 所示：

表 2-1 《公司法》意图与传统（民间）观点的差异

类型	事项	《公司法》意图	传统（民间）观点
观念、认知	公司权利（力）来源	以股东会为最高权力机关，由资本多数决定，董事会执行，职业经理人负责日常事务，监事（会）监督	除资本外，还需考虑道德、情感、性格、权威和能力等因素
	法人财产权	股东出资后其财产归属于法人，独立于股东个人和家庭财产	倾向于认为公司就是“我的”，可能出现公私不分、财产混同
	对外来投资者	按法律、法规和公司章程的规定，经谈判签约，大致依“法—理—情”次序	需原股东先熟悉和接受，同意后再走程序，大致依“情—理—法”次序
	意见表达	自行决定、自由意志	强调感情联系和人身依附
	权责利关系	权责利边界清晰，不能越位和缺位，责权利对等	边界模糊，容易越位和缺位
	契约意识	强调诚信和守约，违约需担责	顺利时诚信、困难时例外，强调顺势而为和免责事由
	守法和合规	在法律和规则允许的范围内行事	强调任何原则都有例外，不喜欢受约束
决策	股东（大）会	按股权和表决权多寡，由 1/2 或 2/3 多数决定	倾向于由大股东或核心人员决定
执行	董事会	重大事项根据股东会决议执行，在章程规定范围内决定次重大事务	倾向于由董事长、实控人个人或大股东决定
监督	监事会	监督和制约董事、高管的不当行为	倾向于淡化和忽视其作用，特殊情况下例外
日常管理	总经理及高管层	执行董事会的决定，决定一般事务	倾向于服从董事长
	管理手段和工具	倾向于精确和量化的科学分析，注重管理理论	强调人性、情感、道德，不太在乎细节、精确和量化

除上述差异外，我国并不鼓励企业和企业家在公司治理和决策模式上有太多的民间创新，对上市公司则规定了标准治理模式，包括决策、执行、监督的机制，章程指引，三会议事规则，独立董事制度，总经理负责制，信息披露（财务数据和经营状况等公开）等。在制度创新和推行层面上至今仍是以“小步慢走”的方式，有步骤地、循序渐进地引进和借鉴，如注册资本认缴制、优先股、可转债、可交债、AB 股（同股不同权）。

总体上，中国人情感上倾向于熟人之间的合作，或者先成为熟人再展开合作，对陌生人之间的合作与交易比较谨慎和排斥；管理和决策上倾向于人治而不是法治，服从权威；财富分配上倾向于均贫富，反对贫富两极分化，习惯于隐藏财富和分散转移财富；管理手段和工具上倾向于定性不定量，不太重视细节、精确和量化等。

二、公司治理层面

公司的治理模式主要包括股东中心主义、董事会中心主义和经理层中心主义。

在非上市公司的治理模式中，主要有英美“市场导向型”、德日“银行导向型”、东亚与东南亚“家族型”、东欧“转轨经济型”等。在上市公司治理模式方面，美、英、德、日等国，以及我国均有所不同，呈现出自身特色。

（一）上市公司治理模式

美国上市公司采用“董事会中心主义”治理模式，董事会为上市公司日常经营管理活动的核心，负责公司重大事项的决策和执行。其中内部董事仅占董事会人员总数的 1/4，占董事会人员总数多数的为外部董事。美国上市公司股份非常分散，几乎不存在大股东或控股股东，股份（票）的流动性很强，且美国的经理人市场竞争激烈，因此才能使“董事会中心主义”治理模式在美国上市公司中能够很好地运行。

与美国类似，英国上市公司内部不设监事会和监事，而只设立了股东会和董事会，董事会已然成为上市公司日常经营管理活动的核心。董事会由执行董事和非执行董事构成，且非执行董事的数量应高于董事会成员总数量的

1/3。英国上市公司对非执行董事数量的要求在很大程度上与美国上市公司对独立董事的要求类似。

德国上市公司在设立董事会的同时还设立监事会，股东会直接选举产生的不是董事会，而是监事会。监事会中职工代表的比例较高，而不管该职工代表是否持有公司的股票。董事会的领导机关由监事会担任，受监事会的监督和制约，监事会拥有极大的权力，有权聘任董事会成员。

日本上市公司的权力核心为股东会，股东会选举产生董事会，董事会对股东会负责。董事会下设经理，经理由董事会聘任，对董事会负责，并协助董事会处理上市公司的日常经营管理事务。此外，日本上市公司的治理结构中还设置了监察人职位，由其负责上市公司的财务和业务监督。日本上市公司的董事会成员多为内部董事。

我国在引进国外公司治理经验和模式的同时，也体现了中国特色。通说认为我国公司治理的主要模式还是股东中心主义，也有学者认为属于名义上的董事会中心主义与事实上的经理层中心主义或控股股东中心主义。

（二）控制权争夺与公司治理模式

与合伙企业不同的是，公司法所规范的公司治理模式体现的是“一股一权”原则之下的“股东本位”思想，“资合”多于“人合”。股东是公司的所有权人和“雇主”，即所谓的“股东大会中心主义”，董事会只是受雇于股东大会执行相关决议，管理层实际上是大股东意志的代言人和执行者，体现出“资本雇佣劳动”的基本特色。股东获取公司控制权的标志就是取得股东大会的多数股份及/或表决权（通常50%以上），并获取（能够任免或者控制）董事会半数以上的席位。取得多数股份或表决权是先决条件，即只有掌握多数表决权才能拥有和决定董事会多数成员或席位。在这种情况下，控制权争夺通常发生在外部股东与大股东或者公司几个大股东之间。

随着公司股权的进一步分散，物质资本逐渐不再是决定公司价值的唯一基础，人力资本及社会资本逐渐成为公司专业化管理的关键性资源，公司价值创造的真正主体逐渐由股东和投资者转变为专业化经营管理者。在这个过程中，公司核心管理层凭借自身人力资本、社会资本等关键性资源的优势，由过去的“受雇方”逐渐变成“雇主”，逐渐掌握了公司的“实际控制权”。此时股东作为公司物质资本的投入者实际上成为管理层的“受雇方”，反映出“劳动雇佣资本”的全新形态，公司治理模式实现了由“股东大会中心主义”向“董事会中心主义”的转变和重构。

“董事会中心主义”治理模式下公司的股权结构分散，只要管理层通过合理使用关键性资源，不断提升经营管理水平，为股东带来更多的财富和价值，追求利益最大化的股东一般不会对管理层进行过多干涉，更多的是对管理层的信任和依赖。管理层在实现自身价值的同时不断巩固和加强对于公司的控制权，因此，股东与管理层因为各自的利益诉求通常会形成长期、融洽、和谐共生的利益格局，实现双方的信息共享、资源共享和风险共担，这也是股东们甘愿赋予管理层管理权和控制权的前提和基础。

与此同时，由于上市公司股权相对分散、流动性强、交易方便，其很容易成为各路资本并购或攻击的目标。当遭受外部恶意并购时，公司控制权争夺就发生于外部并购股东和掌握公司控制权的管理层之间。如果新的控制权争夺者不具备某些关键性资源的使用能力，其控制权争夺行为必然不会得到公司原有股东（特别是大股东）、管理层的支持，甚至遭到强烈的反对。比如，雅虎与阿里管理层控制权争夺案例中，阿里第二大股东软银没有因为自身是雅虎的股东而与雅虎形成统一战线赶走马云等阿里管理层，而是始终保持中立。因为软银意识到只有马云等阿里管理层才能把公司经营好，才能为公司股东创造更多的利益。因此，阿里管理层凭借关键性资源与股东建立和谐共生的利益格局，有效地防御了控制权丧失的风险。

三、传统民间文化和思想层面

一个公司产生控制权争夺的原因比较复杂，往往是“多因一果”，并且是长期累积、由量变到质变的结果。即使是万里挑一、管理规范、监管严密的上市公司也屡屡发生控制权争夺。

除法律规定、治理规则等方面的原因以外，当然还有争夺各方价值观方面的原因，从更深层次的文化和思想层面，依笔者的观察，控制权争夺的产生和演变与中国传统民间文化、思想和固有观念有关，大致包括：

（一）一个公司必须要有“当家人”“主事者”

过去中国人做生意、开商号比较熟悉的称呼和定位是“老板”“大东家”“掌柜的”，现在的称呼应该是控股股东、实际控制人、董事长、总经理、CEO等。作为例外且不太能够为国人所接受的是无实际控制人下的“群龙无首”“一盘散沙”状态，这种没有“领导核心”的状态被等同于无实际控制人。通过多年无实际控制人上市公司的管理实践，国人才勉强接受一个公司没有强力主导型的“当家人”和实际控制人，但前提是要有一个十分勤勉、专业的职业经理人团队以及行之有效的公司治理机制。

截至2022年6月30日，A股共有296家上市公司无实际控制人，占同期全部A股上市公司的6.14%。众多无实际控制人的上市公司也做了一些很好的探索。例如，无实际控制人的民生银行（600016.SH），除香港中央结算（代理人）有限公司合计持股18.91%外，[①] 大家人寿旗下资管产品合计持股16.79%，其余股东持股比例均未超过5%；深圳地铁集团作为万科A（000002.SZ）的单一最大股东持股27.89%；ING BANK N.V.作为北京银行（601169.SH）的单一最大股东持股13.03%。这些公司都没有实际控制人，但它们通过有效的公司治理结构和职业经理人良好的管理，使大股东并没有追求成为实际控制人。

（二）单一最大股东必须完全控制公司

很多人不管“单一最大股东”的持股比例是否达到或超过50%，尤其是当所有股东的持股比例均未超过30%或33.34%的情况下，会简单地将“单一最大股东”理解为“控股股东”进而认为“单一最大股东”必须控制公司，单一最大股东的实际控制人就必须成为公司的实际控制人、在董事会席位应居多数、能够控制公司管理层（至少总经理、财务负责人等关键岗位必须是自己人），否则就感觉“不正常”，认为自己权利受损，必须捍卫之。

根据《公司法》第216条第2项的规定，控股股东，是指其出资额占有

① 香港中央结算（代理人）有限公司所持有的股份为其代理的在香港中央结算（代理人）有限公司交易平台上交易的股东账户的股份总和，这些股份的权益仍旧归属投资者本身所有。

限责任公司资本总额50%以上或者其持有的股份占股份有限公司股本总额50%以上的股东；出资额或者持有股份的比例虽然不足50%，但依其出资额或者持有的股份所享有的表决权已足以对股东会、股东大会的决议产生重大影响的股东。从这个定义可以看出构成控制关系的要素主要是两个：一是持股比例或者说表决权比例，二是依据其股权或表决权比例是否能够对公司股东（大）会产生重大影响。大部分控制权的争夺都围绕这两点展开。

（三）大股东本人须亲自任职或委派代表

在大股东是自然人的情况下，很少有人完全放手让其他股东和/或管理层负责经营管理，中国人传统上会称这种大股东为“甩手掌柜”，既有褒义也有贬义。褒义是大股东心胸开阔，善于用人和放权，同时也意味着其小股东和管理层忠诚、能力强；贬义是老板只指挥别人，自己什么事也不干，往往与“玩心大”“不务正业”“游手好闲”等负面评价相关，并且不看好其未来前途。

公司股东的所有权和经营权之所以无法做到完全分离，既与大股东的心态、性格、能力结构和价值观等有关，也与目前我国还没有形成稳定、专业、敬业的职业经理人群体和职业文化有关。换句话说，如果职业经理人群体被证明都比较能干、忠诚和敬业，无须大股东的参与就能将公司经营得很好，甚至比大股东参与时更好，那大股东就无须再多费心。大股东在缺乏安全感和信心的情况下，不得不自己亲自或委派自己放心的人作为代表参与公司管理。

（四）喜欢“一言堂”，讨厌受制度和法律约束

一些大股东追求“一言九鼎”的地位和待遇，以及“说了算”的受尊重感和权威感（否则就认为“既然说了不算，那就算了，不说”），讨厌集体决策、反对意见和监督制约，不适应权力分享。在内部规章制度和外部守法合规方面，他们通常认为规矩是人定的，既然可以由人来制定，当然也可以由人来修改和解释（“规矩是死的、人是活的”），凡是规则必有漏洞和空间，因此他们总是试图寻求例外和突破，认为这是聪明、有能力和有魄力的表现。

（五）谁贡献大谁就应该多持股、持大股

这一观点在创业公司的发展过程中比较突出。实际上，贡献大小很难评估，各方对此的认知容易产生偏差，尤其是在公司发展的不同阶段对贡献的定义是不一样的。譬如，在创业的早期阶段，有技术的股东或管理层缺乏资金，于是出资较多的一方成为大股东。在公司度过早期资金难关进入盈利阶段后，出资较多又不参与日常管理的一方会被认为贡献下降，甚至没有贡献，出力较多的一方会很自然地要求多持股、持大股，甚至控股。于是一方认为对方“过河拆桥”“忘恩负义”“没有我的支持和帮助，公司不可能有今天”，另一方则认为“活都是我们干的，他们只是出了点钱而已”。如果没有及时、有效的沟通和利益平衡机制，纠纷和矛盾极易就此埋下。

当然，除上述原因外，还有一些观念、思想上的认知差异，这些都是控制权争夺产生的底层逻辑，譬如，追求更多、更大、更高、更快，讨厌减少、变小、降低、慢速；追求进取和强势、讨厌退让和妥协；崇尚“成功”、讨厌“失败”；在乎自身利益、忽视他人利益，在乎短期利益、忽视长期价值，在乎个别利益、忽视整体利益，追求经济利益、忽视精神价值等。

第三章　上市公司控制权争夺案例画像

——以 2020～2021 年度为例

笔者对 2020～2021 年发生上市公司控制权争夺的案例进行了统计、分析、研究和整理。2020～2021 年发生控制权争夺的上市公司共有 27 家,[①] 其中 20 家为深圳证券交易所（以下简称深交所）公司（其中主板 16 家，创业板 4 家），7 家为上海证券交易所（以下简称上交所）公司（均为主板上市公司）。

在对发生控制权争夺上市公司的上市时间、注册地、行业，控制权争夺持续时间，控制权争夺前后主要财务指标的变化，争夺发生的背景、原因、目标、手段，控制权争夺对公司经营业绩的影响等诸多方面进行分析的基础上，笔者还试图从定性角度提炼出控制权争夺的特点和规律，以期呈现一个控制权争夺的宏观画像，为上市公司、非上市公司的管理者和控制权争夺的关注者提供参考。

一、数据画像

以上市公司的上市时间、注册地和所属行业[②]为标准，2020～2021 年发生控制权争夺的上市公司如表 3－1 所示：

---

① 案例统计口径为控制权争夺事件发生在 2020～2021 年，即控制权争夺开始、结束或正在进行的时间点其一落在上述区间。

② 此处行业系根据《上市公司行业分类指引》（2012 年修订）中的门类进行分类。该指引已于 2022 年 8 月 12 日失效。此处笔者仅以该指引中的行业分类作为此处数据分析中的参考标准。

表 3-1 2020~2021 年发生控制权争夺的上市公司

序号	公司简称	股票代码	上市时间	注册地		行业（门类）
				省份	市/区	
1	皖通科技	002331. SZ	2010 年 1 月	安徽	合肥	信息传输、软件和信息技术服务业
2	中国宝安	000009. SZ	1991 年 6 月	广东	深圳	综合
3	*ST 顺利	000606. SZ	1996 年 10 月	青海	西宁	信息传输、软件和信息技术服务业
4	金科股份	000656. SZ	1996 年 11 月	重庆	江北	房地产业
5	北京文化	000802. SZ	1998 年 1 月	北京	门头沟	文化、体育和娱乐业
6	创新医疗	002173. SZ	2007 年 9 月	浙江	绍兴	卫生和社会工作
7	嘉应制药	002198. SZ	2007 年 12 月	广东	梅州	制造业
8	奥维通信	002231. SZ	2008 年 5 月	辽宁	沈阳	制造业
9	聚力文化	002247. SZ	2008 年 6 月	浙江	杭州	信息传输、软件和信息技术服务业
10	德奥退	002260. SZ	2008 年 7 月	广东	佛山	制造业
11	山东墨龙	002490. SZ	2010 年 10 月	山东	潍坊	制造业
12	*ST 围海	002586. SZ	2011 年 6 月	浙江	宁波	建筑业
13	ST 奥马	002668. SZ	2012 年 4 月	广东	中山	制造业
14	ST 爱迪尔	002740. SZ	2015 年 1 月	福建	龙岩	制造业
15	世龙实业	002748. SZ	2015 年 3 月	江西	景德镇	制造业
16	真视通	002771. SZ	2015 年 6 月	北京	丰台	信息传输、软件和信息技术服务业
17	新宁物流	300013. SZ	2009 年 10 月	江苏	苏州	交通运输、仓储和邮政业
18	振芯科技	300101. SZ	2010 年 8 月	四川	成都	制造业
19	恒泰艾普	300157. SZ	2011 年 1 月	北京	海淀	采矿业
20	*ST 海伦	300201. SZ	2011 年 4 月	江苏	徐州	制造业
21	金花股份	600080. SH	1997 年 6 月	陕西	西安	制造业

续表

序号	公司简称	股票代码	上市时间	注册地		行业（门类）
				省份	市/区	
22	*ST 中昌	600242. SH	2000 年 12 月	广东	阳江	信息传输、软件和信息技术服务业
23	国旅联合	600358. SH	2000 年 9 月	江苏	南京	信息传输、软件和信息技术服务业
24	大连圣亚	600593. SH	2002 年 7 月	辽宁	大连	水利、环境和公共设施管理业
25	新世界	600628. SH	1993 年 1 月	上海	黄浦	批发和零售业
26	新潮能源	600777. SH	1996 年 11 月	山东	烟台	采矿业
27	莱绅通灵	603900. SH	2016 年 11 月	江苏	南京	批发和零售业

（一）静态图谱

2020～2021 年发生控制权争夺的上市公司的上市时间、注册地、上市交易所及其板块、所处行业、争夺持续时间等方面的情况如下：

1. 上市时间

在 2020～2021 年发生控制权争夺的上市公司中，上市达 10 年以上的公司约占七成（70.37%），平均上市时间为 13.96 年，中位数为 12 年（见图 3－1）。其中，中国宝安于 1991 年 6 月上市，上市时间最长，在控制权争夺发生前市值已超过 180 亿元；上市时间最短的为莱绅通灵，2016 年上市，因实际控制人夫妻离婚，股份被作为夫妻共同财产平分而引发控制权争夺。由此可见，控制权争夺大多发生在上市时间较长的公司中，一方面是因为上市时间越长，控股股东、实际控制人持股比例减少或被稀释越严重；另一方面是随着时间推移，部分企业的控制者/管理者可能逐渐失去对监管规则、监管动态、外部环境的敏感性和敬畏感，利益格局悄然发生了变化。

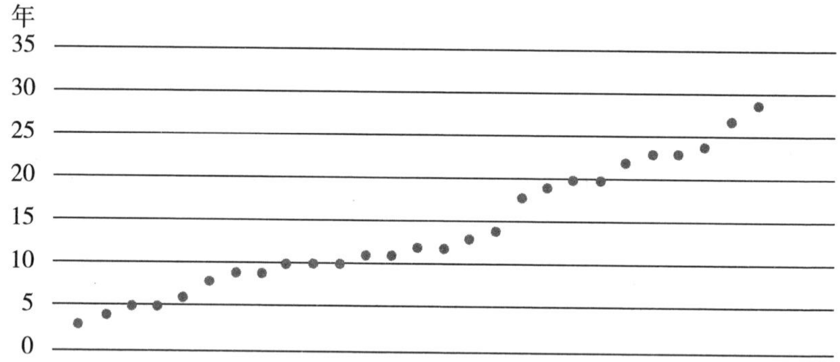

图3－1　2020～2021年发生控制权争夺上市公司的上市时间分布情况

2. 注册地分布

控制权争夺具有偶发性，总体来看，广东、江苏、北京、浙江这些上市公司大省（市）发生的控制权争夺案例较其他省份更多。截至2022年6月，上市公司数量排名前六的省级行政单位分别为广东、江苏、北京、浙江、辽宁、山东，前述6省发生控制权争夺的公司占所有发生控制权争夺的上市公司的66.67%。2020～2021年上市公司控制权争夺的注册地分布情况：位于广东省的上市公司共5家，位于江苏省的共4家，位于浙江省、北京市的各3家（见图3－2）。

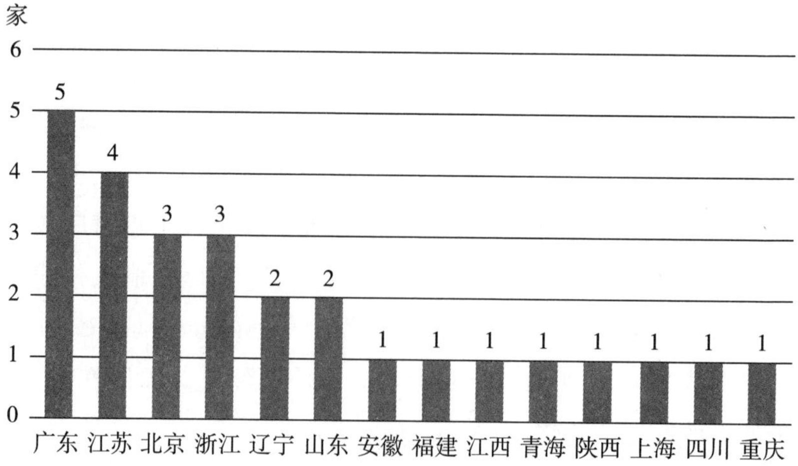

图3－2　2020～2021年发生控制权争夺上市公司的注册地分布情况

3. 交易所及其板块分布

2020～2021 年上市公司控制权争夺近六成发生在深交所主板上市公司，相比之下，上交所主板的上市公司发生控制权争夺的数量不及深交所的一半。另外，还有少量控制权争夺发生在创业板公司中，尚未见到科创板公司发生控制权争夺的情况，这或许与科创板属于新兴板块、上市公司上市时间短、利益格局尚未出现较大变化、各方尚处于比较和谐的状态有关。（见图 3－3）

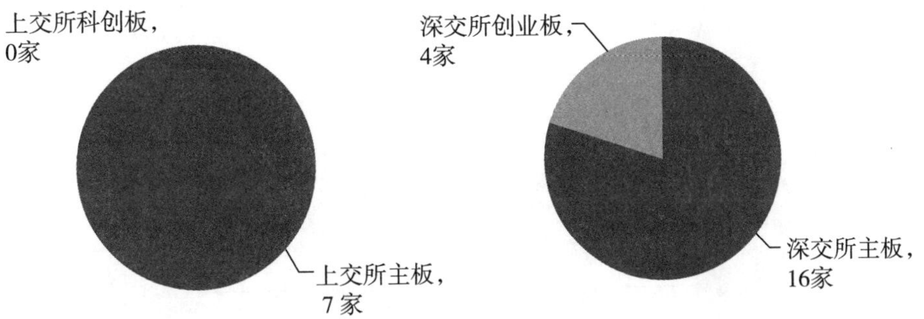

图 3－3　2020～2021 年发生控制权争夺上市公司的交易所及其板块分布情况

4. 行业分布

笔者根据《上市公司行业分类指引》（2012 年修订）对 27 家上市公司所属行业（门类）进行分类，排在前两位的分别是制造业，信息传输、软件和信息技术服务业，前述两个行业发生控制权争夺的数量占比近六成（59.26%）。（见图 3－4）

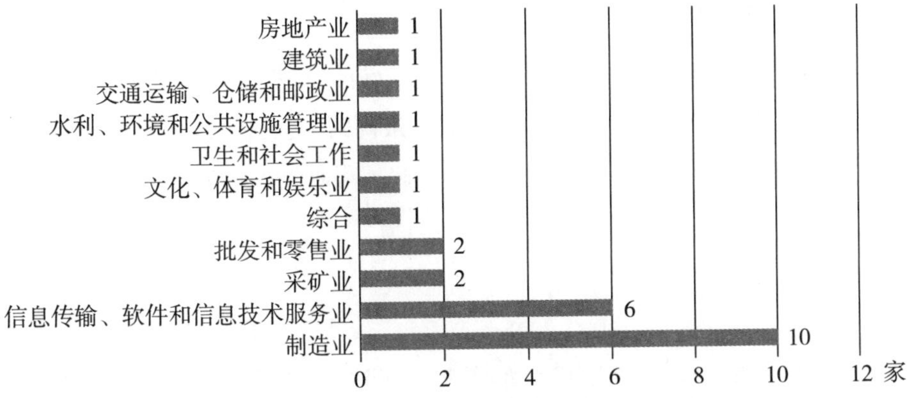

图 3－4　2020～2021 年发生控制权争夺上市公司的行业分布情况

5. 控制权争夺持续时间

2020～2021年发生上市公司控制权争夺的案例中，有3家公司控制权争夺仍在进行中，其余24家公司中，一半的控制权争夺在一年之内结束，但也存在两成以上的上市公司控制权争夺的持续时间超过两年（见图3－5）。

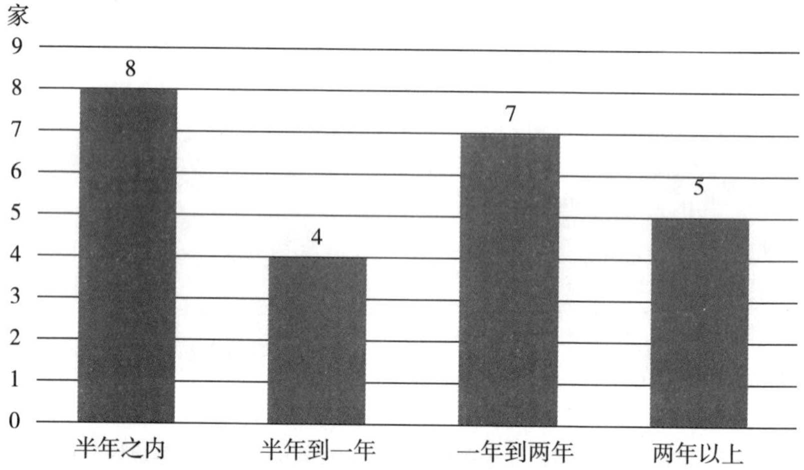

图3－5　2020～2021年上市公司控制权争夺的持续时间情况

（二）动态图谱

2020～2021年发生控制权争夺的上市公司的营业收入、扣除非经常性损益后的净利润（以下简称扣非后净利润）以及市值等方面的变化情况如下：

1. 营业收入①

2020～2021年上市公司发生控制权争夺前的营业收入平均值为30.61亿元，中位数为9.99亿元。其中，营业收入最高的为金科股份（营业收入约为322.35亿元），营业收入最低的为大连圣亚（营业收入约为1.14亿元），如图3－6所示。

① 取值口径为上市公司控制权争夺开始及结束当年年度报告中披露的营业收入，如控制权争夺过程发生在一年之内，则为控制权争夺开始前一年年度报告披露的营业收入与控制权争夺结束当年年报中披露的营业收入。

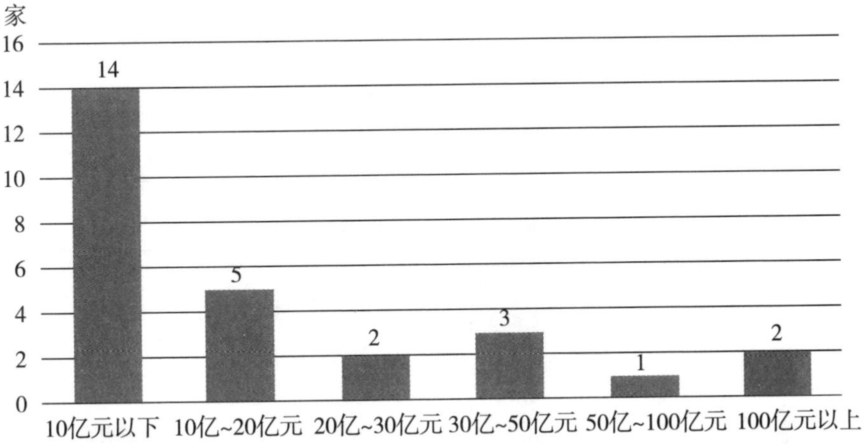

图3-6 2020~2021年上市公司控制权争夺前的营业收入分布情况

控制权争夺发生后，27家上市公司中有14家营业收入发生了不同程度的增长，其余13家上市公司则出现下降。其中，营业收入涨幅和增长率最大的是金科股份，从322.35亿元增长至877.04亿元，增长率高达172.08%；营业收入下降最多的是聚力文化，下降了12.49亿元（从22.46亿元下降至9.97亿元）；营业收入下降最快的是*ST中昌，从9.99亿元下降到0.02亿元，下降了99.80%。

2. 扣非后净利润①

2020~2021年上市公司发生控制权争夺前的扣非后净利润平均值为-3.11亿元，中位数为-0.95亿元（见图3-7）。其中，扣非后净利润最高的为金科股份（约为11.99亿元），扣非后净利润最低的为ST爱迪尔（约为-13.11亿元）。

① 取值口径为上市公司控制权争夺开始及结束当年年度报告中披露的扣非后净利润，如控制权争夺过程发生在一年之内，则为控制权争夺开始前一年年度报告披露的扣非后净利润与控制权争夺结束当年年报中披露的扣非后净利润。

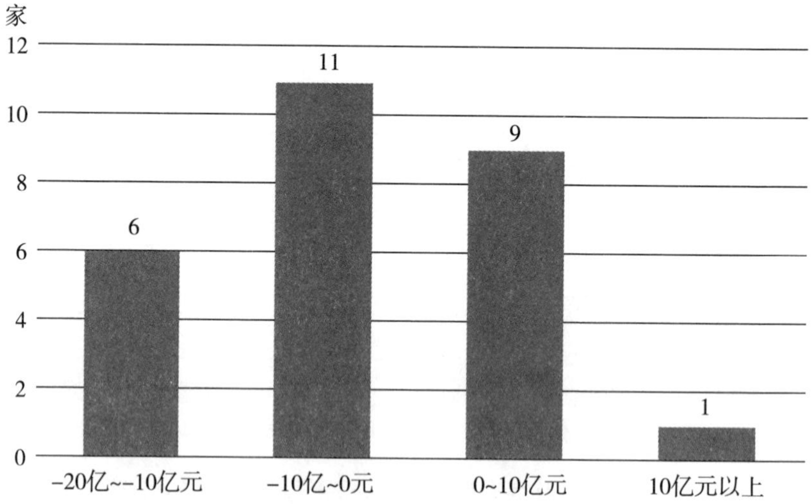

图 3-7　2020~2021 年上市公司控制权争夺前扣非后净利润分布情况

控制权争夺发生后，27 家上市公司中有 19 家扣非后净利润发生了不同程度的增长，其他 8 家则出现下降。其中，扣非后净利润涨幅和增长率最大的是金科股份，从 11.99 亿元增长到 61.86 亿元，增长率高达 415.93%；扣非后净利润下降最多的是*ST 围海，下降了 4.84 亿元（从 1.75 亿元下降至 -3.09 亿元），扣非后净利润下降最快的是德奥退，从 -0.27 亿元下降到 -1.01亿元，下降了 274.07%。

3. 市值①

27 家上市公司平均市值为 56.46 亿元，中位数为 28.58 亿元，其中市值最高的为金科股份（市值约为 286.58 亿元），市值最低的为*ST 中昌（市值约为 13.75 亿元），整体来看，发生控制权争夺的上市公司市值相对较小。2020~2021 年上市公司控制权争夺前市值分布情况如图 3-8 所示。

① 因控制权争夺发生开始时间一般较为模糊，此处取值口径为上市公司控制权争夺标志性事件发生当日（如有确定日期）市值或当月末市值。

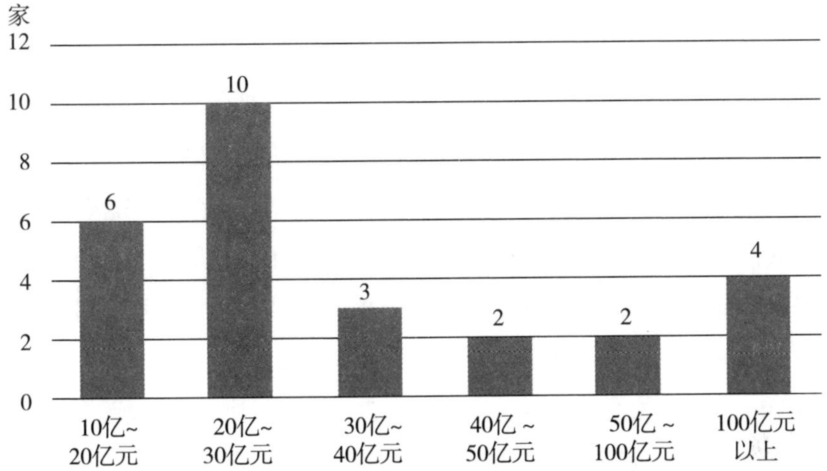

图 3-8　2020~2021 年上市公司控制权争夺前市值分布情况

控制权争夺发生后,① 27 家上市公司中有 12 家市值发生了不同程度的增长，其余 15 家上市公司则出现下降。其中，市值涨幅和增长率最大的是中国宝安，从 180.53 亿元增长至 471.18 亿元，增长率高达 161.00%；市值下降最多是的新潮能源，下降了 98.61 亿元（从 253.66 亿元下降至 155.05 亿元）；市值下降最快的是大连圣亚，从 60 亿元下降至 15 亿元，下降了 75%。

二、特点画像

总体上，通过观察和分析近两年来的上市公司控制权争夺实例，笔者发现其中呈现出一些值得注意的特点画像：

（一）发生背景：上市公司股权结构较为分散

所有权与经营权的分离是现代企业存在的基石，但对于我国上市公司来说，所有权仍然是经营权的重要来源之一，控股股东、实际控制人在上市公司的地位是不言而喻的。公司上市以后，经过多次再融资、重组并购、股权激励，控股股东、实际控制人的股权不断被稀释，加上大股东的不断减持变

① 截至 2022 年 6 月 30 日，控制权争夺尚未结束的，控制权争夺发生后市值统一取 2022 年 6 月 30 日市值。

现等，可能会出现没有控股股东、无实际控制人的情形，如新潮能源、嘉应制药、世龙实业等在发生控制权争夺时已无实际控制人；也可能会出现虽然有控股股东、实际控制人，但该等主体持股比例较低，甚至没有超过20%，及/或与第二大股东（包括其一致行动人）持股比例比较接近的情形，如*ST顺利、聚力文化。在这种股权架构下，公司的所有权和经营权分离程度更高，对公司的控制权已不完全来自股权层面的控制，更多的是对于公司日常管理运营中重要资源的掌握。例如，公司的公章、证照，抑或获得公司中高层管理人员的认同。在公司管理中则表现为控制权通常掌握在控股股东/第一大股东或者第一大股东委派的董事、高管手中，而控股股东/第一大股东的持股比例并没有达到50%或可以实际支配的上市公司股份表决权比例并未超过30%，这在一定程度上打破了通常情况下“通过控制股东大会来控制董事会”的秩序，较为容易被其他方从内部或外部打破公司的稳定，要求建立新的平衡。

一些发生控制权争夺的上市公司，大多股权结构分散，控股股东/第一大股东持股比例低。具体来看，又分为两种情况：一种情况是公司内部前几大股东的持股/表决权比例接近，有关股东存在通过内部博弈建立起新的控制权格局的可能性，例如，*ST顺利控制权争夺的双方为第一大股东连良桂和第二大股东彭聪，分别持股16.78%和16.18%；另一种情况是外部人通过真金白银的二级市场增持使持股比例超过第一大股东，从外部打破公司的原有秩序，例如，皖通科技、恒泰艾普控制权争夺中，攻方西藏景源、硕晟科技分别增持至19.97%、17.40%，超越原大股东成为新的第一大股东/控股股东，从而取得了公司的控制权。

（二）发生原因：并购和控制权交易引发的控制权争夺多发

上市公司控制权交易相较于独立进行IPO及借壳上市，通常被认为具有简便易行、快速高效、过程可控、监管压力小等特点，最近几年比较受欢迎，交易也比较活跃，连续多年超过当年上市公司重大资产重组项目的发生数量，是优化上市公司资源配置、解决上市公司供应不足和数量稀缺问题的有效途径，事实上也确实能够快速满足有实力人士和企业掌控一家上市公司的愿望。

但与上市公司控制权交易相伴而生的一个现象和结果是，交易双方之间及/或与第三方之间由于多种原因容易产生激烈的控制权争夺，最终与当初计划的控制权交易初衷大相径庭，甚至背道而驰。

对想要获得一家上市公司控制权，但并没有经营、管理上市公司经验的收购方而言，其可能会认为控制一家上市公司只要有足够的经济实力或者能够筹集一定数额的资金就行，其他都是小问题。收购方坚信自己一旦入主上市公司后一切问题都好解决，并不认为管理一家上市公司高不可攀，尤其是当收购方本身具备多年的商业经验和企业管理实践能力时，其不会觉得经营和管理上市公司的难度远高于非上市公司。

但是，从2020～2021年因上市公司控制权交易而产生的控制权争夺来看，发生概率实属不低。在27个控制权争夺案例中有16个是因控制权交易而产生，占比59.26%。其产生的原因是多方面的，经总结主要有以下特点：

1. 交易方案设计存在缺陷

从事后追溯、复盘控制权争夺产生的原因来看，几乎无一例外都可以归因于在上市公司控制权交易的方案设计环节就存在缺陷，包括对交易标的和收购方的尽职调查、交易结构和周期、交易环节的先后顺序、交易条件的相互关系、对未来各种风险因素的预估和防范等多个部分都存在估计不足、瑕疵或者重大缺陷。其中有过于自信的心态问题，有专业性和经验不够的原因，也有执行落地环节出现偏差的因素，更有各方在矛盾和分歧出现后沟通不畅、无法沟通、拒绝协调和碍于面子不愿妥协等问题。这些问题还有可能同时或先后重叠发生，使问题和分歧越积越多，解决难度越来越大，最终因无法调和而公开爆发。

对上市公司及争夺失败的原实控人而言，往往“主观上欲脱手、客观上实添乱”；对收购不顺、争夺失败的收购方而言，原本以为买的是个“又大、又圆、又甜的西瓜”，实际上却是个“烫手的山芋”，花了钱还不一定拿得住。

2. 尽调和反向尽调不充分

随着社会的进步，收购方对拟收购的标的企业/资产进行全面尽职调查已成为普遍共识。但是，对于经过严格的上市审核程序、严密的日常监管、规范的内控建设、专业细致的外部审计和要求较高的信息披露等过程洗礼的上市公司而言，其自带光环和信用背书，收购方极为容易在出售方的口头声明下，忽视或放弃对标的公司进行认真、详细、全面和严格的尽职调查，因为这样做会显得“很没必要”和“很不相信人”，所聘请的中介机构在这种氛围之下也很容易对尽调工作打折扣。在尽调信息不充分的情况下，包括方案设计在内的一系列隐患就此埋下。

比较不被重视的是，控制权出售方对收购方的反向尽调。通常认为，对收购方最大的要求就是有钱，或者有足够的资金筹措能力。但其实远不止这些，作为一个对上市公司负责任的大股东，应该对收购方进行全方位的反向尽职调查，包括资金实力、财务状况、业务类型和成长性、管理风格和水平、团队规模和素质、领导人性格和价值观、未来业务和管理的融合协同等各个方面。在充分反向尽调的基础上，双方的合作才有可能做到心中有底，合作无间。

3. 不适可而止，致风险升级

上市公司控制权交易的买方和卖方大都是社会精英和成功人士，长期在商场摸爬滚打形成了独特的个性特征，大都比较强势、有魄力、好面子、不妥协、不达目的誓不罢休，具有较为丰富的社会关系、人脉资源和较大的影响力，容易形成对过去成功模式的“路径依赖”。在控制权交易实施过程中，以及随后发生的控制权争夺过程中，往往依循之前一贯的行事风格，想尽各种办法、使出各种手段达到自己的目的，虽然绝大多数方法和手段都在合法的范畴之内，但可能也会因坚持其固有的性格特质、价值观等导致沟通渠道不畅、协商妥协缺失，不再认同“和气生财”的古训，也不能做到适可而止，导致分歧演变为纠纷、纠纷转化为矛盾、矛盾演变成斗争，从朋友、合作伙伴演变为对手，甚至是敌人，以至于风险逐步升级，不可调和。

一些上市公司控制权争夺的参与方，除涉及一般的民商事诉讼以外，还有可能被举报、投诉到行政主管部门和证券监管机关，也可能采取自行揭露或披露给媒体等等民商事以外的其他手段。极端情况下，一方被举报、报案，被司法机关立案侦查、采取刑事强制措施、逮捕或者判处刑罚，从而失去人身自由。当然，也有可能在经过刑事立案侦查、采取刑事强制措施等程序后没有发现犯罪事实，案件被撤销，不再追究刑事责任，一方当事人重新恢复人身自由。但是，经过这些重大事情变故后，关于上市公司的控制权争夺格局往往会发生巨大变化。

4. 对规则和工具不熟悉、缺乏敬畏

在严格的拟上市公司和已上市公司监管环境下，上市公司上市前、上市后一段时间的守法、合规和内部规范治理程度无疑是值得信赖的。但是，随着企业上市时间变长，一些企业管理者包括实际控制人自恃“聪明”“头脑灵活”会迅速发现监管环节的“空白甚至漏洞”，不再像刚上市时那样严格要求自己，甚至认为偶尔有些小的瑕疵事实上也不会造成重大不利后果。时间再长一些后，一些企业管理者会不由自主地失去对监管规则、监管动态、外部环境的敏感性和敬畏感，自认为经营一家上市公司也不过如此，收购或控制一家或多家其他公司也不在话下。同时，其对特定情况下才可能用到的法律规定、规则条文、金融工具、信息披露、股东权益保护等不再熟悉、不愿学习，也不再尊重，甚至可能会倒车回归到自己习惯的对非上市公司的管理和运行状态。这些企业管理者既对自己的行为瑕疵和缺陷缺乏应有的自省和检讨，也对对手可能使用的工具和手段缺乏认知、经验和敬畏。这种“既不知己，也不知彼”或者“知己不知彼”的状态，无疑是参与控制权争夺的大忌。

即便是在上述情况下，如果能够提前聘请足够专业的外部顾问团队，及时进行一些前瞻性布局、未雨绸缪的安排，或者在关键时期参与出谋划策，给予系统性指导，也是不错的选项。但是，外部团队毕竟仅起咨询和顾问作用，关键的问题和决策还需要当事人拍板决定。如果外部团队不专业，或者专业性足够但不被当事人采纳，仍然会出现事与愿违的结果。控制权争夺相当于一个小型的系统工程，在一些人的眼里与小型战争无异，其结果可能十分惨烈。

（三）争夺目标：以取得董事会席位为主，以增持和扩大表决权为辅

如上所述，股权分散是控制权争夺发生的主要背景，攻方也正是看到了这一契机才发起攻势，攻方争夺的出发点便是通过动用最少的资源、投入最

少的现金来取得上市公司的控制权，因此，攻守双方的主要争夺目标是董事会的席位。通过增持股份、签署一致行动协议/表决权委托协议等方式扩大表决权成为第一大股东甚至控股股东无疑也是争夺的目标，但同时更是控制权争夺的手段，因为只有持股超过一定比例才可以拥有在“三会”召开中的相关权利。例如，持股3%以上的股东拥有股东大会临时提案权，持股比例超过10%的股东拥有临时股东大会的提议权和召集权，另外，董事会成员的选举最终仍取决于股东大会中的投票数，因此，在股东大会中掌握一定的话语权仍然是必不可少的。

取得董事会席位对于攻方来说表现为，以增加股东大会临时提案或者提请召集股东大会的方式罢免原董事、提名新董事，而守方则主要通过拖延股东大会的召开、实质行使股东提案审查权（如以各种“合理”理由不将或不及时将提案提交至股东大会审议）等方式拒绝更换董事。在攻守双方的对峙中，有时还会造成公司在一定时期内形成“双董事会”的情形。例如，在新潮能源控制权争夺案例中，刘志臣一方在连续向公司董事会、监事会提议召开临时股东大会均未顺利实现的情况下，联合8名股东自行召开临时股东大会，会议决议罢免刘珂为首的公司董事、监事，并选举了新一届董事会、监事会成员。这次会议结束后，公司形成“双董事会”的情形，但因刘志臣方通知及召集股东大会过程中涉及的相关程序存在瑕疵，因此，其自行召集股东大会所通过的相关决议内容还是没有得到上市公司和监管机构的认可。

（四）争夺手段：善用上市公司治理机制，辅之以其他多种手段

基于前述，控制权争夺以取得董事会席位为主，提名、选举董事便尤为重要，为实现这一目的，就需要熟练使用“三会”的召集、召开、表决程序，具体表现为对股东提案权、自行召开股东大会等股东权利的运用以及通过监事会的特殊角色一定程度实现某种诉求等。同时，以章程或协议约定、违规增持、违反信息披露义务、违反“一致行动协议”等原因限制对方表决权。例如，在恒泰艾普案例中，守方意图修改公司章程为持股3%且连续持

有超过 180 日的股东才可以提名董事、监事,[①] 以此来限制攻方股东的提名权，又以攻方增持达到 5% 时未履行报告和公告程序限制其表决权。另外，通过与相关方达成一致行动/委托投票安排以扩大表决权，通过公开征集为己方征得更多投票权，也是实践中获得股东大会投票优势的重要手段。

此外，在对方作出不利决议时，一方可能会选择主动提起股东大会/董事会决议无效、不成立、撤销之诉，并同时申请行为保全，为诉讼以及控制权争夺争取更多的时间。例如，在*ST 海伦案例中，丁剑平方通过向法院申请行为保全的方式，阻碍了金诗玮方的董事、监事正常履行职责，致使金诗玮方虽然通过股东大会有效决议拥有董事会、监事会半数以上席位，但事实上仍无法实现对公司的有效控制。除民事诉讼之外，刑事诉讼对于争夺双方来说也是不可忽视的一把“利剑”，例如，在*ST 顺利案例中，第一大股东连良桂举报第二大股东彭聪涉嫌合同诈骗罪，彭聪因此被公安部门采取刑事拘留强制措施。另外，直接争夺公章、证照、肢体冲突等非法律手段也会存在于控制权争夺过程中。

（五）争夺结果：看得见的“胜负”，看不见的和解和协商

在控制权争夺的案例中，我们通常会划分攻方和守方，会标志事件的始末、会将争夺过程划分为不同阶段，也会以持股比例、董事会、监事会和经营管理层席位等要素去认定截至某个时间节点某一方“胜出”。事实上，这种划分和认定只是对于复杂事件的人为的过程化处理。一方面，这种胜出是短暂的，站在较短的时间范围内看一场争夺落下帷幕，但是否有后续、后续结果是否会发生逆转不得而知，“败方”能否就此罢手可能还是未知数；另一方面，我们经常看到在争夺后期，原来剑拔弩张的一方突然收敛锋芒，作为攻方不再发起攻势，或者作为守方也不再坚守阵地（如皖通科技案例），

① 根据《公司法》第 102 条第 2 款的规定，单独或者合计持有公司 3% 以上股份的股东，可以在股东大会召开 10 日前提出临时提案并书面提交董事会；董事会应当在收到提案后 2 日内通知其他股东，并将该临时提案提交股东大会审议。临时提案的内容应当属于股东大会职权范围，并有明确议题和具体决议事项。恒泰艾普此条章程修订相当于在《公司法》的基础上增加了连续持股 180 日的要求，以此来限制外部短时间内大规模增持股份股东的提名权，防止公司董事会、监事会被新股东控制，但最终该章程修正案经股东大会审议未予通过。

由此可以推知一方的“胜出”在一定程度上也少不了另一方的“配合”，但由于公开披露信息的有限性，双方究竟在背后达成了什么安排其实很难完整得知，这也是控制权争夺话题迷人的地方。综合来看，控制权争夺的背后更是利益的争夺，公司业绩下降、股价下跌对任何一方都是损失，甚至有的公司（如*ST 顺利、*ST 海伦、*ST 中昌、德奥退等）已经走到了退市的边缘。因此，通过理性的谈判和协商争取双赢、多赢的局面可能才是最终根本的解决之道。

（六）外部监督：监管及时介入，中介机构发表意见

对上市公司的日常监管主要来自交易所和中国证监会及其派出机构（证监局）。在发生控制权争夺后，交易所很可能会在第一时间作出反应，对其中一些重要问题进行问询，要求上市公司和争夺参与方进行说明和披露，同时就其中某些关键法律问题，交易所也会要求律师发表专业意见；参与各方在控制权争夺过程中存在不合规行为的，交易所或者证监局亦可能会对相关参与方给予行政监管措施甚至行政处罚。除监管机关关注和处罚外，因控制权争夺本身就充满了话题性和戏剧性，所以其往往亦是新闻媒体热衷报道的事件。

1. 监管机构下发关注函或采取行政监管措施，实施行政处罚

一旦有标志控制权争夺发生的公告发出，交易所通常会在第一时间下发关注函，就事件的细节以及对上市公司生产经营的影响等诸多问题进行问询，并且，随着事件的发酵和发展，交易所会持续关注并进行反复追问。例如，在世龙实业控制权争夺的过程中，交易所曾针对董事会、监事会换届候选人资料、董事会召集及召开程序、总经理任职资格、关联交易、股东大会表决、双公章及董事会印章、违规披露等问题七次下发关注函。另外，对于控制权争夺中一些违法违规的行为，监管机关也会采取责令改正、出具警示函等行政监管措施。例如，安徽证监局对皖通科技在印章管理、内部审计、募投项目管理等方面存在管理不规范之处采取责令改正措施，对其股东南方银谷自行发布临时股东大会通知，而未在交易所网站和符合中国证监会规定条件的媒体发布的行为采取出具警示函措施等。对于严重的违法行为，监管机构还

会实施行政处罚。例如，中国证监会对大连圣亚的总经理毛崴超比例增持、减持未报告、限制期内交易行为等行为给予警告并处以一定金额的罚款。

2. 中介机构发表专业意见

在控制权争夺中，攻守双方会在董事会、监事会、股东大会等公司治理机构展开各种较量，通过召开会议罢免对方的董事、监事。在这一过程中难免会遭到对方的阻挠，从而出现会议通知不规范、人员缺席、弃权、投反对票等情形。交易所出于对公司内控制度的关注通常还会要求律师对会议召集、召开等问题的合法性发表意见，如世龙实业、*ST 顺利等案例。除此之外，涉及其他专业法律问题，交易所也会要求律师发表意见，例如，董事会秘书、独立董事任职资格（嘉应制药）和独立性（皖通科技），是否可以限制股东投票权（世龙实业）等。同时，如果上市公司有资本运作项目涉及其他中介机构参与，交易所也会要求其发表意见。例如，同样是在嘉应制药案例中，就表决权委托解除事项对公司非公开发行股票方案的影响，交易所则要求非公开发行的保荐机构发表意见。

第四章　上市公司控制权争夺案例及评析*

——以 2020 ~ 2021 年度为例

笔者统计了 2020 年、2021 年两年的上市公司控制权争夺案例，并选取了 12 个具有代表性的案例，按照因控制权交易产生控制权争夺以及其他原因产生控制权争夺两大类，从该等案例控制权争夺前的基本情况、控制权争夺具体过程、控制权争夺结果、案例基本特点等维度进行了深入剖析，以期读者能管中窥豹，感受到控制权争夺背后惊心动魄、扣人心弦的力量。

一、因控制权交易产生争夺的案例

下面笔者就 2020 ~ 2021 年实际发生的 12 个典型控制权争夺案例进行简要分析。

（一）定增未成埋隐患，业绩存疑起纷争——*ST 海伦（300201. SZ）控制权争夺案

徐州海伦哲专用车辆股份有限公司（以下简称 *ST 海伦或公司）注册地址位于江苏省徐州市，2011 年 4 月在深交所上市，系国内首家以高空作业车为主导产品的上市公司。上市后，*ST 海伦通过不断并购重组，将主营业务范围逐渐扩大至高空作业车、电源车、军用车、LED 业务等多个领域。

2020 年 4 月，*ST 海伦发生控制权变更，原实际控制人出售公司控制权并同受让方就 *ST 海伦定增作出安排。然而，或许受子公司涉嫌财务造假风波等因素的影响，定增未能顺利完成。于是，原实控人和新实控人之间隐藏的分歧和矛盾爆发，原实控人欲夺回控制权并同新控制人展开了控制权争夺。

---

* 考虑到上市公司控制权争夺事件处于时刻变化、动态发展过程中，除非另有说明，本书涉及案例更新的争夺状态截止时间点为 2022 年 6 月 30 日。

2022年4月，因*ST海伦2021年财务报告被出具无法表示意见的审计报告，深交所对其股票交易实施退市风险警示。

下文将结合*ST海伦控制权交易、财务造假风波、定增未成、控制权争夺等情况，对本案例进行剖析和解读。

1. 控制权争夺发生前基本情况

控制权争夺前上市公司和争夺各方的基本情况如下：

（1）上市公司基本情况。

*ST海伦前身徐州海伦哲专用车辆有限公司成立于2005年3月，经江苏省对外贸易经济合作厅批准，2009年4月整体变更为外商投资股份有限公司，2011年4月*ST海伦首次公开发行股票并在深交所创业板上市。*ST海伦上市前的控股股东江苏省机电研究所有限公司（以下简称江苏机电）直接持有公司33.13%的股份，丁剑平持有江苏机电67.78%股权，为实际控制人。

自2011年上市以来，历经向印叶君等人发行股份购买深圳市巨能伟业科技有限公司（以下简称深圳巨能）100%的股权、向杨娅等人发行股份购买深圳连硕自动化科技有限公司（以下简称连硕科技）100%股权、股权激励、股份回购等事项，截至2020年3月，丁剑平直接（持股4.34%）及通过江苏机电（持股20.64%）合计持有*ST海伦24.98%的股份。

2020年4月起，中天泽控股集团有限公司（以下简称中天泽）就*ST海伦控制权交易事项与江苏机电、丁剑平先后签署股份转让协议、表决权委托协议，约定江苏机电将其所持*ST海伦5%股份转让给中天泽，同时江苏机电将其所持剩余的*ST海伦15.64%股份，丁剑平将其所持*ST海伦4.34%股份的表决权委托给中天泽。上述股份转让、表决权委托等安排实施后，中天泽直接持有*ST海伦6.85%的股份，通过表决权委托等合计控制*ST海伦26.83%的表决权，成为*ST海伦控股股东。金诗玮通过控制中天泽成为*ST海伦新的实际控制人。

2020年4月，*ST海伦与金诗玮控制的深圳中航智能装备股权投资基金合伙企业（有限合伙）（以下简称中航智能装备基金）[①] 签署《附条件生效

① 中航智能装备基金的执行事务合伙人为深圳中航产业投资管理企业（有限合伙），深圳中航产业投资管理企业（有限合伙）的执行事务合伙人为深圳伟石控股有限公司，金诗玮持有深圳伟石控股有限公司100%的股权。因此，中航智能装备基金系金诗玮控制的主体。

的股份认购协议》及补充协议，中航智能装备基金同意以现金认购*ST 海伦非公开定向增发的股份，但一年之后的 2021 年 3 月 31 日，各方终止本次非公开发行事项。

随后，因上述约定的定增未成，江苏机电、丁剑平认为其与中天泽之前签署的股份转让协议、表决权委托协议与定增完成系“一揽子”安排，表决权委托应当解除，因此起诉至法院要求确认表决权委托关系已经解除。

截至 2021 年 3 月 31 日，*ST 海伦第一大股东仍然为江苏机电，持股比例为 15.64%，第二大股东为 Meitung（CHINA）Limited（以下简称美通公司），持股 12.16%，第三大股东为杨娅，持股比例为 5.98%，中天泽则为第四大股东，持股比例为 5%，丁剑平持股 4.34%，为第五大股东。

值得注意的是，第三大股东杨娅所持股份系*ST 海伦于 2016 年 1 月发行股份收购连硕科技时取得。根据上市公司公告，自 2021 年 2 月起，连硕科技出现欠薪情况，杨娅亦在此期间与公司失联。2021 年 3 月，*ST 海伦对连硕科技进行财务自查时发现连硕科技存在涉嫌财务造假问题，并随即向江苏证监局报告并报警。比较巧合的是，*ST 海伦公告称终止定增并爆发控制权争夺的时间与*ST 海伦自查发现连硕科技财务问题的时间基本一致。根据控制权争夺过程中参与双方的披露内容来看，子公司连硕科技财务暴雷或许是本次控制权争夺爆发的真正原因。

根据*ST 海伦 2019～2021 年年度报告，*ST 海伦及其主要子公司在 2019～2021 年度营业收入及净利润情况如表 4－1 所示：

表 4－1　*ST 海伦及其主要子公司 2019～2021 年度营业收入及净利润

单位：亿元

公司（子公司）名称	营业收入			净利润		
	2019 年	2020 年	2021 年	2019 年	2020 年	2021 年
*ST 海伦	17.30	20.36	16.66	0.41	－4.81	1.32
连硕科技	2.37	0.32	—	0.25	－2.89	—
深圳巨能	1.66	0.71	—	－0.27	－0.99	—
上海格拉曼	6.46	10.10	6.74	0.32	0.89	0.46

值得注意的是，*ST 海伦于 2021 年 4 月发布公告称，为聚焦主营业务，分别以 500 万元、1 元的较低价格出售之前收购的巨能伟业 100% 股权、连硕科技 100% 股权。其中，针对出售连硕科技股权的原因，*ST 海伦称连硕科技人员严重流失，已无持续经营能力。

（2）争夺各方基本情况。

①攻方情况。

攻方代表主要为*ST 海伦原控股股东江苏机电及实际控制人丁剑平。江苏机电前身为江苏省机电研究所，丁剑平持有江苏机电 67.78% 股权，为其董事长和实际控制人。

除江苏机电、丁剑平外，攻方代表还包括攻方提名的*ST 海伦部分已离任董事或在任董事，该等人员或参与了攻方“抢夺”公章事件，或在公司公告中代表攻方出具过意见。

②守方情况。

守方代表主要为*ST 海伦现任控股股东中天泽及实际控制人金诗玮。除中天泽、金诗玮外，守方代表还包括守方提名的部分*ST 海伦董事。

③其他方情况。

美通公司系*ST 海伦发起人之一，实际控制人为林旭东。根据*ST 海伦上市时的披露情况，美通公司系外部投资人股东，同江苏机电、丁剑平等无法律上的关联关系。*ST 海伦上市前美通公司为*ST 海伦当时第二大股东，上市后陆续有过减持，截至 2022 年 6 月 30 日仍为*ST 海伦第二大股东。在本次控制权争夺过程中，美通公司曾先后向*ST 海伦董事会、监事会提议召开临时股东大会，罢免守方提名的相关董事、非职工代表监事，并同时提名攻方代表，但后遭*ST 海伦董事会、监事会拒绝，未能成功。

2. 控制权争夺主要过程

如上所述，2020 年 4 月，中天泽就*ST 海伦控制权交易事项与江苏机电、丁剑平先达成一系列安排，*ST 海伦的控制权发生了变更，中天泽成为*ST 海伦控股股东，金诗玮成为*ST 海伦实际控制人。

2020 年 6 月起，中天泽开始对*ST 海伦董事会进行改组。本次改组主要涉及非独立董事人员变更，其中，中天泽、金诗玮提名非独立董事共 4 名，分别为金诗玮、董戴、童小民、薄晓明，江苏机电、丁剑平提名非独立董事2名，分别为张秀伟、尹亚平，据此中天泽取得*ST海伦董事会非独立董事半数以上席位。

2021年3月，原定由金诗玮和中天泽参与的定增出现变数，*ST海伦公告终止定增事宜，定增协议约定的募集资金事项未能顺利实现。2021年5月，江苏机电、丁剑平以定增事项为控制权交易“一揽子”安排为由，认为表决权委托已解除，向法院就表决权解除事项提起诉讼并要求中天泽赔偿相关损失，*ST海伦控制权争夺正式爆发。

2021年5月，*ST海伦董事会进行换届选举并召开股东大会，金诗玮、薄晓明、董戴、童小民、马超、邓浩杰为公司新一任非独立董事，江苏机电、丁剑平提名的张秀伟、尹亚平不再担任公司董事。

2021年5月至10月，中天泽与江苏机电、丁剑平以及*ST海伦之间发生多起诉讼事项。其中包括：①江苏机电、丁剑平提起*ST海伦2021年5月股东大会决议无效之诉，并确认丁剑平、江苏机电与中天泽之间签订的《表决权委托协议》及《表决权委托协议之补充协议》已于2021年4月30日解除。江苏机电、丁剑平要求法院撤销*ST海伦股东大会决议的理由为，表决权委托已失效，中天泽仅就其持有的*ST海伦股份无法对股东大会中部分议案作出有效表决。此外，江苏机电、丁剑平还就该次股东大会选举的新任董事、监事、高级管理人员禁止履行职务职责申请行为保全，法院经审查后同意该保全申请。① ②作为回应，中天泽就江苏机电、丁剑平违反控制权交易约定，分别提起违约之诉（认为江苏机电、丁剑平未按照合作协议约定向中天泽完全、真实披露*ST海伦的经营状况，这是第一次将连硕科技涉嫌财务造假问题引入控制权争夺过程中，并引起新闻媒体高度关注和报道）、表决权委托继续履行之诉，并就江苏机电、丁剑平禁止行使其持有*ST海伦股份的表决权（主要针对董事、监事提名、选任事项等）申请行为保全，法院经审查

① 值得注意的是，2021年10月，*ST海伦董事金诗玮、薄晓明、董戴、童小民、张伏波、黄华敏在董事职责被禁止履职的情况下仍召开董事会并作出决议。江苏机电、丁剑平认为该等董事召开董事会的行为违反了行为保全的裁定，于2021年10月14日申请强制执行，但随后又于27日撤回强制执行申请。

后亦同意该保全申请。至此，*ST 海伦公司治理控制权争夺陷入胶着状态。

2021 年 10 月，丁剑平等人抢走*ST 海伦公章及财务章并提出全面接管公司。当月，*ST 海伦就该等抢夺公章行为提起返还公章之诉，并就禁止丁剑平等人使用公章办理法定代表人、董事、监事、总经理以及公司章程、经营地址、经营范围的工商变更登记手续申请行为保全，法院经审查后同意该保全申请。抢夺事件在一定程度上反映出丁剑平等人意识到仅靠诉讼方式夺回控制权的可能性较低，故开始尝试采用其他手段。同时，抢夺事件的发生也不排除其通过吸引舆论向对方施压的可能性。抢夺事件发生后，新闻媒体对*ST 海伦控制权争夺关注热度明显提升。

抢夺事件发生后，*ST 海伦公告内容中涉及需要董事会回复的内容，不再以全体董事的统一口径回复，而是由攻守双方代表董事分别回复。需要注意的是，*ST 海伦于 2021 年 5 月进行董事会换届选举时，未明确披露非独立董事的提名主体，但根据抢夺事件发生后*ST 海伦董事会披露情况判断，*ST 海伦 2021 年 5 月换届选举的董事中，金诗玮、董戴、童小民、薄晓明系守方提名董事，马超、邓浩杰系攻方提名董事。

2021 年 10 月，*ST 海伦第二大股东美通公司先后向*ST 海伦董事会、监事会提议召开临时股东大会，议案内容主要为：罢免守方提名的金诗玮等 4 名非独立董事、3 名独立董事及 2 名非职工代表监事，同时选举攻方提名的 4 名非独立董事、3 名独立董事及 2 名非职工代表监事。但*ST 海伦董事会、监事会以 2020 年度股东大会决议有效，该等提案不属于股东大会审议程序，监事履行职责受行为保全限制等理由拒绝美通公司提议。

从美通公司提议召开临时股东大会的事实及议案内容来看，存在攻方联合第二大股东重新控制*ST 海伦董事会、监事会的可能，但美通公司该等提议均被拒绝。基于该等事实，攻方认为守方违反了决议无效之诉中守方提名董事、监事行为保全的要求，并于 2021 年 10 月向法院申请对*ST 海伦就行为保全事项的强制执行，但 2021 年 11 月，攻方却主动撤回了强制执行申请，撤回原因不得而知。

2022 年 6 月，江苏机电、丁剑平利用其控制的公司公章，以*ST 海伦的名义对中天泽、金诗玮提起损害公司利益责任纠纷之诉。*ST 海伦要求法院判决中天泽、金诗玮承担损害公司利益责任的理由为，金诗玮担任公司法定代表人、董事长期间，恶意裁员、破坏连硕科技生产经营、贱卖公司资产，并最终以1元价格转让连硕科技全部股权，给公司造成巨额经济损失。同时，*ST海伦申请了财产保全，中天泽持有的公司股份全部被司法冻结。

截至2022年6月底，除丁剑平对中天泽的表决权解除之诉因未及时缴纳诉讼费用视为主动撤诉外，上述诉讼事项仍在进行中。中天泽、金诗玮虽能够控制*ST海伦董事会半数以上席位，但因受行为保全裁定影响，自2021年5月至今，*ST海伦董事会仅在2021年10月、2022年4月召开两次会议，无法认定中天泽、金诗玮能够通过对董事会的控制实现其对*ST海伦全面、有效的控制。同时，江苏机电、丁剑平虽未归还*ST海伦公章，但同样因受行为保全影响，无法有效使用公司公章，且无法通过行使其持有公司股份的表决权来调整董事会、监事会人员组成，*ST海伦控制权争夺陷入僵局。

3. 控制权争夺结果

自2021年5月正式爆发以来，控制权争夺对*ST海伦董事会席位、日常经营决策的影响，以及涉及的监管问询、监管立案和处罚等情况如下：

（1）董事会席位：*ST海伦股东大会于2021年5月选举了新一届董事会成员，并于2021年6月补选1名独立董事。其中守方提名的非独立董事共计4名，独立董事3名；攻方提名的非独立董事共计2名。中天泽、金诗玮已控制*ST海伦董事会半数以上席位，截至2022年6月底，前述安排仍未发生变化。

（2）日常经营决策：由于攻方以2020年度股东大会决议无效为由提起诉讼，并通过申请行为保全致使守方提名董事无法有效履行董事职务，自2021年10月以来，*ST海伦仅召开两次董事会会议。同时，攻方于2021年10月“抢夺”公司公章，守方因此向法院提起诉讼，要求攻方归还公章，并通过申请行为保全致使攻方无法正常使用公司公章。

（3）监管问询：从2020年4月开始，深交所就控制权交易、股东诉讼、公章抢夺、控制权是否变更、生产经营是否正常、是否存在未披露的重大事件、年度报告中会计师事务所的保留意见等问题多次出具关注函及问询函，*ST 海伦就该等关注或问询问题均进行了回复。

（4）监管立案和处罚：截至2022年6月底，*ST 海伦及攻守双方未因控制权争夺受到监管立案或处罚，但考虑到控制权争夺过程中被曝光的连硕科技涉嫌财务造假、攻守双方及*ST 海伦涉嫌信息披露不实等问题，不能排除该等主体未来受到监管立案或处罚的风险。

（5）退市风险警示：*ST 海伦因2021年年度财务报告被审计机构出具无法表示意见的审计报告，深交所于2022年4月28日起对*ST 海伦股票交易实施退市风险警示，股票简称前冠以“*ST”字样，股票简称变更为“*ST 海伦”。

值得注意的是，根据审计机构出具的《关于2021年度财务报告非标准审计意见的专项说明》中关于本次控制权争夺对审计报告影响的说明，因攻守双方对于*ST 海伦控制权及经营管理的争夺，致使*ST 海伦董事会及经营管理层之间沟通受限，部分董事无法履职，无法承认管理层编制的财务报表的真实性及公允性。同时，上述控制权争夺涉及诉讼尚未终局，董事会及经营管理层对于财务报表编制、经营管理的部分责任受限于法院裁定或判决而无法履行，财务报表的编制及监督相关的内部控制可能存在失效风险。基于上述分析，审计机构无法获取充分、适当的审计证据消除其对*ST 海伦2021年度财务报表整体是否存在重大错报的疑虑，同时也无法判断上述控制权争夺事项对*ST 海伦持续经营的影响。

4. 争夺背后：控制权交易的导火索——财务造假风波

（1）关于连硕科技涉嫌财务造假问题

自2021年10月守方提起违约之诉，连硕科技涉嫌财务造假的问题开始频频出现在攻守双方博弈过程中，关于连硕科技涉嫌财务造假问题的主要时间线及监管部门关注情况如表4－2所示：

表 4-2　连硕科技涉嫌财务造假问题的主要时间线及监管部门关注情况

时间	基本情况	深交所关注/问询	公司回复
2019 年年底	*ST 海伦收购连硕科技时，2016~2019 年 4 年业绩承诺分别为 2100 万元、3000 万元、4000 万元、5200 万元，最后整体完成率为 102.37%，踩线完成业绩承诺	深交所要求*ST 海伦说明连硕科技业绩承诺期精准达标的原因及合理性	*ST 海伦收购连硕科技系公司随着市场变化主动寻求变化，在并购开始后的 2016 年、2017 年享受消费电子市场的红利，业绩承诺完成率较好。2018 年、2019 年及时调整客户结构，拓展汽车周边智能自动化业务及人工智能领域业务，实现公司产品多元化。但在战略调整的过程中，牺牲了部分利益，同时也未完全进入汽车行业，由此导致 2018 年、2019 年业绩承诺完成率出现下滑。因连硕科技盈利预测是以 2015 年被收购时消费电子领域市场前景为前提的，累计实现的净利润与收购时盈利预测较为接近，主要是整个业绩承诺期间的市场供给变化及连硕科技的战略发展调整所致。从业绩承诺完成率的角度，符合市场变化及连硕科技自身战略发展调整等客观事实
2020 年 10 月	*ST 海伦第三季度报告称对连硕科技 2.42 亿元商誉全额计提减值准备	深交所要求*ST 海伦说明商誉减值迹象的识别判断具体过程，首次出现大额商誉减值迹象的时点，相关判断是否谨慎合理，前期计提商誉减值是否充分	连硕科技首次出现大额商誉减值迹象的时点为 2020 年第三季度，受疫情影响，公司订单未能如期进行，收入利润出现大幅下降，连硕科技无法实现 2019 年度商誉减值测试中管理层预计的经营利润，且连硕科技层面目前实现的利润明显低于形成商誉时的预期，商誉出现减值迹象。商誉减值迹象显现后，管理层对连硕科技资产组合进行了商誉减值测算，对减值迹象的判断谨慎合理，前期计提商誉减值充分

续表

时间	基本情况	深交所关注/问询	公司回复
2021年4月27日	中审众环会计师事务所对上市公司2020年度出具了有保留意见的审计报告	深交所要求*ST海伦说明未就连硕科技应收账款、存货、应付账款期初账面价值向年审会计师提供充分、适当的审计证据的原因，核实上述科目是否真实存在并被准确计量、相关交易是否具有商业实质、应收账款是否真实存在并准确计量、坏账准备计提是否及时合理、对应的营业收入是否真实、前期收入确认依据是否充分、是否存在虚增收入或跨期确认收入情形	连硕科技未能就应收账款、存货、应付账款期初账面价值向年审会计师提供充分、适当的审计证据的主要原因是人员流失严重，在职人员仅2人，且总经理无法正常履职，导致年审会计师未能实施现场访谈，亦未能取得应收账款函证回函，外部证据缺失。江苏证监局正在对连硕科技的业绩真实性进行调查，尚未有正式结论。公司将积极配合江苏证监局的调查工作，最终以江苏证监局的调查结论为准
2021年4月28日	*ST海伦以1元价格出售连硕科技100%股权，并于6月8日完成工商变更登记	深交所要求*ST海伦说明出售连硕科技100%股权的原因、目的及合理性	由于连硕科技人员严重流失，已无持续经营能力；连硕科技在行业所处地位较低，竞争能力弱；自被公司收购以来，长期依靠公司大额的财务资助才能维持其经营运转，占用并消耗了公司大量资源，严重影响和拖累了公司整体的经营业绩。为实施聚焦主业的发展战略，故出售连硕科技100%股权

续表

时间	基本情况	深交所关注/问询	公司回复
2021年10月	守方董事代表在回复深交所问询函时表示，连硕科技在业绩承诺期内存在虚构交易并虚假确认收入的情况，存在销售退回、虚增利润的情况，存在虚构应收账款和预付采购费用的情形等	深交所要求*ST海伦说明连硕科技涉嫌财务造假的具体情形，涉及的各报告期合并财务报表及相关子公司财务报表的具体科目和金额，金额的确定依据和计算过程，并自查说明公司对连硕科技及其子公司财务造假责任人的认定情况	守方董事代表在回复深交所关注函时表示，连硕科技及其子公司财务造假、套取上市公司募集资金的责任人至少包括杨娅，因涉案金额大，涉案时间跨度长，杨娅一人难以单独做到，尤其是惠州连硕募集资金存于监管账户，使用和付款根据监管要求更加严格，因此不排除时任*ST海伦董事长丁剑平和财务总监粟沛思等其他高管亦深度参与其中。 攻方董事代表在回复深交所关注函时表示，连硕科技总经理杨娅已于2020年6月12日前向攻方坦白财务造假之事，并于同年10月9日前向徐州警方说明情况；守方此前曾多次要求攻方给予其2亿~6亿元补偿，并同意将连硕科技剥离出*ST海伦，并不对外披露财务造假事宜。由于马超、邓浩杰无法对连硕科技的财务资料进行核查，无法认定责任人

从上述对监管问询的回复可以看出，攻守双方于控制权争夺爆发前均已了解连硕科技涉嫌财务造假情况，但2021年10月前，双方均未就该等问题履行相关信息披露义务，存在信披违规嫌疑。同时，根据连硕科技财务问题可以判断，*ST海伦就控制权交易申请非公开发行股票以前，公司财务、业务和内控等方面已存在较大问题。考虑到上市公司定增时需对持续经营能力、财务内控真实性、合规性进行说明，*ST海伦的定增未成其实在2020年控制权交易完成时就已经埋下伏笔，定增未成只是控制权交易失败的表面原因，实质问题还是在于*ST海伦背后因历史上重组标的存在的财务潜在风险。

鉴于攻守双方于2021年10月才将财务造假问题引入控制权争夺过程中，且中国证监会、深交所等监管机构尚未对*ST海伦财务造假问题作出明确认定和处罚，该问题对*ST海伦的影响尚待持续观察。

（2）独立董事集体辞职

2021 年 10 月 30 日，*ST 海伦 3 名独立董事均以个人原因为由提出辞职。

上市公司全部独立董事集体辞职的情况在资本市场较为罕见，从另一个侧面反映出*ST 海伦的日常经营管理，特别是在财务、会计方面可能仍存在隐患或不确定性。需要注意的是，根据*ST 海伦公告内容，3 名独立董事辞职申请将在*ST 海伦股东大会选举出新任独立董事后生效，但截至 2022 年 6 月底，*ST 海伦尚未完成独立董事补选，因此，该等独立董事事实上仍在履行职务。

（3）中小投资者民事索赔风险

根据最高人民法院《关于审理证券市场虚假陈述侵权民事赔偿案件的若干规定》的要求，投资者可以就上市公司信息披露义务人虚假陈述的情形提起侵权民事赔偿诉讼。因此，如最终认定*ST 海伦历史上重组标的涉嫌财务造假，则*ST 海伦及相关各方还可能面临被中小投资者要求民事索赔的风险。

5. 案例特点

从 2020 年 4 月启动控制权交易，到 2021 年 5 月控制权争夺爆发至今，攻守双方不断博弈，本案例呈现如下特点：

（1）控制权争夺爆发背后存在潜在风险：根据*ST 海伦公告内容，控制权争夺爆发的导火索为控制权交易中约定的、应由收购方负责的定增未能成功，但仔细梳理控制权争夺过程中各方回复内容，定增未成及导致的控制权争夺背后，实际上存在更隐性的原因，即*ST 海伦历史上重组标的连硕科技涉嫌财务造假问题。因此，在上市公司控制权交易过程中，对上市公司及其重要子公司进行充分、细致和全面的尽职调查并在此基础上设计交易方案显得尤为重要，不能因为标的公司是上市公司，公司治理和合规性等问题相对规范就认为天然地不存在潜在的巨大风险，否则就可能会使至少一方的交易目的无法实现，且极易产生不可调和的重大矛盾，最终演变为激烈的控制权争夺。

（2）控制权交易中以不确定事项作为交易条件：根据*ST 海伦公告内容，攻方要求解除表决权委托的主要理由是认为定增未成致使控制权交易的“一揽子”安排无法实现。虽然法院目前尚未就江苏机电提起的表决权委托解除之诉作出判决，但本案例这一特点仍可以给控制权交易方案一定启发。实践中，如一方拟通过控制权交易取得上市公司股份，交易协议中不建议以定增、重组等控制权交割之后发生的不确定事项作为交易的必要条件之一。在控制权交易（如董事会、监事会换届或者改选、表决权委托等事项）已经生效或实施完成的情况下，如其后的定增或重组失败，则交易双方爆发控制权争夺的风险较高。

（3）管辖权异议在控制权争夺中的应用：在本案例引发的多起诉讼过程中，攻守双方均多次通过提起管辖权异议申请的方式打乱对方进攻节奏，延长本方准备时间，包括：

①守方针对攻方提起的表决权委托解除之诉，以合同履行地为由提起管辖权异议，成功将该案诉讼管辖地变更至守方所在地深圳。

②攻方针对守方提起的违约之诉，以该案系股东知情权纠纷、因公司增资引起的纠纷及公司决议纠纷，适用专属管辖为由，提起管辖权异议，但受理法院裁定驳回该管辖权异议。

③除上述情形外，*ST 海伦控制权争夺过程中攻守双方还存在多起涉及管辖权异议的情形，但均被受理法院裁定驳回。

基于此，实践中一方如因上市公司控制权争夺被提起诉讼，通过提起管辖权异议申请一方面可以有效拖延对方进攻节奏，为己方争取准备时间；另一方面如管辖权异议申请获得法院支持，则有利于将管辖地变更为对一方更为有利的地区。但需要注意的是，一旦提起管辖权异议，诉讼周期将会进一步拉长，且对方还可以通过对管辖权异议裁定结果提起上诉的方式进一步拉长诉讼时间。因此，控制权争夺中提起管辖权异议时，应结合己方实际情况灵活判断使用。

（4）行为保全在控制权争夺中的应用：本案例中，攻守双方多次通过行为保全的方式限制对方权利，其中：

①攻方在决议无效之诉中以提起行为保全申请的方式，对守方提名的董事、监事的履职行为进行限制，致使*ST 海伦董事中仅攻方代表董事能够正常行使董事权利，从事实上产生守方虽已控制董事会、监事会半数以上席位，但仍实际无法通过董事会、监事会实现对*ST 海伦有效控制的结果。

②守方在表决权委托继续履行之诉中，以提起行为保全申请的方式，对攻方行使其所持有的*ST 海伦股份表决权进行限制，避免在表决权委托是否解除仍存在争议的情况下，攻方擅自使用其持有股份的表决权。

③*ST 海伦在返还公章之诉中，以提起行为保全申请的方式，对攻方使用公司公章办理法定代表人、董事、监事、总经理以及公司章程、经营地址、经营范围的工商变更登记手续等作出限制，致使攻方虽然已通过“抢夺”方式控制公司公章，但仍无法有效使用公章，减缓了公司在公章“失控”的情况下受到进一步不利影响的风险。

基于此，实践中发生上市公司控制权争夺事件的，通过提起行为保全申请的方式一方面可以对对方权利进行限制，另一方面也可以有效减缓控制权争夺对上市公司产生的不利影响。

（二）股价意外腰斩，转让突变争夺——国旅联合（600358. SH）控制权争夺案

国旅联合股份有限公司（以下简称国旅联合或上市公司）是国内较早实现上市的旅游企业。上市至今已有 20 余年，实际控制人变更过 3 次，本次控制权纷争即是因最近一次控制权转让而起。

1. 控制权争夺发生前基本情况

控制权争夺前上市公司和争夺各方的基本情况如下：

（1）上市公司基本情况。

国旅联合系经原国家经济贸易委员会和原国家旅游局共同批准于 1998 年 12 月 29 日设立，于 2000 年 9 月 22 日在上交所主板上市的公司。国旅联合注册地址位于南京市江宁区，主营业务是互联网营销、个性化旅行综合服务、旅游目的地建设和运营。

国旅联合上市时的控股股东为中国国际旅行社总社（以下简称旅行社总社），系主发起人，发行前持有国旅联合 45. 45% 股份，实际控制人为国务院国有资产监督管理委员会（以下简称国务院国资委）。

自 2000 年上市以来，因国旅联合定向发行股份和旅行社总社对外转股等事宜，控股股东中国国旅集团有限公司（以下简称国旅集团，前身为旅行社

总社[①]）的持股比例已被稀释至17.03%。

2014年1月，国旅集团与厦门当代资产管理有限公司（以下简称当代资管）签署《股权转让协议》，将其所持国旅联合全部17.03%股份转让至当代资管。同年3月，该次交易完成股份过户登记手续。

根据媒体报道，由于当时第二大股东南京江宁国有资产经营集团有限公司（以下简称江宁资产）持有上市公司10.44%股份，与当代资管的持股比例没有拉开差距，所以当代资管方在成功入主国旅联合后于2015年年底至2016年年初即通过非公开发行股份的方式增持了上市公司。具体而言，厦门当代旅游资源开发有限公司（以下简称当代旅游）和北京金汇丰盈投资中心（有限合伙）（以下简称金汇投资）两个主体通过认购国旅联合非公开发行的股份成为国旅联合股东，而当代旅游的控股股东王书同与当代资管的实际控制人王春芳为父子关系，且王书同将其持有当代旅游99%股权不可撤销地委托给王春芳管理。因此，委托管理期间王春芳亦为当代旅游的实际控制人。此外，金汇投资与当代旅游签署《一致行动协议》，系当代旅游的一致行动人。

该次定增完成后，当代资管为第一大股东（持股14.57%），当代旅游为第二大股东（持股11.47%），金汇投资为第四大股东（持股2.97%），王春芳通过当代资管、当代旅游、金汇投资合计控制国旅联合29.01%的股份，系国旅联合的实际控制人。而此时，已经过3次减持的江宁资产持股比例降至4.73%，已降至公司第三大股东。

2018年6月，当代资管与江西省旅游集团有限责任公司（以下简称江旅集团）[实际控制人为江西省国有资产监督管理委员会（以下简称江西省国资委）]签署《股份转让协议》，将其所持国旅联合全部14.57%股份转让至江旅集团。[②] 在此期间，当代资管提名的1名董事辞职。2019年1月，该次

---

① 旅行社总社于2007年9月27日经国务院国资委批准变更为国旅集团。

② 根据《股份转让协议》的约定，股份完成过户登记后，当代资管应确保于法律及上市公司章程允许的最短时间内完成：促使当代资管提名的部分董事辞职，召集选举新董事（4名）、独立董事（2名）的临时股东大会和聘任江旅集团提名高级管理人员的临时董事会，并承诺对上市公司董事会、高级管理人员改组给予（并确保其关联方给予）最大的支持和配合，江旅集团能够依法依规充分行使大股东及实际控制人的权利。

交易完成股份过户登记手续。股份过户完成后，江旅集团提名的 4 名董事当选国旅联合董事（占 6 名董事席位半数以上），被提名的彭承当选为总经理并代行财务总监职务。

至此，江旅集团持有国旅联合 14.57% 股份，成为上市公司单一拥有表决权份额最大的股东，并被认定为国旅联合的控股股东，① 江西省国资委成为国旅联合新的实际控制人。

但好景不长，正是这次控制权转让最终演变成控制权纷争。

（2）争夺各方基本情况。

①当代集团方。

主要包括王春芳、当代资管、当代旅游和金汇投资（以下合称当代集团），王春芳为原上市公司实际控制人，其余主体均为控制权争夺前的上市公司股东，且为王春芳实际控制。当代资管在股份转让完成后已不再持有上市公司股份。除此以外，还包括施亮（原董事长兼总经理）、陈伟（原董事兼副总经理）、陆邦一（原董事会秘书）、连伟彬（原副总经理兼财务总监）、杨宇新（原总裁助理）等原管理层核心人员以及上市公司小股东林纯婷。

②江旅集团方。

以江旅集团为代表，为上市公司新任控股股东，除此以外，还包括曾少雄（新董事长、法定代表人）、彭承（新任总经理）等现管理层人员。

2. 控制权争夺主要过程

（1）争夺发生原因。

事实上，前文提及的当代资管转让 14.57% 股份给国旅集团只是当代集团与江旅集团于 2018 年 6 月 10 日签署的《股份转让框架协议》（以下简称《股转框架协议》）中约定事项的一部分，当时双方约定的是当代集团将其合计持有国旅联合 29.01% 的全部股份转让至江旅集团（除当代资管所持 14.57% 股份外，还包括当代旅游所持 11.47% 股份及金汇投资所持 2.97% 股份），转让价格为 8.292 元/股，转让价款合计约为 12 亿元。

---

① 同一时间，当代旅游与其一致行动人金汇投资共计持股占上市公司的 14.44%，江宁资产持股 4.73%。

同日，作为《股转框架协议》的一部分，厦门当代控股集团（以下简称当代控股，系当代集团之关联方）、王春芳与江旅集团还签署《战略合作协议》，约定江旅集团出资10亿元投资当代控股旗下的项目且应于2019年1月27日支付完成，同时将江旅集团未支付投资款的违约责任与《股转框架协议》进行勾稽：若《股转框架协议》项下股转已完成过户，则《战略合作协议》废止且江旅集团需另行补偿当代集团5亿元；若《股转框架协议》项下股转未完成过户，则该协议项下股份全部返还给当代集团，已付2.5亿元定金不予返还。

在第一部分（14.57%）股份转让完成过户后，江旅集团继续与当代旅游、金汇投资就剩余的14.44%股份转让于2019年3月分别签署4份股份转让协议，但该等转让并未实际进行。

值得注意的是，江旅集团于2019年11月至12月通过集中竞价交易方式增持了国旅联合5%股份，增持完成后直接持有国旅联合19.57%股份，进一步增强对上市公司的控制权。

事先约定的股份转让未实施，江旅集团反倒自行增持股份，这背后的原因或许可从媒体报道中了解一二：国旅联合股价在股权转让交易期间发生了重大变化。如上所述，《股转框架协议》中双方确认的交易价是8.292元/股，到第一部分交易（14.57%）完成时，国旅联合股价却跌到了不到4元/股。江旅集团只需花一半价钱就可以从二级市场增持同样的股份，因此可能不愿继续履约受让剩余股份，这也使原来和睦的合作关系转变为敌对的纷争关系，原本的控制权转让转变为控制权争夺。

（2）争夺主要过程。

江旅集团于2018年6月成为新的控股股东后即着手进行了国旅联合的董事会和管理层换届，换届完成后，国旅联合董事会和管理层均由其控制。

有意思的是，换届完成后江旅集团非但不继续推进剩余股份转让事宜，反倒通过公开市场自行增持上市公司股份，当代集团方或已感受到江旅集团的“违约”意图，因此，即便江旅集团已经通过多种方式要求当代集团方原任经营管理人员进行工作交接，但其始终不配合向江旅集团方新管理层移交公司印章证照、财务税务资料、档案文件等重要资料，导致江旅集团方不能充分有效行使对上市公司的经营管理职权。

另外，从江旅集团在后续针对交接事宜所提起的诉讼中也可以看到，即使其法律上取得控制权，当代集团方的王春芳还代表上市公司股东当代旅游召集公司“过渡期工作会议”，明确由股东当代旅游监管上市公司相关章、证、照的使用。原任管理层亦向公司发函明确表示，不予配合交接。

为进一步督促当代集团方交接，江旅集团方还通过召集董事会并作出决议的方式要求当代集团方代表将所掌握的全部公章证照、财务税务资料及档案文件等移交给现任江旅集团方董事长、法定代表人，现任总经理（代行财务总监职责）及指定的其他人员，并进行工作交接。但后续当代集团方并未执行董事会决议完成交接。

因当代集团方迟迟不移交公司重要资料，在董事会、管理层换届决议作出的 3 个月后，江旅集团方于 2019 年 9 月采取司法手段，即通过上市公司对当代集团方多主体（包括原实际控制人王春芳、现股东当代旅游及原管理层核心成员等）提起损害公司利益责任纠纷之诉，并要求前述主体：①停止非法占有、控制、使用原告的印章证照、财务税务资料、档案文件等公司经营所需资料；②返还前述资料；③协助上市公司办理董事、监事、法定代表人、高级管理人员工商变更备案手续，协助办理公司注册地址变更及迁移调档的工商变更备案手续；④赔偿上市公司经济损失 2000 万元。同时，上市公司还申请了行为保全和财产保全。

值得注意的是，在该案起诉时，江旅集团方虽然从法律角度已实际控制上市公司，但公章等重要资料仍由当代集团方实际控制。因此，当江旅集团方在以国旅联合名义提起前述诉讼时，起诉文件中未加盖公章，仅由新任法定代表人曾少雄签字。当代集团方则看到了机会，转而提交了一份由其代表施亮作为法定代表人签字并加盖公章的撤诉申请，但法院最终未允许其撤诉申请。

该案于 2021 年 5 月作出一审判决，法院支持了要求当代集团方王春芳和当代旅游返还上市公司旧印章、旧营业执照、业务合同等相关重要资料的诉请，但其余诉请被驳回，① 被告当代旅游于同年 6 月上诉。2022 年 5 月，因

---

① 截至 2022 年 6 月 30 日未找到判决原文，上市公司公告仅披露了诉讼请求和裁判结果，尚无法得知法院判决的具体内容。

一审法院未向当代集团、王春芳送达国旅联合落款于2021年3月24日的起诉状副本，并依此进行判决，南京市中级人民法院作出裁定，撤销一审判决并发回重申，目前该案正在审理中。

除提起损害公司利益责任纠纷之诉外，江旅集团还于2019年9月10日向当代集团方相关主体（原实际控制人王春芳、原控股股东当代资管及其关联方当代控股和鹰潭市当代投资集团有限公司）提起股权转让纠纷之诉，江旅集团认为当代资管等主体违反了当时股权转让协议中“当代资管应督促国旅联合及其全资、控股子公司的全部印鉴、证照、财务资料等公司经营所需的全部资料交予江旅集团确认”的条款，后江旅集团主动撤诉。

就在江旅集团方提起上述两个诉讼的同时，当代集团方通过小股东林纯婷向上市公司提起公司决议纠纷之诉，① 其认为上市公司董事会2019年第六次临时会议（以下简称第六次董事会）作出的同意由彭承担任上市公司总经理（同时担任江旅集团的副总经理）的决议违反了章程规定的“在公司控股股东、实际控制人单位担任除董事以外其他职务的人员不得担任公司的高级管理人员”的规定，应予撤销。同时，林纯婷亦主张上市公司董事会2019年第八次临时会议（以下简称第八次董事会）决议的通过系以第六次董事会决议成立为前提，但因上述第六次董事会决议或被撤销，第八次董事会的通过已缺乏前提依据，亦应予撤销。第八次董事会决议通过由彭承代行财务总监职责、加快交接公司印章证照等关键资料、授权现任管理人员处理前述重要资料、明确在现阶段由法定代表人签字代表公司开展活动等议案。该案于2020年12月作出一审判决：驳回林纯婷全部诉讼请求，二审维持原判，已审理终结。②

在与江旅集团方的上述诉讼均受挫后，当代集团方于2019年9月告知江旅集团方，要求解除《股转框架协议》及相关协议，但江旅集团认为没有事

---

① 虽然从公告中不能明确知悉林纯婷属于何方阵营，但我们认为从其起诉及投诉事宜等行为表现来看，其可能是与当代集团方保持一致，当时林纯婷持股数为250 000股，约持有上市公司0.049%股份。

② 根据媒体报道，因国旅联合并未及时对外披露该案情况，林纯婷曾以“没有履行信息披露义务”向江苏省证监局投诉国旅联合。林纯婷在投诉后，仍然未见国旅联合披露相关公告，于是委托律师对国旅联合进行二次投诉。从公告中无法看到相关投诉及证监局对此事的关注情况。

实和法律依据遂拒绝。据此，当代资管于 2019 年 11 月以江旅集团未履行《战略合作协议》有关约定为由向法院提起诉讼，请求判令江旅集团将上市公司 510 万股股票返还当代资管。同时，当代资管提出保全申请，将江旅集团所持国旅联合 510 万股股票冻结，后江旅集团提出保全复议申请并获法院支持后解除冻结。

法院于 2021 年 8 月作出一审判决，驳回当代资管的全部诉讼请求，而后当代资管提起上诉，截至 2022 年 6 月 30 日仍在二审审理中。

除了提起诉讼外，当代集团方继续与江旅集团方开展争夺，2019 年 11 月，当代资管和当代旅游在关联方当代控股的官方微信公众号上披露举报信，举报江旅集团宴请江旅集团诉讼所涉的保全法官，① 涉嫌违法违规。

或许是出于反击，江旅集团方在举报信披露后的一天后即更新公告称，上市公司已完成法定代表人的工商变更登记，并领取了新营业执照，启用新印章，自公司启用新印章之日起，公司原旧印章作废并不得再使用。

另外，江旅集团在公告中还特意加粗字体声明上市公司将继续推进与当代集团方损害公司利益责任纠纷案件，表明其与当代集团方战斗到底的态度与决心。而后当代集团方未再有进攻迹象。

此外，就前述提及的江旅集团收购当代集团方剩余 14.44% 股权事宜，当时双方签署了 4 份股份转让协议，就其中 1 份转让 5% 股份的协议，当代旅游曾向江旅集团出具承诺函，承诺如当代旅游在 2019 年 8 月 31 日之前未就约定的 5% 股份的解押、过户等事宜与江旅集团、质权人广州证券达成一致且签订相关合作协议，则江旅集团可无条件单方解除该份股份转让协议，且双方互不承担违约责任。2021 年 2 月 5 日，江旅集团就解除事宜向当代旅游发函，告知当代旅游该份协议已得到法定解除。

自此，国旅联合的控制权争夺也暂时告一段落。

---

① 根据公开信息，两位法官被举报后，南昌市中级人民法院纪检监察部门已对相关情况开展调查，熊某华、沈某峰两人当时已被停职检查。2020 年 5 月，熊某华受到党内警告处分，沈某峰受到诫勉谈话处理。

3. 控制权争夺结果

就目前的情况而言，江旅集团方暂时守住了控制权地位，控制了董事会过半数席位，并取得了包括营业执照、法人章、财务专用章、发票专用章、合同专用章和法定代表人名章等重要资料。但需要注意的是，江旅集团方对当代集团方发起的损害公司利益责任纠纷之诉和当代集团方对江旅集团方发起的股权转让纠纷之诉均仍在审理中，尚未作出生效判决，而这两个诉讼的结果可能会对本案控制权争夺产生实质影响。因此，本次争夺的最终结果不排除还有变数。

4. 案例特点

本案例系因控制权交易过程中上市公司股价意外腰斩而起，呈现如下特点：

（1）交易方案设置较为复杂或系产生争夺的诱因：本案例的交易方案设置得较为复杂，股权转让分多次完成，而在该过程中，股价大幅下降，与之前约定的股权转让价格存在接近一半的差异，导致买方没有意愿继续履行股权转让协议。因此，在设计控制权交易方案时，若无法一次完成股权转让，应当充分考虑市场情况、股价波动及其他商业因素并尽可能提前安排相关缓释和防范措施，避免出现类似本案由于股价变化导致控制权转让无法和平推进故而转变为争夺的情况。

（2）公章、证照等关键资料的掌控在控制权争夺中的重要性：公章、证照以及财务文件等重要资料的及时取得是上市公司控制权争夺过程中较为关键的一环。本案中存在控制权已实际转移，但关键资料一度未顺利移交的情况，这对买方取得控制权后主导公司正常运营及业务开展造成了不利影响。因此，如何及时掌控关键资料需要提前谋划和设计。

（三）与国资争夺未遂，二股东转而“维权”——山东墨龙（002490. SZ，00568. HK）控制权争夺案

2020 年 1 月起，盈利状况持续不佳的山东墨龙石油机械股份有限公司（以下简称山东墨龙、上市公司或公司）原控股股东和实际控制人在意欲将控制权转让给当地民企无果的情况下，转而寻求当地政府和国资纾困，并以

表决权委托的方式使地方国资成为新的实际控制人。与此同时，原拟受让股份并取得控制权的当地民企虽未能以协议转让的方式取得大股东地位，却在二级市场不断增持股份成为公司的第二大股东，争夺一触即发。最终，地方国资还是通过协议转让取得上市公司原控股股东的全部股份和董事会相关席位等方式坐稳了公司实控人地位，而当地民营企业虽然获得第二大股东的地位，但未能在董事会中占有一席之地。

本案例中，地方国资对公司及时出手予以纾困、及时取得表决权委托和受让股份、对董事会席位的把控以及民营企业错失取得控制权的良机等情况值得关注和借鉴。

1. 控制权争夺发生前基本情况

控制权争夺前上市公司和争夺各方的基本情况如下：

（1）上市公司基本情况。

山东墨龙成立于2001年，其前身为1987年成立的集体所有制企业寿光县石油机械配件厂。2004年，山东墨龙在香港联合交易所创业板上市，2010年在深交所中小板（2021年合并至主板）上市，上市时的主营业务为油套管等石油机械专用设备的制造与销售。

除2018年小幅盈利外，公司最近几年扣除非经常性损益后的净利润一直不佳，处于较为严重的亏损状态。2017年4月公司更是被深交所实施“退市风险警示”。

根据公司2021年度报告，山东墨龙的主要子公司及对公司净利润影响达10%以上的参股公司有两家，分别为控股70%的子公司寿光宝隆石油器材有限公司和全资子公司寿光懋隆新材料技术开发有限公司，两家公司2021年的净利润分别为2354.89万元和-1.62亿元。

此外，公司金融负债较多，主要资产最近几年不断被用于抵押或以售后回租方式开展融资租赁业务，现金流短缺，偿债压力大。

（2）争夺各方基本情况。

①攻方。

主要包括薛茂林及其儿子薛明亮，以及前述二人控制的山东智梦控股有限公司（以下简称智梦控股）及其一致行动人寿光市磐金置业有限公司、寿光市鸿森物流有限公司及寿光市瑞森新型建材有限公司等。

薛茂林，1958年7月生，山东省寿光市人，现任鲁丽集团有限公司（以下简称鲁丽集团）董事长。根据公开资料显示，鲁丽集团成立于1994年，以做胶合板起家，后发展为从事木制品加工、钢铁和铸锻件、造纸、煤气发电和光伏发电等多个产业的大型企业，位列“2021中国民营企业五百强榜单”。

②守方。

主要包括寿光市国有资产监督管理局（以下简称寿光国资局）、寿光国资局全资子公司山东寿光金鑫投资发展控股集团有限公司（以下简称寿光金鑫）、寿光金鑫为持股和控制山东墨龙而设立的全资子公司寿光墨龙控股有限公司（以下简称墨龙控股），以及该等主体在公司董事会的代表杨云龙、袁瑞等人。

③其他方。

主要包括公司原控股股东、实际控制人张恩荣及其儿子、一致行动人张云三，时任董事长刘云龙，时任董事和董事会秘书刘民等。

张恩荣，1940年生，山东省寿光市人，自2001年起任公司董事长，后于2018年6月辞去董事长职务，也不在公司担任董事或高管职务。

本次争夺开始前，张恩荣持有公司29.53%的股份，其中23.51%的股份处于质押状态；其子张云三持有公司4.03%的股份。根据2019年11月公司对深交所相关问询函的回复，张恩荣曾先后于2017年、2018年将其持有的全部公司股份质押给长城资产和山东国惠投资有限公司，用于为山东墨龙及子公司开展综合性金融业务和借款提供质押担保，后部分股份办理了解除质押登记手续。

2. 控制权争夺主要过程

本案例的控制权争夺以攻守双方试图取得上市公司股份为开端，以董事会席位争夺尘埃落定为结束。

攻方薛茂林本意以协议转让方式收购张恩荣所持公司股份并取得实际控制人地位，因各种原因，原收购协议并未得到履行；公司原控股股东张恩荣与守方寿光国资局全资子公司寿光金鑫达成新的协议，于是寿光国资局率先通过表决权委托方式成为公司实际控制人，然后通过协议转让方式收购张恩荣所持公司股份成为公司控股股东；寿光国资局成为实际控制人后取得公司部分董事席位，并通过向公司提供财务资助的方式为公司纾困。

攻方取得公司股份和实际控制人地位无果后，果断斥资在二级市场增持公司股份。在成为公司第二大股东后，攻方开始“维权”。首先通过行使质询权和表决权，表达了对公司经营不善导致业绩不佳和重大事项披露不及时的不满，引发监管机构的关注，迫使公司在对深交所的回复中公开披露了攻方与原控股股东达成的控制权交易协议及其他安排；其次攻方还通过行使表决权，推动守方由拟向公司提供有偿的财务资助到最终决定提供无息借款。可以说攻方的质询和监督在一定程度上推动守方完善公司治理和信息披露。

但由于守方在持股数量、表决权比例和董事会席位上占有先发优势，而攻方未能通过行使股东权利争取到任何董事会席位，使守方对公司的控制权得以稳固，攻方最终落败。

3. 控制权争夺结果

（1）董事、监事席位。

守方虽未取得公司监事会席位，但取得了 2 个重要董事席位，分别担任董事长和副董事长。攻方争夺前后均未在董事会、监事会中拥有席位。

（2）控制权。

守方的寿光金鑫首先以表决权委托方式从原控股股东张恩荣处取得了公司 29.53% 的股份对应的表决权，进而寿光金鑫的唯一股东寿光国资局成为公司的实际控制人；然后寿光金鑫的子公司墨龙控股以协议转让方式出资 8.25 亿元取得了上述 29.53% 的股份，成为公司的控股股东。

攻方智梦控股及其一致行动人以二级市场密集增持股份的方式斥资 4.12 亿元取得 20% 的股份，成为仅次于守方的公司第二大股东。

根据上述情况及《收购办法》第 84 条[①]的规定，虽然守方未在公司董事

---

① 《收购办法》第 84 条规定：“有下列情形之一的，为拥有上市公司控制权：（一）投资者为上市公司持股 50% 以上的控股股东；（二）投资者可以实际支配上市公司股份表决权超过 30%；（三）投资者通过实际支配上市公司股份表决权能够决定公司董事会半数以上成员选任；（四）投资者依其可实际支配的上市公司股份表决权足以对公司股东大会的决议产生重大影响；（五）中国证监会认定的其他情形。”

会取得半数以上的席位，但其实际支配上市公司股份表决权接近30%，足以对公司股东大会的决议产生重大影响。因此可判断守方掌握了公司的控制权。

截至2022年6月30日，攻方暂未通过减持或其他途径退出持股。

值得注意的是，相比运营能力明显不足的寿光国资，资金实力雄厚、持股比例达到20%并对公司的发展历程、技术成果、行业趋势有深刻理解的攻方可能不会就此偃旗息鼓。如后续公司经营业绩继续亏损，股东和公司的矛盾不排除会日益加深，攻方随时有伺机行动的可能。

另外，在攻守方控制权争夺期间，受攻方的增持和行使股东权利的影响，公司股价屡次出现收盘价涨幅偏离值累计超过20%的情况，市场对于攻方以二级市场继续增持方式争夺公司控制权可能持积极态度。

4. 案例特点

（1）国资入主上市公司，挽救企业于水火之间：守方作为地方国资在公司面临经营困难、流动性资金紧张、偿债压力巨大的情况下收购股份实现对公司的控制，并以股东身份积极提供财务补助，使负债累累的公司得以走出困境。

（2）利用表决权委托手段先行取得公司控制权，既节约了时间，又为后续取得股份创造了条件：守方先通过签署表决权委托合同取得公司控制权，在受到攻方进攻后才选择协议收购方式受让股份。表决权委托一方面可以不受减持、限售、质押等股权出让限制的影响，另一方面可以避免为获得控制权而付出高昂的资金成本、时间成本和合规成本。相比要约收购、协议收购、间接收购、二级市场交易等常规的上市公司控制权交易方式，表决权委托具有灵活性强、自由度高、用时短等特点。

（3）攻方虽与原股东签署了意向协议且支付了定金，但未及时对外公告，丧失争夺控制权的重要机会：一方面，公司未及时就攻方与控股股东张恩荣签署意向协议进行信息披露遭到了监管部门的处罚，并需按照合同约定向攻方支付违约金。另一方面，守方通过表决权委托取得公司控制权后，攻方才就意向协议遭毁约的情况提起诉讼维权，可谓为时已晚，丧失了通过协议受让股权取得公司控制权的重要机会。

(4) 股东行使质询权表达股东意见，获得更多股东支持：城门失火、殃及池鱼，控制权争夺除了与大股东相关，还与小股东的权益息息相关。本案例中，攻方积极行使质询权，对股东最关注的公司信息披露和经营业绩问题向公司董事会提出质询。攻方进攻的火力点直击公司董事会违法信披、经营管理层经营不善的要害，对守方控制公司的稳定性造成一定威胁。在争夺后期的股东大会上，出席会议91%以上持有表决权的股东对守方有偿财务资助的否决一定程度反映了股东人心向背，其表决结果符合大多数股东的利益。

可见，在控制权争夺中应考虑从多数股东利益出发行使股东权利，以获得更多股东对己方的支持。

(四) 顺利办发展不“顺利”，控制权争夺俱受伤——*ST 顺利(000606. SZ) 控制权争夺案

顺利办信息服务股份有限公司（以下简称顺利办、*ST 顺利或公司）原名称分别为青海明胶股份有限公司（以下简称青海明胶）、神州易桥信息服务股份有限公司。青海明胶为经营明胶、硬胶囊的制造业企业，在2015年公司收购以互联网企业服务为主营业务的神州易桥（北京）财税科技有限公司（以下简称神州易桥）后更改为现名。本案例是因收购引发控制权争夺的典型代表。

1. 控制权争夺发生前基本情况

控制权争夺前上市公司和争夺各方的基本情况如下：

(1) 上市公司基本情况。

公司前身为青海明胶，系经青海省经济体制改革委员会批准，以青海制胶总公司（现已改名为青海金牛胶业集团有限公司）为主发起人，联合广东恒丰投资集团有限公司等其他企业共同发起，采用社会募集方式设立的股份有限公司，主要经营明胶、硬胶囊等产品。公司股票于1996年10月在深交所挂牌交易。

上市7年以后的2003年12月29日，青海明胶第一大股东青海企业技术创新投资管理有限责任公司与泰达科技风险投资股份有限公司（以下简称泰达科技，现已更名为天津泰达科技投资股份有限公司）、天津泰达投资控股有限公司（以下简称泰达控股）、北京国际信托投资有限公司（以下简称北

京国投）签订《股权转让协议》，以协议方式向泰达科技、泰达控股、北京国投出让其所持公司35.43%的股份，并于2005年11月完成。转让完成后，泰达科技持有公司24.43%股权，为公司第一大股东。

2016年之前，泰达科技一直位居青海明胶第一大股东，但持有的股份比例逐渐下降。青海明胶2015年年报显示，泰达科技的持股比例为12.59%，连良桂也第一次以自然人身份出现在前十大股东名单中，持股比例不足1%，与泰达科技为一致行动人关系，2015年4月连良桂被选举为青海明胶董事长。

2015年12月，青海明胶发布公告，公司拟以发行股份的方式收购彭聪、百达永信（北京）投资有限公司（以下简称百达永信）、新疆泰达新源股权投资有限公司（以下简称广西泰达，现更名为广西泰达新原股权投资有限公司，系天津泰达全资子公司）合计持有神州易桥100%的股权，交易作价10亿元。同时，公司向连良桂和智尚田发行股份募集10亿元配套资金，其中连良桂出资8.5亿元现金参与认购。

神州易桥系由北京景元泰富投资顾问有限公司、江苏神州易桥财税软件有限公司、彭聪等3位股东于2009年11月3日出资设立。经过多轮股权变更，截至被青海明胶收购前，彭聪直接持有神州易桥53.21%的股权，且通过百达永信控制神州易桥31.17%的股权。

上述重组事项于2016年上半年完成，重组完成后，青海明胶简称改为“神州易桥”，连良桂于2016年12月让出董事长职位，彭聪接替。但因为参与了配套融资，连良桂的持股比例达到16.78%，与第三大股东泰达科技互为一致行动人，合计持股24.54%。而第二大股东彭聪和第四大股东百达永信互为一致行动人，合计持股16.18%，差距相对明显。所以，即使让出了董事长一职，股权上连良桂依然有明显的优势。然而，2017年5月开始，泰达科技在公司股价下跌时宣布了减持股份计划，破坏了与连良桂之间的协议。之后，连良桂辞去了在泰达科技的董事职位，二者最终在2019年4月解除了一致行动协议。

2018年7月，公司证券简称由“神州易桥”变更为“顺利办”。时间很快来到2019年8月，连良桂持有的顺利办股份全部解禁，此时公司的股价已不足6元，此后还在跌宕下滑，在2020年5月28日触底3.52元。考虑到当初连良桂拿出8.5亿元资金入股顺利办，而现在要面对股价低迷、在股权比例上逐渐失去话语权、业绩大变脸等情况，自2020年5月开始，连良桂、彭聪两大股东阵营内讧激化，控制权争夺大战拉开帷幕。

（2）争夺各方基本情况。

①攻方。

主要为连良桂、连杰（系连良桂之子）及关联方泰达科技、广西泰达（系泰达科技全资子公司）。

连良桂，1969年出生，是浙商创业成功的典型代表，被评为“温州模式17年17人”。

连良桂于2015年5月7日当选*ST顺利董事，并于同日召开的董事会中当选董事长，同时当选的还有一同来自泰达科技的投资银行部经理赵侠，以及连良桂推荐或提名的独立董事王爱俭、张青。彼时，因连良桂控制的滨海浙商持有泰达科技16.13%的股权，连良桂同时也在泰达科技担任董事。

2016年12月20日，连良桂辞去公司董事长、董事职务，两天后，公司召开董事会选举董事彭聪担任董事长。2017年1月9日，公司召开股东大会，选举连良桂之子连杰担任公司董事。从这个职务和人员的变化可以看出连良桂与彭聪已经出现分歧的苗头，解决办法是董事长更换为彭聪，连杰接替其父亲进入董事会。

值得注意的是陪伴连良桂多年、互为一致行动人的泰达科技在控制权争夺发生后的态度。2016年7月28日，公司第一大股东变更为连良桂（持股比例16.78%），与泰达科技（持股比例7.76%）为一致行动人；2019年4月8日，连良桂解除与泰达科技及其关联企业的一致行动关系。有意思的是，虽然两方已公告解除了一致行动关系，但在2020年5月24日，连良桂、泰达科技、广西泰达又共同向公司董事会发出《关于提请立即召开顺利办信息服务股份有限公司临时董事会的函》及相关议案，交易所也就这一问题进行问询。公司回复称自《一致行动协议》解除、到期后并未再签署任何一致行动协议或者表决权委托的协议，本次双方共同发函，系二位股东各自行使股东职权而采取的临时行动，二位股东仍按照各自的意愿行使自己的表决权，不存在重新建立一致行动关系的情形。

②守方。

主要为彭聪及其控制的百达永信、顺利办控股有限公司（以下简称顺利办控股）。

彭聪，1978年出生，毕业于长江商学院，1999年入职联想，从事国家税务总局“金税工程”。2009年，彭聪创立了神州易桥。

2016年上半年公司以发行股份购买资产的方式完成对彭聪控制的神州易桥100%股权的收购后，彭聪于2016年4月被聘为公司总裁，并在2016年5月被选举为公司董事。2016年12月，在连良桂辞去公司董事长后，彭聪被选举为董事长。

2. 控制权争夺主要过程

本案例中因上市公司股权结构分散，自2014年4月起已变更为无实控人状态，因此，双方争夺的主要是董事会席位以及对于公司日常经营管理的权利。

2020年5月26日，连良桂方顺利组织召开第八届董事会2020年第二次临时会议，审议包括更换彭聪等董事、高管，于2020年6月12日召开2020年第二次临时股东大会等在内的系列议案。作为反击，彭聪和百达永信随即于6月1日提请董事会增加免去连杰等董事、监事并提名新董事、监事的股东大会临时提案，但未获得董事会通过。

与此同时，2020年6月2日，彭聪向法院提起诉讼请求撤销上述董事会全部决议并申请行为保全。6月10日，法院作出裁定，禁止顺利办实施第八届董事会2020年第二次临时会议作出的全部决议。

鉴于此，2020年6月13日，连良桂方代表公司向法院提出复议申请，并将股东大会延期至6月18日，直到6月16日，公司仍未收到法院的任何许可或同意文件，因此公司取消了该股东大会。6月20日，公司收到法院驳回复议请求的裁定书。

2020年7月6日，彭聪及百达永信提请公司董事会召开临时股东大会，董事会未能依据相关规定就上述股东提请事项通知到全体董事，亦未召集召开董事会会议讨论并作出决议。董事会受阻后，7月20日，彭聪及百达永信又向监事会提交《关于提请召开顺利办信息服务股份有限公司临时股东大会的函》及罢免连良桂方董事、监事的议案，提请监事会于2020年8月上旬尽快召开临时股东大会。2020年7月23日，公司召开监事会，审议通过了彭聪方召开股东大会的议案，同时在决议中说明彭聪需要在股东大会召开前将董事会未做处理的相关材料提交监事会。

面对彭聪方的上述动作，连良桂方也不甘落后。2020年7月27日，连良桂向监事会提交增加股东大会临时提案的函，提议免去彭聪董事职务，并获得监事会通过。

2020年7月29日，深交所下发关注函称有媒体报道公司董事长彭聪涉嫌合同诈骗案已被青海省公安厅立案，并称彭聪涉嫌挪用公司资金案已被北京市公安局立案。但公司回复称该案不涉及公司资金被挪用，董事长彭聪一直正常履职，未被采取任何强制措施；关于合同诈骗罪，系因刑事案件的控告人连良桂个人债务爆发，曾于2020年5月7日以对彭聪进行刑事控告及操纵董事会罢免彭聪董事长职务等手段胁迫彭签署协议，要求支付其人民币3亿元，后双方矛盾无法调和，连良桂提出的刑事控告属于诬告陷害。

面对公司如此情况，独立董事王爱俭、张青于2020年8月5日向公司提出辞职。

同日，监事会召开会议，以彭聪方未向监事会提交董事会未做处理的相关材料为由取消了原定于8月10日召开的股东大会。

2020年8月7日至10日，连良桂的疑似一致行动人泰达科技及其全资子公司广西泰达先后减持公司股份，减持后，泰达科技与广西泰达合计持股3.00%。

至此，双方在公司董事会、监事会中多次交手，也通过民事诉讼、刑事举报方式展开控制权争夺和防守，但局势一直不甚明朗，甚至泰达科技和广西泰达出现了减持股份的行为，对这一场控制权争夺作出消极的抵抗。

2020年8月12日，彭聪召开董事会提名了两位独立董事，并拟于28日召开2020年第二次临时股东大会。2020年8月15日，连良桂之子连杰连同赵侠和两位监事辞去了自己的职务。

次日，田野、浙江自贸区顺利办资产管理合伙企业（有限合伙）、青岛财华股权投资合伙企业（有限合伙）等3名合计持股超过3%的股东向董事会提交《关于提请增加顺利办信息服务股份有限公司2020年第二次临时股东大会临时提案的函》，增加了选举董事、监事的议案，此次董事、监事人选与彭聪在6月1日时提出的人选高度重合。

2020年8月28日，公司股东大会顺利召开，上述提名人员均顺利当选。

控制权争夺发展到现在，彭聪方似乎借着连良桂方发起的攻击成功控制了董事会和监事会，比控制权争夺前更具优势。

但股东大会召开没多久，局势突变，2020年9月9日，彭聪辞去公司总裁职务。

2020年11月，连良桂持有公司11.56%的股份被法院冻结，冻结日期为2020年11月17日至2023年11月16日。

2020年12月30日，彭聪持有公司10.20%的股份被司法冻结。次日，公司收到彭聪的书面辞职报告，彭聪因个人原因辞去公司董事长、董事及董事会专门委员会相关职务。有媒体报道称，彭聪已于2020年12月28日被公安机关带走，并于当日被采取刑事拘留强制措施。2021年1月8日下午，彭聪的夫人王茜与媒体进行了沟通，证实彭聪被带走是因连良桂方的报案，彭聪涉嫌合同诈骗。

彭聪辞职后直至2022年6月30日，公司一直未选举新的董事长。

2021年7月26日和27日，独立董事吴亚、陈胜华分别因个人原因申请辞去独立董事职务，但因其辞职导致董事会成员低于法定人数，辞职申请将在公司股东大会选举产生新任独立董事后生效。截至2022年6月30日，公司一直未选举新的独立董事。

3. 控制权争夺结果

（1）董事会、监事会席位：在2020年第二次临时股东大会中，彭聪方提名的非独立董事汪洋、高杨，独立董事吴亚、陈胜华，监事刘强、林琨全部当选，再加上之前与彭聪一直保持一致行动的非独立董事黄海勇、独立董事关旭星、监事李弓，公司董事会的7个席位中，彭聪方的董事有6位，2名非职工代表监事亦由彭聪方提名，其中监事会主席为彭聪提名的人员担任，彭聪已基本控制董事会和监事会。然而，如上所述，彭聪后来先后辞去董事、董事长等职务，未在*ST顺利担任任何职务，并因涉嫌合同诈骗罪被带走。彭聪辞职后至2022年6月30日，公司一直未选举新的董事长。

（2）股价和市值：在策划、向监管机构申报对神州易桥的收购期间股价最高达18.7元后，公司股价一路下滑。在控制权争夺爆发前夕，除极少数短暂回补外，公司股价已下降至每股4元。截至2022年6月30日，公司股价已降至每股1.3元左右。公司市值也从控制权争夺前夕的30亿元左右降到9亿元左右，不足之前的1/3。

在控制权争夺期间，泰达科技及广西泰达在解除与连良桂的一致行动关系后不断减持，合计共减持2.70%的股份；与此同时，彭聪及其控制的百达永信、顺利办控股合计增持3.23%，持股成本1.02亿左右，但截至2022年6月30日的持股市值不到0.3亿元，浮亏明显。

（3）营收和利润、净资产：在控制权争夺发生前，公司的业绩表现已较为惨淡，这也是公司发生控制权争夺的重要原因之一，在控制权争夺前后，2021年公司营业收入、归属于上市公司股东的扣除非经常性损益的净利润和归属于上市公司股东的净资产相比2019年又分别下降90.14%、增长41.83%（均亏损）、下降115.10%。

（4）监管问询：从2020年5月开始，深交所对公司发生的非正常情况及控制权争夺问题极为关注，针对年报、紧急董事会、连良桂和泰达科技是否存在一致行动关系、董事会/监事会是否正常履职、董事长彭聪是否可以正常履职、内控制度是否有效、生产经营是否正常等问题，分别下发1次问询函、3次关注函。

（5）监管立案和处罚：控制权争夺爆发后，监管机关立即介入并根据公司相关不合规情况进行了调查和处罚。2020年7月23日，因董事会会议召开程序、会议文件记录及会议信息披露等存在不合规，公司公章、法人签字章管理不规范等问题，中国证监会青海监管局对公司作出责令改正措施的决定。

（6）上市地位：2022年4月30日，公司发布2021年年度报告，公司经审计的2021年度期末归属于母公司所有者权益、公司最近3个会计年度扣除非经常性损益前后净利润孰低者均为负值，审计机构对公司2021年度财务报表进行审计，出具了无法表示意见的审计报告；同时，对公司2021年度内部控制的有效性进行了审计，出具了否定意见的内部控制审计报告。因此，自2022年5月6日开市起，公司股票被实施退市风险警示并叠加实施其他风险警示，公司证券简称由“ST顺利”变更为“*ST顺利”。

4. 案例特点

从2020年5月开始，连良桂通过罢免公司董事长彭聪拉开了这一场控制权争夺的序幕，3个月之后控制权“明争”暂告一段落，“暗斗”似乎难以结束，伴随彭聪的辞职、双方股权的冻结，新的斗争或许正在酝酿。本案例呈现如下特点：

（1）争夺双方势均力敌。在控制权争夺开始前，连良桂持股比例16.78%，疑似一致行动人泰达科技和广西泰达合计持股5.00%；彭聪持股10.20%，通过百达永信持股5.98%；且公司其他股东的股份比例较为分散，公司一直处于没有实际控制人的状态；董事会方面由彭聪担任董事长，是公司业务的主要负责人，除独立董事外，连杰和赵侠都与泰达科技存在关联关系，双方整体实力并不悬殊。

（2）公司重组埋下“祸根”，业绩变脸或是根本原因。在2015年青海明胶业务一蹶不振之时，时任上市公司董事长的连良桂选择通过收购神州易桥“保壳”，并且连良桂个人也十分看好神州易桥的发展，拿出8.5亿元现金认购了上市公司增发的股份。让连良桂始料未及的是，当初三年的业绩承诺只是勉强完成，在业绩承诺结束第二年便出现了接近9亿元的亏损，自己投入公司的“真金白银”几近血本无归，由此点燃了双方控制权争夺的导火线。

（3）连良桂方“醉翁之意不在酒”。从连良桂方“主动出击、被动防卫、按兵不动”的状态来看，其目标可能并非争夺控制权，再结合2016年连良桂拿出的现金8.5亿元以及2019年公司的巨大亏损，连良桂种种举动更可能是在巨大的财务压力之下通过争夺控制权使彭聪方就范，达到其他目的，事实上彭聪被刑事控告也与连良桂方有关。

（4）行为保全为彭聪方“立功”。在2020年5月26日连良桂召开董事会成功通过罢免彭聪董事长的议案后，彭聪向法院提起诉讼同时申请行为保全，成功获得法院作出的暂缓实施裁定，这一举措不仅暂时保住了彭聪的董事长职务，也成功阻止了连良桂方试图召集股东大会的意图，为撤销董事会决议的诉讼赢得了时间。

（5）监事会中立地位成控制权争夺“工具”。在双方你来我往、势均力敌的控制权争夺中，董事会如果没有被某一方完全控制，想要通过董事会召集召开股东大会并不容易，此时再以董事会未履职为由提请监事会召开股东大会，也不失为达到控制权争夺目的的一种手段。监事会作为公司的监督机构，即使主要受某一方控制，通常也会出于自身职责的考虑，尽量维持中立的形象，同意召开股东大会并将议案提交至股东大会审议，双方再开启股权和表决权层面的争夺。本案例中，可以看出监事会成员于秀芳、王进应当是支持连良桂方（在对交易所的回复函中，与连良桂方意见保持一致），但是对于彭聪提交至监事会提议召开股东大会的议案也予以审议通过，后连良桂方提出在股东大会中增加议案，监事会同样审议通过。可见，监事会不容易完全受某一方控制。本案中较为特殊的是，监事会在即将召开股东大会前，以彭聪方没有提交董事会未履职的证明文件而将股东大会取消，可见监事会一边维持自己的履职一边也在避免自己沦为控制权争夺的“工具”。

（6）争夺过后终“一地鸡毛”。彭聪提名的人全部在董事会当选，但彭聪已从董事会辞职，可能还会承担刑事责任，双方所持上市股份也几乎全部处于被冻结的状态，上市公司股票还被实施退市风险警示并叠加实施其他风险警示，从结果来看没有真正的赢家。

（五）“新主”逐“旧臣”不成，“旧臣”涛声依旧——奥维通信（002231. SZ）控制权争夺案

奥维通信股份有限公司（以下简称奥维通信、上市公司或公司）是一家2008年在深交所挂牌上市的企业，主营业务为“微波射频产品及无线通信网络优化覆盖系统开发、生产、销售并提供相应服务”。

本案例中，虽然控制权争夺过程本身较为简单，但守方使用的相关手段值得关注。

1. 控制权争夺发生前基本情况

控制权争夺前上市公司和争夺各方的基本情况如下：

（1）上市公司基本情况。

奥维通信上市时，自然人王崇梅、杜安顺夫妇与其子杜方为一致行动人，

合计持有公司74.02%的股份，为公司的控股股东、实际控制人，后经数度减持，在2014年年底，三人持股比例已经下降到46.97%。

2017年5月，杜方、王崇梅、杜安顺将其合计持有的奥维通信27.95%的股份，以协议转让的方式转让给瑞丽市瑞丽湾旅游开发有限公司（以下简称瑞丽湾），转让价格为16.77亿元。因此，本次交易后，瑞丽湾直接持有奥维通信27.95%的股份，成为奥维通信的控股股东，董勒成通过控制云南景成集团有限公司（以下简称景成集团）间接持有瑞丽湾99.83%的股权，成为奥维通信的实际控制人。杜方则直接持有公司19.02%的股份，为公司第二大股东，王崇梅与杜安顺不再持有公司的股份。

上述控制权发生变更之后并未发生明显的争夺事项，直到2019年3月奥维通信实际控制人再次发生变更后，控制权争夺战逐渐拉开序幕。

2019年3月9日，瑞丽湾的控股股东景成集团与潍坊润弘能源科技合伙企业（以下简称潍坊润弘）签署股权转让协议，景成集团将其持有的瑞丽湾51%的股权以3060万元的价格转让给潍坊润弘，转让完成后潍坊润弘持有瑞丽湾51%的股权，并通过瑞丽湾间接控制上市公司27.95%的股份，瑞丽湾仍为上市公司的控股股东，潍坊润弘的实际控制人单川、吴琼夫妇成为上市公司新的实际控制人，此时杜方仍然持有奥维通信19.02%的股份，为第二大股东。

由于奥维通信董事会、监事会在2019年年初刚完成换届，单川、吴琼夫妇入主后并未立即在奥维通信的董事会、监事会中提名代表，“话语权”的缺少，也为后来的“新主逐旧臣”不成埋下伏笔。

（2）争夺各方基本情况。

①攻方。

单川，1976年生，北京文道汇通投资管理有限公司法定代表人、执行董事、经理。曾担任中信信托有限责任公司投资银行一部高级经理，2012年起担任东方金钰股份有限公司（以下简称东方金钰，东方金钰以翡翠、黄金金条及首饰批发业务为主，主要采取自营模式及联营模式进行产品销售，辅以品牌加盟销售，曾为A股上市公司，2021年1月退市，赵兴龙系东方金钰创始人，号称“赌石大王”）监事，2015年离任。

吴琼，单川妻子，担任北京文道汇通投资管理有限公司及瑞丽湾监事。

②守方。

杜方，1968 年生，曾任职于辽宁省农业科学院、辽宁省邮电科学研究所，曾任奥维通信第一届至第四届董事，并担任董事长、总裁等职务。

2. 控制权争夺主要过程

在控制权争夺发生之前的 2019 年 1 月，奥维通信的董事会、监事会及经营管理层即进行了换届选举，换届完成后的董监高中，除总裁、副总裁为瑞丽湾方的代表外，董事会和监事会中均无瑞丽湾方提名的人选。

2019 年 3 月，单川、吴琼夫妇入主公司，但因刚完成换届，因此未在公司董事会、监事会中占有席位，为此，2019 年 8 月，单川、吴琼夫妇在董事会、监事会均拒绝后自行召集临时股东大会，并且在临时股东大会上顺利通过罢免守方董事李继芳的提案，试图拿下董事会席位。控制权争夺拉开帷幕。

关于单川、吴琼夫妇采取上述行动的原因，根据公开信息，因杜方、王崇梅、杜安顺与瑞丽湾在 2017 年的股份转让交易产生纠纷，[①] 守方起诉要求瑞丽湾履行股权转让协议，并申请冻结瑞丽湾持有的奥维通信全部股票，冻结申请于 2019 年 6 月 14 日获得法院支持。而紧接着在 2019 年 6 月 19 日，攻方即向董事会提出要求召开临时股东大会罢免董事。虽然两件事情表面上无直接联系，但不排除在守方起诉要求瑞丽湾履行股权转让协议后，攻方不得不进行应对，希望取得公司的控制权，并在与守方的后续对峙中获得更多的主动权，这也或许是双方展开控制权争夺的主要导火索。

其后，杜方诉至法院要求撤销上述临时股东大会决议，并向法院申请行为保全，法院支持了杜方的保全申请，裁定奥维通信在判决生效前不得执行上述罢免李继芳的提案，亦不得基于临时股东大会决议办理董事会成员的工商变更登记、备案。2020 年 8 月，法院作出判决，认为《关于罢免李继芳女士董事职务的议案》中未载明罢免李继芳董事职务的原因，属于董事在任期届满以前股东大会无故解除其职务，违反了奥维通信公司章程第 96 条第 1 款的相关规定，因此撤销奥维通信于 2019 年 8 月 5 日作出的 2019 年第二次临

① 因法院未公开该案件的判决书，因此，我们仅从上市公司公告中获取到相对简短的信息。

时股东大会决议。

2019 年 8 月，代表攻方的公司总裁张国全、副总裁郭川臣发布声明表示，无法保证 2019 年半年报内容的真实、准确、完整，主要理由是公司账面资金余额较大，却发生金额较小的短期借款，无法确定公司资金使用的合理性。

针对攻方的动作，2019 年 9 月 16 日，公司董事会作出决议，罢免前述二人总裁、副总裁职务，并聘请白利海为公司总裁。

2020 年 6 月至 8 月，因瑞丽湾在与杜方、王崇梅、杜安顺的股权转让纠纷一案中败诉，沈阳市中级人民法院拍卖了瑞丽湾持有的奥维通信 1850 万股股票，其中 1700 万股已由竞买人张宇以最高应价竞得，其余 150 万股流拍后被法院裁定给杜方。上述司法拍卖后，瑞丽湾持有的奥维通信股权比例降为 22.76%。

2020 年 8 月，因瑞丽湾涉及其他案件，瑞丽湾持有的奥维通信 4972.5 万股股票被法院公开拍卖。后于 2021 年 8 月，因债权人申请，法院裁定受理债权人对瑞丽湾的破产清算申请，上述拍卖被中止。

2021 年 2 月 9 日，杜方被补选为董事，且被选举为董事长、总裁，并变更为公司的法定代表人。

2021 年 11 月，单川因犯虚开增值税专用发票罪，被北京市第三中级人民法院判处有期徒刑 12 年，2022 年 5 月，北京市高级人民法院作出了终审裁定，维持原判。

控制权争夺发生后，截至 2022 年 4 月 30 日，奥维通信的前十大股东中，瑞丽湾持股 23.42%，杜方持股 20%，除瑞丽湾和杜方外，其余股东持股比例均不到 1%。

需要注意的是，虽然瑞丽湾目前仍为公司第一大股东，持股 23.42%，并且公司在 2021 年年报中披露实际控制人仍为单川、吴琼夫妇，但第二大股东杜方持股 20%，与第一大股东非常接近，并且瑞丽湾已进入破产清算程序，其实际控制人单川也被判刑入狱，同时，瑞丽湾持有的公司股份全数被冻结，并且瑞丽湾持有的超过半数的股票将被拍卖，因此，后续瑞丽湾持有的奥维通信股票被处置后，公司的实际控制人将可能会再次变更。

此次控制权争夺从2019年6月攻方提出罢免守方董事开始，到2021年2月守方杜方再次被选举为董事长结束，共计持续了一年半之久，在争夺的过程中，公司的实际控制人未发生变化，攻、守双方主要围绕董事会席位进行争夺。

3. 控制权争夺结果

（1）董事会席位和经营管理层：2021年2月，杜方被补选为董事，并再次成为公司董事长、总裁。控制权争夺结束后，截至2022年3月，奥维通信共有7名董事，其中3名为独立董事，均由董事会提名，非独立董事李继芳系公司老员工和守方得力干将（在控制权争夺中是攻方主张罢免的目标），非独立董事陶林、孙一均由杜方提名，由杜方提名和与杜方统一战线的董事占据全部非独立董事席位，无任何攻方提名的董事人选。此外，奥维通信总裁、财务总监、副总裁等经营管理主要职位均由守方相关人员担任，无任何攻方人选。

（2）营业收入和扣非后归母净利润：因公司于2017年发生了实际控制人变更，为完整展示实际控制人变更以及后续控制权争夺对公司财务数据的影响，笔者统计了公司2016年至2021年营业收入及扣非后归母净利润数据。2019年控制权争夺爆发前后，2020年公司的营业收入以及扣非后归母净利润是6年中的低谷，在争夺后期，公司的营业收入以及扣非后归母净利润逐渐回升，2021年达到6年中最高点（见表4－3）。

表4－3 公司营业收入及扣非后归母净利润变化情况

单位：亿元

年份	营业收入	扣非后归母净利润
2016	4.79	0.01
2017	5.03	0.02
2018	2.48	－1.35
2019	3.59	－0.60
2020	2.79	－1.59
2021	5.61	0.08

注：上述数据均来源于各年度年报。

（3）监管问询：从2019年7月开始，交易所针对股东自行召集临时股东大会以及总裁、副总裁声明无法保证2019年半年报内容的真实、准确、完整事项进行了两次问询。

（4）刑事案件：根据公开资料，攻方单川涉及一桩刑事案件，并于2021年11月被北京市第三中级人民法院判决犯虚开增值税专用发票罪，判处有期徒刑12年。2022年5月，北京市高级人民法院作出了终审裁定，维持原判。从案件信息来看，该案为单川个人事务，与本次控制权争夺并无明显直接关系。

4. 案例特点

本案例中，攻方的持股比例虽然一直大于守方，也是公司第一大股东，但始终未能踏进董事会大门一步；相反，守方通过多维度牢牢控制了董事会，导致攻方“节节败退”。本案例呈现如下特点：

（1）大股东虽自行召集股东大会成功但后被撤销决议，且使用的其他争夺手段作用有限。

本案例中，因为董事会、监事会先后拒绝了攻方召开临时股东大会的要求，攻方在不控制上市公司董事会及董秘等关键人员的情况下，成功自行召集了临时股东大会（包括发布股东大会通知、决议公告等），并且凭借其第一大股东的身份联合中小股东通过了罢免董事的议案，欲开启其进入董事会的第一步。但纵观本次争夺过程，攻方使用的手段较为有限，除自行召开临时股东大会以外，只有一些干扰性的动作，后续并无其他实质性有效措施，并且攻方在争夺后期一直不参加任何股东大会的表决，使守方凭借其在董事会的影响以及持股比例接近20%的优势，在争夺中顺风顺水。

值得注意的是，实践中股东成功自行召集临时股东大会的情况并不多见。就本案例而言，攻方自行召集的临时股东大会之所以能够顺利召开，可能获得了守方的协助和配合。一方面，攻方符合自行召开临时股东大会的法定条件并履行了必要的前置程序（提请董事会、监事会召集股东大会受阻），守方如不配合，则存在合规性瑕疵甚至可能会面临监管机关的关注和处罚。另一方面，可以看出守方对本次争夺提前做了充足准备，其可能认为没有必要在此问题上与攻方正面纠缠；相反，守方熟悉反制手段并对手段能够得到司法机关支持成竹在胸。虽然攻方成功召集临时股东大会并通过了罢免决议，但守方及时向法院起诉申请撤销会议决议并同步申请行为保全，及时“冻结”了股东大会决议的执行，并最终成功撤销会议决议。

（2）行为保全是控制权争夺中的重要武器。

守方几乎在上述临时股东大会决议作出的同时就起诉要求法院撤销临时股东大会决议，并采取了关键性的措施，申请法院采取行为保全，要求公司不得执行股东大会决议。这一重大举措使攻方无法使用其取得的“战果”，也给了守方反击的机会。从最终法院裁判结果来看，守方起诉撤销决议时向法院提供了较为明确的法规以及章程依据，并且其行为保全的范围与诉求相一致，法院可能基于上述事由和证据同意守方的行为保全申请。

（3）股东大会决议被撤销具有一定特殊性。

本案中，守方以“董事在任期届满以前股东大会无故解除其职务”为由成功撤销股东大会决议。股东大会决议撤销事由具有一定的特殊性，需要注意规则变化对于争夺控制权手段的影响。具体而言，近年来，公司无因罢免董事逐渐成为主流，采取上述理由撤销决议的难度加大。我国公司法上关于董事罢免的规则经历了从有因到无因的转变过程。1993 年《公司法》在第 47 条第 2 款和第 115 条第 2 款规定，董事在任期届满前，股东会/股东大会不得无故解除其职务。后 2005 年修订《公司法》时将该条予以删除。但 2006 年版《上市公司章程指引》（已失效）中仍然保留了“董事在任期届满以前，股东大会不能无故解除其职务”的规定，直到 2019 年版《上市公司章程指引》（已失效）中才删除了上述条款。

自 2019 年 4 月 29 日起施行的最高人民法院《关于适用〈中华人民共和国公司法〉若干问题的规定（五）》（以下简称《公司法解释（五）》）第 3 条第 1 款规定，“董事任期届满前被股东会或者股东大会有效决议解除职务，其主张解除不发生法律效力的，人民法院不予支持”，首次从正面明确股东可以无因罢免董事。最高人民法院民二庭相关负责人就《公司法解释（五）》答记者问时明确表示：“公司与董事之间实为委托关系，依股东会的选任决议和董事同意任职而成立合同法上的委托合同。既然为委托合同，则合同双方均有任意解除权，即公司可以随时解除董事职务，无论任期是否届满，董事也可以随时辞职。”

本案中，虽然守方于2019年8月才起诉撤销决议，但当时生效的《公司章程》（2018年4月版）第96条仍然规定“董事在任期届满以前，股东大会不能无故解除其职务”，因此守方仍然以决议违反章程约定为由向法院起诉要求撤销临时股东大会决议，并获得法院支持。

（4）守方善于利用规则，斗争经验丰富。

从前述三个特点可以看出，相较于攻方，守方斗争经验丰富，自2008年公司上市后到瑞丽湾进入公司之前，守方一直是公司的实际控制人，并且曾经担任公司的董事长、总裁，在资本市场也深耕数年，对于资本市场的规则较为熟悉，这使其在控制权争夺过程中可以游刃有余、合法合规地运用各种规则维护其权益。

二、因其他原因产生争夺的案例

（一）国资大股东失守，小股东成功上位——大连圣亚（600593.SH）控制权争夺案

大连圣亚旅游控股股份有限公司（以下简称大连圣亚或公司）作为地处大连的旅游概念上市公司，其国有大股东在与小股东的争夺中失去对上市公司的控制权是资本市场中不多见的。本案例中各方的地位、处境、态度、采取的措施，以及围绕控制权争夺所发生的监管关注、行政处罚、刑事案件等问题，特别具有分析、探讨和研究的价值。

1. 控制权争夺发生前基本情况

控制权争夺前上市公司和争夺各方的基本情况如下：

（1）上市公司基本情况。

大连圣亚成立于1994年1月，2002年7月11日股票在上交所上市交易。大连圣亚注册地址位于辽宁省大连市，主营旅游服务，包括景区经营、商业租赁、会展服务和动物经营等。

大连圣亚上市前的控股股东中国石油辽阳石油化纤公司（以下简称辽化公司）直接持有公司45%的股份，并通过香港世隆国际有限公司间接控制公司10%的股份。2002年上市后的总股本变更为9200万股，辽化公司持股比

例稀释至29.35%，香港世隆国际有限公司持股比例稀释至6.52%。

2006年8月11日，大连圣亚实施了股权分置改革方案，股权分置改革完成后辽化公司持有公司24.03%的股份，香港世隆国际有限公司持股5.34%。

2009年1月23日，经国务院国资委批复，同意辽化公司将其持有的公司24.03%股份转让给大连星海湾金融商务区投资管理股份有限公司（以下简称大连星海湾），大连星海湾成为大连圣亚第一大股东，持股比例为24.03%。大连国资委成为大连圣亚的实际控制人。

在控制权争夺发生之前，根据大连圣亚2019年年度报告，大连圣亚前十大股东是否新增持股及其持股比例如表4－4所示：

表4－4　2019年大连圣亚前十大股东是否新增持股及其持股比例

序号	股东名称/姓名	持股数量/股	持股比例/%	股东地位	持股意愿
1	大连星海湾	30 945 600	24.03	大股东	股份被冻结
2	磐京股权投资基金管理（上海）有限公司	12 655 237	9.83	新增	增持
3	磐京稳赢6号私募证券投资基金	6 768 040	5.25	新增	增持
4	高建渭	5 265 875	4.09	新增	部分减持
5	N. Z. Underwater World	5 164 973	4.01	原股东	减持
6	杨子平	4 871 691	3.78	新增	增持
7	辽宁迈克集团	4 200 000	3.26	原股东	减持
8	大连神洲游艺城	3 438 400	2.67	原股东	—
9	卢立女	2 922 997	2.27	新增	部分减持
10	肖峰	2 465 180	1.91	原总经理、新增	—

注：（1）磐京股权投资基金管理（上海）有限公司与磐京稳赢6号私募证券投资基金（以下简称磐京基金）为一致行动人。（2）前10位股东中的第2、3、4、6、9名合计持股比例为25.22%，已超过大股东大连星海湾的持股比例。（3）原股东中除大股东大连星海湾外，其余两名股东处于持续减持状态，而新增股东中的磐京基金及杨子平增持意愿强烈。

根据大连圣亚披露的年报，控制权争夺发生前，2018 年的营业收入为 3. 38 亿元，净利润为 5026. 18 万元，扣非后的净利润为 4087. 29 万元；2019 年的营业收入为 3. 19 亿元，净利润为 4232. 79 万元，扣非后的净利润为 4279. 82 万元。

（2）争夺各方基本情况。

①攻方。

攻方代表主要为小股东杨子平及磐京基金实际控制人毛崴。

杨子平出生于 1968 年，1990 年至 1993 年，在杭州钱江彩色不锈钢厂工作；1993 年至 1997 年，任杭州富盛实业有限公司总经理；1997 年至 2009 年，任杭州康达金属材料有限公司法定代表人；2009 年至 2014 年，任浙江华铁建筑安全科技股份有限公司（现更名为浙江华铁应急设备科技股份有限公司，603300. SH）业务经理/监事/副总经理；2014 年至 2021 年 3 月，任浙江紫佰诺卫生用品股份有限公司总经理/法定代表人。

杨子平于 2018 年 4 月 18 日召开的 2017 年年度股东大会上当选为公司董事，其提名的独立董事候选人也一同成功当选。

毛崴为持有磐京股权投资基金管理（上海）有限公司 50% 股权的股东，另一名股东韩淑琴也持股 50% 。根据媒体报道，毛崴为该基金管理公司的实际控制人。磐京股权投资基金管理（上海）有限公司管理的合伙制基金大约有 9 家，均注册于宁波梅山保税港区，每支基金规模在 3000 万 ~ 5000 万元，其中成立于 2016 年 11 月 22 日的宁波梅山保税港区庆成股权投资管理合伙企业（有限合伙）62% 合伙份额的出资人为杨子平。

值得注意的是，虽然守方多次质疑、监管机构也屡次问询杨子平与毛崴及其控制下的持股主体、其他股东是否存在一致行动协议，是否构成一致行动关系，杨子平与毛崴及磐京基金均予以否认。但根据媒体报道，自从控制权争夺发生后，该等股东及其提名董事在历次董事会中的表决始终保持一致。

②守方。

处于防守地位的主要为单一最大股东大连星海湾（持股比例 24. 03% ），原管理层及部分原股东。

大连星海湾当时的间接控股股东为大连星海湾开发建设管理中心（现为

大连市星海湾开发建设集团有限公司），其唯一股东为大连市国资委。大连星海湾在2021年1月提出《关于召开公司2021年第一次临时股东大会的议案》时，毛葳等董事以未提供大连市政府、大连市国资委的授权证明作为反对该议案的重要理由。

大连星海湾由于以所持上市公司股份为下属企业提供担保，下属企业无法偿还而使其所持全部上市公司股份被轮候冻结。平安租赁、厦门信托、上海电气融资租赁、中航租赁等多家债权人已先后起诉大连星海湾，且自2020年4月起大连星海湾被列为失信被执行企业，并多次被限制消费。

2018年6月，原管理层（包括总经理、副总经理、董秘、财务总监等）曾公告增持公司股份，增持期间为6个月，但因各种原因后延长了3个月，截至2019年3月最终增持金额1051.08万元，增持股份占公司总股本的0.22%，比例较低。

2020年7月31日，大连圣亚在回复监管机构时称，大连星海湾已不再享有控制权。但与此同时，杨子平及毛崴等也不承认对上市公司构成控制。

③其他方。

大连圣亚的发起人股东包括辽宁迈克集团、新西兰海底世界工程开发有限公司（N. Z. Underwater World）、大连神洲游艺城等。其中辽宁迈克集团为第二大股东，持有上市公司8.04%的股份，其控股股东为大连天坤投资有限公司，持股比例为86%，职工个人持股合计约14%。大连天坤投资有限公司的股东均为自然人投资者。彼时，辽宁迈克集团的董事兼总经理同时担任大连圣亚的董事长。

原股东辽宁迈克集团、大连神洲游艺城与原管理层曾有过一些合作或联合行动。例如，2020年7月，迈克集团和大连神州游艺城与大连圣亚原总经理共同作为原告，向法院起诉要求撤销董事会关于罢免管理层的决议（但原告后又撤回该起诉）。

根据大连圣亚的公告，自2014年9月起，上市公司原股东辽宁迈克集团、新西兰海底世界工程开发有限公司、大连神洲游艺城等先后发布关于减持计划的公告，并不时披露减持进展情况。

2. 控制权争夺主要过程

2020 年 4 月 24 日，自大连圣亚召开第七届第十一次董事会审议包括更换部分董事、召开 2019 年年度股东大会等在内的系列议案开始，随着杨子平、磐京基金分别和共同提名董事、提议罢免董事，大连星海湾为提名董事提议延期召开股东大会，交易所关注上市公司董事改选事宜并要求相关方说明是否存在一致行动关系或关联关系等事件逐步展开，攻方和守方的争议公开化，围绕对上市公司的控制权展开各方面的争夺。

（1）争夺前期。

根据大连圣亚披露的年报等数据显示，截至 2017 年 12 月底，高建渭、卢立女、杨渭平 3 名自然人，分别持有大连圣亚的股份比例为 4.5%、4.02%、3.16%，合计约 11.68%。2018 年 6 月底，杨子平增持 177.5 万股，合计持有大连圣亚 192.2 万股，持股比例为 1.49%。

2018 年 4 月，杨子平作为小股东（持股比例不到 2%）当选为新一届董事会董事，其提名的独立董事候选人也成功当选。

自 2019 年 5 月开始，磐京基金及其一致行动人不断增持股份，至 7 月 5 日持股比例已达 5.24%，至 7 月 26 日，合计持有大连圣亚股份达到 15%，并计划继续增持。

2019 年 9 月 19 日，大连星海湾所持公司 24.03% 的股份被上海市静安区人民法院冻结，该股份系其为下属企业融资租赁业务提供担保；不久，该 24.03% 股份还被上海金融法院轮候冻结。

截至 2020 年 3 月，控制权争夺爆发前，大连星海湾持有公司 24.03% 的股份，其金融负债余额为 59.7 亿元，磐京基金及其一致行动人持有公司 15.08% 的股份，杨子平持有公司 3.98% 的股份。

（2）争夺爆发。

2020 年 4 月末，持股 3.78% 的董事股东杨子平提出要罢免董事长王双宏与副董事长刘德义。2020 年 6 月 29 日，多次被推迟的 2019 年年度股东大会召开，杨子平提出罢免大连圣亚时任董事长和副董事长职务的议案获得通过，同时杨子平另外提名的 4 名董事成功当选了 3 名。在董事会的 9 个席位中，攻方共占据了 5 个。同日，杨子平当选公司董事长。6 月 30 日，新任董事会召开临时紧急会议，董事毛崴当选公司副董事长，并解聘总经理肖峰，公司管理层被大换血，这一人事变动遭到了原高管团队、部分员工的抵制。

7 月 1 日，大连圣亚近 200 名员工联名向中国证监会大连监管局发出了《大连圣亚全体员工严正声明》，斥责杨子平恶意提议罢免总经理的行为。新高管团队与老高管团队之间的矛盾也就此爆发。公司内斗分为两大阵营，一方为杨子平及由毛崴实际控制的磐京基金，彼时后者是第二大股东；另一方为公司第一大股东的大连星海湾以及发起人股东辽宁迈克集团、大连神洲游艺城。

对于公司董事会成员变化、董事会多次召开临时紧急会议以及公司员工通过社交媒体发表全体声明等事宜，中国证监会大连监管局以及上交所相继向公司发出一系列监管工作函、关注函、问询函，关注并问询罢免总经理肖峰的程序是否合规、公司控制权是否已发生变更、杨子平与磐京基金是否存在一致行动关系。2020 年 7 月 3 日，杨子平及毛崴因拒绝配合监管工作被采取监管措施；7 月 7 日，公司公告称董事毛崴因涉嫌实施操纵证券市场违法行为被中国证监会立案调查；7 月 7 日，辽宁迈克集团、大连神洲游艺城、肖峰以第七届董事会第十六次会议召集程序不合法，罢免总经理不属于紧急事项，进而以“情况紧急”为由召集董事会理由不成立，向人民法院提起诉讼请求撤销该次董事会决议。

2020 年 7 月 29 日，新高管团队与老高管团队之间的矛盾进一步激化，董事长杨子平通过董事会微信群发出会议通知，紧急召集召开公司第七届第二十次董事会会议，董事肖峰、吴健与独立董事梁爽拒绝出席会议，出席会议董事均为杨子平提名董事。本次会议解聘了丁霞的董事会秘书、副总经理职务，并暂由公司董事长杨子平代行董事会秘书职务。同日，上交所对公司解聘董事会秘书事宜表示关注，要求公司核实并补充披露紧急召开董事会的必要性以及召集召开程序的合规性。新高管团队在回复中指出，在公司董事会改组后，时任董事会秘书丁霞拒不公告第七届第十六次董事会会议决议公告，迟迟不向新任董事会提交相关文件，阻碍董事会正常履职；同时在董事会已经审议通过解聘其职务的议案后，其还拒绝执行董事会决议，拒绝向代行董秘职责人员交接 Ekey 等公司财产。而丁霞回应，杨子平、毛崴等人不断采取言语威胁，甚至报警威吓等方式干扰其履职。最终公司监事会确认，公司公章、证照一直按照公司印章管理制度的规定，处于妥善保管的状态。杨子平未能成功夺得公章。

2020年8月初，辽宁迈克集团、大连神洲游艺城、肖峰申请增加诉讼请求，请求撤销公司第七届第二十次董事会作出的解聘丁霞董事会秘书职位的董事会决议（该案最终于2020年9月29日撤诉结案）。

2020年8月中旬，杨子平提议修改公司章程、董事会议事规则以及由其保管使用印章证照、董事会拟授权杨子平的签字具有代替公司印章的对外效力等内容。公司监事会在收到会议通知及附件后，立即召开紧急会议，认为杨子平旨在肆意扩大董事长职权，将采取必要措施防止公司因董事杨子平等人的不当行为而造成重大损害，并把董事会改组后的乱象报给中国证监会。对此，中国证监会大连监管局及上交所要求公司董事会应针对不符合相关规则、章程和公司内部管理规定的相关内容进行整改，坚决杜绝董事、监事和高级管理人员利用职务之便凌驾于内部控制制度之上。

2020年9月4日，公司收到大连市沙河口区人民法院传票，大连星海湾请求撤销公司于2020年8月18日作出的第七届第二十一次董事会决议中《关于同意公司重新获取印章证照的议案》的决议（该案于2021年6月2日作出一审判决，驳回大连星海湾的诉讼请求）。

2020年9月7日，2020年第一次临时股东大会召开，罢免了守方大连星海湾提名的两位独董，守方在董事会层面彻底出局，而攻方并未成功修改公司章程及董事会议事规则。根据媒体报道，股东大会当天杨子平和监事会代表展开了激烈的对峙。公司也公告称，毛崴因在公司遭受暴力事件受伤，无法出席当日股东大会随后召开的董事会会议。随着杨子平方在董事会中完全掌控了话语权，本次控制权争夺得到了暂时的平息。

2020年9月12日，大连星海湾系5名高管联名提出书面辞职报告。9月16日，董事肖峰提交辞职报告，辞去公司的一切职务，当天董事会聘任毛崴担任公司总经理。

2020年12月8日，大连星海湾对大连圣亚股票异常波动事项作出回复，称其对上市公司没有控制权，已不是大连圣亚的控股股东。但在2020年年报中，上市公司仍认为大连星海湾的控股股东地位未发生变化。

在消停 3 个多月之后，渐渐平息的大连圣亚控制权争夺大战再度上演。

2021 年 1 月 4 日，大连星海湾提议，增补吴健、杨美鑫两名此前遭到罢免的董事、监事为非独立董事候选人，但遭到公司董事会全票否决。

2021 年 2 月，大连星海湾再次提议，增补吴健为非独立董事候选人、任健为独立董事候选人，并经股东大会审议通过。

2021 年 2 月至 5 月，杨子平配偶蒋雪忠通过竞价方式增持公司股份，合计持股比例达到 10%。

2021 年 6 月 28 日，2020 年年度股东大会召开，对公司董事会、监事会进行换届选举。本次股东大会召开前，公司分别收到大连星海湾及杨子平提名的候选人，最终大连星海湾提名的所有董事和监事候选人全部被否，杨子平及磐京基金完全控制了董事会。

同时，公司的经营状况也出现了危机。2021 年 1 月至 4 月，公司财务部初步测算 2020 年营业收入低于人民币 1 亿元，并先后发布了三次股票可能被实施退市风险警示的提示性公告。2021 年 7 月 14 日，公司收到上交所下发的监管工作函，要求公司规范退市风险警示相关营业收入核算。

2021 年 12 月 8 日，中国证监会核查发现毛崴与姚石在 2017 年 11 月 7 日至 2019 年 7 月 3 日存在操作 55 个账户的违法行为，对二人作出行政处罚决定。

（3）争夺后期。

2021 年 12 月 27 日，大连圣亚收到上交所下发的监管工作函，要求公司论述公司目前控制权的归属情况，公司未披露相关回复。

2022 年 1 月至 4 月，因最近一个会计年度经审计的净利润为负值且营业收入低于人民币 1 亿元，大连圣亚先后三次发布了股票可能被终止上市的风险提示公告。

2022 年 4 月 29 日，大连圣亚收到上交所下发的年报问询函，该问询函指出公司 2021 年年报显示控股股东为大连星海湾，与大连星海湾前期多次在回复函中表明其已失去公司控股股东地位的信息披露存在重大差异，要求公司说明目前上市公司控制权的归属。公司回复称，大连星海湾提供的资料及理由不足以证明公司控制权已发生变更。同时，磐京基金说明其自 2019 年 7 月首次举牌以来多次公开承诺不谋取大连圣亚控制权，杨子平亦说明不谋求大连圣亚控制权，大连星海湾再次回复强调其非大连圣亚控股股东。大连圣亚控制权陷入无人认领的局面。

2022 年 5 月 11 日，对于大连圣亚与大连星海湾对于上市公司实际控制人认定存在重大不一致，上交所再次下发监管工作函，要求大连圣亚客观、审慎、真实地认定公司控制权的归属。

2022 年 5 月 18 日，经核查，公司触及退市风险警示的情形已消除，公司不存在触及其他退市风险警示及其他风险警示的情形，上交所同意撤销对公司股票实施的退市风险警示。

2022 年 6 月 6 日，上交所发布公告称，因毛崴、姚石控制的账户组曾于 2017 年至 2019 年在增持公司股份达到 5% 及减持达到 5% 时未公告并继续交易公司股票，对二人予以公开谴责。

3. 控制权争夺结果

（1）控股股东和实际控制人：根据大连圣亚 2021 年年度报告及其回复上交所关于年报问询的回复内容，虽然大连星海湾进行了否认，但大连圣亚仍然坚持认为大连星海湾为公司控股股东、大连市国资委为实际控制人，后上交所于 2022 年 5 月 11 日就此问题下发了《监管工作函》，要求公司应当根据股东持股比例、董事会成员构成及其推荐和提名主体、过往决策实际情况、股东之间的一致行动协议或者约定、表决权安排等情况，客观、审慎、真实地认定公司控制权的归属。截至 2022 年 6 月 30 日，大连圣亚尚未对《监管工作函》所述问题进行回复，不排除后续重新认定公司控制权归属。

（2）董事会席位：2020 年度股东大会决议公告，大股东大连星海湾失去全部董事会席位。董事席位、董事长、副董事长、CEO 以及董事会专业委员会均为磐京基金以及一致行动人控制，持股比例占优的 3 个国有大股东完全失去公司控制权。

（3）股价和市值：股价从最高价 48 元大幅降低至 11 元左右，市值从 60 亿元左右降到 15 亿元左右。

杨子平及其妻子先后 5 次增持，合计持股比例 10%，持股总成本约 3.8

亿元。磐京基金合计持股比例19.42%，持股成本约10亿元。从现有市值计算，两者的浮亏均超过60%。

（4）营收和利润：2020年度的营业收入为1.14亿元［后经监管问询，年审会计师对收入进行了修正，消耗性企鹅（公司饲养、繁育的企鹅可以用来出售给其他游乐场）销售收入等被扣除后调整为8401万元］，扣非后的净利润为-8404.56万元。相比2018年度、2019年度的营业收入和净利润，控制权争夺爆发后，营业收入及净利润均大幅度下降。2021年度的营业收入为2.05亿元，扣非后的净利润为-1.37亿元。

（5）财务资助：2021年3月9日，由于流动资金紧张，为补充公司流动性资金，保障公司正常经营，大连圣亚与公司董事兼总经理毛崴签订了《财务资助协议》，毛崴向公司提供财务资助2000万元，期限180天，财务资助费年利率为5%；公司无须对上述财务资助提供任何担保，但可以申请提前还款或展期。加上过去两个月已经分别接受的500万元和1050万元，毛崴累计提供的财务资助为3550万元。加上2021年6月16日再次提供的500万元，毛崴累计提供的财务资助累计4050万元。

（6）监管问询：从2020年4月开始，针对年报、紧急董事会、控制权是否变更，杨子平和磐京基金是否存在一致行动关系，生产经营是否正常，是否存在未披露的重大事件、重大变化、重大诉讼或仲裁，年度审计的收入确认，关于企鹅销售和会计处理，是否存在退市风险，年度报告中会计师事务所的保留意见等问题，上交所分别发过7次问询函、4次监管工作函，中国证监会大连监管局分别发过1次监管关注函、1次警示函。

（7）监管立案和处罚：2020年7月3日，中国证监会大连监管局出具《关于对杨子平、毛崴采取出具警示函措施的决定》。根据决定所载内容，6月30日晚，经磐京基金提议，大连圣亚公司董事会以出现紧急情况为由，召开临时董事会会议，提议罢免总经理。中国证监会大连监管局关注到董事会会议召开的紧急情况理由并不充分且引起众多职工情绪不稳定，该局已收到近200名员工联名发出的《大连圣亚全体员工严正声明》。为进一步了解相关情况，该局以电话和书面函件形式要求董事会主要负责人杨子平、新任董事毛崴进行监管谈话，但二人拒绝配合监管工作，一直未到该局进行谈话，也未通过其他方式说明相关情况。上述行为违反了《证券法》相关规定。

2020 年 7 月 6 日，大连圣亚发布公告，新任董事毛崴于 2019 年 10 月 16 日因涉嫌实施操作证券市场违法行为，被中国证监会上海证券监管专员办事处立案调查。

2021 年 12 月，中国证监会对公司董事兼总经理毛崴出具《行政处罚决定书》，对其超比例增持、减持未报告等行为给予警告，并处以 30 万元罚款。对其限制期内交易行为给予警告，并处以 1500 万元罚款。

2022 年 6 月 6 日，上交所发布公告，因毛崴、姚石控制的账户组曾于 2017 年至 2019 年在增持公司股份达到 5% 及减持达到 5% 时未公告，并继续交易公司股票，对二人予以公开谴责。

（8）刑事案件：2021 年 8 月、9 月，上市公司分别作为控告人向相关公安机关两次报案，分别控告公司原股东提名的已离任的原董事长、原总经理、原副总经理、原董秘等人涉嫌背信损害上市公司利益犯罪。

（9）上市地位：公司披露经审计的 2020 年度财务数据后，其营业收入中通过出售企鹅的销售收入确认等屡次被交易所问询，后审计机构于 2021 年 7 月重新出具了收入扣除专项意见，1876 万元的消耗性企鹅销售收入被扣除。经过此次调整，大连圣亚 2020 年营业收入降为 8401 万元，又因扣非净利润为负，已经达到营业收入低于 1 亿元且净利润为负的退市风险警示触发条件，上交所自 2021 年 7 月 22 日起对公司股票实施退市风险警示，股票简称变更为“*ST 圣亚”。如上所述，虽然公司 2021 年亏损扩大，但好在营业收入超过 1 亿元，经公司申请并经上交所同意，自 2022 年 5 月 20 日起撤销股票退市风险警示，股票简称变回“大连圣亚”。

4. 案例特点

从 2020 年 4 月开始，磐京基金与杨子平等通过不断举牌增持、改选董事会、管理层等方式，在 14 个月的时间内实际获得了对大连圣亚董事会的控制，大股东大连星海湾虽经过各种努力，但仍事实上失去了对上市公司的控制权。通过对公告文件和媒体报道等的分析，本案例呈现如下特点：

（1）大股东大连星海湾持股比例长期维持在 24.03%，持股比例远超过其他任一股东，但上市公司其他股东的股份比例较为分散。面对外来股东通过资金优势的举牌和集中增持行为以及可能的一致行动等行为，大连星海湾疑因各种原因准备不足，无力应对。导致的结果是，虽然没有一名股东的持股比例超过大股东，但多位小股东的股份和表决权比例之和可能实际超过大股东。

（2）大股东自身经营困难，以所持上市公司股份为下属企业担保且下属企业欠债违约，无力增持股份以维持和巩固控制权。

（3）原发起人股东虽然持股比例不低，但出于维护自身利益的需要，在控制权争夺发生后不断减持股份，不仅使攻方有了因“不看好公司未来发展前景”而拒绝其提名董事、罢免董事等的理由和借口，也让攻方获得分化、瓦解大股东与其他发起人股东形成事实上“同盟”的机会成为可能。

（4）大连圣亚在公司章程、“三会”治理文件等重要文件中缺乏有效的防范外来攻击的机制。

（5）原管理层在控制权争夺的早期，虽有增持股份的意愿和行为，但动用的资金实力相比攻方明显不足，所增持股份比例及其对表决结果的影响极为有限。

（6）虽然有大量媒体介入报道，交易所不断问询，证监局强势介入，上市公司员工就杨子平及磐京基金的相关行为向监管、金融、工会、交易所等多个部门实名举报，也有股东欲就相关问题进行投诉，依然阻挡不了控制权争夺结果。

（7）从攻方实际采取的动作和对监管的回复等来看，提前持有一定股份，对上市公司比较了解，对公司治理及资本市场规则也比较熟悉，充分发挥中介机构的第三方优势，决心大、信心足，资金充裕，内外联动，行动一致，是其取得控制权的重要因素。

（8）本案各方争夺的最终结果可能是多输的局面，即国有大股东失去了对上市公司的控制，小股东虽然实际控制了上市公司但不愿“认领”控制权，且股票价格和市值大幅下降，财务上陷入巨额浮亏，且叠加“新冠疫情”影响后上市公司经营状况急剧恶化，营业收入与扣非净利润大幅下降，股票曾一度被标注“*ST”。虽然2021年度因营业收入增加暂时撤销了退市风险警示，但亏损继续扩大，如经营不能得到实质改善，未来仍然可能面临被强制退市的风险。

（二）三方力量竞相逐鹿，董事会上演争夺戏——创新医疗（002173.SZ）控制权争夺案

董事会决定着上市公司日常经营管理中的主要事项。因此，股东通过夺取董事席位从而实现对董事会的控制堪称上市公司控制权争夺中最关键的“战役”。2019年8月至2022年3月，创新医疗管理股份有限公司（以下简称创新医疗或公司）的各方股东即在董事会掀起了夺席大战。

1. 控制权争夺发生前基本情况

控制权争夺前上市公司和争夺各方的基本情况如下：

（1）上市公司基本情况。

创新医疗曾用名分别为浙江千足珍珠股份有限公司、浙江山下湖珍珠集团股份有限公司、千足珍珠集团股份有限公司（以下简称千足珍珠），于2007年在深交所上市。

工商登记信息显示，千足珍珠的经营范围一开始为珍珠的养殖、加工和销售，后来增加了医疗服务的相关业务，并将名称更改为创新医疗，而2019年起其经营范围去掉了珍珠相关的业务，仅保留与医疗服务有关的业务。

上述经营范围的变更与公司进行的两次资产处置相关：

①资产收购：2015年至2016年，千足珍珠通过发行股份购买资产并募集配套资金收购了齐齐哈尔建华医院有限责任公司（以下简称建华医院）、海宁康华医院有限公司和江苏福恬康复医院有限公司（以下简称福恬医院）三家民办医院各自100%的股权，该次交易发行股份购买资产的交易对方包括上海康瀚投资管理中心（有限合伙）（以下简称康瀚投资）、齐齐哈尔建恒投资管理合伙企业（有限合伙）（以下简称建恒投资）、杭州岚创投资合伙企业（有限合伙）（以下简称岚创投资）、齐齐哈尔建东投资管理合伙企业（有限合伙）（以下简称建东投资）等主体，而非公开发行股份的认购方包括杭州昌健投资合伙企业（有限合伙）（以下简称昌健投资）、上海岩衡投资管理合伙企业（有限合伙）（以下简称岩衡投资）、冯美娟、陈越孟等8名特定对象。

上述交易对方中，岚创投资和昌健投资的实际控制人均为陈越孟，岚创

投资系于2015年6月入股3家医院；康瀚投资、建东投资、建恒投资均系建华医院职工及原经营管理层投资设立的企业。

本次交易完成后，千足珍珠的实际控制人陈夏英及其家族成员控制的千足珍珠股份比例从53.04%下降至23.46%；陈越孟、岚创投资和昌健投资共取得12.08%的股份；康瀚投资、建东投资和建恒投资共取得13.22%的股份。

②资产出售：2017年至2018年，为提升公司的整体盈利能力，创新医疗公开拍卖8家经营珍珠业务持续亏损的子公司的全部股权。公司实际控制人陈夏英、陈海军最终拍得上述资产并与创新医疗签署了股权转让协议，约定于2019年6月30日前支付完毕全部股权转让款。

③资产收购及出售引纷争：除向公司出售3家医院的股权外，康瀚投资还作为业绩补偿义务人就建华医院的经营业绩作出承诺，但建华医院未完成2017年度及2018年度的业绩承诺，康瀚投资亦始终未按照约定期限履行业绩补偿义务。2022年3月30日，公司发布公告称，康瀚投资受自身存在的其他民事诉讼纠纷影响，其持有的公司股份将被司法拍卖，这使公司面临业绩补偿不能收回的风险。受公司与康瀚投资矛盾加剧的影响，公司已无法掌控建华医院的经营管理权，自2019年11月起建华医院不再纳入公司合并报表范围。

2019年1月，陈夏英、陈海军与公司签署质押协议，将其受让取得的经营珍珠业务的子公司的全部股权质押给公司，质押期限截至其付清剩余的股权转让款为止。后陈夏英、陈海军方欲延期支付剩余股权转让款。但公司于2019年8月19日召开的2019年第一次临时股东大会否决了该议案。

2019年8月，股东夺席大战正式拉开帷幕。

2019年9月，建恒投资提起股东代表诉讼，请求判令公司的实际控制人陈夏英向公司支付剩余股权转让款，并赔偿逾期付款的损失。经审理，二审法院最终于2020年9月判决支持建恒投资的全部诉求。2021年6月，陈夏英支付了剩余的股权转让款及利息，上述诉讼案件也因此被法院裁定结案。

根据2020年年度报告，公司前十大股东的持股情况如表4－5所示：

表 4-5　2020 年公司前十大股东的持股情况

序号	股东名称/姓名	持股数量/股	持股比例/%	质押或冻结情况		守方/攻方一/攻方二
				股份状态	数量/股	
1	陈夏英	77 616 997	17.06	质押	37 700 000	守方
				冻结	17 257 548	
2	康瀚投资	44 957 436	9.88	质押、冻结	44 957 436	攻方一
3	昌健投资	33 955 857	7.47	—	—	攻方二
4	冯美娟	31 225 580	6.86	—	—	攻方二
5	陈海军	22 225 300	4.89	质押	3 300 000	守方
				冻结	4 126 043	
6	浙江富浙资本管理有限公司（以下简称富浙资本）	18 285 226	4.02	—	—	攻方二
7	岩衡投资	16 977 929	3.73	—	—	—
8	岚创投资	12 733 430	2.80	—	—	攻方二
9	建恒投资	11 304 928	2.49	质押、冻结	11 304 928	攻方一
10	从菊林	10 092 9008	2.22	—	—	攻方二

注：“攻方一”“攻方二”“守方”各自的定义及各股东间的关系详见下文“（2）争夺各方基本情况”部分。

如表 4-5 所示，公司前十大股东中，守方合计持有公司 21.95% 股份；攻方一共持有公司 12.37% 的股份；攻方二合计持有公司 23.37% 股份，攻方二与守方在持有股份比例上势均力敌。

此外，争夺开始前，第五届公司董事会非独立董事的 6 个席位中，守方占有 4 席、攻方二占有 2 席、攻方一无席位；在第五届公司监事会股东代表监事中，守方占有 2 席，2 个攻方均无席位。

根据公司披露的公告，2019 年、2020 年、2021 年第一季度，创新医疗营业收入分别为 8.72 亿元、7.24 亿元、3.68 亿元，扣除非经常性损益后净利润分别为 -10.50 亿元、-2.67 亿元、-0.28 亿元。公司经营业绩持续低迷。

（2）争夺各方基本情况。

本案例比较特别之处在于，从整个争夺的进程来看，攻方分为两派各自进攻，未见到比较明显的联合对付守方的行动。其中，攻方一的进攻或许与前述业绩补偿、公司资产出售、建华医院的经营管理事项相关，其欲争夺董事会席位维护自身利益，但因其持股比例与守方、攻方二存在较大差距，所以其可能并非真正想取得控制权；攻方二作为知名的投资机构，其发起进攻或许一方面是对公司的经营业绩和纷争不断不满，另一方面是在与守方持股比例势均力敌的情况下欲争夺董事会席位实现对公司的全面控制。

①攻方一。

攻方一主要包括建华医院原股东康瀚投资、建恒投资，福恬医院原股东建东投资。其中，建恒投资、建东投资均系建华医院职工成立的企业；康瀚投资系建华医院原院长梁喜才控制的企业。根据公司 2019 年 8 月披露的对深交所关注函的相关回复，上述三方股东虽然有密切关系，但其从未签订一致行动协议，也不存在股权控制或受同一主体控制的关系，因此不属于一致行动人。

梁喜才，1963 年生，职业为主任医师，曾任中华医学会医学工程分会干细胞工程专业委员会委员一职，曾系建华医院董事长兼总经理、康瀚投资执行事务合伙人，2016 年 4 月至 2019 年 4 月任公司副总裁。

2019 年 4 月，梁喜才因个人原因辞去公司副总裁及建华医院董事长、法定代表人职务；2019 年 6 月，梁喜才因涉嫌职务侵占罪等被相关公安机关采取刑事拘留的强制措施。2022 年 5 月，法院作出一审判决，梁喜才因犯职务侵占罪、虚开发票罪、挪用资金罪、背信损害上市公司利益罪，被数罪并罚有期徒刑 12 年、罚金人民币 75 万元。

②攻方二。

攻方二以陈越孟为代表，主要包括：陈越孟及其一致行动人岚创投资、昌健投资、富浙资本；与陈越孟控制的浙商创业投资管理有限公司有密切关系的公司股东浙江浙商汇悦财富管理有限公司—汇悦医疗精选 2 号私募投资基金（以下简称浙商汇悦）；与陈越孟共同向董事会提出提案的公司前十大股东冯美娟和从菊林；以及陈越孟的胞姐陈素琴与胡学庆。

陈越孟，1969 年生，浙江宁波人，先后毕业于浙江大学中文系、长江商学院 EMBA，现任浙商创投董事长。除创新医疗外，陈越孟及其控制的企业另持有曼卡龙（300945. SZ）、矩子科技（300802. SZ）、当虹科技（688039. SH）、安恒信息（688023. SH）、虹软科技（688088. SH）等多家上市公司股份。

③守方。

守方主要包括公司的实际控制人陈夏英、陈夏英胞弟、公司董事长陈海军及其他持股的家庭成员，上述人员共同构成一致行动关系；除此以外，还包括第五届董事会中守方的董事和监事代表、代表守方提起诉讼的部分小股东。

陈夏英，1964 年生，浙江诸暨人，为创新医疗控股股东、实际控制人，现任浙江千足珍珠有限公司董事。陈夏英曾任创新医疗董事长，后于 2015 年 7 月卸任。

陈海军，1972 年生，浙江诸暨人，现任创新医疗董事长、浙江千足珍珠有限公司董事等职务。

2. 控制权争夺主要过程

创新医疗的股东主要是围绕董事与监事席位展开争夺，主要的争夺手段是行使提案权等股东权利以及提起公司决议无效或撤销之诉。

攻方一率先发力，通过行使股东权利罢免了守方的董事和监事席位，还通过提起诉讼解除了股东大会对其股东权利的限制。争夺后期，因其提名候选人的提案被董事会拒绝提交股东大会审议，且所持股份被司法拍卖，攻方一的席位争夺最终止步。

攻方二行使股东权利同样被公司董事会先后否决，但之后攻方二就侵犯其股东提案权的会议决议提起诉讼，最终公司换届选举的股东大会会议决议被撤销，公司第六届董事会相应被撤销，第五届董事会重新掌权，但守方的多数席位优势实际上仍未被撼动；同时，攻方二在被拒后仍继续行使提案权，一定程度促使换届选举时补选董事和监事的股东大会会议被取消。争夺后期，或许是私下达成了默契，在攻方二与守方共同提名下公司重新完成了换届选举；但受公司经营持续不佳且守方事实上一直保有席位优势等因素的影响，攻方二最终选择减持股份退出争夺。

面对两个攻方接连发起的席位争夺，守方在席位遭罢免后仍事实上保有董事会改选前的席位多数优势，并利用席位优势通过董事会和监事会先后拒绝了攻方的提案，赢得了公司的换届选举。为守住席位，守方还与攻方二共同限制攻方一的股东权利，并提起判令罢免其董事和监事席位的股东大会决议无效的诉讼。

最终，此次席位争夺战以守方守住在董事会的多数席位优势告终。但是，守方的部分“防御措施”也因侵犯股东权利而被相关部门采取了监管措施，或依照法院判决被撤销或被认定为无效。

3. 控制权争夺结果

（1）董事会及监事会席位：争夺结束后，经守方与攻方二的共同提名，公司重新完成了换届选举。攻方二在新一届董事会和监事会中分别占有 2 个董事席位和 1 个监事席位；守方依然保持 4 个董事席位和 1 个监事席位；攻方一仍然不拥有任何董事会和监事会席位。基于此，从对公司董事会的控制来看，守方取得了夺席大战的胜利。

（2）民事诉讼：本次争夺中，三方均各自提起了公司决议无效或撤销之诉，具体如下：攻方一就限制其股东权利的股东大会会议决议提起诉讼，诉请判决决议无效，获得胜诉；攻方二就董事会拒绝将其提名董事、监事人选的提案提交股东大会的会议决议，以及后续股东大会作出的换届选举会议决议提起诉讼，诉请判决上述决议无效或撤销，获得胜诉；守方就罢免其董事和监事席位的股东大会会议决议提起诉讼，诉请判决决议无效，最终自行撤诉。

（3）监管情况：深交所和中国证监会浙江监管局（以下简称浙江证监局）通过发出关注函以及问询函的方式对创新医疗各股东进行的席位争夺保持高度关注。值得注意的是，浙江证监局在问询函中要求公司前十大股东就换届选举的提案和准备工作作出说明，还对公司及公司董事长兼董事会秘书陈海军侵犯股东临时提案权的行为采取了监管措施。

4. 案例特点

（1）从争夺起因及争夺脉络的角度。

①包括公司创始股东、外部投资人股东及通过公司发行股份购买资产进入的股东在内的争夺各方，对控制权争夺与公司资产处置背后的利益纷争激化矛盾密不可分，控制权争夺过程亦伴随着公司对资产处置相关纠纷的处理。

②两个攻方均围绕董事会席位展开争夺，但守方股东始终掌握董事会席位优势。

③监管机构要求公司前十大股东对公司换届选举的相关问题进行回复，推动了股东积极争夺董事会席位。

④外部投资者虽在争夺中曾频频举牌增持公司股份，但最后由于公司业绩不佳选择减持股份，退出争夺。

⑤法院对股东因公司董事会拒绝其提案申请撤销董事会/股东大会决议的诉讼请求予以支持的判决较为少见，该案比较具有代表性。

（2）从各方采取的争夺手段结果的角度。

①董事会拒绝股东提案适用了不同事由并产生不同效果。

本案中，董事会以陈越孟方未在规定时间内提交提案，以及股东身份证明等材料未提交完整为由否决了提案。后公司因错误披露收到提案的时间被浙江证监局采取了监管措施，相关的股东大会决议也被法院判决撤销。

而在此之前，董事会也拒绝了康瀚投资方提出的相似提案，但这次拒绝未被采取监管措施，亦未引发诉讼。根据相关会议决议，董事会的拒绝理由是提案“不符合公司法及公司章程的规定”。在对深交所问询的回复中，公司从董事和监事的任期、提名规则、累积投票制等多方面解释论证了原因和依据。关于董事会对股东提案审查的边界和注意事项，请见本书“第五章一、攻守之道——股东提案权与召集人审查权的边界”。

②诉请公司决议无效但最终被判决议撤销。

在陈越孟方的代表富浙资本诉请判决公司董事会决议无效、股东大会决议撤销之诉中，法院将上述董事会决议最终认定为了“撤销”，而非富浙资本在起诉书中诉请的“无效”。法院指出，无效往往是因行为等违反了强制性规定，导致其自始无效，而不会因为当事人事后的追认或其余补正行为即具有效力。从《公司法》第 102 条第 2 款[①]规定的内容来看，其并不具有效力评价的性质。

③股东大会任意限制股东权利被判决无效。

本案中，因康瀚投资拒绝履行 2018 年度业绩补偿义务，康瀚投资及建恒投资持有的公司股权已全部被司法冻结且公司发行股份购买资产涉及的建华医院的 100% 股权存在重大减值迹象，公司认为康瀚投资和建恒投资的股东身份存在不确定性，从而康瀚投资、建恒投资获取公司股份所支付的对价（建华医院的 100% 股权）存在出资义务未履行或者未全面履行或者抽逃出资的情况，因此，公司股东大会对康瀚投资、建恒投资作出暂时限制股东权利（包括出席或委托代理人出席股东大会行使表决权等非财产性权利以及利润分配等财产性权利）的决议，后该决议被法院判决无效。据此可以得出，公司股东大会不得任意限制股东权利。即便根据相关法律及司法解释的规定可以限制存在出资瑕疵的股东的权利，也仅限于利润分配请求权、新股优先认购权、剩余财产分配请求权等财产性权利，而不能及于非财产性权利。

（三）从“暗斗”到“明争”，上市公司二度易主——恒泰艾普（300157. SZ）控制权争夺案

恒泰艾普集团股份有限公司（以下简称恒泰艾普或公司）是一家高科技、集团化、国际型的综合能源服务商，本次争夺的双方为以银川中能新财科技有限公司（以下简称银川中能）及其一致行动人孙庚文为主要代表的守方和以北京硕晟科技信息咨询有限公司（以下简称硕晟科技）及其一致行动人李丽萍为主要代表的攻方。攻方因曾欲谋求与上市公司合作却被守方拒绝，进而采取以在二级市场增持收购的形式夺取公司控制权。

本次控制权争夺涉及修订章程并加入反收购条款、限制股东提名权、剥夺股东表决权、“白衣骑士”、“焦土策略”等多种手段，为控制权争夺教科

---

① 《公司法》第 102 条第 2 款规定，单独或者合计持有公司 3% 以上股份的股东，可以在股东大会召开 10 日前提出临时提案并书面提交董事会；董事会应当在收到提案后 2 日内通知其他股东，并将该临时提案提交股东大会审议。临时提案的内容应当属于股东大会职权范围，并有明确议题和具体决议事项。

书之战。

1. 控制权争夺发生前基本情况

控制权争夺前上市公司和争夺各方的基本情况如下：

（1）上市公司基本情况。

恒泰艾普成立于2005年3月29日，其股票于2011年1月7日在深交所创业板上市，注册地址位于北京市海淀区，上市时主要为石油天然气的勘探开发提供技术服务，主要客户包括中石油、中石化和中海油三大石油公司。公司上市前的控股股东、实际控制人为孙庚文，上市完成后，孙庚文的持股比例由上市前的34.01%降至25.51%。

2012年至2016年，为扩大公司规模，恒泰艾普进行了数次非公开发行股份购买资产，孙庚文本人亦在二级市场陆续增持、减持了股份，前述操作使得孙庚文在与银川中能洽谈合作时，持股比例已从上市时的25.51%降至15.64%。

在通过并购扩张的方式扩大了公司规模的同时，公司及孙庚文也出现了债务危机。于是在2019年6月30日，孙庚文与银川中能签署《股份转让协议》及《一致行动协议》，孙庚文将其持有的恒泰艾普10.67%的股份转让给银川中能，银川中能成为公司的第一大股东，并通过一致行动协议实际控制孙庚文持有的公司4.96%的股份。本次交易变动后，银川中能合计控制公司15.64%的表决权，公司控股股东变更为银川中能，实际控制人变更为刘亚玲。

根据媒体报道，孙庚文与银川中能在前期洽谈合作时，因孙庚文当时大量股份质押即将到期，希望能尽快签署协议并取得周转资金，因此，银川中能在没有充分尽调的前提下仓促入主恒泰艾普。基于上述情况，银川中能在入主恒泰艾普较长一段时间内都在解决孙庚文遗留的公司债务及运营资金问题。根据上市公司公告，恒泰艾普2019年度、2020年度亏损额均超12亿元，同时涉及多起诉讼，多个银行账户被冻结，银川中能自身也有多笔逾期债务，这也为银川中能在控制权争夺后期落败埋下了隐患。

在控制权争夺发生之前（标志性事件2020年8月5日硕晟科技与李丽萍首次举牌前），根据恒泰艾普2020年半年度报告，银川中能为公司第一大股东，持股比例为10.67%，全部股份已质押，孙庚文为第二大股东，持股比例为4.96%，全部股份已冻结，孙庚文为银川中能一致行动人，除此以外，第三大股东持股仅1%左右，公司股权比例较为分散。

（2）争夺各方基本情况。

①攻方。

攻方代表主要有硕晟科技、李丽萍、王潇瑟、王莉斐。

硕晟科技成立于2020年7月17日。其成立不久即通过二级市场开始持有恒泰艾普的股票，在控制权争夺期间持股比例为1.32%。

李丽萍自2020年7月开始通过二级市场持续增持恒泰艾普的股票，截至2020年10月15日，李丽萍持股比例增至14.68%，之后未再继续增持。

王潇瑟为李丽萍配偶弟弟的配偶，2021年10月，王潇瑟通过网上司法拍卖的方式增持公司1.40%的股份，并与硕晟科技签署《表决权委托协议》，将其持有恒泰艾普1.40%的股票对应的表决权无条件地、不可撤销地委托给硕晟科技行使，委托期限至2023年12月31日。

王莉斐原为硕晟科技控股股东、实际控制人。2020年9月，其将持有的硕晟科技16%的股权转让给李丽萍，现持有硕晟科技49%的股权，并担任硕晟科技执行董事兼法定代表人。2022年3月，经公司董事会审议，王莉斐当选为公司董事长。

截至2022年6月30日，硕晟科技及其实际控制人李丽萍、一致行动人王潇瑟合计持有公司18.67%的股份。同时，王莉斐为公司董事长，王潇瑟为公司董事。

②守方。

守方代表主要有银川中能、孙庚文及马敬忠。

银川中能成立于2019年，实际控制人为刘亚玲。2019年7月至2021年12月，银川中能为恒泰艾普控股股东，刘亚玲为恒泰艾普实际控制人。

孙庚文为恒泰艾普原实际控制人，2019年6月，孙庚文向银川中能转让公司控制权，并承诺未来3年与银川中能保持一致行动。2019年12月，恒泰艾普向浙商银行贷款2.2亿元（该笔贷款系孙庚文为实际控制人时期已存贷款的延续，非新增贷款），依照浙商银行要求增加时任控股股东银川中能及实际控制人刘亚玲、马敬忠承担无限连带担保责任，同时浙商银行要求原实际控制人孙庚文须继续承担无限连带担保责任。为此，银川中能及刘亚玲、马敬忠向孙庚文出具承诺函，承诺在约定期限内偿还上述贷款及替换孙庚文的担保，若未在约定期限内解除孙庚文的担保责任，则孙庚文有权解除与银川中能的一致行动关系。控制权争夺后期，因银川中能未按时支付股权转让价款及未能履行上述承诺函的约定，孙庚文与银川中能发生纠纷，后在法院的调解下双方解除了一致行动关系。

马敬忠系银川中能实际控制人刘亚玲的配偶，2019 年 9 月，由银川中能提名并经股东大会选举成为公司非独立董事。2021 年年底，公司董事会换届选举，马敬忠未被提名为董事候选人，不再担任公司董事。

③其他主要参与方。

其他主要参与方主要包括山东厚森投资管理咨询有限公司（以下简称厚森投资）及其实际控制人张后继、青岛海检奥华投资控股有限公司（以下简称青岛海检）以及山西山能发电有限公司（以下简称山能发电）。

厚森投资成立于 2021 年 11 月，主要从事投资管理业务，控股股东、实际控制人为张后继。如上所述，2021 年 12 月 30 日及 2022 年 1 月 4 日，厚森投资分别接受银川中能与孙庚文的表决权委托，合计控制公司 14.23% 有表决权的股份。同时，厚森投资在对深交所问询的回复中表明，在接受委托后未来 12 个月内暂不存在主动谋求恒泰艾普控制权的意图。

张后继，2021 年 12 月至 2022 年 3 月任公司董事，2021 年 10 月至今任公司执行总经理。

青岛海检成立于 2020 年 12 月，主要从事矿产资源勘查业务，控股股东为青岛海检控股有限公司，实际控制人为青岛市人民政府国有资产监督管理委员会。2021 年，青岛海检通过股权转让和司法拍卖受让恒泰艾普负责精密仪器制造和高端装备制造业务板块的重要子公司西安奥华电子仪器股份有限公司（以下简称奥华电子）49.30% 的股权，青岛海检成为奥华电子控股股东。

山能发电成立于 2017 年 11 月，主要从事电力、热力生产和供应业务，控股股东、实际控制人为山西能源总公司。山能发电曾欲扮演“白衣骑士”

角色，2021 年 5 月，公司拟向山能发电定向增发，交易完成后山能发电将成为恒泰艾普的控股股东，但该交易最后以失败告终。①

2. 控制权争夺主要过程

攻方与守方对于恒泰艾普控制权的争夺大体可以分为以下三个阶段：

（1）攻方硕晟科技开启通过二级市场收购之路，守方银川中能采取连环手段捍卫控股股东地位但收效甚微。

2020 年 7 月初至下旬，攻方曾与银川中能多次沟通，表露出拟通过支付定金参与股权收购，后续将公司控股权倒手转卖给地方国资的计划，被银川中能以损害公司及中小股东利益为由拒绝。遭到守方的拒绝后，攻方开始在二级市场持续增持公司股份并于 2020 年 8 月 5 日完成举牌，开始了争夺上市公司控制权的征程。

攻方在完成举牌后继续通过二级市场增持上市公司股票，2020 年 10 月，攻方持股比例超过守方，成为上市公司第一大股东。此外，在 2020 年 9 月至 2021 年 8 月，攻方还曾多次向董事会、监事会行使股东提案权，拟提名改选董事，实现对董事会的控制，但受到守方的阻碍。

面对攻方的强势进攻，守方亦采取了一系列的反击：

首先，在攻方完成举牌的第二天，守方控制的董事会提出修改公司章程，将持股 3% 以上的股东可以提名董事、监事，改为持股 3% 且连续持有超过 180 日的股东才可以提名董事、监事，以限制新股东的提名权，开始采取拖延时间战术。但该议案因仅获得出席会议所有股东所持股份的 59. 8826% 同意（未达到 2/3），未获得通过。同时，守方进一步提名选举董事，增加己方对董事会席位的控制。

其次，守方在 2020 年 8 月发布公告，指出硕晟科技及其一致行动人李丽萍在增持达到 5% 时，未立即停止并履行信息披露义务，而在当日继续增持，故在达到 5% 以后买入的股份在买入后 36 个月内不得行使表决权，即硕晟科技及其一致行动人仅对持有公司 5% 的股票部分具有表决权。

① 2022 年 5 月 17 日，恒泰艾普召开第五届董事会第九次会议及第五届监事会第七次会议，公司董事会、监事会同意终止 2021 年度向特定对象发行股票事项。

另外，守方还采取了其他多种多样的防守措施：①“焦土政策”[①]：2021年年初，将公司负责精密仪器制造和高端装备制造业务板块的重要子公司奥华电子出售给青岛海检，但此做法看起来并未成功打消攻方对恒泰艾普的收购意图；②“寻找白衣骑士”[②] 并采取“毒丸计划”[③]：2021 年 5 月，公司拟以折价 27.10% 的价格向山能发电发行 2.1 亿股，如这一计划成功完成，则攻方的持股比例将被稀释到 12.31%，山能发电将取得公司的控制权，但该计划最终失败。

在守方的上述反击措施中，以攻方违规增持为由限制其行使表决权的举措效果最为显著，在很长一段时间使攻方即使通过二级市场增持股份的持股比例不断扩大，但在股东大会上有效的表决权仅有 5%，不能成功控制董事会。为此，2020 年 11 月，攻方提起诉讼，认为恒泰艾普 2020 年第二次临时股东大会未将其达到 5% 以后买入的股份的表决权计入出席会议表决权总数的表决方式违反了法律规定，请求法院判决撤销该次会议决议。同时，在表决权被限制期间，攻方先后两次征集股东投票权，为股东大会表决拉票，使己方提名的 1 名独立董事成功当选并阻止守方对公司章程的修改。

截至 2021 年 5 月中旬，硕晟科技及其一致行动人李丽萍虽通过二级市场增持成为公司第一大股东，但其持股比例较第二大股东银川中能差距较小，且仍无法成功控制董事会，上市公司控制权尚未发生变更。

（2）守方内忧外患，攻方乘胜追击，成功取得上市公司控制权。

2021 年 5 月末，法院对上文提及的攻方与守方的公司决议诉讼纠纷作出判决，对于守方主张对于攻方所有超过 5% 的持股表决权均予以限制不予采信，并确认恒泰艾普 2020 年第二次临时股东大会会议决议中关于“孔晓丽当选为第六届董事会非独立董事”的议案经重新计票后对决议产生实质影响，

---

① “焦土政策”是指目标公司大量出售公司资产，或者破坏公司的特性，以挫败敌意收购人的收购意图。

② “寻找白衣骑士”是指目标公司在遭到敌意收购袭击的时候，主动寻找第三方即所谓的“白衣骑士”来与袭击者争购，造成第三方与袭击者竞价收购目标公司股份的局面。

③ “毒丸计划”是指当一个公司遇到恶意收购，尤其是当收购方占有的股份已经达到 10% ~ 20% 时，公司为了保住自己的控股权，会大量低价增发新股。其目的就是让收购方手中的股票占比下降，同时也增大了收购成本，让收购方无法达到控股的目标。

该议案决议内容不成立。[①] 该判决公告发出后，孔晓丽主动辞职。

与此同时，守方内部开始出现问题：

2021 年 5 月，因银川中能未能按照其于 2019 年 12 月出具的承诺函约定为孙庚文解除担保或替换其他担保，孙庚文向银川中能发出通知函，要求解除与银川中能签订的《一致行动协议》及《一致行动协议之补充协议》。[②]

从 2021 年 7 月开始，马敬忠及其控制的银川中能开始陷入一系列债务纠纷，所持公司股份陆续被法院执行司法拍卖。截至 2021 年 10 月，银川中能的持股比例降至 9. 27%，并且其中约 8. 01% 的股份已被司法冻结。

从 2021 年 6 月至 9 月，3 名守方提名的董事辞职，而守方提名的剩余 6 名董事中，独立董事程华与蓝贤忠屡次在董事会反对马敬忠提出的议案，为此，守方提案罢免程华的独立董事职位。最后，程华和蓝贤忠均主动请辞。

2021 年 10 月，经公司董事会审议通过，董事会解除对攻方表决权的限制，攻方随即开始了新一轮对董事会席位的争夺，并先后通过 2021 年第二次临时股东大会与 2021 年第三次临时股东大会，成功改选董事并完成了对董事会的换届选举，从提名人来看，新一届董事会 13 名成员全部由硕晟科技提名。

2021 年 12 月 28 日，上市公司发布实际控制人变更的公告，称硕晟科技为公司的控股股东，李丽萍为公司的实际控制人。

然而，本次控制权争夺并未到此结束。硕晟科技在换届选举中提名的部分董事表示，银川中能让渡公司实际控制权给硕晟科技的前提是硕晟科技给上市公司提供 2. 2 亿元的借款，且公司董事会 13 名董事中，硕晟科技实际只提名了 5 名董事，银川中能实际提名了 4 名董事，恒泰艾普管理层实际提名

---

① 后来公司不服上述判决，提起上诉。2021 年 9 月末，北京市第一中级人民法院作出二审判决，驳回上诉，维持原判。

② 2021 年 8 月 5 日，公司发布公告，称北京市第一中级人民法院已经受理股东孙庚文就股权转让款纠纷对控股股东银川中能提起的诉讼。后该案在审理过程中经法院主持调解，各方于 2021 年 10 月达成一致意见：银川中能、马敬忠履行完付款义务后，孙庚文与银川中能、马敬忠就《股份转让协议》及系列补充协议的履行均不存在任何争议，任何一方均不得再依据该等协议向对方主张任何权利。此后，公司公告中未再将孙庚文及银川中能列为一致行动人。

了4名董事。且硕晟科技之后未按照约定提供借款，这成为公司之后内部矛盾激化的根源。

（3）董事会换届1个月再起“内斗”，攻方再次改组董事会守住控制权。

2021年12月底至2022年1月初，虽然已解除一致行动协议，但银川中能和孙庚文再寻“白衣骑士”，分别将所持恒泰艾普股份的表决权委托给厚森投资，厚森投资基于委托安排可行使公司股份表决权的比例为14.23%，厚森投资表示其在未来12个月内暂不存在主动谋求恒泰艾普控制权的意图，但后续不排除继续增持恒泰艾普股份。

2022年年初，恒泰艾普董事会内部再起矛盾，矛盾双方为前文所述银川中能与恒泰艾普管理层实际提名的以孙玉芹为代表的8名董事（其中董事姜玉新在后期辞职，变为7名董事，以下简称7名董事）以及硕晟科技实际提名的以王莉斐为代表的5名董事（以下简称5名董事）。

2022年1月29日，硕晟科技以孙玉芹未及时召集董事会审议监管部门要求提交的整改报告及与公司债权人的和解协议，怠于行使董事长职责为由，向董事会提议罢免孙玉芹董事长职务，并选举王莉斐为董事长。但该议案以5票赞成，7票反对，未获董事会通过。

2022年2月9日，硕晟科技再次提请公司董事会召开临时股东大会并罢免孙玉芹董事职务。但是，恒泰艾普董事会并未及时披露与回复，开始采取拖延战术。

在未对攻方提议召开临时股东大会作出是否同意的期间，7名董事分别采取了一系列手段拟应对攻方的势力，但并未如愿：

①2022年2月14日，7名董事不顾独立董事延期召开董事会的要求，执意召开了第五届董事会第四次会议，改选张后继为董事长。但会议结束后，3名独立董事向深交所、中国证监会北京监管局提交关于该次会议召集无效的公开信，投诉时任董事长孙玉芹、董事张后继。上市公司并未披露该等会议决议公告，孙玉芹最终以主动辞职的方式不再担任董事长，张后继亦未根据该次会议决议担任公司董事长。

②2022年2月15日，公司董事会指定由公司董事、副董事长王莉斐（代行董事长）代行董事会秘书职责。但7名董事指出王莉斐系与时任公司

董秘王艳秋私相授受，非法占有信息披露所需的 Ekey，并窃取了公章，自己任命自己代行董事长、董事会秘书并向中国证监会北京监管局、深交所举报，公司回复称王莉斐代行董事长及董事会秘书职责具有合理性和必要性，7 名董事的举报不实。

③2022 年 3 月，7 名董事在对监管问询的回复中认为公司在对监管的两份问询的回复公告（以下简称两份公告）存在重大虚假陈述。对此，5 名董事对 7 名董事所述存在虚假陈述事项一一回应，并称 7 名董事认为两份公告相关内容“构成重大虚假陈述”缺乏事实依据，也未列明援引相应法律、法规及规范性文件和具体条文依据。

2022 年 2 月 20 日，鉴于公司董事会在规定期限内未对硕晟科技的提案提出同意或不同意的书面反馈意见，硕晟科技提请监事会召集股东大会罢免孙玉芹董事职务。最终监事会以 3 票同意、0 票反对、0 票弃权审议通过了硕晟科技的提案，同意召集召开 2022 年第一次临时股东大会。

至此，攻方基本稳控住了本次董事会内斗的局势，2022 年 3 月 3 日，银川中能计划在 3 个月内减持公司合计不超过 3.00% 的股份（但截至 2022 年 6 月，减持计划时间已届满，银川中能并未实际进行股份减持）。

2022 年 3 月 11 日，2022 年第一次临时股东大会召开，攻方成功罢免以孙玉芹为代表的 7 名董事中的 5 名董事，[①] 并提名补选了 6 名董事。本次股东大会召开后，公司董事会 13 名董事中的 11 名董事由硕晟科技实际提名，攻方实现了对董事会的实际控制。同日，公司召开了董事会，选举王莉斐为董事长。

2022 年 3 月 30 日，公司发出公告称，已完成公司法定代表人工商变更登记并启用新公章，由此攻方实现了对恒泰艾普的实际控制。

2022 年 5 月 17 日，恒泰艾普与李丽萍、硕晟科技、河北硕晟智能科技有限公司（李丽萍 100% 控股子公司，以下简称硕晟智能）签署《附条件生效的股份认购协议》，李丽萍、硕晟科技、硕晟智能拟以现金方式认购公司

① 7 名董事中，剩余 2 名独立董事郭荣与王朴未被提议罢免，且此 2 名独立董事对董事会后续审议事项投弃权票。其中，根据公告披露，郭荣曾为银川中能提名的独立董事，王朴始终为硕晟科技提名的独立董事，暂时无法判断二人是守方实际提名的董事还是恒泰艾普管理层实际提名的董事。

向特定对象发行的股票，进一步巩固对公司的控制权。截至 2022 年 6 月 30 日，该向特定对象发行股票事项已经股东大会审议通过，尚需经深交所审核通过并经中国证监会同意注册后方可实施。

值得注意的是，截至2022 年6 月 30 日，硕晟科技及其一致行动人李丽萍、王潇瑟合计持有公司 18.67% 的股份，为公司第一大股东，同时控制公司董事会半数以上席位，硕晟科技为公司控股股东，李丽萍为公司实际控制人。同时，厚森投资通过银川中能与孙庚文的表决权委托合计控制公司 12.96% 的股份，与攻方持股比例相比差距并不明显，且厚森投资曾表示不排除继续增持恒泰艾普股份，银川中能也并未按照其减持计划进行股份减持。因此，厚森投资与守方就此放弃还是会继续谋求公司控制权，值得持续关注。

3. 控制权争夺结果

截至2022 年6 月30 日，硕晟科技及其一致行动人李丽萍、王潇瑟合计持有公司股份比例为 18.67%，硕晟科技为公司的第一大股东。同时，公司董事会 13 名董事中共有 11 名董事由硕晟科技实际提名；上市公司公告称，硕晟科技实际支配的公司股份表决权足以对公司股东大会的决议产生重大影响，并决定了公司董事会半数以上成员的选任，其为公司控股股东，李丽萍为公司实际控制人。

4. 案例特点

本案例呈现如下特点：

（1）债务危机及化解涉及控制权归属：公司两任实际控制人都曾面对严重的债务问题，孙庚文因急于解决股票质押到期回购问题，将公司控制权转让给银川中能。根据媒体报道，银川中能在入主恒泰艾普后，也依然无法解决恒泰艾普的运营资金问题，同时自身也面临不小的流动性压力，使硕晟科技在控制权争夺后期有了更多的话语权。也是由于债务问题，守方在控制权争夺期间并未主动增持公司股份，同时以寻找“白衣骑士”等方式拟转让所持公司股份以缓解自身债务危机，但最终未能如愿。

（2）公司股权分散，中小股东表决情况影响股东大会结果：控制权争夺过程中，攻方曾采用股东大会投票征集公告的方式，征集中小股东的投票权。

根据历次股东大会表决情况，出席股东大会的股东中，存在多名与攻方投票保持一致的中小股东。特别是在攻守双方持股数差距较小，除攻守双方外，公司不存在其他股东持股比例超过5%的情况下，中小股东的表决情况一定程度上对股东大会结果产生了重要影响。

（3）攻守双方未按照规定履行信息披露义务，对争夺造成不利影响：攻方和守方都因为信息披露不合规受到影响。攻方因为增持达到5%时未履行报告和公告程序被守方长时间限制表决权；守方也因为未及时披露重要承诺事项被监管部门采取监管措施，在控制权争夺中后期受到一定影响。

（4）守方虽采取多种策略，但终未成功保住控制权：守方为抵御攻方的进攻，使用了修订章程、限制股东提名权、剥夺股东表决权、"焦土策略""寻找白衣骑士"、拒绝监事会提议、拖延召开股东大会和董事会等手段，但各个手段是否合理且最终是否达到预期效果，"仁者见仁，智者见智"，尤其是在法院已有非常明确判决的情况下，仍继续坚持限制攻方表决权的行为值得商榷。

（四）新老股东谋划联合，第一大股东节节败退——嘉应制药（002198. SZ）控制权争夺案

广东嘉应制药股份有限公司（以下简称嘉应制药或公司）注册地址位于广东省梅州市（旧称嘉应），地处粤闽交界，有广阔的富硒土地，是中药种植的沃土，孕育了传承千百年的中医药文化。

嘉应制药2003年3月由梅州市制药厂改制设立，其股票于2007年在深交所挂牌上市，主要从事中成药的研发、生产和销售，其主要产品包括双料喉风散、接骨七里片/胶囊等。

1. 控制权争夺前传

嘉应制药作为一家土生土长的梅州企业，在生产运营、战略管理、企业文化等诸多方面都表现出较为鲜明的地域特征。公司的第一大股东黄小彪在退出公司实际管理以前仅持有公司11.44%的股份，却一直担任公司的控股股东和实际控制人，这很可能是出于公司其他股东对于黄小彪本人的信任。因此，在黄小彪将所持公司股份转出给深圳市老虎汇资产管理有限公司（以下简称老虎汇）之后，老虎汇虽受让了黄小彪的股份，却没有接替黄小彪的

实际控制地位，嘉应制药变更为无实际控制人状态。与此同时，一场无法预料的控制权争夺也正在酝酿之中。

（1）第一大股东易主“失权”。

嘉应制药最初的发起人股东为黄小彪、陈泳洪、黄智勇、黄俊民、黄利兵（5人均为广东普宁人，黄智勇与黄利兵为堂兄弟）。上市前黄小彪系嘉应制药第一大股东，持股比例为36.05%。2007年12月上市后，黄小彪仍为嘉应制药第一大股东，但持股比例降至27.04%。

经过5位发起人股东协商一致，推举黄小彪作为公司控股股东及实际控制人。自2007年嘉应制药上市起，黄小彪的股份比例不断稀释，至2011年年底时，黄小彪持股比例已降至22.62%。

2013年，嘉应制药向包括颜振基等7名自然人在内的交易对方发行股份，购买交易对方合计持有的湖南金沙药业有限责任公司（以下简称金沙药业）64.47%股权，加上嘉应制药原本持有的金沙药业35.53%的股权，收购完成后合计持有金沙药业100%的股权。交易完成后，黄小彪持股比例被稀释至18.27%。同时，颜振基等7名自然人股东出具了未来不存在一致行动安排，也不存在谋求嘉应制药控制权意图的书面承诺。

2014年、2015年，黄小彪再度减持公司股份至13.27%。其间无论股权比例如何变化，嘉应制药发起人股东黄小彪、陈泳洪、黄智勇、黄俊民、黄利兵以及嘉应制药公司层面均一致认定黄小彪为控股股东及实际控制人。

截至2016年12月，黄小彪持有嘉应制药11.44%的股份，2016年12月1日，黄小彪将持有的嘉应制药11.27%的股份转让给老虎汇，转让价格为18.30元/股，老虎汇成为公司第一大股东。根据公司公告，本次股份转让协议没有约定关于收购后董事、监事、高管等方面的安排，且在黄小彪和老虎汇股份转让之后并没有改选董事会和监事会，老虎汇也没有提出异议。由于公司股权结构分散、董事会中不存在老虎汇提名的人员，且公司的日常经营一直由陈泳洪和黄利兵负责，老虎汇无法实际支配嘉应制药，嘉应制药变为无控股股东及实际控制人状态。

（2）第二大股东“谋权”意外折戟。

2017年4月7日，公司第二大股东陈泳洪与黄智勇、黄俊民、颜振基等

9名自然人股东签署了《一致行动人协议》，上述各方合计持有嘉应制药27.95%的股份，共同成为公司的控股股东和实际控制人。

2017年5月2日，深交所对此事项进行问询，尽管公司回复黄小彪已经不再是公司的控股股东及实际控制人，出具承诺函的背景发生了变化且本次一致行动协议主要由股东陈泳洪、黄智勇、黄俊民发起，颜振基等人各自独立思考后应邀加入，但或许是迫于深交所的问询，各方还是于2017年5月10日解除了上述一致行动协议，嘉应制药又重新回归到没有实际控制人的状态。

（3）拱手“让权”意图初显。

2018年6月6日，陈泳洪、黄智勇、黄利兵（以下简称三位股东）与贵州汉方（集团）有限公司（以下简称汉方集团）签署《股权转让协议》①，三位股东拟将其合计持有公司17.44%的股份转让给汉方集团，并约定定金分四次支付：三位股东将所持上市公司股份对应的提案权、表决权等除财产权收益权之外的权益全权、不可撤销地委托汉方集团或其指定第三方行使并签署一致行动人协议、表决权委托协议，汉方集团支付第一期定金；三位股东辞去董事会席位，并组织董事会、监事会成员改选完成后第二天，汉方集团支付第二期定金；控制上市公司后，2019年6月6日前支付第三期定金；2020年6月6日前（含本日）支付第四期定金。

2018年7月25日，在汉方集团的指定下，潜在股东中联集信投资管理有限公司（以下简称中联集信）以承诺增持股份为条件，与三位股东签署《表决权委托协议》，三位股东将所持股份除收益权之外的其他权利委托给中联集信行使，协议签订后，中联集信取得公司16.01%股份对应的表决权，超过老虎汇11.27%的持股比例，成为公司的第一大股东。同年12月11日，中联集信又与三位股东签署《股东一致行动人协议》，约定双方在上市公司

---

① 此股份转让协议在签订之时并未进行披露，在2021年5月三位股东就解除股权转让协议提起诉讼后才予以公告，在公告中，三位股东说明如下：因《股份转让协议》是一个附条件的转让合同，依协议约定当对方（汉方集团）支付完第四期定金的情况下，三位股东才正式将股份过户给对方（汉方集团），在完成付款前，三位股东将表决权委托给中联集信并对外披露，待付款条件成就时再行披露《股份转让协议》，主要考虑到后续双方发生了协议不能继续履行的情况时，转让双方可以即时解除或终止协议，不至于给二级市场带来影响，股份转让双方（包括汉方集团、中联集信）均接受上述对外进行信息披露的方案。

股东大会（或董事会）中行使职权时，均应采取一致行动，出现意见不一致时，以中联集信意见为准。

2018 年 7 月 25 日，中联集信通过嘉应制药发布股份增持公告，计划自 2018 年 7 月 25 日起 12 个月内增持合计不低于嘉应制药总股本 5% 的股份。2018 年 12 月 4 日和 5 日，中联集信累计增持 0.16% 的股份，但此后中联集信没有实施增持计划。2019 年 7 月 15 日，经嘉应制药股东大会审议通过，中联集信将增持计划实施期限延长 12 个月。

2018 年 8 月 13 日，公司召开 2018 年第一次临时股东大会，进行第五届董事会、监事会换届选举，中联集信提名的 4 名非独立董事候选人、2 名独立董事候选人和老虎汇提名的 1 名独立董事候选人获得股东大会审议通过。第四届董事会董事长陈泳洪辞去董事长职务，由其次子陈程俊出任第五届董事会董事。第四届董事会董事、总经理黄利兵辞去公司董事、总经理职务，不在公司担任任何职务，由其次子黄志瀚出任第五届董事会董事。至此，中联集信在 9 名董事会席位中已拥有 6 名董事席位，超过半数。2019 年 1 月 16 日，中联集信还将公司办公地址从梅州变更到深圳。

在延长的增持期限内，中联集信未进行任何增持。对此，广东证监局于 2020 年 8 月 7 日向中联集信出具警示函。

2021 年 1 月 25 日，中联集信与三位股东签署《补充协议》，将《股东一致行动协议》和《表决权委托协议》有效期延长至 2021 年 7 月 25 日。仅在 1 个月后，双方协商一致将上述全部协议解除，至此不再存在任何表决权委托关系或一致行动关系。

2021 年 5 月，三位股东以汉方集团支付完第一期、第二期定金后，未再按合同履行付款义务为由，向法院提起诉讼请求解除股权转让协议。

（4）表决权委托引发“夺权”。

2021 年 2 月 24 日，公司三位股东解除了与中联集信之间的表决权委托和一致行动协议之后，在当地政府的牵线下开始与朱拉伊接触，有意将嘉应制药 12.21% 的股份（三位股东合计持有 16.01% 的股份）转让给朱拉伊控股的广东新南方投资有限公司（以下简称新南方），并由新南方认购公司非公开发行的股份，使其成为嘉应制药的控股股东和实际控制人。

2021 年 6 月双方达成转让意向：三位股东合计持有上市公司 16.01% 的股份，决定将其中的 12.21% 转让给新南方，每股转让价格为 10 元。2021 年 6 月 3 日，在公司因筹划控制权变更事项停牌期间（停牌前上市公司的股价为 7.88 元/股）新南方提出上市公司拟通过非公开发行股份方式引入新南方需取得股东老虎汇的表决权委托，因各方事先未与老虎汇进行充分的沟通，老虎汇并未立即同意。

2021 年 6 月 9 日，三位股东遂与林少斌签订股权转让协议，拟将合计持有的公司 8%（其中包括陈泳洪持有的公司股份 7.15%，黄智勇持有的公司股份 0.71%，黄利兵持有的公司股份 0.14%）的股份转让给林少斌。

2021 年 6 月 15 日至 17 日，陈泳洪再次邀请老虎汇实控人冯彪与新南方实控人见面，各方希望老虎汇支持新南方，将所持股份对应表决权委托给新南方来行使，以保证上市公司非公开发行预案能顺利通过股东大会决议。老虎汇实控人冯彪与内部股东商讨后，认为新南方既然高于市场价收购了三位股东股份，就应有实力支付三位股东股份转让对价，让三位股东退出上市公司，这样留下新南方与老虎汇两方股东来共同经营上市公司，认为方案可行，遂决定将老虎汇持有上市公司股份对应的表决权委托给新南方行使。

2021 年 6 月 17 日，老虎汇与新南方签署《表决权委托协议》，老虎汇不可撤销地将其持有的嘉应制药 11.27% 的股份对应的表决权长期、排他性地委托给新南方行使，协议有效期为 24 个月。根据媒体报道，双方还于 2021 年 6 月 15 日私下签署备忘录，约定给予老虎汇 4 名董事席位，且由冯彪担任总经理。

同日，新南方与公司签署了《股份认购协议》，公司计划向新南方定向发行股份，新南方以现金方式认购，认购完成后新南方占公司总股本的持股比例、表决权比例将分别达到 23.05%、31.72%。2021 年 7 月 6 日，非公开发行股份预案经公司股东大会审议通过。

2021 年 8 月 2 日，公司召开 2021 年第四次临时股东大会，选举第六届董事会、监事会成员，其中，以朱拉伊为代表的新南方占 3 席，以冯彪为代表的老虎汇占 3 席，剩下的董事陈程俊、黄志瀚则分别为股东陈泳洪、黄利兵之子。同日，第六届董事会召开第一次董事会，选举朱拉伊为董事长兼总经理，冯彪投出同意票。

但此次选举结果明显与备忘录的约定有出入：①备忘录约定给予老虎汇4名董事席位，而实际上老虎汇只有3个席位；②备忘录约定选举朱拉伊为董事长，聘请冯彪为总经理，而实际上董事长、总经理均由朱拉伊担任，冯彪被选举为副董事长。对于上述人员选举，冯彪都投出同意票。

2021年8月2日开始，朱拉伊多次向董事会提出聘任黄利兵为执行总经理，遭到冯彪的强烈反对，导致董事会一直未对此议案进行审议。同月11日，朱拉伊签署任命通知，撤回对黄利兵执行总经理的聘用，改为任命其为常务副总经理。这一举动彻底激怒冯彪，1个月后，老虎汇向新南方提出解除表决权委托协议并通知了公司，一场控制权争夺也从此拉开序幕。

2. 控制权争夺发生前基本情况

控制权争夺前上市公司和争夺各方的基本情况如下：

（1）上市公司基本情况。

嘉应制药于2007年登陆深交所，根据上市时的招股说明书，公司主要从事中成药的研发、生产和销售，主要产品为双料喉风散、双料喉风含片、吐泻肚痛胶囊、固精参茸丸。2007年至2011年，公司稳步发展，虽然自身规模比较小，营业收入不到亿元，但每年也可以实现净利润超千万元，2010年更是突破2000万元。

2012年，公司主营业务薄弱、主要产品竞争力不强的问题开始显现，在公司的主要产品中，双料喉风散无法与金嗓子、西瓜霜、草珊瑚含片等大品牌竞争，重感灵片也并非该细分市场的龙头产品，当年嘉应药业营收首次过亿元，但公司净利润也首次低于千万元。而参股公司金沙药业一直业绩稳定，为嘉应制药贡献着不菲的投资收益，2011年嘉应制药2200万元投资收益全部来自对金沙药业的长期股权投资收益。

为了解决业绩问题，2013年，嘉应制药着手收购金沙药业，收购完成后持有金沙药业100%股权。金沙药业的主要产品为接骨七厘胶囊、调经活血片和疏风活络片，竞争力要好于嘉应制药原有产品。并表后的2014年至2016年，嘉应制药的净利润即达到5000万元以上。

嘉应制药的营业收入虽然比并表金沙药业前有了大幅度改善，但并没有显示出连续增长的特点，而原本业绩良好的金沙药业也受到了国家发展和改革委员会降价、省级集中招标、医药分家等多种政策的冲击。2017 年，金沙药业营业收入为 31 342 万元，同比增长 2. 12%，同时实现净利润 3577 万元，同比下降接近 42. 15%。在这种情况下，嘉应制药当年对金沙药业计提减值准备 24 013. 23 万元。

结合上述背景，嘉应制药的大股东在 2016 年将股份转出，第二大股东谋求公司控制权不成马上意图离开等一系列行为也就不难理解。嘉应制药的未来到底何去何从，还得看这一场控制权争夺过后谁将入主嘉应制药，又将带给公司怎样的发展机会。

（2）争夺各方基本情况。

控制权争夺的通常情形是一方通过各种手段从另一方手中夺取控制权，本案例的特别之处在于，在这场控制权争夺中任何一方都不能单独控制上市公司，但都认为可以取得上市公司的控制权，由此双方产生冲突。争夺的两方分别是以冯彪为首的老虎汇和以朱拉伊为首的新南方。在控制权争夺开始前新南方并未持有嘉应制药股份，老股东意图将自己的股权转让给新南方并帮助新南方取得上市公司控制权。因此，老股东持有的公司股份和在公司多年的影响力都可以成为新南方的筹码。

①第一大股东：老虎汇。

冯彪系老虎汇创始人，1971 年生，籍贯四川省南充市西充县，控制北京东方君盛投资管理有限公司（以下简称东方君盛）、北京东方智福投资管理有限公司、老虎汇等关联公司。东方君盛为海南椰岛（集团）股份有限公司第一大股东，老虎汇则为嘉应制药第一大股东。

截至 2020 年年底，东方君盛营业收入仅 696 万元，而未弥补亏损高达 6. 87 亿元，净资产为 -1. 12 亿元。东方君盛持有的海南椰岛 100% 的股份被冻结，99. 9% 的股份处于质押状态。老虎汇出资购买嘉应制药股权对价 10. 5 亿元中仅有 1. 5 亿元为自有资金，其余来自股东和银行借款。在被深交所问询时，老虎汇更是直言“拟用上市公司的分红偿还部分银行贷款本息”，以及“不排除质押嘉应制药股份的可能”。

②潜在股东：新南方。

朱拉伊，系新南方创始人，1957 年出生，籍贯广东省梅州市丰顺县。根据媒体报道，朱拉伊曾在家乡当过 4 年“赤脚医生”，医科大学毕业后又回到老家县卫生院行医 8 年，后弃医从商。自 2000 年开始，中医药产业成为朱拉伊名下新南方集团的重点投资领域，项目包括青蒿药业、邓老凉茶、紫和堂、养和医药等。2019 年朱拉伊在梅州投资 35 亿元，建设广州中医药大学紫合梅州医院。此次投资嘉应制药，朱拉伊无疑占了“地利”，这也应该是陈泳洪等老股东找到新南方的原因。

③老股东。

黄小彪，系创始人股东，出生于 1961 年 1 月，2005 年至 2011 年 9 月担任嘉应制药监事会主席。

黄俊民，系创始人股东，出生于 1956 年 4 月，曾从事中药材贸易等业务，2005 年至 2015 年 5 月担任嘉应制药董事。

陈泳洪，系创始人股东，出生于 1955 年 2 月，2005 年至 2018 年 8 月担任公司董事长。

黄智勇，系创始人股东，出生于 1961 年 12 月，与黄利兵为堂兄弟关系，曾从事中药材贸易和楼房建筑施工等业务，2005 年至 2010 年 6 月担任公司董事。

黄利兵，系创始人股东，出生于 1964 年 6 月，与黄智勇为堂兄弟关系，曾从事建筑施工和贸易等业务，2005 年至 2018 年 8 月担任公司董事、总经理。

陈泳洪、黄智勇、黄利兵三位股东持股比例分别为 10.94%、4.93% 和不到 1%，在第一大股东黄小彪退出公司后，三位股东一直保持一致行动，此次引入新南方以及老虎汇与新南方签署《表决权委托协议》等安排均是三位股东从中牵头促成。

3. 控制权争夺主要过程

（1）老虎汇解除表决权委托，深交所出具警示函。

如上所述，老虎汇与新南方签署《表决权委托协议》和备忘录后，新南方没有按照备忘录的约定给予老虎汇对公司的管理权，尤其是朱拉伊意图聘任黄利兵担任执行总经理一事，彻底激怒冯彪，冯彪称要解除该表决权委托协议并向新南方发难。

2021 年 8 月 8 日，冯彪以完善公司法人治理为目的，向公司董事会提出《关于推迟广东嘉应制药股份有限公司非公开发行股票方案进程及聘请第三方机构进行审计的议案》，董事长朱拉伊并未就此提案进行跟踪处理，亦未召开董事会对议案进行审议。

2021 年 8 月 27 日，冯彪以董事、副董事长及老虎汇股东代表的身份向相关部门就《广东嘉应制药股份有限公司的问题汇报》进行了口头汇报或书面汇报，并将上述汇报材料发送给新南方，要求新南方于 2021 年 9 月 10 日前予以明确回复及纠正。

2021 年 9 月 8 日晚 10 时许，黄利兵以“喝茶”为由，邀请公司董事、董事会秘书徐胜利到其办公室并对徐胜利动手，造成徐胜利轻伤，面部及胸部挫伤。八天后，公司董事趁徐胜利外出办事之机，到公司证券部办公室以个人名义从证券事务代表处抢夺走了董事会秘书徐胜利用于信息披露的 Ekey，次日，徐胜利又将 Ekey 抢了回来。

2021 年 9 月 11 日和 14 日，老虎汇接连发出《关于解除〈表决权委托协议〉的函》。16 日，新南方进行回函，认为老虎汇解除《表决权委托协议》的理由不符合协议约定的内容。

2021 年 9 月 22 日，深交所即就该事项下发关注函，在回复中，老虎汇认为新南方未按照备忘录约定进行管理层改选，违背了双方的约定，而新南方则认为备忘录与《表决权委托协议》并不具有必然联系，备忘录只是双方的意向文件，新南方无义务履行。无论双方如何阐述自己的理由，一个不可改变的事实是备忘录的内容已然公之于众。

2021 年 10 月 15 日，广东证监局则就相关方未及时进行信息披露的行为，对嘉应制药、徐胜利、朱拉伊、冯彪出具了警示函。

2021 年 10 月 26 日，新南方发函表示同意解除表决权委托相关事宜。

（2）互提罢免议案，新南方改选董事会。

2021 年 10 月 19 日，嘉应制药公告称，9 月 30 日，董事会秘书徐胜利利用职务之便，未经董事会多数董事同意，擅自向深交所提交以董事会名义起草的关注函回复公告，严重干扰公司董事会正常的工作秩序，故解除徐胜利董秘职务。同日，深交所下发关注函。

2021 年 10 月 26 日，嘉应制药发布第三季度报告，冯彪投了反对票，理由是公司 2019 年向康慈医疗的投资存在全额损失的可能，冯彪认为新一届董事会对此应作出详细说明。除了对公司财务提出异议，冯彪和独董肖义南还向公司提议对公司第四届、第五届董事会成员等高管进行三方审计。在完成审计前，两人不会对第三季度报告负责。

2021 年 10 月 29 日，公司收到持股 3.15% 股东大连东涛投资有限公司（以下简称大连东涛）来函，函中提请公司董事会在 2021 年第五次临时股东大会中增加临时提案以罢免老虎汇提名董事兼董事会秘书徐胜利、独立董事肖义南。

2021 年第三季度报告显示，大连东涛为公司第九大股东，持股比例 0.76%，截至 10 月 29 日收盘后，大连东涛持有嘉应制药 1599 万股股份，占公司总股本的 3.15%。这意味着，大连东涛 10 月增持了公司股份新晋成为公司持股 3% 以上的股东，使其具备提出临时提案的资格。深交所下发关注函，大连东涛回复，此次增持完全是因为看好嘉应制药前景，相信引进朱拉伊先生控制的新南方中医药产业资源，可以有效提高公司资产质量，促进公司发展，而徐胜利与肖义南本不应担任公司董事。

面对来自大连东涛的挑衅，第一大股东老虎汇也不甘示弱，两天后向公司董事会提交了罢免朱拉伊、黄晓亮、徐驰的议案。公司董事会虽不认可，但出于尊重持股 10% 以上股东所享有权利的考虑，同意将议案提交至 2021 年第五次临时股东大会审议。

2021 年 11 月 1 日，三位股东解除了 2021 年 6 月与林少斌签署的股权转让协议。次日，陈泳洪与陈少彬签订了股权转让协议，将其持有的公司 10.01% 的股份转让给陈少彬，转让价格为 8.38 元/股；黄智勇、黄利兵与刘理彪签订了股权转让协议，黄智勇、黄利兵分别将其持有的公司 4.93%、0.10% 的股份转让给刘理彪，转让价格均为 8.38 元/股。11 月 8 日，上述股份转让完成变更登记。

2021 年 11 月 16 日，经 2021 年第五次临时股东大会审议，老虎汇提名的董事徐胜利、肖义南被罢免，代表新南方的朱拉伊、黄晓亮、徐驰则保住了董事位置。

2021 年 12 月 1 日，公司召开董事会，以 6 票同意、1 票弃权（独立董事徐驰弃权）审议通过改选董事会的议案，以 6 票同意、1 票反对（冯彪反对）审议通过提名王海洋为第六届非独立董事、张富明为第六届独立董事的议案。

2021 年 12 月 2 日，嘉应制药发布公告，公司于 11 月 23 日收到老虎汇来函，要求重新改组董事会，董事会表示虽然多数董事不认可老虎汇提议改选公司第六届董事会的议案，但依照公司治理规则，尊重老虎汇作为持股 10% 以上股东所享有的股东权利，同意将老虎汇提议提交公司 2021 年第六次临时股东大会审议。

2021 年 12 月 7 日，刘理彪提请董事会增加罢免董事冯彪、监事范杰来的议案。

2021 年 12 月 20 日，嘉应制药召开 2021 年第六次临时股东大会并作出决议，朱拉伊提名董事王海洋被否决，持股 3% 以上股东陈少彬提名的独董张富明获通过，监事范杰来被罢免。

（3）冯彪辞职，新南方终止增持计划。

2021 年 12 月 8 日，冯彪被列入失信执行人名单并从公司辞职。

2022 年 1 月 13 日，公司召开第六届董事会第六次会议，选举黄晓亮为公司副董事长，聘任黄晓亮为公司董事会秘书。

2022 年 4 月 8 日，公司召开第六届董事会第七次会议，审议通过终止公司 2021 年度非公开发行股票事项的议案，新南方计划通过定增成为公司控股股东、实际控制人的计划暂告一段落。

4. 控制权争夺结果

（1）股权结构变化情况。

在控制权争夺前后，根据嘉应制药披露的 2020 年和 2021 年年度报告，其前十大股东及其持股比例变化情况如表 4 – 6 所示：

表4-6　控制权争夺前后嘉应制药前十大股东及其持股比例变化情况

争夺前			争夺后		
股东名称/姓名	持股数量/股	持股比例/%	股东名称/姓名	持股数量/股	持股比例/%
老虎汇	57 200 000	11.37	老虎汇	57 200 000	11.37
陈泳洪	55 541 000	10.94	陈少彬	50 778 600	10.01
黄智勇	24 997 848	4.93	刘理彪	25 505 096	5.03
林少贤	11 500 192	2.27	林少贤	11 500 192	2.27
黄俊民	6 000 043	1.18	朱巧慧	5 109 702	1.01
曹立恒	5 001 900	0.99	黄锐伟	4 800 000	0.95
黄锐伟	4 248 600	0.84	王庆新	4 588 193	0.90
江苏省中国药科大学控股有限责任公司	3 570 706	0.70	中信里昂资产管理有限公司—客户资金	3 139 490	0.62
颜振基	3 062 613	0.60	林日志	2 994 600	0.59
陈少彬	2 841 273	0.56	唐海龙	2 156 946	0.43

根据表4-6，在控制权争夺后，老虎汇的持股比例没有发生变化，新南方仍然不持有公司股份，只是老股东将股权分别转让给陈少彬和刘理彪。此外，公司的股权结构仍然较为分散，第一大股东老虎汇与第二大股东陈少彬持股比例十分接近，就持股而言，没有任何一方取得明显优势。

（2）董事会、监事会、高管席位变化情况（见表4-7）。

表4-7　控制权争夺前后董事会、监事会、高管席位变化情况

职位	争夺前	争夺后
非独立董事	朱拉伊、冯彪、徐胜利、黄晓亮、陈程俊、黄志瀚	朱拉伊、黄晓亮、陈程俊、黄志瀚
独立董事	肖义南、徐驰、郭华平	徐驰、郭华平、张富明
监事	钟高华、范杰来、赖义财	钟高华、赖义财
高级管理人员	朱拉伊（总经理）、徐胜利（董事会秘书）	朱拉伊（总经理）、黄晓亮（董事会秘书）

根据表4-7，争夺完成后虽然新南方没有持股，但其提名的董事仍然有3席，包括朱拉伊、黄晓亮、徐驰，黄志瀚、陈程俊则为老股东提名的董事，张富明为新股东陈少彬提名的董事，郭华平为董事会提名的董事。此外，新南方提名的朱拉伊、黄晓亮还分别担任了总经理、董事会秘书等核心高管职务，而老虎汇虽然是第一大股东，却没有任何董事会和高管席位。

（3）股价和市值变化情况。

老虎汇在受让黄小彪股份时的价格为18.30元/股，老虎汇花费10.5亿元购买嘉应制药股权，截至控制权争夺发生前后，冯彪已浮亏超过一半，这10.5亿元中，冯彪的自有资金只有1.5亿元，其余均为股东和银行借款，这也为后来冯彪被列入失信被执行人名单埋下伏笔。

（4）营业收入、净利润和净资产变化情况（见表4-8）。

表4-8 2020～2021年营业收入、净利润和净资产变化情况

年份	营业收入（万元）	增减比例	净利润（万元）	增减比例	净资产（万元）	增减比例
2020	55 472.90	增加 3.60%	1999.18	减少 98.59%	68 300.60	增加 0.22%
2021	57 471.34		28.21		68 448.33	

（5）监管问询。

监管机构对本次控制权争夺十分关注。例如，2021年9月22日，针对老虎汇解除表决权委托的事项，深交所下发关注函，对解除表决权委托的原因、《表决权委托协议》的解除是否即时生效、公司非公开发行股票方案是否继续推进、双方签署备忘录等事项进行问询。2021年10月19日，深交所下发关注函，问询解聘董秘是否符合相关法律规定、解聘董秘的理由及合理性。2021年11月2日，在争夺双方互相提出罢免议案后，深交所关注到大连东涛1个月左右增持股份超过2%成为持股3%以上的股东从而在股东大会提出罢免议案，询问其增持原因，是否有利于公司治理稳定，是否与公司现任董监高、其他股东存在关联或一致行动关系。老虎汇作为第一大股东提出罢免议案，深交所关注其是否存在利用大股东身份损害中小股东利益的情形，同时针对罢免议案中提出的徐胜利违规兼职，肖义南、徐驰不具备作为独立董事的独立性，以及罢免议案全部通过后将导致董事会人数低于法定人数等事项要求律师发表意见进行说明。

（6）监管立案和处罚。

老虎汇与新南方在达成表决权委托协议的同时于 2021 年 6 月 15 日共同签署两份备忘录，涉及嘉应制药非公开发行、董事会席位即管理层人员安排等重大事项达成约定，但朱拉伊、冯彪、嘉应制药和董秘徐胜利均未及时履行信息披露义务，因此，均被广东证监局出具警示函。

5. 案例特点

（1）外来资本难控制本地企业：嘉应制药的前身梅州制药厂是一家扎根梅州数十年的中成药制药企业。即使是经过了一番资本运作，公司仍以五位老股东为主要管理者，黄小彪更是凭借 11.37% 的股份一直担任公司实控人。公司在生产运营、战略管理等方面都表现出鲜明的地域特征，在这样的背景下老虎汇哪怕是第一大股东也并无优势，新南方虽然并不持股，但仰仗老股东的支持，在这一场控制权争夺中赢得先机。

（2）三位创始人股东执意退出：纵观整个控制权争夺过程，三位股东共四次与不同的第三方签署股权转让协议或达成股权转让意向（2018 年 6 月 6 日，与汉方集团；2021 年 6 月，与新南方；2021 年 6 月 9 日，与林少斌；2021 年 11 月 1 日，与陈少彬、刘理彪），甚至在 2018 年 8 月时，完全将公司的管理权让与汉方集团，在引入新南方后又帮助新南方取得老虎汇的表决权委托，意图将控制权交由新南方。其中一方面原因是创始人股东本身年纪比较大，不愿再参与公司的经营，也因此在引入汉方集团后，董事会的席位都交由自己的儿子担任；另一方面，老股东本身或许也没有信心再将公司经营业绩提升到一个新的高度，才如此急切地将股权转出。

（3）股权易转，“实控人”难觅。无论是曾经的实控人黄小彪将股权转给老虎汇，还是三位股东多次试图将股权转出，找第三方接手股权总归是一件容易的事情，说到底都是一场关于价格的谈判，而真正找到可以接手公司、经营公司的主体却并不容易，汉方集团将近 3 年的经营管理以失败告终，老虎汇实控人冯彪资金链断裂、深陷诉讼，新南方目前拥有对公司董事会的控制权，但却并未持有任何股权，新来的股东陈少斌、刘理彪是否会谋求对公司的控制还未可知，特别是二股东陈少彬持股 10.01%，与第一大股东老虎汇 11.27%的比例旗鼓相当，应当说嘉应制药的控制权争夺尚未尘埃落定，未来何去何从还是未知数。

（4）业务发展才是企业正道。回望公司股权变更的过程，究其根本还是公司主营业务出现问题，主要产品缺乏市场竞争力，才使老股东纷纷想退出。而对于老虎汇这样的新股东来说，可能其关注的重点在于收获资本利益，对于企业经营和盈利能力等业务发展问题本身介入较少。

（五）无实控人隐患终显现，股东层面争夺定乾坤——世龙实业（002748.SZ）控制权争夺案

江西世龙实业股份有限公司（以下简称世龙实业或上市公司）是一家以生产精细化工产品为主的化工企业。自 2015 年上市至今，世龙实业虽然有控股股东，但一直无实际控制人。本案例即是因为控股股东层面的股权分散而引发上市公司控制权争夺的典型。

1. 控制权争夺发生前基本情况

控制权争夺前上市公司和争夺各方的基本情况如下：

（1）上市公司基本情况。

世龙实业前身为江西电化厂，是一家创建于 1970 年的老牌国有企业，2003 年 12 月 2 日经商务部批准改制为民营企业，2008 年 3 月 20 日整体改制为江西世龙实业股份有限公司并于 2015 年 3 月 19 日在深交所上市。世龙实业注册地址位于江西省景德镇市乐平市，主营业务为 AC 发泡剂、氯化亚砜、氯碱等化工产品的研发、生产和销售。

自上市至今，世龙实业一直无实际控制人。江西大龙实业有限公司（以下简称大龙实业）是世龙实业的直接控股股东。江西电化高科有限责任公司（以下简称电化高科）直接持有世龙实业股份并通过大龙实业间接持有世龙实业股份，是世龙实业的间接控股股东，但电化高科层面不存在实际控制人。

以世龙实业内部矛盾首次公开化（第四届董事会和监事会在长达半年的时间里无法完成换届）的 2020 年年中为时间节点，根据世龙实业 2020 年半年度报告，当时的前十大股东持股情况如表 4-9 所示：

表 4－9　2020 年年中世龙实业前十大股东持股情况

序号	股东名称/姓名	持股数量/股	持股比例/%
1	大龙实业	90 115 000	37.55
2	新世界精细化工投资有限公司（以下简称新世界投资）	29 139 874	12.14
3	电化高科	18 400 000	7.67
4	乐平市龙强投资中心（有限合伙）（以下简称龙强投资）	15 300 000	6.38
5	刘桂英	10 907 363	4.54
6	新疆致远股权投资管理合伙企业（有限合伙）（以下简称致远投资）	6 000 000	2.50
7	赵立君	1 700 020	0.71
8	李文山	1 103 200	0.46
9	中央汇金资产管理有限责任公司	991 000	0.41
10	张韶力	724 400	0.30

为更直观地展示穿透后的股权情况，笔者将当时世龙实业持股 5% 以上股东的股权结构列示如图 4－1 所示：

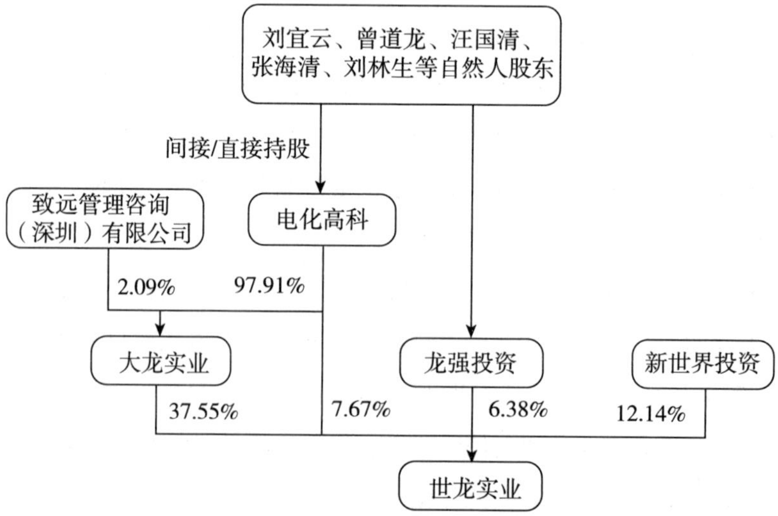

图 4－1　世龙实业持股 5% 以上股东的股权结构

由图4－1可知，世龙实业一直无实际控制人且穿透后股权极为分散，这不仅是其控制权争夺的主要原因，同时也决定了其争夺的特殊之处：一是控制权争夺主要发生在间接持有上市公司股份的多位自然人股东之间，部分自然人股东同时也是上市公司的董监高；二是争夺战场不仅在上市公司层面对董事会和监事会的席位及高管的职位进行争夺，同时也蔓延至上市公司的直接股东层面展开争夺。

（2）争夺各方基本情况。

①攻方。

攻方代表主要为曾道龙、刘林生、陆豫、潘英曙、李宗标、章慧琳等自然人。

在控制权争夺发生前的2020年上半年，曾道龙、刘林生为世龙实业董事，同时也是世龙实业的间接股东；陆豫任世龙实业独立董事；潘英曙任世龙实业职工监事；李宗标任上市公司第四大股东龙强投资的执行事务合伙人；章慧琳任世龙实业董事会秘书及证券事务代表。

②守方。

守方代表主要为刘宜云、汪国清、蔡启孝、冯汉华、张海清、李角龙等自然人及股东致远投资。

在控制权争夺发生前的2020年上半年，刘宜云任世龙实业董事长及法定代表人；汪国清任世龙实业董事；蔡启孝任世龙实业独立董事；冯汉华任世龙实业监事会主席，且实际控制上市公司第六大股东致远投资；张海清担任世龙实业总经理；李角龙当时暂未在世龙实业任职。前述主体中除独立董事蔡启孝外，均为世龙实业的间接股东。致远投资系世龙实业的股东，为冯汉华实际控制。

③其他方。

在控制权争夺发生期间，世龙实业的主要法人股东包括大龙实业、电化高科、新世界投资、龙强投资和致远投资。

攻守两方将上述股东作为上市公司控制权争夺的重要工具和载体：守方从股东新世界投资处受让上市公司股份，增加持股比例；守方实际控制致远投资，并促使致远投资以股东身份要求上市公司监事会对攻方代表提起侵害公司利益之诉；攻方违规使用龙强投资公章并委托他人以龙强投资名义行使股东表决权；从攻方通过诉讼和保全限制大龙实业和电化高科的表决权这一结果来看，两大股东的表决权实则由守方控制，但攻方却能促使两大股东以公司名义起诉守方代表，从而起到限制表决权的作用。

新世界投资是世龙实业上市前引进的投资主体，系香港联合交易所上市公司新世界发展有限公司（0017. HK）旗下的全资子公司关联方。世龙实业上市约 1 年后，新世界投资即开始陆续减持，退出意图明显。后于 2021 年 6 月将其持有世龙实业的全部剩余 8.5% 的股份转让至由守方江国清实际控制的南昌龙厚实业有限公司（以下简称龙厚实业），新世界投资已不再持有世龙实业股份，看起来无意卷入此场争斗。

龙强投资则是由世龙实业管理层共同出资设立，包括攻方和守方的人员。

（3）控制权争夺的原因。

从上市公司公告角度无法确切知悉本次控制权争夺的原因。但值得注意的是，根据媒体报道，守方刘宜云称：攻方曾道龙和刘林生通过其实际控制的江西乐安江化工有限公司（以下简称乐安江化工，系电化高科的股东）、乐安江化工旗下的江西博浩源化工有限公司（以下简称博浩源化工）长期侵占世龙实业的利益，给世龙实业造成很大损失。基于此，世龙实业董事会成员之间的裂缝越来越大、难以弥合。此外，媒体报道还提到攻方陆豫也证实确是前述事宜导致董事会成员之间存在很大分歧。

除媒体报道外，上述事宜从深交所对上市公司的关注函中亦可窥见一二，深交所曾要求世龙实业说明其与乐安江化工、博浩源化工之间的关联交易的公允性、必要性和合理性。根据世龙实业的回复，前述关联交易是公司正常的生产经营所需，内容主要是销售产品和采购生产所需原材料，因世龙实业与前述两主体均坐落在乐平工业园区，因此可以有效降低营运成本，避免资源浪费，提高生产效率，交易金额是以公允的价格和条件来确定的。

事实上，世龙实业的内部矛盾在 2020 年 5 月已逐渐暴露并拉开了控制权争夺大战的序幕：第四届董事会和监事会任期即将届满，但因攻守两方产生矛盾，迟迟无法推进换届工作，只能一直延期，而这一延期就持续了一年半之久。

2. 控制权争夺主要过程

（1）董事会、监事会换届一再推迟，攻方开始提前为争夺进行布局。

如上所述，上市公司第四届董事会、监事会于2020年5月11日任期届满，但换届工作迟迟没有开展。根据上市公司回复深交所问询内容，主要原因在于控股股东电化高科、大龙实业对新一届董事和监事人选持不同意见，一直未达成共识。

此外，上市公司控股股东大龙实业还于2020年8月筹划公司控制权变更事项，但后来很快终止。因此，因控股股东筹划控制权变更事项也在一定程度上延误了换届工作的启动，亦可能为内部矛盾公开化埋下了伏笔。

2020年12月，公司分别召开董事会和监事会，同意启动董事会和监事会的换届工作，但最终并未按照董事会和监事会的要求如期发出股东大会会议通知，亦未实际召开股东大会进行换届选举。

值得注意的是，虽然内部矛盾具体体现在董事会和监事会层面，但攻方深知股东大会才是决定董事和监事人选的主战场。因此，攻方通过上市公司股东层面的诉讼和行为保全手段先发制人，对部分由守方控制的上市公司股东的表决权进行限制，为后续行动提前做好了准备。

2020年年底，大龙实业和电化高科以公司证照返还纠纷为由起诉刘宜云及张海清等人，并采取行为保全：禁止守方刘宜云、张海清在违反《公司法》及相关司法解释、《公司章程》以及有损大龙实业及电化高科利益的情况下使用前述两家公司公章、财务章等公司证照的行为。2021年年初，法院通知世龙实业：要求上市公司不能接受任何人、任何单位（出具的）盖有大龙实业和电化高科公章的文件（特别是对公司高管之间的人事变动的文件），如文件有违规定，则该文件不产生法律效力。

基于上述情况，上市公司后来以“大龙实业、电化高科通过网络进行股东大会投票的行为，与使用公章投票的效果一致，属于代表公司作出意思表示的行为，而该行为违反了法院的保全裁定”为由，直接在控制权争夺主战场2021年第一次临时股东大会上认定大龙实业和电化高科的网络投票无效，不计入有效表决票。

（2）攻方接连成功变更董事长、法定代表人、总经理和财务总监，守方开始强势反击，大战一触即发。

2021 年 3 月，实际控制董事会的攻方即通过由半数以上的董事推举独立董事陆豫作为会议召集人组织召开第四届董事会第二十五次会议，将董事长由刘宜云变更为曾道龙。

2021 年 5 月，攻方继续行动，曾道龙成功当选总经理及法定代表人。但代表守方的原总经理张海清认为新任职的总经理曾道龙并不符合特殊企业主要负责人专业学历要求等事宜，拒绝移交印章、证照等资料。上市公司于是向公安机关报案，在上述资料仍未获归还的情况下，向法院起诉，请求判决张海清将公章、证照返还公司并同时申请先予执行。6 月底，法院判决张海清将公章、营业执照正副本返还公司，公司恢复正常运营状态。

2021 年 8 月，攻方通过控制董事会更换了财务总监、副总经理。

至此，攻方已通过控制董事会成功更换董事长、法定代表人、总经理、财务总监和副总经理等守方或代表守方的主体。

在接连失去董事长、法定代表人、总经理、财务总监等重要职位后，守方开始反击：

①守方汪国清、刘宜云、张海清 3 名核心成员签署《一致行动人协议》，约定在处理有关世龙实业的经营发展、行使世龙实业股东权利且需要经世龙实业股东大会审议批准的事项时，3 人在世龙实业股东大会、大龙实业股东会、电化高科股东会、龙强投资合伙人会议中采取一致行动，协议有效期为 5 年。

②守方代表汪国清通过其实际控制的龙厚实业收购了新世界投资持有的上市公司 8.5% 的股份。至此，守方不仅团结已有的力量，还通过受让股份的方式增加对上市公司的持股比例，增强话语权。

③作为上市公司管理层共同出资设立的投资平台，龙强投资的合伙人包括攻守两方人员，龙强投资于 2021 年 6 月召开合伙人临时会议，将执行事务合伙人由攻方代表李宗标变更为守方代表李角龙。但合伙人会议决议作出后，李宗标并未配合办理工商变更程序。因此，龙强投资以返还原物纠纷为由起诉李宗标，并采取行为保全：在除龙强投资会议表决通过的情形外，禁止李

宗标使用龙强投资公章或者以龙强投资执行事务合伙人名义进行书面或网上代表龙强投资行使权利或履行义务。法院支持了龙强投资的行为保全请求，要求上市公司协助前述事宜的执行。

可以看到，守方拟通过上述诉讼和行为保全手段，限制龙强投资在上市公司股东大会层面的表决权。

与此同时，攻方亦采取反击行动，攻方代表李宗标就本次合伙人临时会议决议的效力对龙强投资等主体提起诉讼，但该案最终在攻方落败后撤诉。

④守方通过监事会提议罢免攻方董事曾道龙、刘林生，攻方同意监事会提案，但同时提出罢免守方董事刘宜生、选举舒凡云为董事的议案进行反击。至此，汇集了罢免攻守两方董事议案的2021年第一次临时股东大会（以下简称临时股东大会）成为攻守两方针锋相对的擂台。

（3）攻守双方对决临时股东大会，表决结果显示攻方胜出。

攻方为了能在临时股东大会上增加其表决权，通过独立董事陆豫就临时股东大会中审议的议案向公司全体股东征集投票权，根据世龙实业的公告，在征集时间内，委托陆豫投票的股东共62名，占公司表决权股份总数的6.527%。[①]

2021年8月25日，公司召开临时股东大会，根据表决结果，攻方仍维持对董事会的控制：由之前的3名守方代表和4名攻方代表变更为2名守方代表、4名攻方代表及1名独立董事欧阳祖友（公开渠道无法判断所属阵营）。

另外，根据多家媒体报道，本次临时股东大会召开时间长、参加人数多、现场非常混乱，甚至一度出现辱骂、争斗等情况，而且参加临时股东的媒体也提及会议的计票、监票和宣读环节都充满争斗，且未当场宣布最终表决结果。

对于本次临时股东大会，比较值得关注的一点是，攻守两方均希望通过诉讼和行为保全方式对上市公司股东的表决权进行限制：攻方拟限制大龙实业和电化高科的表决权，守方拟限制龙强投资的表决权。

① 根据媒体报道，在受托表决权中有6.37%来自龙强投资。但具体是如何操作无法从公告中知悉。

但从临时股东大会表决的结果来看，同样的手段却产生了不同的效果：

①攻方成功限制大龙实业和电化高科的表决权，大龙实业和电化高科的表决仍被认定为诉讼争议票，不计入有效表决票，具体理由如下：见证律师认为法院要求上市公司不得接受带有电化高科和大龙实业公章的文件，本意是限制任何人未经电化高科、大龙实业股东会内部决议，利用其掌握的公章或以其他方式代表大龙实业和电化高科作出不真实的意思表示。同时，上市公司收到电化高科和大龙实业的直接及间接股东乐安江化工、深圳龙蕃实业有限公司、江西华景化工有限公司、吴华（合计持有电化高科 60.9% 的股权，间接持有大龙实业 59.63% 的股权）等（前述主体均代表攻方）发出的声明函，声明不同意电化高科及大龙实业向世龙实业本次临时股东大会通过现场及或网络投票方式投票。

②守方未能限制龙强投资的表决权，龙强投资的表决为有效表决票，具体理由如下：龙强投资的表决权并不是由其直接行使，而是委托张昌佑行使：其所依据的《表决权委托协议》系由龙强投资执行事务合伙人李宗标签字并加盖龙强投资的公章。

见证律师认为虽然法院禁止龙强投资主要负责人李宗标对外使用龙强投资的公章或以执行事务合伙人的名义行使权利或履行义务，但法院未明确禁止上市公司接受龙强投资出具的文件，亦不属于限制龙强投资表决权的行为，亦不限制其他主体根据龙强投资签署的表决权委托协议行使表决权。据此，见证律师认为龙强投资可依法行使投票表决权，公司有权接受龙强投资行使表决权的文件。

而有关张昌佑的受托表决行为，见证律师认为其所依据的《表决权委托协议》系由执行事务合伙人李宗标签字并加盖龙强投资的公章，足以认定是龙强投资的真实意思表示。而且该协议签署于法院作出限制李宗标相关权利的保全裁定之前，亦在案涉争议的龙强投资合伙人临时会议决议作出之前。

因此，在临时股东大会上，大龙实业和电化高科的表决权被限制，而龙强投资的表决权未被限制（需要说明的是，虽然龙强投资实际被守方控制，但因未完成工商变更，其在本次临时股东大会上的表决反而被攻方控制）。

（4）临时股东大会决议结果反转，守方控制董事会并拿下法定代表人、总经理和董事会秘书职位，并最终取得关键资料。

临时股东大会召开后，法院出具裁定认为：李宗标委托张昌佑以龙强投资名义在临时股东大会上进行投票的行为已违反之前的行为保全裁定，不应予以计票，要求上市公司依法更正。

针对上述要求，上市公司不予认可。除已在临时股东大会《法律意见书》中主张的两点意见外，上市公司还认为：张昌佑与龙强投资签订的《表决权委托协议》属于无条件的、不可撤销的全权委托，张昌佑无须征得龙强投资对投票事项的意见，有权自行投票行使表决权，龙强投资对张昌佑行使表决权的投票事项结果均应予以认可并同意。上市公司的上述异议引发交易所关注，交易所要求上市公司尽快按照法院裁定对临时股东大会决议进行更正。

此外，攻方为维护临时股东大会形成的有利局面，不愿对临时股东大会的决议进行更正，遂通过张昌佑对龙强投资提起诉讼，请求确认张昌佑与龙强投资签署的《表决权委托协议》有效，并进而请求确认其在临时股东大会中以龙强投资名义行使表决权的行为有效。但该案最终在攻方落败后撤诉。

但基于监管的压力和守方的行动，最终上市公司应法院和交易所之要求，不将龙强投资诉讼争议票 15 299 900 股股票列入该次临时股东大会有效票数，并由此导致决议结果反转，攻方的相关提案未获通过，而守方的提案却获通过。相应地，公司第四届董事会由 5 名董事组成，其中 3 名为守方代表（汪国清、刘宜云、蔡启孝），2 名为攻方代表（汪利民、陆豫）；原攻方董事曾道龙、刘林生被罢免，不再担任公司董事；另外，公司董事会指定由董事刘宜云代行董事会秘书职责；董事会还决定免去曾道龙的总经理职务，由董事长汪国清代行总经理的职权。

上述临时股东大会和董事会决议的更正基本确定了攻方的败局，但其仍在做最后的挣扎：拒绝移交公章、董事会印章及信息披露密钥。

守方代表汪国清（新任董事长并代行总经理职权）在了解到上市公司公章及董事会印章下落不明的情况后即向乐平市公安局报警处理，同时办理登报声明遗失、作废旧章和补刻新章事宜。与此同时，上市公司以其名义在报刊上声明公章和合同专用章均未遗失，公章、合同专用章及营业执照正副本均由攻方代表曾道龙指定专人保管。前述“两个公章、两个董事会印章”一事也引发交易所和媒体的关注。最终上市公司就此事聘请律师出具法律意见书并对外披露：基于世龙实业《印鉴管理办法》的规定且结合上市公司已通过登报和公安局备案的方式作废旧章、刻制新章，故主张应以守方刻制的新章为准。

同时，攻方代表原董秘辞职后，将所有工作资料及“深圳证券交易所身份认证系统数字证书”交付攻方代表原董事长曾道龙，而非移交守方现任代行董秘职责的刘宜云。最终曾道龙拖延近两个月才将信息披露密钥移交上市公司。

值得注意的是，在攻方落败后，攻方代表之一李宗标从上市公司股东龙强投资处退出，将其所持龙强投资26.875%的合伙份额全部转出。同时，其在控制权争夺过程中对龙强投资等主体提起的诉讼，也最终以撤诉告终。另根据上市公司公告，龙强投资自2021年11月开始减持世龙实业股份，截至2022年6月14日，龙强投资已不再是公司持股5%以上的股东。

3. 控制权争夺结果

（1）董事会、监事会和高级管理人员席位：本次争夺前双方势均力敌，守方占据监事会的过半数席位，能够控制监事会，同时占据总经理席位，而攻方则占据董事会的过半数席位，能够控制董事会。

本次控制权争夺始于董事会和监事会的换届，也终于此。2022年1月，世龙实业终于完成第五届董事会和监事会换届选举，同时调整董事会结构并同步修改公司章程（董事人数由原来的9名改为5～7名，并增设副董事长）：截至2022年6月30日，董事会由5名董事组成，3名为独立董事（由董事会提名，公开渠道无法判断所属阵营），2名为非独立董事（守方汪国清任董事长、守方刘宜云任副董事长）；监事会由3名监事组成，1名为职工监事，剩余2名监事均由监事会提名（公开渠道无法判断所属阵营）；另外，法定代表人和总经理均由守方汪国清担任。

至此，长达一年半之久的控制权争夺之战，最终以守方成功占据董事会的多数席位，并同时继续担任总经理职务的结果落下帷幕。

（2）股价和市值：控制权争夺前夕（2020 年年中），世龙实业股价稳定在 6 ~ 7 元，控制权争夺白热化阶段（2021 年年底）股价最高升至 16. 35 元，目前股价稳定降至 14 元左右。市值由争夺前夕的 16 亿元最高升至 37 亿元，目前降至 33 亿元左右。

（3）营收和利润：在控制权争夺发生前，上市公司已连续亏损：2018 年的营业收入约为 14. 84 亿元，净利润约为 5690. 78 万元，扣非后的净利润约为 4931. 34 万元；2019 年的营业收入约为 18. 5 亿元，净利润约为 – 1824. 04 万元，扣非后的净利润约为 – 1504. 25 万元。控制权争夺发生后，亏损持续增大，营业收入及净利润均大幅度下降：2020 年的营业收入约为 15. 71 亿元，净利润约为 – 1. 42 亿元，扣非后的净利润约为 – 1. 49 亿元；2021 年情况有所好转，2021 年的营业收入约为 21. 74 亿元，净利润约为 1. 95 亿元，扣非后的净利润约为 1. 99 亿元。

（4）监管问询：针对第四届董事会、监事会换届候选人资料、董事会召集及召开程序、总经理任职资格、关联交易、股东大会计票、两个公章及董事会印章、违规披露等问题，交易所分别发过 7 次关注函。

（5）监管立案和处罚：争夺双方为己方利益导致世龙实业在会议程序和公告披露上存在多次违规行为，包括董事会违规未提供议案详细资料、董事会通知期限违规、年度股东大会未披露新增临时提案、未对外披露重要的法院文书内容等情况，中国证监会江西监管局对世龙实业、攻守双方代表（刘宜云、曾道龙）、董秘均采取了责令改正的行政监管措施，并记入证券期货市场诚信档案。

4. 案例特点

相较于市场上控制权争夺多集中于上市公司层面展开，本案例有其独有特点：

（1）无实际控制人成为争夺发生的主要诱因：世龙实业自上市起即无实际控制人，且穿透后系由众多自然人股东间接持有世龙实业的股份，这导致世龙实业股权极为分散，自然人股东较多，涉及利益复杂，容易就上市公司业务经营等重大事项产生分歧，导致对董事会、监事会、管理层难以形成统一和稳定的控制，为控制权争夺埋下了隐患。

（2）股东层面的争斗决定了最终的争夺结果：控制权争夺已延伸至世龙实业股东层面的争斗：攻守双方充分利用世龙实业股东（如大龙实业、电化高科、龙强投资、致远投资等）进行控制权争夺，采取的手段包括通过诉讼和行为保全限制股东表决权、起诉股东中的对方代表、通过收购股东股份增加表决权等，且股东层面争夺的结果对上市公司层面控制权争夺的结果起到了决定性作用。例如，股东龙强投资的表决权最终被限制可以说是扭转了本次争夺结果，具有决定性意义。

（3）独立董事不独立，深度参与争夺过程：本案例中独立董事的角色较为引人瞩目，包括为某一方利益召集召开董事会、为某一方公开征集表决权委托、就另一方提出的议案投否决票等，其态度较为明显地支持一方。但按照相关法律法规对独立董事职责的定位，其本应代表中小股东的利益，独立董事代表某一股东深度参与控制权争夺是否影响其独立性值得深思。

（4）公章、证照、信息披露密钥以及财务文件等关键资料的实际控制与占有是控制权争夺成功完成的重要标志和对外表象：即使从股东大会、董事会表决层面一方已取得董事会、监事会、经营管理层的多数席位，但在实际接管时，失败一方往往不愿配合移交甚至会铤而走险销毁该等重要资料。因此，获胜方需要结合具体情况采取包括但不限于向公安机关报案、提起诉讼同步行为保全、挂失、完成工商变更登记备案等多种手段实际控制该等文件，以免对后续的经营管理造成不利影响，本案例中即体现了前述特点。

（5）争夺过程中需要遵守信息披露相关规定：在控制权争夺过程中，为一方之利益，会存在不对外披露或延期披露重要信息的情况，本案中也存在因此被监管机构要求整改的情况。

（六）针尖对麦芒，股份增持竞赛终决胜负——皖通科技（002331. SZ）控制权争夺案

安徽皖通科技股份有限公司（以下简称皖通科技、上市公司或公司）是一家地处安徽合肥的大交通领域产业互联网综合服务提供商概念上市公司。

本次控制权争夺的主角为南方银谷科技有限公司（以下简称南方银谷）和西藏景源企业管理有限公司（以下简称西藏景源），双方联合各自的盟友主要围绕两条主线展开，即“董事会席位争夺战”和“你追我赶的股份增持

竞赛”，在长达近两年的控制权争夺期间，两条线犬牙交错，此消彼长，最终西藏景源掌握控制权，全面接管公司。

本案例持续时间较长、争夺双方实力强、背景复杂、参与主体多、人物关系复杂、争夺双方对于获得控制权的态度坚决（均掏出“真金白银”增持股份）、采取的争夺手段和措施多样、对抗性强、涉及的细节问题多、监管机构和媒体关注度高，是十分典型的控制权争夺案例。

1. 控制权争夺发生前基本情况

控制权争夺前上市公司和争夺各方的基本情况如下：

（1）上市公司基本情况。

皖通科技前身为安徽皖通科技发展有限公司，成立于1999年5月12日，2007年6月整体改制为股份有限公司，股票于2010年1月6日在深交所上市交易。皖通科技注册地址位于安徽省合肥市，目前主营业务是为高速公路、港口航运、城市智能交通等领域的行业用户提供集软件开发、系统集成和运行维护为一体的信息化产品和服务，包括高速公路信息化业务、智慧城市业务、港口航运信息化业务以及军工电子信息化业务等板块。

皖通科技上市前的控股股东和实际控制人为王中胜、杨世宁、杨新子3名自然人，3人为一致行动人，持股比例分别为23.70%、18.80%、18.70%，为公司前三大股东，合计占公司总股本的61.20%。上市完成后，王中胜、杨世宁、杨新子3人的持股比例被稀释，合计持有股份比例降至45.60%。

根据皖通科技上市时的招股说明书，其主营业务主要为高速公路信息化建设领域的信息系统集成、应用软件开发及运行维护服务，并计划向税务、海事、教育、金融等信息化建设领域拓展。

2010年上市当年，皖通科技即通过发行股份收购华东电子软件技术有限公司（以下简称华东电子）100%股权进军港口智能信息化业务。2018年1月，皖通科技又通过发行股份的方式收购成都赛英科技有限公司（以下简称赛英科技）100%股权新增军工电子信息板块，通过并购不断拓展细分业务领域。

根据上市公司公告，2020 年 3 月控制权争夺正式爆发前，皖通科技 2018 年度的营业收入为 12.49 亿元，净利润为 1.06 亿元，扣非后的净利润为 0.96 亿元；2019 年度的营业收入为 14.60 亿元，净利润为 1.69 亿元，扣非后的净利润为 1.52 亿元，创下了上市以来的最高纪录，营业收入的增幅超过 16%，净利润和扣非净利润的增幅均超过 50%，经营情况较好。这或许是双方均看好皖通科技质地和发展前景、争相角逐皖通科技控制权的主要原因。

（2）争夺前情概要。

①南方银谷通过定增、表决权委托等方式成为皖通科技控股股东并不断增持股份，周发展成为皖通科技实际控制人并担任总经理。

自 2010 年上市以来，因皖通科技向特定对象发行股份购买资产、非公开发行股票融资、实施限制性股票股权激励的授予以及股东主动通过大宗交易减持股份等事宜，皖通科技上市时的控股股东、实际控制人王中胜、杨世宁、杨新子 3 人的持股比例被稀释至 14.10%。

2018 年 11 月，南方银谷因参与皖通科技发行股份购买赛英科技 100% 股权的配套融资，取得皖通科技 5.83% 的股份，成为持股 5% 以上股东。值得注意的是，西藏景源作为投资者曾与南方银谷同台竞技参与前述配套融资，但因报价稍低（南方银谷报价 7.60 元/股，西藏景源 7.55 元/股）未能被确定为最终认购对象。

2018 年 12 月，王中胜、杨世宁、杨新子与南方银谷签署《表决权委托协议》，3 人将其合计持有的皖通科技 5.00% 股份对应的表决权委托给南方银谷行使，委托期限为协议签署之日起 18 个月。① 表决权委托完成后，南方银谷在皖通科技拥有表决权的股份比例为 10.83%，成为皖通科技的控股股东，皖通科技实际控制人变更为南方银谷的实际控制人周发展。② 同时南方银谷与王中胜、杨世宁、杨新子在表决权委托期间构成一致行动关系。

---

① 根据上市公司公告，各方采取一致行动的主要原因在于：看好上市公司的前景及价值，并优化上市公司股东结构和提升公司治理水平，保障各方作为上市公司股东的合法权利并确保得到公平对待，有效行使股东的监督权，推动提升上市公司的整体价值。

② 因皖通科技下属子公司赛英科技为军工企业，因此，本次交易导致的皖通科技实际控制权变更需要国家国防科技工业局批准，该批准后于 2019 年 3 月取得。

2018 年 12 月 25 日，杨世宁辞去皖通科技总经理职务，随后皖通科技董事会聘任周发展为总经理。

成为皖通科技控股股东后，2018 年 12 月 20 日至 2019 年 3 月 5 日，南方银谷继续通过深交所大宗交易系统及集中竞价方式累计增持至持有皖通科技 7.16% 的股份，拥有表决权股数占总股本比例相应增加至 12.16%。

②西藏景源及其盟友浮出水面，成为皖通科技前十大股东，部分盟友结成一致行动关系。

根据皖通科技 2018 年年报，截至 2018 年 12 月 31 日，西藏景源通过二级市场增持至持有皖通科技 4.85% 的股份，成为皖通科技第三大股东，正式浮出水面。同时，西藏景源的盟友福建广聚信息技术服务有限公司（以下简称福建广聚）亦成为皖通科技持股 3.59% 的前十大股东。

同时，值得注意的是，与西藏景源为盟友的自然人股东梁山、刘含、王亚东 3 人于 2019 年年初签署了《一致行动协议》，决定就上市公司相关事项采取一致行动，3 人合计持有皖通科技 6.36% 的股份，成为皖通科技持股 5% 以上股东。①

③双方就董事会席位展开第一次交锋，打成平手。

2019 年 3 月 16 日及 3 月 22 日，皖通科技先后披露杨世宁辞去董事、副董事长职务、孙胜辞去董事职务，第四届董事会席位出现两名空缺。

就上述两名董事会空缺席位事宜，南方银谷和王中胜先后联合提名的董事候选人周发展、汪博涵，与梁山、刘含、王亚东、福建广聚、上海执古资产管理有限公司（以下简称上海执古）5 名股东联合提名的李臻等 4 名候选人展开差额竞争，后经皖通科技股东大会审议表决，最终双方各有 1 名候选人当选董事，即周发展和李臻。2019 年 4 月 8 日，皖通科技召开董事会，选举周发展为董事长、陈新为副董事长、廖凯为总经理、汪博涵为副总经理。

④南方银谷继续增持股份，持股比例超过 20%，皖通科技顺利完成董事会和监事会换届选举。

为不断巩固扩大控制权，2019 年 5 月至 9 月，南方银谷继续持续增持股

---

① 梁山、刘含、王亚东后于 2020 年 3 月 19 日解除了一致行动关系。

份。截至2019年9月6日，南方银谷直接持有皖通科技股份的比例上升至13.73%，南方银谷及其一致行动人合计持有的皖通科技股份的比例超过20%，上升至24.18%。

2019年11月16日，皖通科技召开2019年第二次临时股东大会审议董事会和监事会换届事宜，其中，第五届董事会9名成员中，李臻、王辉、周艳代表西藏景源方，周发展、易增辉、廖凯、甄峰代表南方银谷方，剩余2名独立董事的立场不明，南方银谷占非独立董事半数以上席位。

随后，皖通科技第五届董事会聘任周发展为董事长、廖凯为总经理。

（3）争夺各方基本情况。

本案例为较经典的控制权争夺之战，各方在争夺过程中的意图和行动都比较明显，为表述方便并结合本案例的特点，现将争夺各方分为西藏景源方和南方银谷方。

①西藏景源方。

（a）西藏景源：成立于2013年，股东为黄涛、黄世荧，持股比例分别为60%、40%，两人为兄弟关系，均是世纪金源投资集团有限公司（以下简称世纪金源）创始人和董事局主席黄如论之子，黄如论是知名的旅菲华侨企业家。西藏景源自2018年入股皖通科技浮出水面以来，通过二级市场持续增持股份，从首次披露的持股比例4.85%一直增持到目前的19.97%（单一第一大股东），耗资数亿元，对于拿下控制权可以说是志在必得。

除西藏景源外，根据皖通科技曾于2021年5月11日披露的情况说明，公司董事会（当时由南方银谷方控制）认为以下主体与西藏景源构成一致行动关系，并在该说明中详细阐述了《收购办法》第83条所列的构成一致行动人的各种具体情形：

（b）刘含、王亚东、梁山：均为皖通科技股东，3人作为先锋，在本次争夺爆发前的2019年年初曾达成一致行动关系并提出临时提案小试牛刀，后于2020年3月解除该安排。根据皖通科技2022年度第一季度报告，刘含、王亚东、梁山分别持有皖通科技2.77%、1.84%、1.59%的股份，为皖通科技第六至第八大股东。

（c）林洋、肖飚、福建省未然资产管理有限公司（以下简称未然资产）

及其管理的基金：根据皖通科技 2022 年度第一季度报告，未然资产 20 号私募证券投资基金持有皖通科技 3.11% 的股份，为皖通科技第五大股东。

（d）肖飚、上海映雪投资管理中心（有限合伙）（以下简称上海映雪）及其管理的基金、杭州莱茵映雪投资管理有限公司（以下简称杭州映雪）及其管理的基金、上海执古。

（e）郑宇、李臻、林木顺、上海映雪：

根据媒体报道，郑宇是德晖资本的合伙人，被认为是德晖系的核心人物，西藏景源的实际控制人黄涛是郑宇在厦门大学的同学，西藏景源方的相关自然人均被认为与郑宇有关系①。李臻曾担任皖通科技董事及董事长，是控制权争夺前期西藏景源方的代表人物。根据媒体报道，李臻与周发展一样，同为“80 后”，曾先后任职于南京证券、兴业证券、上海德晖投资管理有限公司董事、总经理，擅长资本运营。林木顺系 2018 年以其持有的赛英科技股权认购皖通科技发行的股份的方式成为皖通科技股东，根据皖通科技 2022 年度第一季度报告，林木顺持有皖通科技 1.55% 的股份，为皖通科技第九大股东。郑宇于 2012 年 4 月 17 日起投资上海映雪，持有其 57% 的合伙份额并担任执行事务合伙人，是上海映雪的实际控制人。

综上，当时的董事会认为，根据《收购办法》第 83 条的规定，西藏景源、刘含、林洋、肖飚、未然资产及其管理的基金、林木顺、郑宇、上海映雪及其管理的基金、杭州映雪及其管理的基金、上海执古互为一致行动人，媒体亦报道前述主体同属于“德晖系阵营”。基于上述情况，南方银谷控制的董事会曾认为西藏景源及其相关一致行动人在增持公司股票过程中存在信息披露违规情况，其所违规增持的部分股份不得行使表决权，并由此引起了相关诉讼，但最终以撤诉终结。

（f）福建广聚：皖通科技股东，注册地位于福建省连江县。根据媒体报

① 根据媒体公开报道，郑宇操盘下的“德晖系”早就兵分多路“埋伏”于皖通科技，并且一直按兵不动，直到 2018 年南方银谷出现。自 2016 年开始就不断有与德晖资本相关联的自然人股东进入皖通科技。比如，2016 年第三季度，皖通科技新进股东中包括梁山、陈海华、朱艳秋，3 人分别持股 2.37%、1.91%、1.23%。2017 年第一季度，厦门布禄除梁山以及朱艳秋外的另一大股东李明海成为皖通科技第七大股东，持股达 1.57%。2017 年李明海减持了 250 万股，而巧合的是，该减持股份与新进股东郑衡持股规模一致，郑衡持股比例达 0.71%。郑衡则与德晖资本合伙人刘忆东存有交集。

道，世纪金源创始人黄如论籍贯同为福建省连江县，福建广聚的实际控制人林存喜曾于1980年7月至2015年5月在世纪金源担任技术员。根据皖通科技2022年度第一季度报告，福建广聚持股4.97%，为第三大股东。

除上述关系外，股东梁山、刘含、王亚东、福建广聚、上海执古5方曾于2019年3月共同提名李臻为皖通科技董事，王亚东和林木顺还在争夺后期联合向董事会出具增加股东大会临时提案的函，拟罢免南方银谷方5名董事。

（g）廖凯、甄峰：2019年10月被周发展提名为皖通科技第五届董事会非独立董事候选人，后当选皖通科技董事。11月，经时任董事长周发展提名，廖凯被聘为皖通科技总经理，在周发展被罢免董事长职务后，曾短暂担任过皖通科技董事长。此外，二人曾任南方银谷董事但于2020年3月27日退出，在本次控制权争夺过程中转变了态度，后支持西藏景源一方，成为控制权争夺天平开始倾斜的重要角色。

（h）陈翔炜：目前是皖通科技董事长，1975年生，曾任职于TCL金能电池有限公司、广州蓝月亮有限公司等企业。陈翔炜是本次控制权争夺过程中西藏景源方的主要代表人物。

（i）王辉：曾担任皖通科技董事，为罢免周发展董事长职务的提名人之一，是西藏景源在控制权争夺过程中的主要代表之一。根据媒体报道，王辉与黄涛、郑宇同为厦门大学校友。

（j）独立董事周艳、李明发、罗守生：虽然三位为独立董事身份，但从其在控制权争夺过程中董事会投票及发表的独立董事意见等行为来看，其态度比较明确，基本与西藏景源方在相关行动中保持一致。特别是独立董事周艳，南方银谷方认为其与李臻、林木顺、收购赛英科技的幕后策划人郑宇同为上海德晖投资管理有限公司的股东，因此，其独立性身份存疑。在西藏景源方赢得董事会多数席位后，周艳辞去独立董事职务，但李明发目前仍然为西藏景源方提名的董事。

（k）朱艳秋：皖通科技股东。根据媒体报道，上海映雪担任执行事务合伙人的上海映雪昼锦投资合伙企业（有限合伙）的单一最大出资人为朱艳秋，而朱艳秋担任大股东的厦门市布禄资产公司还有两个股东，分别是梁山和李明海，3 人都持有或持有过皖通科技股份。

（1）袁照云、陈延风：皖通科技监事，虽然监事会和监事主要承担监督检查职能，但在本次控制权争夺中，2 名监事的相关行为事实上支持西藏景源方的相关行动。

值得一提的是，从本次控制权争夺爆发到最终决出胜负，虽然南方银谷方多次质疑，监管机构也屡次问询西藏景源与上述主体是否构成一致行动关系或关联关系，但根据公开披露的信息来看，西藏景源自始至终未主动与任何其他攻方达成一致行动安排，亦从未承认过与上述主体构成一致行动关系或存在关联关系，西藏景源认为南方银谷与南方银谷控制的董事会（南方银谷掌控）均无权认定股东之间的一致行动关系。因此，有媒体也称西藏景源方为“蒙面资本”。

②南方银谷方。

（a）南方银谷：根据媒体报道，南方银谷成立于 2004 年，是一家从事地铁 WiFi 解决方案和移动广告的科技公司，“花生地铁 WiFi” App 是其重要产品，其投资方包括分享投资、松禾资本、奇虎 360、平安创投、平安信托、蚂蚁集团、富坤创投、星斗资本等知名私募投资人、企业集团。南方银谷为控制权争夺中守方的牵头人和最主要的参与方，除了围绕董事会席位与西藏景源方展开较量外，南方银谷亦一直通过增持股份不断提高话语权，从刚开始通过参与定增入主时的 5.83% 一路买到最高时的 13.49%，后萌生去意不断减持股份。此外，南方银谷还积极联合其他股东扩大持股比例和表决权。根据皖通科技 2022 年第一季度报告，南方银谷持股 8.34%，为第二大股东。

（b）周发展：南方银谷创始人之一和实际控制人，1980 年生，中国人民大学工商管理硕士，曾任深圳特区报广告部副总经理、深圳晚报总经理、深圳地铁报社总经理等职务，亦是南方银谷董事长、实际控制人，是本次控制权争夺的核心人物。其曾被罢免皖通科技董事长职务一事，成为控制权争夺开始的标志性事件，后在南方银谷方重新夺回董事会控制权后再度担任董事长，但在争夺后期又被罢免董事职务，最后彻底退出皖通科技董事会。

（c）易增辉：2018 年 1 月，皖通科技完成对赛英科技 100% 股权的收购，主营业务新增军工电子信息板块，赛英科技的大股东易增辉通过换股成为皖通科技股东和董事。控制权争夺期间一直为皖通科技董事、股东、皖通科技子公司赛英科技董事长，并与南方银谷及周发展事实上一直保持一致行动，双方曾于2020年12月3日签署一致行动协议明确一致行动安排，后于2021年7月解除。易增辉担任董事长的赛英科技曾一度成为本次控制权争夺的主战场。根据皖通科技2022年第一季度报告，易增辉持股3.50%，为第四大股东。

（d）安徽安华企业管理服务合伙企业（有限合伙）（以下简称安华企管）：成立于2020年4月21日，执行事务合伙人为自然人刘宇恒；有限合伙人为蚌埠经济开发区投资集团有限公司，其实际控制人为蚌埠市国资委。刘宇恒为周发展担任皖通科技董事长期间引入的高级副总裁，后已离职。安华企管在成立后即于2020年4月24日至5月8日增持皖通科技股份，占公司总股本的4.01%，后续又继续进行了增持，最终持股比例为4.79%。2020年5月8日，安华企管与南方银谷签署了《表决权委托与一致行动协议》，后于2020年12月3日解除。① 此外，值得注意的是，根据上市公司公告，2020年3月，蚌埠经开区管理委员会、蚌埠市城市投资控股有限公司与南方银谷、周发展曾签署相关协议拟将公司总部迁址，后皖通科技表示不知情并发表了澄清公告。根据媒体报道，安华企管被认为是南方银谷引入的“白衣骑士”。根据皖通科技2022年第一季度报告，安华企管已不在前十大股东名单中。

（e）王晟：1988年生，英国剑桥大学金融硕士。曾任职于德意志银行，后任杭州智享好车信息技术有限公司董事、维多利亚航空股份有限公司董事、包头万科清源房地产开发有限公司董事等多家企业职务。根据上市公司公告，王晟认为持股皖通科技是出于对公司未来发展前景及投资价值的认可，看好智慧城市、军工电子、公共安全等行业以及上市公司在以上领域的成长性和盈利能力。从王晟入股皖通科技后的相关行动来看，其事实上与南方银谷保

① 根据媒体公开报道，安华企管增持皖通科技股票的成本约在11元/股，以2020年12月3日收盘价12.91元/股计算，该笔投资账面浮盈3155万元。此前双方结成一致行动关系，使安华企管无法自由减持。一致行动关系解除后，由于安华企管持股比例未超过5%，不属于重要股东，则可以自由减持套现。

持一致行动，正是因为王晟的加入，南方银谷方在控制权争夺过程中一度重新取得董事会多数席位优势，是一股重要的力量（最多时持股6.49%）。根据皖通科技2022年第一季度报告，王晟为第十大股东，但持股比例已降至1.22%。

（f）周成栋：周发展的兄长，1974年生。曾任职于上海国嘉实业有限公司等公司，担任南方银谷董事、总经理，并在南方银谷下属多家公司担任董事职务。从公开渠道来看未见到其持有皖通科技股份，控制权争夺期间其担任南方银谷提名的皖通科技董事。

（g）王夕众：1968年生，皖通科技子公司华东电子的董事长，属于华东电子的核心管理者和灵魂人物，而华东电子的港口智能信息化业务为皖通科技的核心业务之一，控制权争夺期间担任南方银谷提名的皖通科技董事。

（h）刘漪：1984年生，英国剑桥大学计算机科学专业硕士研究生，曾任职于美国微软公司、美国谷歌公司、美国摩根士丹利投资银行，后任杭州字符互动网络科技有限公司首席科学家。从公开渠道未见到其持有皖通科技股份，控制权争夺期间其担任南方银谷提名的皖通科技董事，在西藏景源方全面取得控制权后，刘漪辞去董事职务，自此南方银谷方再无任何董事会席位。

2. 控制权争夺主要过程

2020年3月，南方银谷提名的董事甄峰、廖凯突然倒戈相向，时任皖通科技实际控制人的周发展相继被罢免董事长及董事职务，这也导致南方银谷事实上在董事会席位中失去多数优势，引爆控制权争夺战。

失去董事会多数席位后，南方银谷开始寻求外援，与安华企管联盟，不断扩大持股比例。2020年5月8日，南方银谷和安华企管签署了《表决权委托与一致行动协议》，安华企管将其持有的皖通科技4.01%的股份对应的表决权委托南方银谷行使，有效期为18个月。本次权益变动后，南方银谷及其一致行动人王中胜、杨世宁、杨新子、安华企管合计持有公司27.23%的股份。值得注意的是，安华企管上述4.01%股份系2020年4月24日至5月8日通过集中竞价方式突击买入。

此外，南方银谷开始反击，先后提请董事会、监事会召开2020年第一次临时股东大会罢免现任部分董事及选举新董事，但提案均未获同意，遂在

《深圳商报》上刊登了股东大会通知，自行召集并召开了股东大会。

最终的表决结果显示，南方银谷自行召开的股东大会通过决议改组了皖通科技董事会。但根据上市公司公告，皖通科技认为南方银谷前述自行召开临时股东大会的召集程序不符合法律法规的规定，所作出的决议亦无法律效力，不予认可该决议。

上述事项引发交易所关注，安徽证监局对南方银谷出具了警示函的监管措施，认为其未按证券法律法规要求，在证券交易场所的网站和符合国务院证券监督管理机构规定条件的媒体发布股东大会通知，违反《上市公司信息披露管理办法》第6条的有关规定。

基于上述内容，南方银谷改选公司董事会的行动暂时搁浅，这也为西藏景源方增持股份扩大话语权争取了时间。

2020年3月9日，西藏景源持股比例达到5%，5月18日至6月9日，西藏景源增持至10%，加上盟友福建广聚、梁山、刘含、王亚东、林木顺等主体，西藏景源方合计持有皖通科技股份的比例超过20%。

而此时南方银谷方（南方银谷及其一致行动人杨世宁、王中胜、杨新子、安华企管及盟友易增辉）合计持股比例30%出头，双方持股比例进一步缩小。

2020年6月，南方银谷与王中胜、杨世宁、杨新子之间的《表决权委托协议》到期并不再续签，公司股权结构分散，单个直接持股股东及间接持股股东持有公司股份权益的比例均未超过公司股本总额的30%，公司处于无控股股东、无实际控制人状态。

自此，南方银谷失去了对皖通科技的控制权。

随后南方银谷方及西藏景源方为争夺董事会多数席位，展开了多轮拉锯战，大体可分为三个阶段：

（1）2020年6月至2021年2月，南方银谷在失去董事会控制权后“合纵连横”，相继获得外部国资股东安华企管、重要自然人股东易增辉、王晟等人加持，终于在2021年2月9日的2021年第一次临时股东大会上罢免西藏景源方董事，重新夺回董事会多数席位。

2020年6月23日，公司召开2019年年度股东大会，西藏景源方提名的当选为独立董事，周发展被罢免董事职务。自此，南方银谷方的核心成员周发展退出董事会，西藏景源方在董事会中的席位再添一席。

2020 年 8 月，原董事长周发展还因涉嫌职务侵占被刑事立案，但公安局认为其无职务侵占犯罪事实，决定撤销立案。

作为对西藏景源方行动的回应，南方银谷合纵连横，联合相关方持续扩大表决权比例：①自然人王晟突然增持股份，并与原实际控制人签署表决权委托与股权转让协议，成为持股 5% 以上股东；②南方银谷与易增辉签署一致行动协议，南方银谷及其一致行动人安华企管、易增辉合计持有公司 21.96% 的股份，连同王晟持有的公司 8.49% 股份，南方银谷方合计持有公司 30.45% 的股份。

与此同时，西藏景源于 2020 年 8 月 12 日至 9 月 10 日，继续通过集中竞价交易系统增持公司股份至 11.71%，连同其他盟友，西藏景源方合计持有公司的股份比例接近 25%。

南方银谷方凭借持股优势小试牛刀，西藏景源方提名陈翔炜为非独立董事的议案被 2020 年 9 月召开的 2020 年第一次临时股东大会否决，控制权争夺再生变数。

除在皖通科技董事会层面开展争夺外，子公司赛英科技也成为双方争夺战场。焦点在于此时控制上市公司董事会的西藏景源方认为易增辉不配合完成赛英科技董事和管理层调整的安排，不移交赛英科技印章、营业执照正副本原件等关键资料，因此无法完整掌握赛英科技实际经营情况、资产状况及面临的风险等信息，致使上市公司无法对赛英科技的重大经营决策、人事、资产等实施有效控制。但易增辉认为：①目前上市公司董事会被大股东之一世纪金源代理人董事李臻、廖凯、甄峰等人非正常控制，利用控制了董事会的权力强接赛英科技，对其本人与南方银谷签订了一致行动人协议，在近期的股东大会上，没有按他们的意愿投票进行打击报复，并有利用此事操纵股价的嫌疑，以便他们低价购买股票；②不能把军工企业交给不是控股股东，而且有外籍背景的世纪金源所指派的 3 名世纪金源非军工、非涉密、非科技工作人员接管赛英科技。

就上述问题，上市公司相继起诉易增辉及赛英科技，易增辉所持股票还被司法冻结，易增辉不甘示弱进行反击，联合赛英科技其他董事提起公司股权转让纠纷之诉，后各方于2021年2月分别撤诉，易增辉持有股份的司法冻结亦被解除。

2020年9月，南方银谷方乘胜追击，拟通过提请召集股东大会夺回董事会多数席位，但监事会因易增辉被诉事项为由改变态度临时变卦，股东大会未能成功召开。

2020年12月，南方银谷方提请董事会召开临时股东大会罢免西藏景源方董事及提名己方董事候选人的提案终于获得董事会同意，西藏景源方随即提出相应临时提案，两次股东大会最终合并为一次召开，大战一触即发。

在2021年2月公司2021年第一次临时股东大会召开前，西藏景源方持续增持股份，增持完成后单独持有公司17.18%的股份，西藏景源连同其他盟友与南方银谷方的持股比例已经势均力敌。

2021年2月9日，万众瞩目的公司2021年第一次临时股东大会召开，南方银谷方与西藏景源方在本次股东大会上围绕董事会席位展开了激烈的较量，最终南方银谷方惊险取胜，重新夺回董事会多数席位：西藏景源方的李臻、王辉、廖凯、甄峰4人均被罢免董事职务，虽然分别代表南方银谷方和西藏景源方的王晟和陈翔炜均未当选非独立董事职务，但南方银谷方提名的周发展、周成栋、王夕众、刘漪4名候选人成功当选第五届董事会非独立董事，连同现任董事易增辉，南方银谷方占据了董事会8名席位中的5席非独立董事席位（剩下3席为独立董事罗守生、周艳和李明发）。

值得注意的是，根据本次股东大会决议公告，出席本次股东大会的股东及股东授权代表总计460人，代表股份344 640 923股，占公司有表决权股份总数的83.64%，参会人数和持股数量均创下新高；南方银谷方罢免西藏景源方4名董事和提名己方4名董事议案的表决同意票和反对票的比例均差距较小（约5%），南方银谷方赢得十分惊险。

在重新取得董事会多数席位后，2021年2月，南方银谷方代表重新担任公司董事长、副董事长及总经理等重要职务，其中周发展为董事长、易增辉为副董事长，王夕众为总经理。此外，公司已重新接管赛英科技公章、营业执照正副本原件等关键资料，公司对赛英科技可能失去控制的风险亦已解除。

（2）2021年2月至12月，西藏景源在失利后卷土重来，锲而不舍，在南方银谷突然萌生去意后重新夺回董事会控制权。

股东大会失利后西藏景源并未放弃，2021年2月，西藏景源提请召开股东大会审议章程修改事宜，获得董事会同意，但其认为董事会在未征得其同意的情况下变更了股东大会的召开时间，遂又向监事会求助并获同意，但公司董事会不认可前述安排且未披露监事会决议公告等文件，引起交易所关注。

与此同时，2021年1月29日至2月23日，西藏景源通过集中竞价继续增持公司股份，增持完成后，西藏景源直接持有公司18.16%的股份，成为上市公司单一第一大股东，持股比例超过南方银谷及其一致行动人易增辉。

在持股比例不断攀升后，西藏景源方开始频频出击：

①第一次提出增加股东大会临时提案（罢免南方银谷方董事和选举部分己方董事）未获董事会审议通过，引起交易所、证监局关注；第二次提出增加相同临时提案被董事会要求补充提供相关材料，后董事会认为西藏景源股东资格存疑，未审议该临时提案。

作为反击，南方银谷方提起公司以及西藏景源损害股东利益责任纠纷之诉，请求撤销公司2021年第一次临时股东大会第17项议案之诉以及以公司名义起诉监事损害公司利益之诉等3项诉讼。

②第三次提出增加相同临时提案及单独提请召开临时股东大会的议案后，董事会终于同意将其提案提交股东大会审议，但决定延期召开2021年第二次临时股东大会，将其临时提案提交至2021年第三次临时股东大会审议。

2021年4月，2021年第二次临时股东大会召开，西藏景源提议修改章程的议案未获审议通过。

此外，上市公司因限制西藏景源表决权等事宜引起交易所关注，深交所要求：①说明西藏景源与刘含构成一致行动关系的具体依据，并请西藏景源自查说明；②详细说明西藏景源及刘含可能涉及表决权受限股票数量的具体测算过程；③说明在法院尚未判决的情况下该等股票是否具有表决权，是否应当扣除。上市公司和西藏景源方就上述问题从各自立场进行了回复，但上市公司仍然在股东大会表决时扣除了此部分表决权。

针对上市公司限制西藏景源表决权事宜，西藏景源及甄峰分别对公司提起决议效力之诉。

后南方银谷方与西藏景源方就提请召开临时股东大会罢免对方董事、监事并选举本方提名董事、监事事宜又进行了多次交锋。

2021 年 5 月，南方银谷突然申请撤回罢免独董和监事的提案函并申请取消第三次临时股东大会，南方银谷称将根据 2021 年 5 月 25 日召开的第四次临时股东大会的表决结果再考虑是否另行提起相关提案，于是西藏景源提请增加第四次临时股东大会临时提案（主要是罢免南方银谷方非独立董事，选举己方非独立董事的议案）。但公司董事会却取消了该次临时股东大会，主要理由为：①公司董事会已审议通过了关于西藏景源的相关方存在一致行动关系的议案，董事会认为股东西藏景源及其一致行动人增持公司股票过程存在信息披露违规，鉴于第四次临时股东大会由西藏景源提议召开且相关提案均由西藏景源提出，因此该次临时股东大会亦存在无效或可撤销的风险；②自2021 年 3 月 26 日西藏景源提请召开临时股东大会开始，截至 2021 年 5 月 15 日，不到两个月的时间内，公司涉及股权纠纷、表决权委托、股东大会决议、董事会决议等方面的重大诉讼多达 5 起，涉及相关股东相关权利的股份数量已经超过公司总股份数的 50%，案件涉及公司第一大股东、第二大股东、第三大股东等重要股东，且相关诉讼法院正在审理当中，法院判决结果将直接影响股东大会的最终决议。

正在双方控制权争夺进入白热化阶段时，局势峰回路转，南方银谷方突然主动退出控制权争夺：①2021 年 6 月 7 日，南方银谷就起诉公司股权决议（请求撤销公司 2021 年第一次临时股东大会第 17 项议案）纠纷一案撤诉；②2021年 6 月 18 日，周发展辞去董事长职务；③2021 年 6 月 18 日，公司收到南方银谷及其一致行动人易增辉出具的简式权益变动报告书，自 2020 年 9 月 17 日披露简式权益变动报告书至其退出时，南方银谷及其一致行动人持有的公司股份累计减少 5.00%；④2021 年 6 月 28 日，南方银谷方的周发展和周成栋辞去公司董事职务。

关于南方银谷突然退出的原因，从公开途径无从知晓，不排除南方银谷方与西藏景源方达成了其他安排。

因南方银谷方的主动退出，西藏景源方的行动阻力瞬间骤降，其提请增加股东大会临时提案（罢免南方银谷方 3 名董事及选举己方 5 名董事）终获公司董事会同意提交 2020 年年度股东大会审议，胜利曙光显现。

就在胜利的天平向西藏景源倾斜时，出现了一点小插曲，一名神秘股东的介入却让局势突生变数，西藏景源与安徽中战企业管理服务合伙企业（有限合伙）（以下简称安徽中战）签署股份转让协议及表决权委托协议，拟让出第一大股东地位，① 引起交易所关注，② 但最终交易终止。

2021 年 6 月 30 日，公司召开 2020 年年度股东大会，西藏景源方重新赢得公司董事会多数席位。

2021 年 7 月 8 日，公司召开董事会，选举陈翔炜为公司董事长。

2021 年 8 月 5 日，王夕众辞去皖通科技董事、总经理职务。

2021 年 9 月 28 日，公司召开 2021 年第三次临时股东大会，选举孟宪明（为董事会提名委员会提名）为非独立董事。

2021 年 11 月 8 日，易增辉辞去董事、副董事长职务。

截至 2021 年年底，公司 8 名董事中，除独立董事罗守生外，其他 2 名独立董事周艳、李明发与西藏景源事实上保持一致行动，5 名非独立董事中，西藏景源提名 3 名（陈翔炜、甄峰、毛志苗），南方银谷提名 1 名（刘漪），第五届董事会提名委员会提名 1 名（孟宪明），西藏景源占据董事会过半数席位，董事长由陈翔炜担任。虽然从公开披露信息来看，公司仍无控股股东、实际控制人，但公司董事会实际已由西藏景源方控制。

---

① 关于西藏景源在历经艰辛、胜利唾手可得时突然萌生去意拟转让控制权的原因，从公开渠道无法知晓，我们猜测或许是因为两年的争斗让西藏景源也疲于应付，希望有实力的主体来接盘。

② 根据媒体报道，安徽中战涉及“假国企”传闻，公开查询显示，安徽中战由中战投资（99%）和杨彬（1%）共同持股，而中战投资是由中财万泓通过多层股权结构间接持有安徽中战 100% 的股权。在中财万泓的股权比例中，中国财政经济出版社持有 70% 的股权，嘉瑞万弘持有 30% 的股权。但需要注意的是，中国财政经济出版社于 2021 年 4 月 6 日在官网声明，因中财万泓、嘉瑞万弘及其下属公司存在冒用该社子公司或上级单位、合作单位名义对外开展业务活动并造成不良社会影响，中国财政经济出版社已通过仲裁等法律程序依法解除了与嘉瑞万弘的合作协议，并即依法敦促有关各方按相关法律规定解散、注销中财万泓。根据公开媒体报道，记者曾向中国财政经济出版社求证，对方否认参与关于中财万泓的任何经营管理。同时，在进一步调查中发现，安徽中战位于合肥市瑶海区的注册地址实为另一家公司，对方人员表示对安徽中战这家公司完全不知情。

（3）2022 年至今，南方银谷方与西藏景源方和解，相关诉讼均撤诉，南方银谷继续减持股份去意已决，西藏景源取得皖通科技控制权，全面控制公司。

就前述提及的南方银谷方与西藏景源方的相关诉讼，各方纷纷于 2021 年 7 月至 8 月撤诉。此外，南方银谷方与易增辉于 2021 年 7 月 23 日解除一致行动关系，南方银谷及王晟相继减持股份。截至 2022 年 2 月 15 日，南方银谷持有公司股份的比例为 8.44%，而王晟在 2021 年年底已不再为公司持股 5%以上股东。

2022 年 1 月 17 日，公司收到独立董事周艳提交的辞职报告。周艳因个人原因申请辞去独立董事职务，但由于周艳辞职将导致公司独立董事人数少于董事会成员的 1/3，其辞职将在公司股东大会选举出新任独立董事后生效。

2022 年 2 月 22 日，公司 2022 年第一次临时股东大会召开，选举许晓伟（董事会提名委员会提名，曾任世纪金源安徽区域财务总监、公司财务副总监，现任公司财务负责人）为非独立董事，选举许年行（董事会提名委员会提名）为独立董事。

截至 2022 年 2 月 28 日，公司董事会 9 名席位中，南方银谷方提名的董事仅余刘漪 1 人，而西藏景源提名 4 名董事（董事长陈翔炜、董事毛志苗、甄峰、独立董事李明发），1 名董事（许晓伟）来自与西藏景源受同一控制的关联方世纪金源，西藏景源及其关联方合计提名 5 名董事，占董事会过半数席位。

2022 年 3 月 1 日，公司披露《关于控股股东及实际控制人发生变更的提示性公告》，结合股东持股及对决策影响情况、董事会成员构成等因素，认定上市公司已结束无控股股东及实际控制人的状态，控股股东变更为西藏景源，实际控制人变更为黄涛。

2022 年 3 月 28 日，刘漪辞去公司董事职务。自此，南方银谷方在董事会中再无任何席位。

3. 控制权争夺结果

如前所述，2022 年 3 月 1 日，皖通科技披露上市公司已结束无控股股东及实际控制人的状态，控股股东变更为西藏景源，实际控制人变更为黄涛。

（1）董事会席位：截至2022年2月28日，皖通科技董事会9名席位中，南方银谷方提名的董事仅余刘漪1人，而西藏景源提名4名董事（董事长陈翔炜、董事毛志苗、甄峰、独立董事李明发），1名董事（许晓伟）来自与西藏景源受同一控制的关联方世纪金源，西藏景源及其关联方合计提名5名董事，占董事会过半数席位。2022年3月28日，刘漪辞去公司董事职务。自此，南方银谷在皖通科技董事会中再无任何席位。

（2）股价：2020年3月争夺开始时的股价为9元/股左右，争夺过程中在2021年2月时最高价曾达到19.71元/股，或许与双方在争夺过程中不断增持股份有关，至2022年3月争夺结束时，股价又回落到8元/股左右。

（3）营收和利润：皖通科技控制权争夺最白热化的2020年度的营业收入为15.76亿元，但净利润为－1.95亿元，扣非后的净利润为－2.09亿元，相比控制权爆发前的2018年度、2019年度，虽然营业收入略有增加，但净利润大幅下降，由盈利转为亏损。根据皖通科技2021年年度报告，2021年度的营业收入为10亿元左右，净利润－0.90亿元，扣非后的净利润约为－1亿元，营业收入相较2020年度大幅下降，净利润亏损金额有一定程度减少。可以看出，两年的控制权争夺对皖通科技的业务经营造成了不小的负面影响。

（4）监管问询：本次控制权争夺引起了监管机构的高度关注，从2020年3月开始至控制权争夺结束，针对周发展被罢免董事长职务，双方股东增加临时提案提请召开临时股东大会未获对方控制的董事会/监事会同意，公司变更为无控股股东、实际控制人的状态，南方银谷在《深圳商报》刊登自行召集股东大会通知，公司时隔不到两个月又换董事长，公司可能对重要子公司赛英科技失去控制，公司限制西藏景源表决权，西藏景源拟向安徽中战让出第一大股东地位等诸多事宜，监管机构都及时进行了介入。经粗略统计，深交所分别发过3次问询函，10余次监管关注函，安徽证监局亦发过5次监管关注函。

（5）监管措施和谈话：除监管问询外，控制权争夺期间安徽证监局还发出过如下行政监管措施和监管谈话：①2020年5月：对南方银谷采取出具警示函措施（自行发布临时股东大会通知，未在交易所网站和符合中国证监会规定条件的媒体发布）；对公司采取责令改正措施（在印章管理、内部审计、募投项目管理、财务规范性核算等方面均存在管理不规范、不合规之处）；对廖凯、李臻、潘大圣采取出具警示函措施（3 人是上述违规问题的主要责任人）。②2020 年 11 月：对公司采取责令改正措施（对于公司诉请解除与易增辉之间的交易协议未提交董事会、股东大会审议，存在重大事项程序违规及 2020 年第三季度报告披露违规）；对李臻采取责令参加培训措施（作为主要责任人）。③2021 年 4 月 20 日：公司收到安徽证监局下发的《关于约见谈话的通知》，为进一步规范公司治理，督促公司董事会依法履职尽责，保证股东能够依法行使权利，安徽证监局决定约见公司现任董事长谈话（主要针对公司限制西藏景源表决权等事宜）。

（6）刑事案件：2020 年 8 月 10 日，公司收到合肥市公安局高新分局出具的《立案告知书》，公司原董事长周发展涉嫌职务侵占一案经审查决定立案。后合肥市公安局高新分局认为周发展无职务侵占犯罪事实，不应对其追究刑事责任，决定撤销立案。

4. 案例特点

从 2020 年 3 月西藏景源方联合提名罢免周发展董事长职务开始，虽然中间南方银谷方曾一度夺回皖通科技董事会多数席位，但西藏景源方卷土重来，最终历时两年终取得皖通科技控制权，全面控制公司。本案例呈现如下特点：

（1）股权分散为控制权争夺埋下隐患：皖通科技的股权结构比较分散，控制权争夺前持股比例最高的 3 名共同控制人合计持股比例不到 15%，且前十大股东基本为自然人股东；即使控制权争夺完成后，单一第一大股东西藏景源的持股比例亦未超过 20%，前十大股东中仍然有一半以上为自然人股东，该等股权结构比较容易让各方萌生争夺意图。

（2）争夺双方实力相当，“针尖对麦芒”：上市公司质地较好，争夺双方均有备而来，决心大、态度明确、实力雄厚，熟悉公司治理和资本市场规则，综合运用多种手段进行争夺。南方银谷虽然动用真金白银增持股份的比例不如西藏景源，但通过与其他股东达成一致行动安排、表决权委托安排等方式扩大其表决权比例，中间曾一度赢回董事会席位多数优势，并在控制董事会期间限制西藏景源表决权并屡次拒绝或推迟西藏景源的临时提案，一定程度延缓了西藏景源方的进攻。反观西藏景源，其对于拿下控制权更是势在必行，无论是持续大量增持股份，还是促使南方银谷方部分董事倒戈，抑或提起相关诉讼施加压力，都可以说是步步为营，精心设计。虽然南方银谷方屡次质疑，监管机构亦进行专项问询，但西藏景源自始至终未承认与其他股东达成任何一致行动关系，而从相关投票结果等角度观察，其背后实际上应有较多其他股东支持，这对于最终拿下控制权尤为重要。进一步讲，在上市公司控制权争夺过程中如何识别和处理股东之间“隐藏的一致行动关系”值得包括监管机构和市场参与主体在内的各方深入讨论研究。

（3）董事会多数席位成为争夺聚焦点：基于前述本案第 1 个特点，能否控制董事会就成了争夺双方的主要聚焦点，如果一方能够拥有董事会多数席位，则可以成为争夺中的有利“武器”。比如可以通过董事会决议拒绝、延迟或者取消另一方股东增加临时提案或者提请召集股东大会罢免己方董事监事、相应提名其董事监事的请求；还可以作出董事会决议限制另一方的表决权，从而为己方增持股份提高持股比例等行为提供有力的支持。虽然前述提及的董事会决议是否完全合规（包括董事会是否可以对股东提案行使实质审查权、是否可以在有权机关作出判决前即限制股东表决权）值得商榷，亦可能引发诉讼风险，但在分秒必争的控制权争夺战场，一定程度上可以起到立竿见影的效果。本案例双方即是围绕董事会多数席位展开了多轮次的争夺，近两年时间里董事会控制权几度易主。

（4）南方银谷方突然放弃优势主动退出争夺的原因成谜：如上所述，本次控制权争夺双方对于拿下控制权争夺可谓势在必行，倾尽全力，各种手段和策略都运用到了极致，并付出了不小代价。其间在南方银谷方惊险拿下并掌握董事会多数席位后，其应属于处于优势地位的一方，但其突然主动放弃争夺并较为彻底地退出，将胜利果实拱手相让令人有些不解，背后真实原因不得而知，或许是长达两年的争斗已使其“身心俱疲”，更愿意做一个见证公司发展并享受投资收益的财务投资者，抑或双方私下达成了其他令南方银谷无法拒绝的安排。事实上，即使到现在，南方银谷仍然是皖通科技持股8%以上股份的股东，考虑到皖通科技的股权结构仍然较为分散，南方银谷还是一股重要的力量，在西藏景源带领下皖通科技的未来何去何从值得关注。

（5）独立董事和监事会深度参与争夺过程：独立董事和监事会等在法律法规层面被定义为代表中小股东利益以及履行监督检查职责的公司治理主体，在本案例中较为深度地参与到争夺过程中，明显代表某一方的意志行事，对争夺进程和结果产生了不小影响，其行为是否符合法律法规和制度设计的初衷，是否存在违规行为，值得深思。

（6）争夺过程虽涉及多起诉讼，但最终基本以撤诉告终：如上所述，本次争夺双方为了满足自身的诉求，过程中提起了多起诉讼，但大多以一方撤诉告终，这或许主要与南方银谷方突然主动退出争夺以及双方都具有较高专业素养、比较尊重规则有关系，也一定程度揭示了控制权争夺过程中没有永恒的敌人，只有永恒的利益，诉讼不是目的，是为了尽可能达到目的而服务。

（七）势均力敌难言胜，谁主沉浮仍未定——新潮能源（600777. SH）控制权争夺案

山东新潮能源股份有限公司（以下简称新潮能源或公司）位于山东省烟台市，于1996年11月在上交所主板上市。本案例中的争夺双方持股比例均较低，公司无实际控制人，争夺主要围绕董事会、监事会席位召开，争夺过程中参与的其他股东较多，并一度形成“双头”董事会的情形，是比较经典的控制权争夺案例。

1. 控制权争夺发生前基本情况

控制权争夺前上市公司和争夺各方的基本情况如下：

（1）上市公司基本情况。

新潮能源原名为烟台新潮实业股份有限公司（以下简称新潮实业），前身为始建于1985年的牟平县毛纺厂，经烟台市乡镇企业局批准，1988年11月整体变更为股份有限公司，并于1996年11月在上交所主板上市。新潮实业上市初期的主营业务为纺织业，后因实际控制人变更、资产剥离以及资产收购，主营业务逐渐变更为房地产业、建筑业、电子元器件制造业等。

新潮能源上市前的控股股东为新牟国际集团公司（原山东牟平新牟国际联合企业总公司，以下简称新牟国际），直接持有公司66.38%的股份，并通过全资子公司烟台全洲海洋运输公司（以下简称全洲海洋）和牟平县建筑安装工程公司间接持有公司6.35%的股份，新牟国际合计持有公司72.73%股权，烟台市牟平区新牟里村委会（以下简称新牟里村委会）直接持有新牟国际100%的股权，通过新牟国际间接持有公司72.73%的股份，为公司实际控制人。

1997年至2007年，新潮能源先后进行多次派送红股、增资扩股、配售新股，截至2007年12月31日，公司控股股东新牟国际直接持有公司的股份降至20.90%，通过全洲海洋间接持有公司的股份降至0.38%，合计持股比例被稀释至21.28%，实际控制人仍为新牟里村委会。

2008年4月，新牟国际与东润投资签署《资产转让协议》，约定东润投资收购新牟国际整体资产。本次收购完成后，东润投资合计持有公司21.28%的股份，成为公司的第一大股东，新牟国际不再持有公司股份，公司实际控制人变更为常宗琳。

2013年5月至2014年3月，东润投资分别向深圳金志昌顺投资发展有限公司（以下简称金志昌顺）、北京广同川投资管理有限公司转让公司14.42%、6.48%的股份。本次转让后，金志昌顺持有公司14.42%的股份，成为公司第一大股东，刘志臣成为公司的实际控制人。

自2014年3月公司实际控制人变更为刘志臣后，公司的主营业务变更为石油及天然气的勘探、开采及销售，并先后处置了旗下多家子公司，逐步剥离了公司原有的房地产、纺织、电子元器件等传统业务。

2018年6月，受公司收购深圳汉莎企业管理有限公司失败的影响，杭州鸿裕股权投资合伙企业（有限合伙）（以下简称杭州鸿裕）等7名股东以刘志臣控制下公司经营不善为由，提议罢免刘志臣提名的董事、监事人员，并提名刘珂等人担任董事、监事职务，公司股东大会以75%以上的同意率通过了该等提案，刘志臣失去对公司董事会的控制，公司变更为无实际控制人状态。比较吊诡的是，此次股东大会系刘志臣控制的董事会召集，而关于罢免相关董事、监事的议案表决的赞成票均超过75%，公司公告内容未涉及刘志臣对股东大会决议存在异议的情形，无法判断刘志臣是否系主动放弃董事会、监事会控制权。

（2）争夺各方基本情况。

如上所述，2018 年 6 月，刘志臣失去对公司董事会、监事会的控制权，公司变更为无实际控制人状态，本次控制权争夺正式爆发。此后刘志臣为夺回对董事会、监事会的控制权，多次希望通过召集临时股东大会或新增股东大会临时提案的方式罢免以刘珂为首的董事会、监事会成员。

为表述方便，以下将争夺双方分为刘志臣方与刘珂方，以及在控制权争夺过程中参与股东大会提案的其他方股东。本次控制权争夺发生时，刘志臣方、刘珂方持有公司股权情况如下：

①刘志臣方情况。

刘志臣，2012 年 5 月至今任深圳金昌资产管理有限公司（以下简称金昌资产）执行董事兼总经理，直接持有金昌资产 50% 的股权（剩余 50% 为其兄弟刘志廷持有），为金昌资产的实际控制人。

刘志臣方代表主要为刘志臣及其控制的深圳市金志昌盛投资有限公司（以下简称金志昌盛）、金志昌顺。

金志昌顺成立于 2013 年 10 月，注册地址为深圳市龙岗区，金昌资产持有金志昌顺 100% 的股权，为其控股股东，刘志臣通过金昌资产实际控制金志昌顺。2014 年 3 月，金志昌顺向原控股股东东润投资购买公司控制权，公司控股股东变更为金志昌顺，实际控制人变更为刘志臣。

金志昌盛成立于 2015 年 5 月，注册地址为深圳市福田区，金昌资产持有金志昌盛 51% 的股权，为其控股股东，刘志臣通过金昌资产实际控制金志昌盛，为金志昌盛实际控制人。2016 年 5 月，金志昌盛通过认购公司非公开发行的股份成为公司股东。

截至 2022 年 3 月 2 日，金志昌盛与其一致行动人金志昌顺将其合计持有的公司股份减持至 4. 80% ，刘志臣通过金志昌盛与金志昌顺间接持有公司 4. 80% 的股份，持股比例低于 5% 。此后公司未再公告金志昌盛与金志昌顺持有公司股份的情况。

②刘珂方情况。

刘珂，2016 年至今担任中金创新（北京）资产管理有限公司（以下简称中金创新，刘珂持有其 90% 的股权，为其实际控制人）董事长兼经理。2018 年 6 月至今，担任新潮能源董事长。

刘珂方代表主要为刘珂及其控制的北京中金君合创业投资中心（有限合伙）（以下简称中金君合）、北京中金通合创业投资中心（有限合伙）（以下简称中金通合）。

中金君合和中金通合均成立于 2014 年 4 月，注册地址均为北京经济技术开发区，中金创新分别为中金君合和中金通合的执行事务合伙人，并持有中金君合和中金通合各 0.01% 的财产份额，因此，刘珂通过中金创新实际控制中金君合和中金通合，为两个主体的实际控制人。2017 年 8 月，中金君合及中金通合通过认购公司非公开发行的股份成为公司股东。

截至 2021 年 12 月 31 日，中金君合与其一致行动人中金通合合计持有公司 7.99% 的股份，刘珂通过中金君合与中金通合间接持有公司 7.99% 的股份。

③其他方情况。

由上可以看出，刘志臣方和刘珂方的持股比例均较低，因此本次控制权争夺主要在于董事、监事的罢免与提名。此处将其他方分为两类，一类为与刘志臣方达成表决权委托的宁波国金阳光股权投资中心（有限合伙）（以下简称国金阳光），另一类为参与董事、监事罢免与提名的股东。其他方具体情况如下：

（a）国金阳光。

国金阳光，成立于 2015 年 6 月，注册地址为浙江省宁波市，深圳凯仕通新能源投资有限公司为国金阳光的执行事务合伙人，实际控制人为刘忠媛。2017 年 8 月，国金阳光通过认购公司非公开发行的股份成为公司股东。

2015 年 12 月 2 日，国金阳光作出股东表决权，董事、监事、高级管理人员提名权等股东权利授权委托承诺，自其成为新潮能源股东之日（2017 年 8 月）起的 36 个月内，其将授权金志昌盛代其行使其持有 6.00% 的公司股份所享有的股东大会表决权等相关股东权利。

值得注意的是，国金阳光后分别于2020年4月28日及5月6日出具文件，称此前将其表决权授予金志昌盛主要是为了维持公司控制权的稳定，即为巩固公司前实际控制人刘志臣的控制地位所作出的安排。鉴于刘志臣已不再是公司实际控制人，国金阳光将表决权授予金志昌盛的基础已不复存在，该等表决权委托终止。

（b）参与董事、监事罢免与提名的其他方股东。

本次控制权争夺过程中，存在多次股东联合提议召集临时股东大会并提名或罢免董事、监事的情形，其中除刘志臣方与刘珂方外，共有14名中小股东①先后参与该等罢免或提名董事、监事的事项，该等股东情况如下：

i）2018年5月，杭州鸿裕、上海关山、绵阳泰合、宁波启坤、宁波驰瑞、宁波祺顺、宁波善见7名股东增加临时提案，提出补选刘珂为董事；2018年6月，宁波祺顺、宁波善见、杭州鸿裕、上海关山、绵阳泰合5名股东再次增加临时提案，提出罢免刘志臣方委派的董事杨某某、监事刘某某与杨某，同时选举范某某为董事，选举刘某某、陈某某为监事。

该等股东系通过公司2016年重大资产重组成为公司股东。

ii）2019年7月，金志昌盛与西藏天籁、绵阳泰合、宁波善见、宁波驰瑞、北京鸿富、北京隆德、上海关山、杭州鸿裕、上海贵廷等10名股东（其中金志昌盛持股4.78%，剩余9名股东持股6.59%）共同提请罢免董事刘珂与宋某某、刘某、张某某、杜某与监事刘某某。

同前述绵阳泰合、宁波善见、宁波驰瑞、上海关山、杭州鸿裕一致，西

① 14名股东具体为：（1）参与刘珂方罢免与提名董事、监事的宁波启坤股权投资合伙企业（有限合伙）（以下简称宁波启坤），宁波祺顺股权投资合伙企业（有限合伙）（以下简称宁波祺顺）；（2）参与刘志臣方罢免与提名董事、监事的北京隆德长青创业投资中心（有限合伙）（以下简称北京隆德），北京鸿富思源投资中心（有限合伙）（以下简称北京鸿富），西藏天籁投资管理合伙企业（有限合伙）（以下简称西藏天籁），上海贵廷投资中心（有限合伙）（以下简称上海贵廷），宁夏顺亿能源科技有限公司（以下简称宁夏顺亿），东营汇广投资合伙企业（有限合伙）（以下简称东营汇广）与东营广泽投资合伙企业（有限合伙）（以下简称东营广泽）；（3）既参与刘珂方罢免与提名董事、监事又参与刘志臣方罢免与提名董事、监事的绵阳泰合股权投资中心（有限合伙）（以下简称绵阳泰合），宁波善见股权投资合伙企业（有限合伙）（以下简称宁波善见），宁波驰瑞股权投资合伙企业（有限合伙）（以下简称宁波驰瑞），上海关山投资管理中心（有限合伙）（以下简称上海关山）与杭州鸿裕。

藏天籁、北京鸿富、北京隆德、上海贵廷系通过公司 2016 年重大资产重组成为公司股东，其中北京隆德在该次重大资产重组中参与了发行股份购买资产，西藏天籁、北京鸿富、上海贵廷参与了发行股份募集配套资金。

iii）2020 年 4 月，金志昌盛（含其控制的国金阳光表决权）与绵阳泰合、上海关山、杭州鸿裕股合计持股 10.03%（其中，金志昌盛持股 1.77%，国金阳光持股 6.39%，其余 3 名股东持股 1.87%）的股东增加临时提案，提议选举刘某、谢某、张某、傅某、李某某为非独立董事，选举周某 1、周某 2、李某为独立董事，选举吴某某、陈某某为非职工代表监事。

iv）2021 年 4 月 26 日，金志昌盛与杭州鸿裕、宁波善见、宁波驰瑞、绵阳泰合、上海关山、东营汇广、东营广泽、宁夏顺亿（受徐某某等 12 名合计持股超过 1% 的自然人股东委托，其中 10 名自然人股东连续持有公司股份不足 90 日以上）等 9 名合计持股 10% 以上股东向董事会提案，提议罢免刘珂、范某某、程某某非独立董事职务，罢免张某某、杜某独立董事职务及罢免刘某某监事职务。

2021 年 5 月 6 日，宁夏顺亿（受徐某某等 12 名自然人股东的委托）、绵阳泰合、上海关山（受上海贵廷委托）、杭州鸿裕、宁波善见向董事会提案，除前述罢免议案外，增加了罢免陆某监事职位的议案。

2021 年 5 月 10 日，金志昌盛、杭州鸿裕、宁波善见、宁波驰瑞、绵阳泰合、上海关山、东营汇广、东营广泽、宁夏顺亿（受徐某某等 12 位自然人股东的委托）再次向监事会提案罢免 6 名董事、监事。

2021 年 5 月 27 日，上述 9 名股东发出自行召集股东大会的通知，并于 6 月 4 日与 6 月 8 日在 *China Daily*（《中国日报》）Advertisement 版面（广告版）以广告形式刊载了相关股东大会通知及召集事项。

本次参与提案罢免的其他方股东除前述已介绍的外，东营汇广、东营广泽系通过公司 2017 年重大资产重组成为公司股东。

2. 控制权争夺主要过程

控制权争夺主要过程如图 4－2 所示。

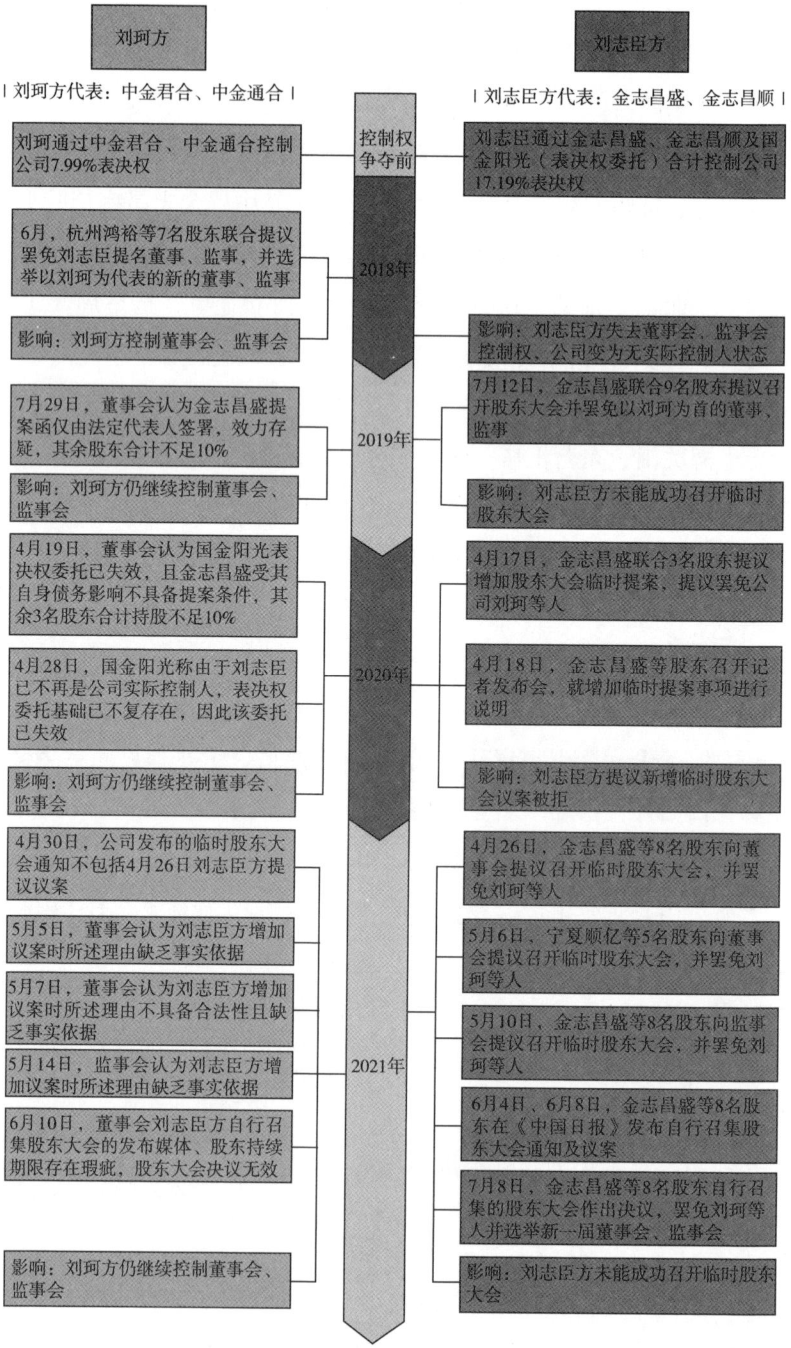
刘珂方
刘志臣方
刘珂方代表：中金君合、中金通合
刘志臣方代表：金志昌盛、金志昌顺
控制权争夺前
刘珂通过中金君合、中金通合控制公司7.99%表决权
刘志臣通过金志昌盛、金志昌顺及国金阳光（表决权委托）合计控制公司17.19%表决权
2018年
6月，杭州鸿裕等7名股东联合提议罢免刘志臣提名董事、监事，并选举以刘珂为代表的新的董事、监事
影响：刘珂方控制董事会、监事会
影响：刘志臣方失去董事会、监事会控制权、公司变为无实际控制人状态
2019年
7月29日，董事会认为金志昌盛提案函仅由法定代表人签署，效力存疑，其余股东合计不足10%
影响：刘珂方仍继续控制董事会、监事会
7月12日，金志昌盛联合9名股东提议召开股东大会并罢免以刘珂为首的董事、监事
影响：刘志臣方未能成功召开临时股东大会
2020年
4月19日，董事会认为国金阳光表决权委托已失效，且金志昌盛受其自身债务影响不具备提案条件，其余3名股东合计持股不足10%
4月28日，国金阳光称由于刘志臣已不再是公司实际控制人，表决权委托基础已不复存在，因此该委托已失效
影响：刘珂方仍继续控制董事会、监事会
4月17日，金志昌盛联合3名股东提议增加股东大会临时提案，提议罢免公司刘珂等人
4月18日，金志昌盛等股东召开记者发布会，就增加临时提案事项进行说明
影响：刘志臣方提议新增临时股东大会议案被拒
2021年
4月30日，公司发布的临时股东大会通知不包括4月26日刘志臣方提议议案
5月5日，董事会认为刘志臣方增加议案时所述理由缺乏事实依据
5月7日，董事会认为刘志臣方增加议案时所述理由不具备合法性且缺乏事实依据
5月14日，监事会认为刘志臣方增加议案时所述理由缺乏事实依据
6月10日，董事会刘志臣方自行召集股东大会的发布媒体、股东持续期限存在瑕疵，股东大会决议无效
影响：刘珂方仍继续控制董事会、监事会
4月26日，金志昌盛等8名股东向董事会提议召开临时股东大会，并罢免刘珂等人
5月6日，宁夏顺亿等5名股东向董事会提议召开临时股东大会，并罢免刘珂等人
5月10日，金志昌盛等8名股东向监事会提议召开临时股东大会，并罢免刘珂等人
6月4日、6月8日，金志昌盛等8名股东在《中国日报》发布自行召集股东大会通知及议案
7月8日，金志昌盛等8名股东自行召集的股东大会作出决议，罢免刘珂等人并选举新一届董事会、监事会
影响：刘志臣方未能成功召开临时股东大会

图4－2 控制权争夺脉络

3. 控制权争夺结果

（1）董事会和监事会情况：自2021年7月刘志臣方联合小股东自行召集股东大会以来，攻守双方未就控制权争夺采取进一步措施。截至2022年6月底，新潮能源仍为无实际控制人状态，新潮能源董事会、监事会多数席位仍由刘珂及其代表担任。

鉴于刘志臣方自2017年年度股东大会召开后已丧失其控制的全部公司董事席位，且刘志臣方关于提名董事议案及其自行召集股东大会选举的董事均未获公司董事会同意和认可，因此，公司现任董事中无刘志臣方委派董事。相反，根据刘珂等人当选公司董事后公司历次董事会决议情况判断，公司现任董事就公司控制权争夺事项疑似与刘珂方立场一致。

（2）营业收入及净利润变化情况：本次控制权争夺开始于2018年4月，截至2022年6月底尚未结束。根据公司披露的2017～2021年年度报告内容，控制权争夺期间，公司主营业务均为石油及天然气的勘探、开采及销售。2020年度的营业收入为41.44亿元，扣非后的净利润为－26.41亿元。相比2018年度、2019年度的营业收入和净利润，控制权争夺爆发后，营业收入及净利润整体均大幅度下降，中小股东在控制权争夺期间未减持或因与购买公司股票时的价格相比浮亏较大有关。2021年度的营业收入为48.21亿元，扣非后的净利润为8.78亿元，相比2020年度的营业收入和净利润，公司营业收入及净利润开始回升。

（3）股东人数变化情况：控制权争夺爆发后公司股东人数持续增加，截至2021年9月30日，公司股东人数增加至23.13万人，是2019年9月30日时股东人数的2.34倍，发生该等情形可能是市场判断控制权争夺过程中攻守双方会通过增持股份来加大手中筹码。

（4）监管问询：从2018年5月开始，上交所及山东证监局就公司控制权争夺过程中董事、监事、高级管理人员是否勤勉尽责，股东权益是否受到损害，公司是否履行信息披露等问题多次出具监管工作函、监管意见函，新潮能源就该等关注或问询均进行了回复。根据问询内容，上交所及山东证监局主要关注控制权争夺过程中是否存在董事、监事及高级管理人员未勤勉尽责或侵害股东权利的情形，是否存在信息披露义务人未履行或未及时履行信息披露义务的情形以及是否存在影响上市公司持续经营能力及上市地位的情形。

4. 案例特点

从2018年4月至2022年6月底，经双方不断博弈，本案例呈现如下特点：

（1）本次控制权争夺中存在“双董事会”的情形：2021年6月，刘志臣方在连续向公司董事会、监事会提议召开临时股东大会均未顺利实现的情况下，联合8名股东自行召开临时股东大会，会议决议罢免以刘珂为首的公司董事、监事，并选举了新一届董事会、监事会成员。本次会议结束后，公司形成“双董事会”的情形。一方面是刘珂方代表刘珂为首的公司现任董事会成员，另一方面是刘志臣方代表联合小股东自行选举的董事会成员。

根据《证券法》第86条的规定，上市公司信息披露平台应当为“证券交易场所的网站和符合国务院证券监督管理机构规定条件的媒体”，由于刘志臣方自行召集股东大会系通过《中国日报》发布，不满足《证券法》的要求。因此刘珂方为代表的公司董事会以刘志臣方自行召集股东大会的通知及召集事项披露平台不符合《证券法》规定为由，拒绝承认刘志臣方自行召集的股东大会的决议效力。同时，刘志臣方召集会议的股东中存在部分自然人股东持股时间未达到“连续90日”的要求，不满足《公司法》第101条规定的召集股东大会的股东持股时间要求。

需要注意的是，“双董事会”的情形出现后，上交所及山东证监局先后下发监管工作函、监管意见函，要求公司及股东应切实维护上市公司经营稳定，不得侵害上市公司利益，不得损害社会公共利益和中小股东合法权益，公司各方应在法律法规与公司治理框架下解决存在的问题，落实信息披露责任和义务。

自刘志臣方联合小股东自行召集的股东大会决议至今，公司未发布涉及该次会议致使公司董事成员变化的任何公告，也没有披露刘志臣方联合小股东自行召集的该次股东大会选举的董事履行上市公司董事会及董事职权的相关信息。由此可以看出，刘志臣方联合小股东自行召集的股东大会所通过的相关决议内容事实上没有得到上市公司和监管机构的认可。

（2）上市公司持股比例分散，控制权争夺期间股东人数增加，但攻守双方均未增持：控制权争夺爆发时，攻守双方均持股比例较低，公司股权分散。其中刘志臣方合计控制的公司股份比例为17.19%，包括刘志臣方自身持有的10.80%股份，以及通过表决权委托控制6.39%的股份。刘珂方合计持有的公司股份比例约为7.99%。控制权争夺爆发后，刘志臣方因其同奥康投资控股有限公司间的债务纠纷，存在连续减持公司股份的情形，持股比例进一步降低，截至2022年3月2日，刘志臣方持有的公司股份比例降至4.80%，低于5%。与此同时，刘珂方于控制权争夺期间未减持公司股份，也并未出现任何增持股份的情形。需要注意的是，控制权爆发后公司股东人数持续增加，截至2021年9月30日，公司股东人数增加至23.13万人，是2019年9月30日时股东人数的2.34倍。发生该等情形可能是市场判断控制权争夺过程中攻守双方会通过增持股份来加大手中筹码进而跟进买入，但实际情况却是攻守双方均未采取增持措施。

（3）本次控制权争夺爆发后，因公司无实际控制人，攻守双方的争夺主要集中在董事会层面：本次控制权争夺爆发时，刘志臣方提名的公司董事、监事人员均遭罢免，无法继续控制公司董事会、监事会，刘珂方虽成功控制董事会，但因其持股比例较低（约为7.99%）无法被认定为实际控制人。此外，刘志臣方于控制权爆发后存在持续减持的情况，刘珂方整体持股比例依然较低且无增持情形，因此攻守双方争夺主要集中在董事会层面。

（4）控制权争夺存在小股东摇摆的情况：本案例中，由于公司股东持股比例分散，能否成功联合小股东成为攻守双方控制权争夺的关键。控制权爆发时，刘珂方联合小股东杭州鸿裕、宁波善见、宁波驰瑞、绵阳泰合、上海关山等成功罢免刘志臣方委派董事、监事并选举刘珂担任公司董事，刘珂方因此成功控制公司董事会。控制权爆发后，刘志臣方先后联合小股东于2019年7月、2020年4月、2021年4月提议罢免刘珂等刘珂方委派的董事、监事。刘志臣方联合的股东中，包括曾同刘珂方一起参与罢免刘志臣方委派董事、监事的股东杭州鸿裕、宁波善见、宁波驰瑞、绵阳泰合、上海关山等。从公开途径无法获知该等股东摇摆的原因。值得注意的是，刘志臣方连续3年联合小股东罢免刘珂等人的提案虽然未获认可，但公司董事会、监事会拒绝该等提案的理由均未涉及质疑杭州鸿裕等摇摆股东提案权利的情形。

（5）争夺过程未涉及诉讼，但刘志臣方多次通过记者说明会向刘珂方施加压力：控制权争夺过程中，攻守双方间未发生诉讼、仲裁等情形，但刘志臣方多次通过向媒体爆料、召开记者说明会的方式向刘珂方施加压力。根据媒体报道，刘志臣方及其联合的小股东于 2019 年 7 月提议召开临时股东大会，公司未采纳该等提议。媒体因此对公司、董事会等涉嫌存在未履行信息披露义务的问题质疑。2020 年 4 月，刘志臣方提议新增临时股东大会议案后就相关议案事项召开记者说明会。基于上述媒体报道、记者说明会等情形，上交所及山东证监局虽分别出函敦促公司董事会勤勉尽责、妥善处理与股东关系、严格履行信息披露义务，但未明确说明媒体报道、记者说明会涉及的刘志臣方提议及提案是否有效。

第五章　控制权争夺中涉及的重点法律问题解析

控制权争夺特别是上市公司控制权争夺涉及的法律问题多元、复杂，部分问题在控制权争夺过程中会高频发生。如何拨开迷雾，准确了解相关法律问题背后的监管逻辑和尺度，并运用相关法律武器快速、高效、合规地实现争夺目标在控制权争夺中尤为关键。

从2020年至2021年间发生的上市公司控制权争夺的27个案例中可以看到，下列10种法律问题较为频发：

通过行使股东提案权提名董事、高管等关键人员进行控制权争夺、占领公司治理的主要阵地；通过签订一致行动协议或表决权委托协议以扩大己方所持有表决权的股份比例，以提高己方所支持的提案获得通过的可能性；为获得能代表公司进行对外经营的公章、证照及其他关键资料进而发生的公司关键资料的争夺。上述3种争夺手段涉及27个案例中的8个案例，非常高发。

通过民刑两手追责对方主要人员以达到争夺目的的案例也不在少数。该争夺手段既可能直接达到免除该等董事、高管职务的效果，又可间接对对方阵营形成强大震慑。该争夺手段在27个案例中占据7个，不可小视。

通过股东自行召集股东大会或提请监事会召集股东大会，是己方不掌握董事会时可能会采取的控制权争夺策略，这2种争夺手段分别涉及27个案例中的6个、5个案例。

通过在公司章程中设置反收购条款以达到防止上市公司被对方收购之目的，该种手段涉及27个案例中的5个案例。

通过提起诉讼并同时申请行为保全从而使一方在未取得生效判决时就可

由法院先行责令对方不得执行某决议、不得使用公章证照等关键资料，该种争夺手段涉及27个案例中的4个案例。

通过公开征集股东投票权的方式将散落于零散股东处的投票权向己方集中，采取这种争夺手段的案例在整体27个案例中占1/9。

通过以违规增持为由限制对方表决权，该等案例在27个案例中亦占1/9。

下面，笔者将根据上述争夺手段、法律问题，逐一进行分析论证。

一、攻守之道——股东提案权与召集人审查权的边界

在上市公司控制权争夺过程中，股东大会是攻守双方重要的战场之一。攻守双方除了要在持股比例上进行争夺外，股东的提案权也尤为重要。如果己方的提案无法在股东大会被表决，那么即便有持股优势也无法达成符合己方利益的决议。但一般情况下，董事会作为股东大会的召集机构，股东的提案需要先提交给董事会，由董事会将提案提交股东大会审议，实践中存在董事会为了己方的利益拒绝将对方提案提交股东大会审议的情况。现行《公司法》并没有明确董事会是否有权对提案进行审查。那么，董事会是否享有股东提案审查权，审查的依据以及边界为何？证券监管层面及司法实践层面又是如何认定的？本部分内容将就上述问题进行相应分析及展望。

（一）股东提案权及董事会对股东提案的审查权的定义及法律规定

以下主要介绍股东提案权、召集人对股东提案审查权的定义及涉及的相关规定演变脉络：

1. 股东提案权

股东提案权，是指符合条件的股东依照法定程序提出提案作为股东大会会议审议事项的权利。股东提案权属于共益权。它与表决权密切相关，即股东为维护包括自己利益在内的公司利益和全体股东利益而行使的权利。①

《公司法》于1993年颁布时未规定股东提案权，但在2005年修订时增加

① 参见肖金锋：《上市公司股东提案权制度研究》，载《江西行政学院学报》2013年第4期。

了关于股东提案权的内容。现行有效的《公司法》第 102 条第 2 款延续了《公司法》（2005 年修订）的规定，即“单独或者合计持有公司百分之三以上股份的股东，可以在股东大会召开十日前提出临时提案并书面提交董事会；董事会应当在收到提案后二日内通知其他股东，并将该临时提案提交股东大会审议。临时提案的内容应当属于股东大会职权范围，并有明确议题和具体决议事项”。

中国证监会在 1998 年发布的《上市公司股东大会规范意见》（以下简称《股东大会规范意见》）（已失效）中亦未包括股东提案权的规定，但在 2000 年修订时增加了关于持股 5% 以上股东有权在年度股东大会中提出临时提案的内容。《股东大会规范意见》后于 2006 年被《上市公司股东大会规则》取代，后者第 14 条第 1 款规定，“单独或者合计持有公司 3% 以上股份的股东，可以在股东大会召开 10 日前提出临时提案并书面提交召集人。召集人应当在收到提案后 2 日内发出股东大会补充通知，公告临时提案的内容”。2022 年修订时，《上市公司股东大会规则》第 14 条未被改动。

上交所主板对提案股东另提出一项特别要求。《上海证券交易所上市公司自律监管指引第 1 号——规范运作》（以下简称《上交所主板规范运作指引》）第 2. 1. 4 条第 1 款规定，“股东大会召开前，符合条件的股东提出临时提案的，发出提案通知至会议决议公告期间的持股比例不得低于 3% ”。

对于提案文件的形式，沪深两市交易所有不同要求。《上交所主板规范运作指引》第 2. 1. 4 条规定，股东提出临时提案的，应当向召集人提供持有上市公司 3% 以上股份的证明文件。相较于上交所，深交所对于提案文件形式的要求要更细。《深圳证券交易所上市公司自律监管指引第 1 号——主板上市公司规范运作》（以下简称《深交所主板规范运作指引》）及《深圳证券交易所上市公司自律监管指引第 2 号——创业板上市公司规范运作》（以下简称《创业板规范运作指引》）第 2. 1. 6 条则规定，提出临时提案的股东，除应当向召集人提供持有股份证明文件外，还应提交提案函、授权委托书（如涉及）、表明股东身份的有效证件等相关文件。其中提案函内容应当包括：提案名称、提案具体内容、提案人关于提案符合《上市公司股东大会规则》、深交所相关规定的声明以及提案人保证所提供持股证明文件和授权委托书真实性的声明。

综上，根据现行法律法规和监管规则，单独或者合计持有上市公司3%以上股份的股东有权提出临时提案，提案形式应为交易所要求的相关书面文件，并需在股东大会召开10日前向召集人提交。

此处有一个细节需要注意的是，根据相关规定和新潮能源（600777. SH）等实务案例，如果联合提案人系基于独立判断共同行使股东提案权，则相关提案人之间并不必然构成一致行动关系。

2. 对股东提案的审查权

股东提出的临时提案并非直接提交股东大会审议，而需要先行提交董事会或召集人。《公司法》第102条第2款规定了临时提案的接收主体为董事会及提案内容应当符合的标准，即“应当属于股东大会职权范围，并有明确议题和具体决议事项”。

《股东大会规范意见》（2000年修订）第12条、第13条曾明确规定临时提案由董事会审核，并提出了“关联性”及“程序法”两项审核标准。其中，“关联性”指股东提案涉及的事项与公司有直接关系，并且不超出法律、法规和公司章程规定的股东大会职权范围；“程序法”指董事会可以对股东提案涉及的程序性问题作出决定（如将提案进行分拆或合并表决，但需征得原提案人同意）。但作为取代《股东大会规范意见》（2000年修订）的规则，《上市公司股东大会规则》第13条仅规定提案人应将提案书面提交召集人，以及“提案的内容应当属于股东大会职权范围，有明确议题和具体决议事项，并且符合法律、行政法规和公司章程的有关规定”，即不再指定由董事会按照“关联性”及“程序法”标准进行审核。2022年修订时，《上市公司股东大会规则》第13条未进行调整。

在《上市公司股东大会规则》的框架范围内，沪深两市交易所对股东提案审核进行了更细化的规定。其中，深交所主板、创业板均明确召集人为临时提案的审核主体，并规定了相应的审核标准。根据《深交所主板规范运作指引》及《创业板规范运作指引》第2.1.6条的规定，股东临时提案不得存在下列任一情形：（1）提出提案的股东不符合持股比例等主体资格要求；（2）超出提案规定时限；（3）提案不属于股东大会职权范围；（4）提案没有明确议题或具体决议事项；（5）提案内容违反法律法规、本所有关规定；

(6) 提案内容不符合公司章程的规定，如临时提案不存在前述情形的，“召集人不得拒绝将临时提案提交股东大会审议”。如召集人认定临时提案存在前述情形，进而认定股东大会不得对该临时提案进行表决并做出决议的，“应当在收到提案后两日内公告相关股东临时提案的内容，并说明做出前述认定的依据及合法合规性，同时聘请律师事务所对相关理由及其合法合规性出具法律意见书并公告”。

《上交所主板规范运作指引》第 2.1.4 条则规定，股东提出临时提案的，应当向召集人提供持有上市公司 3% 以上股份的证明文件。提案股东资格属实、相关提案符合《公司法》等相关要求的，召集人应当将其提交股东大会审议，并在规定时间内发出股东大会补充通知。值得注意的是，上交所于 2017 年发布的《上市公司信息披露监管问答（第二期)》第 5.4 条规定了临时提案应符合的标准（与《公司法》第 102 条要求基本一致，即符合法律法规和公司章程规定、属于股东大会职权范围，且有明确议题和具体决议事项)，并明确“……召集人对股东提案的内容没有进行实质审查的职权，召集人是公司董事会的，原则上也无需专门召开会议进行审议，其在收到股东相关申请时，只要核实提议股东资格属实、相关提案符合前述三项要求，就应当将其提交股东大会审议……”但该监管问答已于 2022 年 1 月被废止。

综上，现行规则下，股东提案审查权由股东大会召集人行使，审核标准主要包括提案股东是否符合持股比例等主体资格要求、提案是否在规定时限内提出以及提案内容是否符合《公司法》及公司章程的要求；如果股东提案均满足前述要求，则召集人应将提案提交给股东大会审议。需要注意的是，关于股东临时提案权提交的审核主体，《上市公司股东大会规则》和沪深两市交易所规定的提案审核主体均为召集人，与《公司法》规定的董事会不同。考虑到股东大会的召集人不仅包括董事会，还可能包括监事会及股东自行召集，因此，笔者认为召集人的表述更为准确；但基于《公司法》作为上位法的法律效力，实践操作中，为尽可能避免争议，建议在股东大会召集人不是董事会的情况下，股东提交临时提案时也一并抄送董事会供其知悉。

此外，笔者注意到尚未生效的《公司法（修订草案)》中关于股东临时提案权的规定有两处主要的变化：(1) 有权提起临时提案股东的持股比例由

3%降为1%，这一定程度上降低了股东提起临时提案的难度，有利于中小股东行使临时提案权；（2）增加了不得提起临时提案的情形，即选举、解任董事、监事以及修改公司章程、增资减资、合并、分立、解散或者变更公司形式等事项不得以临时提案方式提交。笔者认为前述均属于公司治理和运营中较为重大的事项，限制以临时提案方式提出可以尽可能降低股东特别是中小股东滥用提案权的风险，减少公司治理成本，提高公司治理效率。但就控制权争夺而言，如本书所述，董事监事席位是争夺的核心战场，如果前述规定生效实施，则参与各方可能又少了一种争夺武器。

（二）典型案例概述

近年发生了多起具有代表性的、以股东临时提案及董事会否决临时提案作为上市公司控制权争夺手段的典型案例，具体如表5－1所示：

表5－1　上市公司控制权争夺手段的典型案例

提案人/公司简称	临时提案内容	上市公司反馈	监管意见	结果
金志昌盛等四名股东/新潮能源（600777.SH）	2020年4月16日，新潮能源收到提案人提出的包括选举刘魁等人为公司董事、监事在内的10项议案	新潮能源董事会于4月19日作出决议，反对将左述临时提案提交股东大会审议，理由包括金志昌盛无权代表国金阳光代为提交临时提案（国金阳光通过发行股份购买资产交易成为新潮能源股东，并承诺将表决权及董监高提名权授予金志昌盛行使，且不向上市公司提名董事、监事）以及临时议案上加盖的金志昌盛印章真实性存疑、金志昌盛股	1. 上交所于4月20日下发监管工作函，要求公司董事会依法审慎处理临时提案事项，保障股东合法依规行使股东权利。山东证监局亦于4月22日下发监管意见函，要求与上交所基本一致。 2. 上交所于5月5日另下发问询函，追问金志昌盛是否有权代表国金	新潮能源在回复监管机构的意见中坚持认为提案人无权代表国金阳光行使权利，且提案人自身股东权利亦受限制。上市公司后召开股东大会，其中未审议金志昌盛等提出的10项议案。证券监管部门此后也未就此事项再次对上市公司进行关注或问询

续表

提案人/公司简称	临时提案内容	上市公司反馈	监管意见	结果
		东权利可能受限，如扣除前述“瑕疵”股份，提案人合计持股比例将不足3%	阳光行使股东权利以及金志昌盛股东权利受限情况。山东证监局也下发监管意见函，要求上市公司对国金阳光所持股份表决权的归属进行说明，是否影响此前否决临时提案的董事会决议效力	
康瀚投资/创新医疗（002173. SZ）	2019年8月，创新医疗收到提案人提出的增加关于罢免现任董事、监事，并选举己方提名的多名董事、监事的议案	8月9日，创新医疗召开董事会，同意将提案人提出的罢免相关董事、监事的议案提交股东大会审议，但拒绝提交选举提案方相关董事、监事的议案	8月13日，深交所下发关注函，要求上市公司说明未将相关议案提交股东大会审议的具体依据和原因等事项	创新医疗在回复中解释了拒绝相关提案的理由，包括如选举董事、监事应给予全体适格股东提名候选人的机会，而非按照提案方的提名直接投票选举，以及在董事、监事空缺席位数量不确定的情况下，无法实行公司章程规定的累积投票制。此后，深交所未再就此事项进一步问询

续表

提案人/公司简称	临时提案内容	上市公司反馈	监管意见	结果
富浙资本/创新医疗（002173. SZ）	2020 年 11 月，创新医疗收到提案人提出的增加选举游向东等人为董事、监事的议案	11 月 18 日，创新医疗披露了关于左述临时提案的公告，并于同日作出不予提交左述提案至股东大会审议的董事会决议（披露时间在收到右述问询函后）	11 月 17 日，创新医疗收到浙江证监局下发的监管问询函与谈话通知书，问询函要求公司说明召集人是否在规定时间内收到其他股东提出的临时提案，公司是否存在通过拒收书面文件等方式为其他股东行使提案权设置障碍的情况。谈话通知书则要求公司全体董监高于次日参加证监局的监管谈话	浙江证监局认定富浙资本系在规定期间内提供书面提案文件，创新医疗存在延迟披露、错误披露临时提案时间的行为，并决定对创新医疗及其董事长、董事会秘书（董事长兼任）采取出具警示函的监管措施
西藏景源/皖通科技（002331. SZ）	第一次提案：2021 年 3 月 12 日，西藏景源提请将罢免周发展、周成栋非独立董事职务，选举陈翔炜、毛志苗、甄峰为非独立董事职务等 5 个提案提交 2021 年第二次临时股东大会审议 第二次提案：第一次提出增	皖通科技董事会不同意提案人左述请求，理由包括：现任董事系合法选举产生，提案人未提供证据证明拟罢免董事违反忠实义务和勤勉义务；罢免及重新选举董事议案不利于公司稳定经营，系滥用股东权利；提案人存在违规增持情形 3 月 24 日，公司向西藏景源发出回函，认为左述提案不符合要求，要求	左述事项引发深交所和安徽证监局的关注。安徽证监局的监管关注函中要求，公司需保证股东的合法权利并确保其得到公平对待，不得人为设置障碍，不得影响股东依法行使股东权利。董事应切实履行勤勉尽责义务；董事会应当本着维护股东合法权益的态度，积极采取	守方南方银谷于 2021 年 6 月 19 日起开始减持公司股份。在此背景下，上市公司于 6 月 30 日召开 2020 年年度股东大会，提案方的部分提案获得通过。此后，提案方占据董事会过半数以上席位

续表

提案人/公司简称	临时提案内容	上市公司反馈	监管意见	结果
	加临时提案被公司董事会拒绝后，3月22日，西藏景源第二次提交相同内容的临时提案	西藏景源说明补充完整相关资料并重新向董事会提交。 3月29日，公司召开董事会，认为提案人及其一致行动人所持的部分公司股票存在违法增持的情形；同时由于提案人表决权的行使存在重大不确定性，董事会基于维护公司及全体股东利益的角度决定延期召开公司2021年第二次临时股东大会。公司董事会也未对提案人第二次临时提案函履行决策程序进行审议	全面的措施履行职责，不得以设置实质性审查为由拒绝股东提案权的行使。深交所于3月30日向皖通科技下发关注函，要求公司说明股东大会延期行为是否实质构成取消股东大会，董事会运作是否规范、决策过程是否科学、决议内容是否违反《上市公司股东大会规则》等的规定，以及请公司律师明确说明公司本次延期行为是否实质为取消股东大会或拒绝召开股东大会	
	第三次提案：3月25日，皖通科技收到提案人第三次提出的增加临时提案并提交第二次临时股东大会审议的函（提案内容与前两次提案基本一	4月4日，公司召开董事会，审议未通过提案人关于增加第二次临时股东大会议案的提议，理由包括提案人已提请召开新的临时股东大会且议案内容一致，提案人存在违规增持、其表决权存在重大不确定性，罢免相关董	深交所于4月7日下发关注函，要求公司说明变更股东大会召开时间是否构成对提案人原请求的变更，是否征得其同意。 安徽证监局于5月8日下发监管关注函，要求	

续表

提案人/公司简称	临时提案内容	上市公司反馈	监管意见	结果
	致)。3月26日，上市公司又收到提案人关于提请公司于4月22日召开股东大会，并审议相同议案的函	事不利于公司稳定经营且必要性不足。但是，董事会同意将提案人提出的罢免、选举相关董事的议案提交5月25日召开的第三次临时股东大会审议。 4月26日，控制权争夺的守方南方银谷提请上市公司召开股东大会，审议罢免支持提案人提案行为的相关董事、监事。4月30日，上市公司董事会审议通过了上述议案，并拟定于5月17日召开第三次临时股东大会审议南方银谷相关议案。同时，公司原定于5月25日召开的第三次临时股东大会（拟审议西藏景源方的相关提案）届次依次顺延为第四次临时股东大会	上市公司说明南方银谷提案时间在西藏景源后，但相关股东大会召开时间在前的原因，公司董事会是否公平对待所有股东	
	第四、五次提案：5月6日，公司董事会收到提案人关于增加	5月10日，公司召开董事会，审议未通过提案人左述提案，理由包括提案人此前已提交罢免	5月19日，深交所下发关注函，要求皖通科技说明取消第四次临时股	

续表

提案人/公司简称	临时提案内容	上市公司反馈	监管意见	结果
	第三次临时股东大会临时提案的函，提请将关于罢免易增辉等3名非独立董事职务、选举边超等3人为非独立董事职务的6项提案（在原有的罢免周发展等董事之外、新增罢免董事议案）提交第三次临时股东大会审议。 5月11日，提案人向皖通科技提交函件，说明鉴于原第三次临时股东大会届次调整，现拟将罢免易增辉等3名非独立董事、选举边超等3人为非独立董事的议案同样提交第四次临时股东大会审议	周发展等2名董事的临时议案且股东大会将审议该议案，提案人短期内再次提议罢免其他3名董事，导致存在公司全体非独立董事均被罢免的风险等。 5月19日，皖通科技董事会审议通过了取消召开第三次、第四次临时股东大会的议案	东大会是否违反《公司法》关于股东享有临时股东大会召开请求权的规定，同意取消临时股东大会的董事是否勤勉履责；鉴于公司存在多次延期或取消股东大会的情形，请说明公司是否触及股票上市规则规定的“董事会、股东大会无法正常召开会议并形成决议”等触及其他风险警示的情形。 5月25日，安徽证监局下发监管关注函，要求皖通科技说明发出相关股东大会通知后又取消的理由的正当性，取消股东大会是否构成对股东合法权利的限制，以及董事会取消相关临时股东大会，是否视同董事	

续表

提案人/公司简称	临时提案内容	上市公司反馈	监管意见	结果
			会不同意召开临时股东大会，并需上市公司董事长携带书面报告至安徽证监局，由证监局进一步谈话了解情况	
	第六次提案：6月18日，公司董事会收到提案人出具的增加临时提案的函，提请将罢免周发展等4名非独立董事职务、选举陈翔炜等5人作为非独立董事等9个议案提交公司2020年年度股东大会审议	6月21日，公司召开董事会，同意将提案人的上述临时提案提交公司股东大会审议，公司现任8名董事均投了同意票（包括南方银谷方5名董事）		

（三）证券监管部门的态度

基于包括新潮能源、皖通科技及创新医疗在内的控制权争夺案例，证券监管部门一般较为关注上市公司是否保障股东合法依规行使股东权利，是否依法履行信息披露义务，以及如果召集人拒绝将股东临时提案提交股东大会是否具备合法、合理依据。

新潮能源案例中，控制权争夺双方的争议焦点及证券监管机构的关注重点均为提案人是否符合持股比例在3%以上这一法定要求。证监局和交易所均提出上市公司应保障股东权利，并下发问询函、监管意见函要求上市公司确认提案股东是否符合持股比例要求。在了解到提案股东控制的股份数量可能未达到法定标准后，证券监管部门对于上市公司未将临时提案纳入股东大会审议的行为也未采取进一步举措。

皖通科技案例中，召集人以设置实质性审查为由拒绝股东提案权的行使，例如，不得将提案人未提供证据证明拟罢免董事违反忠实义务和勤勉义务、罢免及重新选举董事不利于公司稳定经营等作为拒绝提案的理由。需要注意的是，如果守方（控制或对董事会有重大影响的一方）进行实质性审查，一味地拒绝股东临时提案、延后甚至取消股东大会，虽然可以在短期内实现拖延效果，但守方会持续受到攻方和监管机构的压力，且最终无法避免在股东大会与攻方进行持股比例上的较量。如果股东大会延后、取消次数过多，还可能引发监管机构关于上市公司股东大会能否正常开会并形成决议、是否需要实施其他风险警示的质疑。

创新医疗案例中，证券监管部门对于上市公司董事会先后两次否决股东临时提案的不同处理，也体现召集人应有限度地审核临时提案事项，不得采用延迟披露、拖延书面文件收取时间等“表面功夫”来损害提案股东利益，否则可能被给予出具警示函等监管措施。

需要说明的是，部分召集人在接到股东临时提案后，可能要求提案人补充本不需要的文件（如股东系自行提起临时提案、不涉及授权代理，但召集人却要求提案人提供授权代理人的有效身份证件）来延后其提案权行使时间，使其错过提案期限。此种方式较为隐蔽，可能不会引起监管关注，但提案人的事后救济成本却相对较高，无法在短期内通过诉讼等方式纠正上市公司董事会的不合规行为。

（四）法院对否决股东提案的董事会决议及相应的股东大会决议的态度

如前所述，《公司法》及中国证监会在立法层面均未明确规定董事会及其他召集人有权对股东提案予以审核并拒绝将该等提案提交股东大会审议。但根据现行交易所层面的监管规则，实操中，股东提案一般由召集人进行形式审核。

在此情况下，法院如何把握形式审查的边界？若法院认为董事会否决股东临时提案的董事会决议已经超过形式审查的边界依法应予撤销，那么其后形成的相应股东大会决议又应否被撤销？

1. 法院对于董事会作出的不将股东提案提交股东大会审议的董事会决议的态度

如前所述，《公司法》第102条在规定股东提案权的同时，也对股东的提案权加以限制，具体包括两个方面：第一，在临时提案的提交期限上，要求股东在股东大会召开10日前提出；第二，在临时提案的内容上，应当属于股东大会职权范围，并有明确议题和具体决议事项。《上市公司股东大会规则》第13条在上述限制基础上，增加了“提案的内容应当……符合法律、行政法规和公司章程的有关规定”的要求，因此，在相关纠纷中，大多数董事会拒绝将股东提案提交股东大会审议的理由均与上述限制相关，而法院又是如何看待董事会给出的理由的？笔者将相应案例具体梳理如下：

（1）董事会拒绝将提案提交股东大会理由之股东提交提案逾期（见表5－2）。

表5－2　股东提交提案逾期的典型案例

案号及法院	案件背景	董事会拒绝将股东临时提案提交股东大会审议的理由	法院观点
（2020）粤0515民初1699号；广东省汕头市澄海区人民法院	ST群兴（002575.SZ）发布召开临时股东大会通知，审议提案为补选公司董事及监事。股东郑某松行使提案权，要求在股东大会中增加表决相关人员担任董事、监事、独立董事的提案。但公司董事会作出决议拒绝将郑某松的提案提交股东大会审议，并随	2020年7月24日为提出临时提案的最后期限。董事相关意见出具后应当告知郑某松需要补充缺少的资料，但是补充资料已不能满足在股东大会召开10日前提出临	1. 原告于7月20日向被告董事会提出临时提案。该提案有明确的议题和具体的决议事项，符合法律和公司章程的规定，提出提案的期间也符合公司法和被告公司章程的规定。 2. 召集人对符合形式要件的提案应当提交股东

续表

案号及法院	案件背景	董事会拒绝将股东临时提案提交股东大会审议的理由	法院观点
	后继续召开了股东大会。郑某松起诉要求撤销董事会决议、股东大会决议	时提案并书面提交董事会的相关要求	大会审议。至于提案是否成立，提案的人选是否符合要求，不应由董事会作出认定，而应由股东大会作出决议。 3. 撤销董事会决议
(2021) 浙06民终3045号；浙江省绍兴市中级人民法院	创新医疗（002173. SZ）发布召开临时股东大会的通知，审议内容为选举董事、独董、监事。股东富浙公司分别以电子邮件和现场送达的方式向创新医疗董事会提交了临时提案，对董事、独董、监事候选人进行了不同于董事会的提名。后创新医疗发布董事会决议公告，表明其决定不将该临时提案提交临时股东大会审议。后临时股东大会如期召开并按照董事会提案选举了新的董事、独董。富浙公司诉至法院诉请确认董事会决议无效及撤销临时股东大会决议	股东通过电子邮件而非纸质的方式送达，不符合要求，未送达成功；其后期纸质提案送达时间逾期	1. 法院认定股东通过电子邮件、现场送达等方式已经向创新医疗有效送达了临时提案，未逾期； 2. 撤销董事会决议

简评：从上述两案可以看出，虽然董事会均说明了为何股东提交提案的时间构成逾期，但法院总体倾向于认为只要在法定期限内，股东做出了提交提案的行为，就不应轻易认定股东提交提案的时间构成逾期；而对于股东提交临时提案的方式、提案所附材料的充分性，法院均持较为宽容的态度。

（2）董事会拒绝将提案提交股东大会理由之提案内容并非属于股东大会职权范围（见表5－3）。

表5－3　提案内容并非属于股东大会职权范围的典型案例

案号及法院	案件背景	董事会拒绝将股东临时提案提交股东大会审议的理由	法院观点
(2018) 粤01民终17312号；广东省广州市中级人民法院	亚钾国际（000893.SZ）发布召开年度股东大会的公告后，股东中农公司向董事会提交了两项提案。第33号提案要求股东大会审议并确认亚钾国际第三十四次董事会决议第14项内容（延长董事会任期）无效；第34号提案要求股东大会确认中农公司曾经提交的关于罢免及补选监事的第29～32号提案属于股东会职权并提交年度股东大会审议。随后，亚钾国际董事会作出决议，不同意将中农公司的两项提案提交年度股东大会审议。中农公司诉至法院要求撤销该董事会决议	股东所提提案内容并非属于股东大会的职权范围	1. 原告提出的第33号提案内容为提请本次股东大会审议和确认被告第六届董事会第三十四次会议决议第14项内容无效。本案原告认为董事会决议无效的，可通过向人民法院起诉确认寻求救济，但确认董事会决议无效不属于股东大会的职权。 2. 原告提出的第34号提案内容为提请本次股东大会确认原告于2017年6月12日向2016年年度股东大会召集人提出的第29～32号提案属于股东大会审议权限并将该等议案提交本次股东大会审议。根据《公司法》第37条、公司章程第43条的规定，股东大会的职权范围并不包括确认股东提案属于股东大会审议权限。原告34号提案不符合公司章程第55条的规定。 3. 驳回请求撤销董事会决议的诉请

续表

案号及法院	案件背景	董事会拒绝将股东临时提案提交股东大会审议的理由	法院观点
(2018) 粤01民终17313号；广东省广州市中级人民法院	亚钾国际发布召开年度股东大会的公告后，中农公司向董事会提交了四项提案，其中29号提案为罢免监事徐某平，30号提案为不予确认周某萍为职工代表监事，31号、32号提案为补选监事并提名监事人选。随后，亚钾国际董事会作出决议，不同意将中农公司的四项提案提交年度股东大会审议。中农公司诉至法院要求撤销该董事会决议	30号提案的实质内容为要求股东大会否认职工大会选举产生的职工代表监事周某萍的资格，不属于股东大会职权范畴； 29号提案的内容为中农公司要求罢免监事徐某平，不属于股东大会职权范畴，且违反《公司法》和公司章程的规定； 31号、32号补选监事的提案在监事会已有罗某岚（职工代表监事）、徐某平、周某萍三名监事的情况下，无须补选监事，故上述31号、32号提案不符合公司章程的规定	1. 亚钾国际的监事会由三名人员组成，章程对于股东代表、职工代表的比例未做规定，应根据《公司法》有关监事制度的规定及亚钾国际监事人员的实际情况予以确定是否符合相关规定。《公司法》有关监事中职工代表比例不得低于1/3的规定（注：该公司监事会有两名职工代表监事，即便罢免周某萍，仍余一名职工代表监事，符合法律规定的比例），其目的是保护职工权益，强化职工作为公司利益相关者的地位，并不是否定股东对公司的管理地位。在公司章程没有对监事的构成比例作出规定的情况下，出现构成比例调整的情况应该经过公司权力机构股东大会的决定。现亚钾国际有关监事人员由职工代表取代原股东代表，实质上行使了股东大会对于监事人员构成比例的决定权。中农公司作为亚钾国际的股东之一，提出的29号提案、30号提案、31号提案、32号

续表

案号及法院	案件背景	董事会拒绝将股东临时提案提交股东大会审议的理由	法院观点
			提案，均是针对亚钾国际有关监事人员的任免问题而提出的，属于公司章程第 43 条规定股东大会的职权范围。 2. 撤销董事会决议

简评：上述两案实为具有关联性的串案，主要争议点集中在股东的提案内容是否属于股东大会的职权范围。在审查提案内容是否属于股东大会职权范围时，法院主要参考的是《公司法》及公司章程的相应规定。通过上述案例可知，罢免和提名监事在不违反《公司法》和公司章程的情况下，本身均属于股东大会的职权范围；而确认董事会决议无效、确认股东提案属于股东大会审议权限等事项，理论上均应由司法机关裁判，不属于股东大会的职权范围。

(3) 董事会拒绝将提案提交股东大会理由之提案内容不符合章程规定（见表5－4）。

表5－4　提案内容不符合章程规定的典型案例

案号及法院	案件背景	董事会拒绝将股东临时提案提交股东大会审议的理由	法院观点
(2020) 新23民终231号；新疆维吾尔自治区昌吉回族自治州中级人民法院	ST天山（300313.SZ）发布召开临时股东大会的通知，股东芜湖华融向ST天山提交临时提案，要求增加非独立董事候选人，但ST天山董事会作出决议拒绝将芜湖华融的提案提交	芜湖华融提交的临时提案不符合公司章程关于公司董事、监事候选人的“提名人应在董事会召开10日前将候选人	一审法院认为：在公司章程不违反法律、行政法规的前提下，公司和股东必须遵守和执行，因而驳回了关于撤销董事会决议的诉请； 但二审法院认为：董事

续表

案号及法院	案件背景	董事会拒绝将股东临时提案提交股东大会审议的理由	法院观点
	股东大会审议，后临时股东大会如期召开并按照董事会提案选举了新的董事、独董。芜湖华融诉至法院诉请确认董事会决议无效及撤销临时股东大会决议	的简历和基本情况以书面形式提交董事会”的相关规定，7名董事一致决定对原告芜湖华融提交的《关于增补第四届董事会非独立董事候选人的提案》不予提交公司2019年第三次临时股东大会审议	会作出的不予提交股东大会审议的决议违反了《公司法》第102条关于持股3%以上股东提名权的规定，符合《公司法》第22条规定的决议内容违反法律、行政法规的情形，因此改判董事会决议无效

简评：应当说，本案的两审法院均未对股东提案内容是否应当符合公司章程以及如不符合董事会是否有权不予提交股东大会审议等关键事项进行充分的说理。二审法院在改判时仅表明“该决议的内容违反了公司法第一百零二条关于持股3%以上股东的提名权规定，符合公司法第二十二条规定的决议内容违反法律、行政法规的情形，故该决议无效”，并未就上位法和下位法规定的不一致之处及结合本案存在的特殊情况即公司章程规定“提名人应在董事会召开10日前将候选人的简历和基本情况以书面形式提交董事会”进行任何展开说明。

而事实上，笔者认为对该问题的探讨对于上市公司控制权争夺具有相当的实践价值，关系到守方是否可能通过在公司章程的股东提案环节中加入部分不利于攻方的条款以达到限制攻方股东提案之目的。鉴于此，笔者分析如下：

首先即为本案的法律适用问题。《公司法》第102条仅要求股东提案的内容应属股东大会职权范围，且应具备明确议题和具体决议事项，并不要求提案内容应符合公司章程。但是，在案件发生和审判时届时有效的《上市公司股东大会规则》（2016年修订）第13条同时要求提案的内容亦应符合公司章程的规定。而这种上位法未予规定、下位法予以规定的现状，也给法律适用留下了一定的争议空间。本案的焦点问题恰恰与《上市公司股东大会规则》（2016 年修订）第 13 条比《公司法》第 102 条对提案多出来的那一项要求相关，一审法院及二审法院的观点存在分歧但均未对此进行分析：一审法院并未援引《上市公司股东大会规则》，只是单纯地认为公司章程的规定应予遵守，因此驳回了撤销董事会决议的诉请；二审法院也未分析《上市公司股东大会规则》应如何适用，仅依据《公司法》第 102 条即认定董事会决议无效。

笔者认为，作为上位法的《公司法》对提案须符合法律、行政法规、公司章程的规定未予规定，可能是这样的规定会变相加强召集人对提案的审查权进而损害股东行使法定权利，若根据提案所作出的决议确实存在违法情形，法律赋予了相关主体主张决议撤销、无效或不成立等救济途径，因此，在对召集人对提案的审查权界限没有明确规定的情况下，现行《公司法》的做法亦具有一定合理性。但为提高公司开会及进行决议的效率且兼顾到对股东法定权利的保护，更为合理的做法是，在规定提案内容应符合法律、行政法规、公司章程的同时，明确董事会及其他召集人的形式审查权并明确其审查权的边界。

综合前述，笔者倾向于认为《上市公司股东大会规则》关于提案应符合章程的规定应被遵守并应作为司法审判的依据。

在上述前提下，笔者进一步认为，从资本多数决的角度，公司章程是持多数表决权股东意志的集中体现；章程作为公司治理中宪法地位的文件，在不违反法律强制性规定的情况下，其规定内容应被遵守。但是，当公司章程体现了多数资本的意志时，小股东的意志如何体现？其权利又如何得到保障？这也是立法和司法一直以来所要平衡的事项。实际上，《公司法》第 102 条赋予“单独或者合计持有公司百分之三以上股份的股东”享有临时提案权，即体现了对小股东权益的考量。因此，只要公司章程的规定没有违反法律规定、侵害小股东利益，该规定即应被遵守。

具体到本案，公司章程关于“提名人应在董事会召开 10 日前将候选人的简历和基本情况以书面形式提交董事会”的规定并未侵害小股东的利益，未给任何股东提案造成实质障碍。相反，对于选举公司董监高等关键岗位人员这样的重要决议事项，为使全体股东能够提前充分考量、审慎决策表决，要求股东在提案中提交候选人简历和基本情况符合全体股东和公司的利益，有利于公司更高效地形成决议，应当予以鼓励。但是，若仅仅为了防止股东顺利行使提案权，而在公司章程中加入不具实际意义的烦冗或苛刻的要求，损害了小股东的利益，则该等章程规定应予撤销或认定无效。只是在修订章程时，若无股东就修订章程的决议提起诉讼请求撤销，而后又在其他诉讼中主张因章程内容不具合法合理性而不应被遵守，那么从程序上是具有处理难度可能构成越俎代庖之嫌的。

（4）董事会拒绝将提案提交股东大会理由之提案内容缺少监管规则要求的材料（见表5-5）。

表5-5 提案内容缺少监管规则要求的材料的典型案例

案号及法院	案件背景	董事会拒绝将股东临时提案提交股东大会审议的理由	法院观点
(2021）浙06民终3045号；浙江省绍兴市中级人民法院	创新医疗（002173.SZ）发布召开临时股东大会的通知，审议内容为选举董事、独董、监事。股东富浙公司分别以电子邮件和现场送达的方式向创新医疗董事会提交了临时提案，对董事、独董、监事候选人进行了不同于董事会的提名。后创新医疗发布董事会决议公告，表明其决定不将该临时提案提交临时股东大会审议。后临时股东大会如期召开并按照董事会提案选举了新的董事、独董。富浙公司诉至法院诉请确认董事会决议无效及撤销临时股东大会决议	股东的提案资料中未提交授权委托书、表明股东身份的有效证件、提案人关于提案符合《上市公司股东大会规则》第13条规定的声明以及提案人保证所提供持股证明文件和授权委托书真实性的声明等文件，不符合《深圳证券交易所上市公司业务办理指南第8号——股东大会》（以下简称8号指南）第2条“股东大会的提案”第1款的规定	1.8号指南第2条“股东大会的提案”第2项对股东大会召集人审查提案的标准和依据已经作出了规定，即为《上市公司股东大会规则》第13条规定。从体系解释的角度看，对于8号指南第2条“股东大会的提案”第1款中所规定的有关材料的缺失，不应作为股东大会召集人认定不将临时提案交予股东大会审核的理由； 2. 撤销董事会决议

简评：本案与前述（2020）新23民终231号案有类似之处，两案董事会均以股东提案缺少相关材料为由未将提案提交股东大会审议。但不同的是，在（2020）新23民终231号案中，董事会系基于公司章程规定主张提案缺少材料，而本案无此前提，而是基于8号指南的规定主张提案缺少相应材料。显然，即便《上市公司股东大会规则》第13条规定“提案的内容应当……符合法律、行政法规和公司章程的有关规定”，但8号指南仅为交易所内部的操作规则，不属于法律和行政法规，因此即便股东的提案内容违反了8号指南，董事会亦不应拒绝将提案提交股东大会审议。

本案中，法院虽在说理部分未提及上述理由，但亦本着不轻易否定股东权利的原则未支持董事会关于股东提案因缺少8号指南要求的文件因而不予提交股东大会审议的决议理由。

2. 法院对于董事会决议被撤销后，以该决议为基础作出的股东大会决议的效力的态度

根据上述，到目前为止，以《公司法》第4条规定为原则，法院一般不倾向于轻易否定股东的提案权，因而绝大部分案件均支持了股东关于撤销相应董事会决议的诉请。但众所周知，股东提起诉讼要求撤销董事会决议、股东大会决议的最终目标还是撤销未将其提案进行审议、表决而形成的股东大会决议。那么在法院认为不将提案提交股东大会审议的董事会决议无效或应予撤销时，对在未将相应股东提案提交股东大会审议的情况下而形成的股东大会决议，法院的做法开始出现较大分歧，我们分情况举例及分析如下。

（1）法院在判决撤销董事会决议后，同时判决撤销后续股东大会决议（见表5－6）。

表5－6　法院判决撤销董事会决议，同时判决撤销后续股东大会决议的典型案例

案号及法院	案件背景	法院观点
（2021）浙06民终3045号；浙江省绍兴市中级人民法院	创新医疗（002173. SZ）发布召开临时股东大会的通知，审议内容为选举董事、独董、监事。	鉴于公司董事会与股东大会为独立的组织机构，原则上董事会决议的效力瑕疵并不必然导致股东大会决议效力瑕疵。但应当指出的是，就董事会拒绝将股东提案列入

续表

案号及法院	案件背景	法院观点
	股东富浙公司分别以电子邮件和现场送达的方式向创新医疗董事会提交了临时提案，对董事、独董、监事候选人进行了不同于董事会的提名。后创新医疗发布董事会决议公告，表明其决定不将该临时提案提交临时股东大会审议。后临时股东大会如期召开并按照董事会提案选举了新的董事、独董。富浙公司诉至法院诉请确认董事会决议无效及撤销临时股东大会决议	股东大会的情形而言，如果股东大会已决议的提案与被拒绝列入的提案密切相关时，由于股东大会的通知、提案和议程的确定存在程序瑕疵，该项已决议的提案存在被撤销的可能。 本案中，案涉临时提案系对董事及监事的选任，其与案涉股东大会决议是针对同一事项提出的不同议案，两者存在互斥关系，故案涉股东大会决议与被拒绝列入的案涉临时提案密切相关。另外，8 号指南第 2 条“股东大会的提案”第 7 款第 3 项亦规定，股东大会对同一事项提出不同提案的（互斥提案，例如董事会先就年度利润分配提出方案——提案 A，单独或者合计持有公司 3% 以上股份的股东又提出另外的年度利润分配方案——提案 B），提案 A 与提案 B 应当按照提出的时间顺序排列表决顺序；股东或者其代理人不得对提案 A 与提案 B 同时投同意票；股东大会通知中应当特别提示：提案 A 与提案 B 互斥，股东或其代理人对提案 A 与提案 B 同时投同意票的，对提案 A 与提案 B 的投票均不视为有效投票。由此可见，案涉董事会决议拒绝将案涉临时提案列入股东大会议程的行为，不仅会对股东大会的通知、提案和议程的确定产生影响，同时还将影响投票、计票等表决方式。故案涉股东大会决议符合《公司法》第 22 条第 2 款规定的股东会或者股东大会、董事会的会议召集程序、表决方式违反法律、行政法规或者公司章程的情形，应予撤销

（2）法院在判决撤销董事会决议后，驳回撤销后续股东大会决议的诉请（见表 5 -7）。

表5-7　法院判决撤销董事会决议，同时驳回撤销后续股东大会决议诉请的典型案例

案号及法院	案件背景	法院观点
(2020) 粤0515民初1699号；广东省汕头市澄海区人民法院	ST群兴（002575.SZ）发布召开临时股东大会通知，审议提案为补选公司董事及监事。股东郑某松行使提案权，要求在股东大会中增加表决相关人员担任董事、监事、独立董事的提案。但公司董事会作出决议，拒绝将郑某松的提案提交股东大会审议，并随后继续召开了股东大会。郑某松起诉要求撤销董事会决议、股东大会决议	根据《公司法》第22条的规定，股东大会决议应在召集程序、表决方式违反法律、行政法规或者公司章程，或者决议内容上违反公司章程的，才可以请求人民法院撤销。本案中原告没有提供证据证明被告2020年第二次临时股东大会的召集程序和表决方式违反上述法律的规定，故对原告的该项请求，法院不予支持
(2020) 新23民终231号；新疆维吾尔自治区昌吉回族自治州中级人民法院	ST天山（300313.SZ）发布召开临时股东大会的通知，股东芜湖华融向ST天山提交提案，要求增加非独立董事候选人，但ST天山董事会作出决议，拒绝将芜湖华融的提案提交股东大会审议，后临时股东大会如期召开并按照董事会提案选举了新的董事、独董。芜湖华融诉至法院诉请确认董事会决议无效及撤销临时股东大会决议	关于天山生物公司2019年第三次临时股东大会《关于补选第四届董事会非独立董事的议案》的决议是否应当撤销的问题，芜湖华融上诉认为天山生物公司2019年第三次临时股东大会召集程序及表决方式违反《公司法》第102条第2款的规定，并且本次临时股东大会未将芜湖华融的议案列入大会议题导致本应是差额选举变成等额选举，违反法律规定。芜湖华融并未提供证据证实天山生物公司2019年第三次临时股东大会召集程序违反法律规定，且法律、行政法规、公司章程并无明确规定选举的方式禁止等额选举。因此，芜湖华融并未提交充分证据证实天山生物公司2019年第三次临时股东大会召集程序及表决方式违反法律、行政法规、公司章程或者决议内容违反公司章程，故对其该项上诉请求本院不予支持

简评：上述两个案例表明了法院截然不同的两种态度。笔者更倾向于第一个案例的观点，即股东大会已决议的提案与被拒绝列入的提案密切相关，当董事会违反法律规定拒绝将股东提案提交股东大会审议时，股东大会的召

集程序即已构成违法。而反观法院的另一种做法，其在认定董事会未将股东临时提案提交股东大会审议构成违法的同时，却又认定在该议案未被审议表决的情况下形成的股东大会决议合法有效，忽略了股东大会召集程序中即应包含将议案送达股东这一法定流程。笔者认为，在该类案件中，当事人所争议的核心事项是股东大会的决议效力，对董事会决议的效力提出异议只是撤销股东大会决议的必要前置评价事项。但若支持了董事会决议的撤销，却仍支持股东大会决议的效力，将使得董事会不得违法剥夺股东的提案权的法益无法得到最终贯彻，使董事会仍有可能以各种不合法、不合理的理由限制股东提案；因为最终的司法审判仅会撤销决定不将提案提交股东大会审议的董事会决议，而不会撤销未将该提案纳入表决的股东大会决议。

（五）小结

综上所述，根据现行法律法规和监管规则，单独或者合计持有公司3%以上股份的股东有权提出临时提案，提案形式应为交易所要求的相关书面文件，并需在股东大会召开10日前向召集人提交。相关提案在提交股东大会审议前需由召集人审核，审核标准主要包括提案股东是否符合持股比例等主体资格要求，提案是否在规定时限内提出，以及提案内容是否符合《公司法》及公司章程的要求。如果股东提案均满足前述要求，则召集人应将提案提交给股东大会审议。

相关上市公司案例显示，如果提案人具备合法有效的股东资格，则召集人一般不得设置实质性审查以拒绝股东行使提案权，更不能采用延迟披露、拖延书面文件收取时间等方式来损害提案股东利益；如存在后一种行为，还可能被采取出具警示函等监管措施。

根据近年的司法案例，法院对董事会拒绝股东提案的相关理由的态度如下：（1）主张股东提案时间逾期。法院总体倾向于认为只要在法定期限内，股东作出了提交提案的行为，那么即不应轻易认定股东提交提案的时间构成逾期；而对于股东提交临时提案的方式、提案所附材料的充分性，法院均持较为宽容的态度。（2）主张股东提案不属于股东大会职权范围。相关司法裁判显示，法院对该问题的判断主要依据《公司法》和公司章程的规定。

(3) 主张股东提案不符合公司章程。目前公开案例较少且法院的说理并不明确，对于守方是否可能通过在公司章程的股东提案环节中加入部分不利于攻方的条款以限制攻方提案，还有待于未来在实践中进一步确认。此事项对于控制权争夺的实践意义重大，值得持续关注。(4) 主张股东未提交监管规则要求的材料。相关法院认为，交易所的操作规则不属于法律和行政法规，即便股东的提案内容违反了相关规则，董事会亦不应拒绝将提案提交股东大会审议。

而对于董事会决议被撤销后、以该决议为基础作出的股东大会决议的效力，相关司法裁判观点不一。部分法院认为股东大会已决议的提案与被拒绝列入的提案密切相关，当董事会违反法律规定拒绝将股东提案提交股东大会审议时，股东大会的召集程序即已构成违法。也有法院认为虽然董事会未将股东临时提案提交股东大会审议构成违法，但在该议案未被审议表决的情况下形成的股东大会决议合法有效。

需要说明的是，因司法案件审理时间相对较长、法院裁判观点不一，对采用诉讼方式维护自身权益的提案股东来说，需综合考量维权成本。

二、合纵连横——一致行动协议与表决权委托协议

在上市公司控制权争夺过程中，通过一致行动协议以及表决权委托协议均可实现扩大股东所能够支配的上市公司股份表决权数量的效果，因而一致行动协议以及表决权委托协议也是攻守双方常用的工具之一。本部分内容主要围绕一致行动协议以及表决权委托协议的异同、性质、在实践中会产生何种争议、法院对于一致行动协议以及表决权委托协议的效力认定，特别是如何解除一致行动协议以及表决权委托协议的问题进行讨论。

(一) 一致行动协议与表决权委托协议的异同

一致行动协议和表决权委托协议均可扩大股东所能支配的上市公司股份表决权数量，两者在订立协议时各方想要达到的最终效果上并无本质区别，均可实现一致行动和控制上市公司的法律效果。但两者又存在怎样的不同，笔者首先从其签署主体、适用场景、一致行动事项或表决权委托范围、行使方式和在监管层面可能造成的风险的角度进行初步分析如表5-8所示：

表5－8　一致行动协议与表决权委托协议对比

<table>
<tr><th>类别</th><th>一致行动协议</th><th>表决权委托协议</th></tr>
<tr><td>签署主体</td><td>股东之间</td><td>股东之间
或股东与非股东之间</td></tr>
<tr><td>适用场景</td><td>系针对上市公司股东之间订立的协议，常见场景之一为大股东内部为决策行动事项进行约定，以解决因持股相对分散而导致的无实际控制人或实际控制人不稳定的问题，或是为了满足增加控制目标公司股份比例、巩固对目标公司的控制地位的需要；一致行动协议也可能在意图夺取控制权的股东之间订立，以达到其所控制的有表决权的股份比例可与守方较量的目的。该类协议在拟上市企业或已上市公司中均较为常见</td><td>主要用于上市公司控制权交易的过程中，委托方碍于股份锁定期等障碍或基于其他交易安排，不将股份直接转让过户给受托方，而是通过表决权委托，将“委托股份”的表决权这一股东权利委托给受托方行使，从而使受托方实现对上市公司的控制，进而实现控制权的转移。综合前述，表决权委托协议通常在股份交易存在限制时使用</td></tr>
<tr><td>一致行动事项或表决权委托范围</td><td colspan="2">在一致行动协议中一致行动人的一致行动事项，与表决权委托中委托人委托受托人行权的事项，二者差异不大，均是围绕股东享有的相应股东权利，尤其是表决权而展开，只是在不同协议中的表述和描述角度存在差别。一般来说，两类协议均是在如下事项上保持一致行动或在如下事项上达成委托关系：
（1）依法请求、召集、召开、主持、参加或者委派代理人参加公司股东大会；
（2）在公司股东大会相关会议中行使提名权、提案权和表决权，包括但不限于提出提案并表决、提名董事/监事候选人并投票选举或作出其他意思表示；
（3）对所有根据相关法律、法规、规章及其他有法律约束力的规范性文件或上市公司章程需要股东大会讨论、决议的事项行使表决权，并签署相关文件；
（4）其他与表决权实施相关、除财产权利之外的其他权利等</td></tr>
<tr><td>行使方式</td><td>一致行动协议通常会约定各方在进行表决前，应内部先对待表决事项进行协商，当出现意见不一致时，会约定以某方的表决意见为准，各方应按该某方的意见进行投票表决。
因此，一致行动协议通常还会约定该某方应于股东大会会议召开前的一定期间内将表决意见通知其他方，由各方自行或委托其他方出席会议并按上述表决意见投票</td><td>表决权委托协议一般会约定由受托方直接以自己的意志就待表决事项进行表决，且委托方不须再就每个具体的表决事项单独出具委托书；但如因监管部门需要，委托方仍须根据受托方和监管机构的要求配合出具相关文件以实现协议项下委托受托方行使表决权的目的</td></tr>
</table>

此外，根据我们的检索，中国证监会及地方证监局针对未披露一致行动关系的上市公司及相关主体可能还会实施监管措施，相关案例列举如表5－9所示：

表5－9　中国证监会及地方证监局针对未披露一致行动关系的上市公司及相关主体实施监管措施的典型案例

公司简称/股票代码	监管部门及监管措施	未披露的一致行动关系具体情况
厚普股份/300471. SZ	四川证监局对公司、时任董事长及董事会秘书处以警示	控股股东、实际控制人及其配偶自2011年其配偶持有公司股份时起便构成一致行动人，但公司未披露
四环生物/000518. SZ	中国证监会对公司、公司董事长及一致行动关系各方采取了责令改正、罚款、警告、证券市场禁入的处罚措施	陆克平以扩大其控制的四环生物股东大会表决权数量为目的，自行或通过4个自然人股东买入四环生物股票并提供资金。4个自然人股东股东大会投票表决上与陆克平保持一致。陆克平与4个自然人股东存在一致行动关系，构成一致行动人，但公司未披露
*ST新光/002147. SZ	安徽证监局责令控股股东改正并给予警告，处以罚款；对控股股东的法定代表人、董事长给予警告，并处以罚款	2016年认购公司非公开发行股份的富增4号资管计划实际由控股股东控制，控股股东与富增4号资管计划构成一致行动人，但公司未披露
金龙机电/300032. SZ	浙江证监局对实际控制人及其妻女、控股股东处以责令改正、罚款、警示的处罚措施	实际控制人的妻女持有公司股份，为其一致行动人，但公司未披露

基于上述，如构成一致行动人或表决权委托关系，可能会对未来股份减持构成限制，亦可能触发要约收购义务，如不及时披露并按照相关规则履行权益变动或要约收购义务，则可能还面临证券监管机构的行政监管措施。

（二）在控制权争夺过程中因该等协议法律问题发生争议的典型案例概述

经检索，2020年和2021年两年中，上市公司控制权争夺中因表决权委托或一致行动协议相关问题引发纠纷的典型案例如表5－10所示：

表 5-10　上市公司争权中因表决权委托或一致行动协议相关问题引发纠纷的典型案例

公司简称/股票代码	协议签署情况	纠纷情况	纠纷的解决情况	监管关注情况	结果
山东墨龙/002490. SZ	2020 年 1 月，山东墨龙的控股股东张恩荣与欲争夺公司控制权的薛茂林签署了关于股份转让的意向协议，约定：张恩荣拟将山东墨龙的控制权转让给薛茂林或其指定的收购主体，具体转让股份数量为 198 617 000股，占公司总股本的 24.89%；薛茂林向张恩荣支付履约定金 5000 万元；薛茂林承诺 2020 年 3 月底之前确定收购主体；双方在符合收购条件后签署表决权委托协议。协议签署第二天，薛茂林向张恩荣支付了 5000 万元定金	2020 年 8 月底，公司公布的半年报显示经营持续亏损，而上述意向协议签署后一直无实质性进展。张恩荣考虑到意向协议的执行存在不确定性，且上市公司因经营业绩持续亏损存在退市风险，向薛茂林提出解除意向协议，但未获得薛茂林的同意	1. 诉讼情况：2020 年 11 月，薛茂林就与张恩荣的股份转让纠纷向法院提起诉讼。2020 年 11 月及 2021 年 7 月，法院先后就薛茂林提起的上述诉讼进行一审及二审开庭审理，但未对庭审情况和相关判决文书进行公开，因此张恩荣与薛茂林之间的诉讼纠纷情况尚不可知。 2. 投资者举报：2020 年 11 月，投资者就山东墨龙控股股东对外签署表决权委托的意向协议而未披露的情况向深交所进行了投诉	2020 年 11 月，交易所发出问询函要求公司对未及时披露信息的情况进行回复；2020 年 12 月、2021 年 11 月，山东证监局和中国证监会先后就公司未披露信息的情况对山东墨龙及其时任董事长、董事会秘书和张恩荣作出责令改正、出具警示函、记入证券市场诚信档案和罚款的处罚措施	1. 协议履行情况：表决权委托的意向协议未能继续履行，薛茂林未能通过这种方式控制上市公司； 2. 信披违规情况：山东墨龙及相关方因未及时披露协议签署情况被监管机构问询和处罚

续表

公司简称/股票代码	协议签署情况	纠纷情况	纠纷的解决情况	监管关注情况	结果
爱迪尔/002740. SZ	2020 年 10 月，爱迪尔的实际控制人苏日明及其一致行动人与非公司股东的林明清签署表决权委托协议，苏日明及其一致行动人将其全部持有的股份对应的表决权委托给林明清行使，有效期截至 2025 年 12 月。同日，苏日明及其一致行动人与林明清签署《股份转让协议》，将合计持有的公司 20. 19% 的股份转让给林明清，转让股份分三笔于 2021 年 12 月 31 日前完成交割，具体转让价格不低于每次交割时签署补充协议之日的前一交易日转让股份二级市场收盘价的 90%。结合苏日明方债务诉讼纠纷缠身、股份被轮番冻结的情况可推测，苏日明方系急于筹措资金而进行上述交易	表决权委托及股权转让事项受到了交易所的关注，交易所要求双方围绕是否已制定切实可行的解除质押、冻结的方案说明交易的可行性	受监管问询及所涉股份被质押、冻结的影响，2020 年 11 月，苏日明及其一致行动人与林明清签署了相关解除交易的协议，终止了股份转让及表决权委托	2020 年 11 月，交易所发出关注函要求公司对问题进行回复：（1）未将林清明认定为控股股东、实际控制人的原因及合理性，上市公司不存在实际控制人的原因及合理性，股份完全交割前，公司实际控制人如何认定，公司是否存在控制权不稳定的风险；（2）表决权委托双方是否构成一致行动人；（3）股份转让及表决权委托是否存在违反承诺的情形等问题	表决权委托协议最终被解除

续表

公司简称/股票代码	协议签署情况	纠纷情况	纠纷的解决情况	监管关注情况	结果
*ST 海伦/300201. SZ	2020 年 4 月起，*ST 海伦的控股股东中天泽就*ST 海伦控制权交易事项与原公司控股股东江苏机电和原实际控制人丁剑平先后签署股份转让协议、表决权委托协议及非公开发行股票协议，约定江苏机电将其所持*ST 海伦 5% 股份转让给中天泽，同时江苏机电将其所持剩余的*ST 海伦 15.64% 股份、丁剑平将其所持*ST 海伦 4.34% 股份的表决权委托给中天泽	委托方诉请解除表决权委托：2021 年 3 月，*ST 海伦公告终止非公开发行 A 股股票事宜，非公开发行股票协议约定的募集资金事项未能顺利实现。2021 年 5 月，江苏机电、丁剑平分别以定增事项为控制权交易“一揽子”安排为由，认为表决权委托已解除，并向法院就表决权解除事项提起诉讼。截至 2022 年 6 月 30 日丁剑平对提起的诉讼因未及时缴纳诉讼费用主动撤诉，江苏机电提起的诉讼尚在审理	受委托方诉请继续履行表决权委托并实施行为保全：2021 年 5 月至 2021 年 10 月，中天泽就江苏机电、丁剑平违反控制权交易约定，分别提起违约之诉、表决权委托继续履行之诉，并就江苏机电、丁剑平禁止行使其持有*ST 海伦股份的表决权（主要针对董事、监事提名、选任事项等）申请行为保全，法院经审查后同意该保全申请。 截至 2022 年 6 月 30 日诉讼尚在审理阶段	2020 年 4 月，交易所发出关注函要求公司就表决权委托交易的背景、过程、目的及对公司的影响等问题作出说明；2021 年 4 月和 5 月，交易所先后发出关注函要求公司就表决权委托对控制权的影响、一方诉请表决权委托解除的相关情况作出说明；2022 年 4 月，交易所发出问询函关注表决权委托相关诉讼的进展	1. 协议履行情况：上述股份转让、表决权委托实施后，中天泽成为*ST 海伦控股股东；中天泽的实控人金诗玮成为*ST 海伦新的实际控制人。 2. 纠纷结果：表决权委托双方的诉讼纠纷尚未审结

续表

公司简称/股票代码	协议签署情况	纠纷情况	纠纷的解决情况	监管关注情况	结果
嘉应制药/002198.SZ	2021年6月，嘉应制药的第一大股东老虎汇与非公司股东的新南方签署表决权委托协议，老虎汇不可撤销地将其持有的嘉应制药11.27%股份对应表决权长期、排他性地委托给新南方行使，协议有效期24个月。双方还签署备忘录，约定给予老虎汇4名董事席位，且由冯彪担任总经理	表决权委托协议和备忘录签署后，新南方没有按照备忘录的约定给予老虎汇公司管理权。 2021年8月，新南方实际控制人朱拉伊向董事会提出聘任黄利兵为执行总经理，遭冯彪的反对。后朱拉伊改为任命黄利兵为常务副总经理。这一举动彻底激怒冯彪，一个月后，老虎汇向新南方送达了解除表决权委托协议的函并通知了公司。 新南方向老虎汇作出回复，认为老虎汇要求解除协议的理由不符合协议约定	2021年10月，新南方同意解除表决权委托协议	2021年9月，交易所发出问询函，要求公司作出回复，主要问询问题有：（1）解除表决权委托的原因；（2）表决权委托协议的解除是否即时生效、是否存在争议；（3）公司非公开发行股票方案是否继续推进；（4）双方签署备忘录的具体情况及是否履行信披义务。 2021年10月，广东证监局对嘉应制药、相关股东、董事会秘书发出警示函	1. 协议履行情况：表决权委托协议经双方协商后解除。 2. 信披违规情况：表决权委托相关方及公司因未披露私下签署的备忘录被处以监管措施

续表

公司简称/股票代码	协议签署情况	纠纷情况	纠纷的解决情况	监管关注情况	结果
德奥退/002260. SZ	2021 年 12 月，德奥退股东陈乙超、张宇、杨伟健、杨就妹、曹升与非股东的杨明裕共同签署《一致行动与表决权委托协议》，将持有的 18.10% 的股份对应的表决权交由杨明裕行使，协议有效期为 36 个月	各方未产生纠纷。但在协议解除前，2022 年 2 月，交易所作出了不同意公司股票恢复上市申请的决定。推测后续协议的解除与公司经营状况不佳及未恢复上市有关	2022 年 2 月，各方签署了《〈一致行动与表决权委托协议〉之解除协议》，股东对杨明裕的表决权委托终止	2021 年 12 月，交易所发出关注函要求公司对下列问题进行回复：将表决权委托给不具有股东身份的第三人行使是否符合法律法规的规定，后续是否存在提议改组董事会计划等	一致行动关系及表决权委托不到 3 个月即告终止
皖通科技/002331. SZ	2020 年 9 月，易增辉与南方银谷签署《一致行动人协议》，一致行动的期限至 2021 年 9 月 15 日	2020 年 10 月，皖通科技向易增辉提起诉讼： （1）诉讼事由：易增辉在重组交易后的股份锁定期内签署一致行动人协议，违反了其关于不以任何方式直接或者间接增持公司股份的承诺。 （2）诉讼请求：诉请解除与易增辉之间的增资合同，要求其配合办理相应股份的注销手续	皖通科技于 2021 年 3 月撤诉；2021 年 7 月一致行动协议经签署的双方同意后解除	交易所多次对公司发出关注函，要求公司对一致行动协议的签署及披露情况、诉讼进展情况作出说明	1. 一致行动协议签署后：南方银谷及其一致行动人合计持有公司 30.45% 的股份，为公司第一大股东。 2. 一致行动协议解除后：南方银谷、易增辉持股比例分别为 11.86%、3.48%，易增辉成为持股 5% 以下的股东

（三）司法机关对于该等协议的效力问题、解除问题的态度

1. 一致行动协议的性质及解除问题

一般来说，法院对一致行动协议的效力均不持异议，但对于一致行动协议的性质，不同法院的认定却大相径庭。之所以要探究一致行动协议的性质，是因为原《合同法》及现行《民法典》均有关于“委托人或者受托人可以随时解除委托合同”的规定。如果一致行动协议被认定为委托协议，则一致行动协议各方均享有任意解除权；如果一致行动协议的各方约定“一致行动协议不可撤销或不可单方撤销”是否有效？因此，为了探究一致行动协议的解除问题，需先探究一致行动协议的性质问题。

（1）一致行动协议的性质。

从名称及合同内容上看，一致行动协议并非《民法典》规定的有名合同。为达到“一致行动”的效果，一致行动协议会约定在意见不一致时以某一方或者多数人的意见为准。部分法院认为该条款实质上等同于在一致行动人的意见不一致时，将表决权委托给协议指定的某一方，因此认为一致行动协议属于委托合同范畴，但也有法院认为一致行动协议并不属于委托合同法律关系。

例如，在云南省个旧市人民法院作出的（2020）云2501民初1514号判决中，法院认定案涉一致行动协议为有偿的委托合同。但在该案例及相关案例中，法院均未就该协议为何属于委托合同，委托方和受托方分别是合同哪一方当事人，以及委托的是何事项等展开分析。

在河北省张家口经济开发区人民法院作出的（2019）冀0791民初1620号判决中，原被告各方签署了《一致行动、股权回购协议书》，约定各方在公司的经营决策上保持一致，并且也约定了意见不一致时的处理方式，法院认为根据该协议书载明的内容可知双方签订《一致行动、股权回购协议书》的目的系保证中海瑞成公司决策能顺利作出和通过，并得到强有力的执行而约定的股东王某海、王某、许某菲在公司决策、经营、管理等事项上保持一致意见及出现不同意见的处理方式及股权回购等内容，非委托合同之法律关系，故对二原告主张该协议书系双方委托合同法律关系的意见，法院不予采

纳。该法院认为案涉《一致行动、股权回购协议书》并不属于委托合同。

总体来说，目前公开的与一致行动协议相关的案例较为有限，一致行动协议的性质问题尚未在司法实践中得到充分讨论。根据一致行动协议的内容和特点，笔者认为，委托合同是由受托人处理委托人事务的合同，受托人只需按照委托人的指示，以达到一定目的向委托方提供劳务，除有明确约定外，受托人不负有必须完成某种工作成果或将委托事务办理成功的义务，且劳务的效果归于委托人。① 而一致行动协议与上述委托协议的特点并不相符，表现在：其一，一致行动协议的主要内容在于通过约定使协议各方在公司的经营、决策以及管理层面保持一致，虽然通常会约定其他股东（假定受托人）最终须以某股东（假定委托人）的意见为准，但其他股东在表决时处理的仍是自己的表决权而非某股东的表决权，不符合委托合同是由受托人处理委托人的事务的特点；其二，一致行动协议要求其他股东必须按照某股东的意志行使表决权，这是对其他股东表决这一行为结果的义务性要求，不符合委托合同中受托人不负有必须完成某种工作成果这一特点；其三，其他股东行使表决权的效果并非只归于某股东，而是由其他股东自行承担了其表决的法律效果，包括但不限于表明对审议事项的立场、承担因此而形成的决议对自身的影响等。因此，我们认为一致行动协议不属于委托合同，而应属于无名合同。

（2）在何情况下可解除一致行动协议。

接续前述，法院对一致行动协议性质的认定差异也会造成其对各方是否有权解除合同这一问题的认定方式不同。

①如认定一致行动协议属于委托合同。

根据《民法典》第933条“委托人或者受托人可以随时解除委托合同”之规定，在委托合同项下，法律规定委托合同双方均享有任意解除权，因此一致行动协议双方直接行使任意解除权即可。

②如认定一致行动协议属于无名合同。

① 参见最高人民法院民法典贯彻实施工作领导小组主编：《中华人民共和国民法典合同编理解与适用（四）》，人民法院出版社2020年版，第2469页。

在无名合同项下，合同双方并无任意解除权，因此能否解除协议主要在于是否具备了合同约定或法律规定的解除条件。从这个意义上说，一致行动协议的解除与其他协议不存在太大差异。以下试举几例：

在河北省张家口经济开发区人民法院作出的（2019）冀 0791 民初 1620 号判决中，法院先认定案涉《一致行动、股权回购协议书》不属于委托合同，对于原告解除合同的诉求，法院认为《一致行动、股权回购协议书》未约定合同解除权，同时，综合合同的履行情况，认定原告也不享有法定解除权，因此驳回原告要求解除案涉《一致行动、股权回购协议书》的诉求。

在广东省深圳市中级人民法院作出的（2017）粤 03 民初 2465 号判决中，原被告双方签署的《一致行动协议》中约定了违约解除条款，法院认定被告未经原告同意，擅自增持公司股份的行为违反了合同约定，触发了解除条款，支持了原告要求解除《一致行动协议》的诉求。

在广东省佛山市中级人民法院作出的（2018）粤 06 民终 67 号判决中，管某金与陈某活、李某华签署了《一致行动协议》，目的是筹备广东摩德娜公司上市，让监管机构认可，解决实际控制人的问题。广东摩德娜公司的股东情况为：德华公司持股比例 25.49%、摩德娜国际公司持股比例 24.35%、浩华公司持股比例 20.85%，合计持有广东摩德娜公司 70.69% 的股权。管某金持有德华公司 63.57% 股份，陈某活、李某华亦分别是摩德娜国际公司、浩华公司的控股股东。法院认为，各方认可签署《一致行动协议》的目的是筹备上市，法院予以认可，同时法院查明案涉《一致行动协议》签订后，广东摩德娜公司主动请求撤回上市申请并获中国证监会批准终止上市程序，其后转为在新三板挂牌。同时当事人均确认现该司业绩不佳、处于亏损状态。在此情况下，广东摩德娜公司显然并不符合上市条件。广东摩德娜公司虽认为其仍可重新启动上市，但并未提供证据证明其已有相应计划并予以实施。同时法院查明管某金已不再担任德华公司的法定代表人，德华公司亦明确表示不同意其代表该司行使广东摩德娜公司的股东权利。因此，依据最高人民法院《关于适用〈中华人民共和国合同法〉若干问题的解释（二）》（已失效）第 26 条规定：“合同成立以后客观情况发生了当事人在订立合同时无法预见、非不可抗力造成的不属于商业风险的重大变化，继续履行合同对于一方当事人明显不公平或者不能实现合同目的，当事人请求人民法院变更或者解除合同的，人民法院应当根据公平原则，并结合案件的实际情况确定是否变更或者解除，”两审法院均支持了管某金要求解除《一致行动协议》的主张。

（3）在一致行动协议中约定的“不可解除”“不可撤销”条款是否有效。

为了维持一致行动关系的稳定性，选择在一致行动协议中加入不可撤销条款的股东不在少数，但法院如何看待该等条款的效力，下面将举例试述之。

①如法院认定一致行动协议属于委托合同。

如果一致行动协议被认定属于委托合同，那么在一致行动协议中约定“不可撤销”条款与《民法典》第933条任意解除权的规定相冲突，此时，需要法院认定《民法典》第933条关于任意解除权的规定是否属于效力性强制性规定，违反上述规定是否导致“不可撤销”条款无效。

在云南省个旧市人民法院作出的（2020）云2501民初1514号判决中，法院认为《合同法》（已失效）第410条（现为《民法典》第933条）关于任意解除权的规定并非效力性强制性规定，当事人可以通过合同约定进行排除，并最终认定“三份协议中‘本协议在刘某作为公司股东期间持续有效’‘非经双方协商一致任何一方不得单方变更或解除本协议’的约定和《委托书》中‘委托期限至刘某不持有股份之日止’的承诺，正是为了防止单方行使任意解除权给履行合同带来的风险，体现了合同当事人的意思自治原则，不损害国家、集体或第三人的利益，不违反法律规定，在双方对合同解除条件进行特别约定时，即已表明用约定排除了对《合同法》第四百一十条的适用”。该法院在判决中明确认定任意解除权条款并非效力性强制性规定，可以通过约定予以排除。

但是，并非所有的法院均认可上述观点，具体请见下面关于表决权委托协议相关的分析。但认为“不可解除”“不可撤销”的约定合法有效仍是主流观点。

②如法院认定一致行动协议属于无名合同。

如果一致行动协议被认定属于无名合同，那么在一致行动协议中约定“不可解除”条款不存在违反《民法典》规定的委托合同项下任意撤销权的问题。

笔者并未找到在一致行动协议相关争议中，针对“不可解除”“不可撤销”条款的效力进行详细说理的案例。但在最高人民法院作出的（2018）最高法民终1344号判决中，各方诉争的虽然并非一致行动协议，但其亦属于约定了不可解除条款的合同，因此具有一定的借鉴意义。在该案中，最高人民法院认为案涉《授权委托书》具有较强的商业属性，因此首先认定该案涉《授权委托书》并非《合同法》（已失效）第396条规定的“委托合同”；最高人民法院进一步认为：“《授权委托书》载明‘本委托书一经出具，即为不可撤销’，商业公司已明确放弃了任意解除权，该约定表明各方希望能够加强合同的稳定性，关系到合同双方当事人的利益，并不损害社会公共利益，并不违反我国法律法规的规定，应为有效。因此，商业公司无权依据《合同法》第四百一十条的规定，单方撤销对明新公司的授权委托，更无权将委托事项的全部或部分另行委托给包括王某毅在内的明新公司以外的任何人，否则即构成违约。商业公司关于其与明新公司通过授权委托已经形成委托合同关系、商业公司享有法定任意解除权的上诉理由不能成立。”

应当说，如果在当事人享有任意解除权的委托合同的争议中，“不可解除”“不可撤销”的约定被认定为有效是主流观点。那么，在本身就不赋予当事人任意解除权的其他合同类型中，这种约定当然应属有效。因此，当一致行动协议被认定为无名合同时，该类条款应对各方具有约束力。

2. 表决权委托协议的解除问题

（1）表决权委托协议的性质。

同一致行动协议，法院对表决权委托协议的效力一般不持疑义，顾名思义，目前大部分判决均认定表决权委托协议的性质属于委托协议。

虽然如此，笔者认为关于表决权委托协议是否当然属于委托合同仍有探讨空间。原因在于，如前述，表决权委托协议的主要适用场景之一是在上市公司控制权交易的过程中，控制权转让方（以下简称转让方）碍于股份锁定期等障碍，无法将股份直接转让过户给控制权受让方（以下简称受让方），或基于某种交易安排，不适宜在第一时间即将股份转让给受让方，因而通过表决权委托，将“委托股份”的表决权这一股东权利委托给受让方行使，从而使受让方实现对上市公司的控制，进而实现控制权的转移。在此场景下，表决权委托协议具备了委托合同的基本外观：转让方委托受让方代其参加股东大会并行使表决权，由于股份并未转让过户，“委托股份”表决权所带来的直接法律后果仍由持有“委托股份”的股东即转让方承受。但我们同时注意到，表决权委托协议并不具有委托合同具有的人身信赖性的特点，转让方并非基于对受让方在人品、信誉、办事能力、专业素养等方面的信赖而与受让方订立表决权委托协议，而是基于控制权交易的整体安排，必须履行“由受让方以自己的意志代为行使转让方股份的表决权”这一转让方的义务，其存在只是控制权交易过程中的其中一环，目的是实现控制权由转让方转移至受让方。因而，即便在此情境下的表决权委托协议具备了“委托协议”的名称及其他基本外观，亦不宜将表决权委托协议一律归入委托合同范畴。

最高人民法院在 2019 年判决的一个案件中认定：“从《补充协议书（六）》及两份《授权委托书》的内容与目的看，商业公司对明新公司的委托并不是基于普通信任的单方授权、明新公司依照商业公司的指示处理商业公司的事务的行为，而是商业公司与富华公司前述协议约定下的商业公司应当履行的合同义务，无法脱离商业公司与富华公司之间在《合作协议书》及《补充协议书（六）》下的商业安排，因此不属于《合同法》第三百九十六条规定的‘委托合同’。”[①] 由此可见，虽然该案诉争的《授权委托书》并非表决权委托协议，但其在认定思路上与我们的上述观点基本相同，即最高人民法院在审理时亦关注到了《授权委托书》出具的背景、原因进而认定其不属于委托合同。

当然，实践中也有部分表决权委托协议并非基于控制权交易的背景产生，而是出于某种原因股东确需由他人在某次或若干次股东大会上代行表决权。例如，某股东因病在某个时期无法参与上市公司事务，因而委托他人在此期间代行表决权等。因而，我们认为应区分表决权委托协议订立的不同背景、原因、是否存在其他交易安排等因素，综合判断表决权委托协议的性质。

---

① 中华人民共和国最高人民法院民事判决书，（2018）最高法民终 1344 号。

（2）在表决权委托协议中约定“不可解除”“不可撤销”条款是否有效。

如前所述，目前公开的表决权委托案例中，大部分法院均认定其性质属于委托合同，而委托合同的双方均享有任意解除权，因而，下面仅探讨在表决权委托协议属于委托合同且约定了“不可解除”“不可撤销”的情形下，法院是如何判定合同的解除问题的。

如表5－11列举的案例所示，法院在此问题上存在不同认定。原因即为“不可解除”条款与《民法典》第933条规定的任意解除权存在冲突。

表5－11　“不可解除”条款相关案例判决结果

序号	法院及案号	基本事实	法院观点
1	河南省洛阳市中级人民法院；（2020）豫03民终5122号	王某及开元盛世公司均为国润公司的在册股东，2019年7月16日，王某与开元盛世公司签订《表决权委托协议》，王某将其所持有的国润公司对应的表决权委托给开元盛世公司行使，并且约定“本协议未经双方协商一致，任何一方均不得单方面解除本协议”。其后，王某向法院起诉要求解除《表决权委托协议》	法院认为，开元盛世公司与王某签订的《表决权委托协议》是双方当事人的真实意思表示，内容不违反法律法规禁止性规定，合法有效。结合双方合同名称、约定的权利、义务内容，其性质属于《合同法》规定的委托合同，开元盛世公司关于本案合同不是委托合同的理由不能成立，本院不予支持。关于王某能否依据《合同法》（已失效）第410条行使合同任意解除权的问题。《合同法》第410条虽然规定委托合同双方当事人享有合同任意解除权，但是合同法关于任意解除权的规定不是强制性规定，而是属于授权性规范，双方当事人在《表决权委托协议》第3条对于王某和开元盛世公司行使合同解除权的条件作了特别约定，该特别约定系对于任意解除权的限制和排除，是有效的。王某在本案中并未提交有效证据证明案涉委托协议达到双方约定的解除条件，故王某在本案中不能依据合同约定行使解除权

续表

序号	法院及案号	基本事实	法院观点
2	江西省鹰潭市中级人民法院；（2021）赣06民终375号	港汇控股集团有限公司、金沙公司股东张某，共持有金沙公司44.3%的股份。2020年2月27日，黄某平与港汇控股集团有限公司、张某签订《表决权委托协议书》，约定港汇控股集团有限公司、张某不可撤销地授权委托并授予黄某平行使双方持有的公司的44.33%股份对应的表决权。后双方履行协议产生分歧，黄某平诉至法院要求继续履行，港汇控股集团有限公司、张某提出反诉要求解除合同	黄某平与港汇控股集团有限公司、张某签订《表决权委托协议书》系当事人的真实意思表示，不违反法律法规的禁止性规定，合法有效。该协议书明确约定港汇控股集团有限公司、张某将拥有的公司全部44.33%股份表决权不可撤销地授权委托黄某平行使，委托时间自协议签订之日至公司名下开发的项目结束之日。因此，委托人港汇控股集团有限公司、张某无权随时解除委托合同
3	北京市高级人民法院；（2018）京民申3631号	李某与陈某系夫妻，2014年3月，李某与陈某离婚，并分割李某持有的部分公司股权并签署《股权转让协议》，《股权转让协议书》第8条第5款约定，李某将股东权及经营、管理权全部授权交给陈某，且“不得单方撤销”。其后，双方产生争执，李某诉至法院要求解除李某与陈某的委托合同关系（《股权转让协议书》第8条第5款的约定）	本案中，李某和陈某在《股权转让协议书》第8条第5款约定，李某将股东权及经营、管理权全部授权交给陈某，且“不得单方撤销”。一方面，委托合同关系主要基于人身信赖关系订立，受托人是否忠实、有能力完成委托事务，对委托人利益关系极大。而委托合同双方在订立合同时难以对此后双方的信任关系做出预判，在委托方与受托方信任基础动摇或丧失信任的情形下，双方所做的不可解除委托的约定显然有悖于委托合同的基本性质。另一方面，李某作为授权陈某行使该部分股份相关股东权利的股份持有人，享有该部分股份所对应的股东权利系法律赋予的权利，其可以随时撤销委托

续表

序号	法院及案号	基本事实	法院观点
4	上海市闵行区人民法院；(2007)闵民二(商)初字第1535号	原告与被告签署《表决权委托协议》，原告将其持有的某公司股权对应的表决权委托被告行使，并且约定该委托不可撤销。其后，原告诉至法院要求解除表决权委托协议	法院认为，委托合同是委托人和受托人约定，由受托人处理委托人事务的合同。法律规定，委托人或者受托人可以随时解除委托合同。因解除合同给对方造成损失的，除不可归责于该当事人的事由外，应当赔偿损失。鉴于委托合同是建立在委托人与受托人互相信赖的基础上的，而信任关系具有一定的主观性。因此，在信赖关系丧失的情况下，委托合同的继续履行也就丧失了基础和条件。故合同法赋予委托人或受托人随时解除委托合同的权利。本案中，涉案的表决权委托协议性质属委托合同。该协议中虽然明确约定有不可撤销的内容，但由于委托合同以当事人之间的信赖关系为基础，故该约定本身不具有强制力。原告有权要求提前解除合同，被告不得以委托不可撤销为由要求继续履行合同

根据上述案例，认定在表决权委托合同中约定“不可解除”条款不具约束力的案件的判决时间均在2019年之前，2019年之后，相关法院均认可在表决权委托协议中约定“不可解除”条款的效力。

（四）总结及建议

笔者认为，无论是一致行动协议还是表决权委托协议，其性质是否属于委托合同均有待进一步探讨和确定，我们倾向于认为一致行动协议为无名合同，而表决权委托协议则要视其订立的背景、目的综合予以判断。目前司法实践中普遍对该等协议中的“不可解除”“不可撤销”条款的效力予以认可，因此，应在订立相应协议时注意约定当一方违反了“不可解除”“不可撤销”条款时的救济措施，包括但不限于要求一方履行一定义务或赔偿损失等。

三、焚符破玺——公章、证照等关键资料的争夺

在公司的日常运营中，公章、证照等关键资料至关重要，在某种意义上，控制了公章、证照等关键资料即控制了公司。而在上市公司控制权争夺过程中，该等关键资料的作用亦非常明显，对关键资料的争夺已成为争夺控制权的直接手段或取得阶段性成果的标志。本部分内容将从何为关键资料，哪些既往发生的上市公司控制权争夺案例中涉及过对关键资料的争夺，实操中如何才能更换公章、证照，而针对公章、证照等关键资料发生的民事诉讼又应注意哪些问题等角度展开分析。

（一）关键资料的范围

一般理解，公司关键资料的核心即为公章和证照，但除此之外仍有其他经营资料对公司经营发挥重要作用。例如，针对上市公司而言，其进行公告需要使用相关数字证书，若不掌握该等证书可能会对公告的发布造成影响。因而，我们分门别类将关系到上市公司的关键资料梳理如下：

1. 印章类：公章、法定代表人章、合同专用章、财务专用章、发票专用章、印章持章证、董事会办公室章、董事会章、监事会章、审计部章等；

2. 证照类：营业执照正副本、机构信用代码证；

3. 财务资料类：制单网银、复核网银、银行账户 U 盾、基本存款账户信息、贷款卡证、银行对账卡片、外汇登记证等；

4. 信披类：信息披露的数字证书及密码。

以上列出的仅为在不区分公司主营业务类型的情况下具有普适性的关键资料，如公司因其主营业务的特殊性而须具备某种资质、证照、证书，则该等资料亦应列为该公司的关键资料。

（二）上市公司控制权争夺过程中发生关键资料争夺事件的典型案例概述

上市公司控制权争夺中，常见新老管理层因发生矛盾，而以“拒绝移交公章、证照”为争夺手段。2021 年，世龙实业、*ST 中昌、真视通等多家公司曾公告称公司公章丢失或公章失控，具体如表 5－12 所示：

表 5－12　上市公司控制权争夺过程中发生关键资料争夺事件的典型案例

上市公司/股票代码	基本情况	争夺前公章、证照归属	争夺过程	争夺结果及小结
世龙实业/002748. SZ	2020 年，世龙实业大股东大龙实业、电化高科及龙强投资内部产生分歧，以曾道龙为代表的 6 名自然人作为攻方与张海清、刘宜云、汪国清等 6 名自然人作为守方开始争夺世龙实业的实际控制权。控制权争夺期间，世龙实业共发生过两次公章、证照争夺事件	根据世龙实业《印鉴管理制度》的规定，公司公章、证照资料的保管部门和人员由总经理确定。第一次公章、证照争夺前，公司总经理职务由守方代表张国清担任。 同时，攻方控制董事会的过半数席位	2021 年 5 月 21 日，世龙实业董事会作出决议，公司总经理由张海清变更为曾道龙。随后，攻方要求张海清移交公司公章、证照资料，张海清拒绝了攻方要求。 5 月 25 日，世龙实业发布《关于公司印章、证照资料失控的公告》，称公司印章、证照资料失控并已向公安机关报案。 6 月 8 日，世龙实业发布公告称，已向乐平市公安局报案，并向乐平市人民法院提起诉讼，同时向法院申请先予执行。[1]法院针对公司该等申请，对公章、营业执照正副本予以保全查封。 6 月 29 日，世龙实业发布公告称，法院同意公司先予执行的申请，并已将公章、营业执照正副本返还公司	攻方通过选举其委派人员担任总经理（公章、证照保管主体）、发布失控公告、向公安机关报案、司法诉讼并申请先予执行等方式，成功取得公章、营业执照

续表

上市公司/股票代码	基本情况	争夺前公章、证照归属	争夺过程	争夺结果及小结
		第二次公章、证照争夺前，在公章、证照保管主体方面，攻方代表曾道龙担任公司总经理职务，控制公司公章、证照。 在表决权控制方面，攻守双方共同控制的大龙实业、电化高科及龙强投资因攻守双方之间的诉讼纠纷被采取行为保全，攻守双方通过该等主体持有的公司表决权均被限制。 基于上述情况，守方通过受让股份、表决权委托等方式增持，合计间接控制公司8.5%的表决权，已在股权层面超过攻方可以行使的公司表决权比例	2021年9月1日，守方因其持股比例占优势，成功改选世龙实业董事会，重新控制董事会，并免去了曾道龙总经理职务。同日，守方获悉公章及董事会公章不知下落，随即向公安机关报警。 9月2日，世龙实业办理了公章遗失登报、公章遗失补刻、董事会印章雕刻备案手续并领取到了新的公章和董事会印章。世龙实业分别于9月3日、9月4日在《景德镇日报》及《经济晚报》刊登启用新公章的声明。 9月8日，攻方以公司名义在《江西日报》刊登声明，称公章和合同专用章均未遗失。 针对上述情况，深交所向公司下发关注问询，要求公司说明公司出现两套印章的原因、相关印章是否合法有效。迫于监管压力，攻方放弃争夺公章的行动。根据世龙实业回复内容，补刻的公章及董事会印章合法有效，原公章及董事会印章已作废	守方采取了选举其委派人员担任总经理（公章、证照保管主体）、办理公章遗失登报、公章遗失补刻、备案等方式来争夺公章、证照；攻方采取登报公告公章未遗失的方式展开反击，最终因该等争夺受到监管部门关注，攻方退出公章争夺，守方成功控制公司公章

续表

上市公司/股票代码	基本情况	争夺前公章、证照归属	争夺过程	争夺结果及小结
*ST 中昌/600242. SH	2019 年 10 月至 2021 年 8 月，因原董事长辞职，董事会尚未选举产生新任董事，攻方代表厉群南代行董事长及法定代表人职责，并且就公司控制权与公司股东上海三盛宏业投资（集团）有限责任公司为代表的守方展开控制权争夺	本次公章争夺前，厉群南通过代行董事长兼法定代表人职务，能够控制公司公章。 守方能够控制董事会过半数席位	2021 年 8 月，董事会选举凌云担任公司董事长（兼任法定代表人），厉群南不再代为履行公司董事长及法定代表人职责。 9 月 10 日，*ST 中昌发布公告称，原代行公司董事长及法定代表人职责的厉群南一直未移交公司公章，公司存在公章遗失或失控的风险，并将采取各种合法合规的方式追讨或补办公司相关公章、证照等。同时，*ST 中昌收到上交所的监管工作函，要求公司核实厉群南一直未移交公章、证照资料等具体情况。 9 月 14 日，上交所约谈公司董事凌云、厉群南、总裁曾建祥，并督促尽快落实监管函件要求等事项。 9 月 18 日，*ST 中昌发布公告称，因原公章存在遗失或失控风险，公司启用新公章。守方取得公司公章控制权	守方采取罢免攻方董事长及法定代表人职务、刊登公章遗失公告、启用新公章的方式，同时借助监管对厉群南的施压，取得了对公司公章的控制权

续表

上市公司/股票代码	基本情况	争夺前公章、证照归属	争夺过程	争夺结果及小结
真视通/002771. SZ	真视通控制权争夺在攻方王小刚、何小波以及守方王国红等5名真视通股东之间展开。 2019年，攻方通过收购守方持有的公司股份，成为上市公司实际控制人。 2020年年初，因攻方未按期向守方支付股份转让款，攻守双方就公司控制权爆发争夺	2020年4月5日，基于攻方拖欠守方股份转让款的情形，为稳定守方情绪，何小波同守方约定由守方委派人员负责保管公司公章、证照。基于该事实，此时守方控制公司公章、证照。需要注意的是，该等约定发生时，公司未进行披露	2021年8月，公司董事会审议通过了关于修订《印章管理制度》《财务管理制度》《货币资金管理制度》等议案，将公司公章管理、财务管理及货币资金管理的权限统一集中到何小波手中。 11月16日，何小波根据上述修改后的制度规定，发函要求守方移交公司公章、证照，但被守方拒绝。何小波随即向北京市朝阳分局安贞里派出所报案。 11月26日，真视通发布公告称公章、证照资料失控。当天，深交所下发关注函，要求公司说明公司公章、财务专用章等印章及证照管理的具体情况，相关管理是否符合规定、是否存在缺陷。 11月30日，真视通向北京市朝阳区人民法院提起公司证照返还之诉，要求守方返还公司公章、证照，北京市朝阳区人民法院于2021年12月14日立案。 12月10日，因公司关于公章、证照失控的公告信息的真实性、准确性、完整性存在问题，北京市证监局对公司及公司董事长何小波、总经理王小刚、董事会	何小波采取修改相关制度、向公安机关报案等方式拟争夺对公章的控制，但攻守双方公章的争夺引起深交所、北京证监局的关注，随着关注函回复的披露及监管措施的作出，公司公章、证照最终交由守方保管，攻方重新取得公司日常事务管理权的目的未成功实现

续表

上市公司/股票代码	基本情况	争夺前公章、证照归属	争夺过程	争夺结果及小结
			秘书李春友采取监管谈话的行政监管措施。 12月31日，公司就深交所《关注函》进行回复，回复内容中第一次公开披露了攻方曾承诺公司执照、公章等均由守方指派至真视通的人员进行管理。 2022年1月20日，真视通发布公告称，公司公章、证照已恢复正常使用。公告后3个月，何小波退出公司控制权争夺。守方取得公司公章、证照控制权	

［1］根据《民事诉讼法》第109条的规定："人民法院对下列案件，根据当事人的申请，可以裁定先予执行：（一）追索赡养费、扶养费、抚养费、抚恤金、医疗费用的；（二）追索劳动报酬的；（三）因情况紧急需要先予执行的。"本案中法院认为攻方申请满足因情况紧急需要先予执行的情形，因此同意将公司公章、营业执照正副本返还公司。

根据上述案例，在争夺公章、证照等关键资料时，常见的手段有向公安报警，提起证照返还之诉并申请先予执行，补办新公章、证照。同时，因公章、证照等关键资料关乎公司治理的稳定性，因此在公章、证照等关键资料的争夺过程中，常常有交易所及监管机构的介入，以督促公司完善内部治理。

（三）如何作废旧公章、证照及补办新公章、证照

鉴于关键资料在控制权争夺中扮演着如此重要的角色，争夺方应尽早掌握关键资料，先下手为强。

但应该指出的是，从笔者的既往经验和调研结论可知，若拟作废旧公章、证照并办理新公章、证照的一方不能有效推动法定代表人配合办理，则公章、证照的换新将难以推进。因此，下面仅就“若法定代表人一方不掌握公章或营业执照，如何能补办公章和营业执照”这一情形下的手续、流程进行汇总梳理，下述信息覆盖了全国多数省份相关部门的做法，供读者参考。

1. 公章的遗失公告

公章的遗失补办必须提前在报纸上进行遗失公告。就笔者了解到的情况，目前全国各地的公章遗失报纸公告均可线上操作，需要的资料包括：（1）营业执照副本（照片或扫描件）；（2）法定代表人身份证正反面（照片或扫描件）；（3）遗失印章的名称、编码。

同时，部分地区刻章机构也可一并代办登报业务。

2. 营业执照的作废声明

根据《市场主体登记管理条例》第 37 条第 2 款的规定，营业执照遗失或者毁坏的，市场主体应当通过国家企业信用信息公示系统（以下简称企信网）声明作废，申请补领。

在企信网上发布作废声明，首先要解决市场主体在企信网的登录问题。虽然全国各省法人登录企信网系统的方式稍有不同，通常分为电子营业执照登录、工商联络员登录、CA 数字证书登录三种，但各省份的企信网入口都允许通过“电子营业执照登录”这一方式，而电子营业执照可由法定代表人本人单独操作并下载：通过微信或支付宝中的“电子营业执照”程序申领电子营业执照。

但需要注意的是，因企信网需要备案每个市场主体的工商联络员，因此法定代表人独自登录企信网并发布营业执照作废声明，存在通过短信通知联络员的可能性，或会导致法定代表人拟更换营业执照这一操作被工商联络员知悉。

在办理完公章登报遗失、发布营业执照作废声明后，即可进入新刻公章和补办营业执照的流程。

3. 刻制公章

根据公安部2019年4月1日发布的《深入推进印章刻制业治安管理改革》，公安部在京召开新闻发布会通报公安部部署开展全国印章刻制业治安管理改革和依法严厉打击“假印章、假公文、假证件”违法犯罪活动工作情况，其中提及“在简政放权方面，公章刻制业特种行业许可证核发由工商登记前置审批事项调整为后置审批，审批权限全部下放至县（区）级公安机关。取消了公章刻制审批，实行备案管理，用章单位到印章刻制企业刻制完印章后由印章刻制企业将相关信息向公安机关备案，并且允许在本省、自治区、直辖市范围内跨县（区）刻制印章。公章刻制备案纳入‘多证合一’，由市场监管部门统一采集企业登记信息并与公安机关信息共享，用章企业不用再重复向公安机关提交相关材料。实行办理时限承诺制，公章刻制业特种行业许可在7个工作日内完成审批，公章刻制在1个工作日内完成”。这也与我们了解到的目前新刻公章的实际情况相吻合，目前大部分省份刻制新章的业务系由拥有公章刻制业特种行业许可证的市场主体进行。

就刻制新章一事，全国各省份均统一要求携带刊登公章遗失公告的报纸原件，此外，各省可能会根据不同标准，要求提供如下材料中的三到五项资料：

（1）营业执照原件/复印件/扫描件。

（2）法定代表人身份证原件/复印件。

（3）经办人授权文件及身份证复印件及原件。

（4）公司名称及统一信用代码。

（5）市场监督管理局调取的工商档案（有些地区只要求提供公司基本信息页面；有些地区要求提供自设立起至今的所有工商档案）。

（6）办理公章遗失登报的发票/收据复印件。

（7）公章丢失《情况说明》（一般要求写明公章因何原因丢失，并于何时在报纸上声明原公章作废，承担刻制新章的法律责任。有些地区要求法定代表人签字并加盖法人章，有些地区要求法定代表人签字并按手印）。

（8）派出所出具的关于公章丢失的报警证明。

（9）《承诺书》（承诺刻制新章没有任何纠纷，由法定代表人和所有股东签署）。

（10）财务专用章。

（11）法定代表人手持身份证的照片。

（12）跨市异地刻制印章的，需提供所属地公安机关同意刻章证明原件。

（13）股东会决议（说明公章遗失并同意刻制新章，需全体股东一致通过并由全体股东签署）。

另外，有些地区会要求必须由法定代表人亲自到场新制公章，甚至还有要求全体股东现场出席办理的。

4. 补办营业执照

就补办营业执照一事，全国各省份均统一要求提供企信网营业执照作废声明的截图，此外，各省可能会根据不同标准，要求提供如下材料中的三到五项资料：

（1）法定代表人身份证原件/复印件。

（2）经办人授权文件及身份证复印件及原件。

（3）《增、减、补、换发证照申请书》或《登记备案申请表》（有些地区要求法定代表人亲自到场签署；有些地区要求加盖公章；有些地区仅法定代表人签字即可并可由刊登公章遗失公告的报纸证明公章已遗失）。

（4）《营业执照遗失承诺书》（一般要求说明营业执照丢失过程和原因，说明于何时已在企信网办理营业执照作废声明。有些地区要求法定代表人签字并加盖公章；有些地区要求全体股东签署）。

（5）股东会决议（说明营业执照遗失并同意补办。有些地区需全体股东一致通过并由全体股东签署；有些地区若发现股东签字与之前材料中签字不一致的，会要求股东面签）。

（6）企业公章。

（7）全体股东或法定代表人在当地市场监督管理局登记注册 App 上实名认证的截图。

（8）全体股东身份证复印件。

（9）市场监督管理局调取的工商档案（有些地区只要求提供公司基本信息页面）。

5. 小结

由前述可见，各地工商部门对公章、营业执照的作废、补办均有不同要求。但总体来说，比较棘手的有以下两类情况：一是要求提供全体股东签章的股东会决议或承诺书；二是在一方既不掌握公章也不掌握证照的情况下，在补办其中一个资料时要求提供另一资料的原件。但应该说，仍然有相当多的地区工商部门并无此类要求，因此，在遇到类似情况时，应第一时间咨询公司所在地工商部门，确认是否可以办理及具体办理流程。

另外，关于补办公章和营业执照的顺序在各地也有不同，有的地区刻制公章时需要携带营业执照原件，因此需要先补办营业执照，再刻制公章；而有的地区补办营业执照时，申领材料中需加盖公章，这就需要先刻制公章，再补办营业执照。因此，笔者仅单独就刻制公章和补办营业执照的相关事宜进行汇总，而二者之间的办理顺序还需在实际办理时咨询当地相关部门。

（四）关于获取公章、证照等关键资料的民事诉讼

1. 纠纷类型

关于公章、证照等关键资料的返还并没有专门性的法律规定，多数情况下，与返还公章、证照相关的诉讼主要分为以下两类：

（1）以“返还公章/证照/其他关键资料”为主要诉讼请求的案件。

若公司与关键资料持有人的主要矛盾集中于返还关键资料，那么公司通常以“返还公章/证照/其他关键资料”为主要诉讼请求，案由为“公司证照返还纠纷”、“返还原物纠纷”和“占有物返还纠纷”等。

此类案件的请求权基础来自物权法的规定，系基于市场主体对公章、证照等享有的所有权和占有权所对应的所有权返还请求权和占有返还请求权。

但应该注意的是，从民事案件案由规定的角度，“返还原物纠纷”和“占有物返还纠纷”均在“物权纠纷”项下，而“公司证照返还纠纷”可能由于其指明了返还标的为公司证照，争议实质与公司经营管理密切相关，因此该案由被列在了“与公司、证券、保险、票据等有关的民事纠纷”项下。

（2）除“返还公章/证照/其他关键资料”外，亦包含其他重要诉讼请求的案件。

若公司与关键资料持有人之间除返还关键资料外，还有其他纠纷需要在诉讼中一并解决，那么通常公司会提出包括返还关键资料、停止侵害公司利益的行为、赔偿损失等多项诉讼请求，而在此情况下，案由则多为“损害公司利益责任纠纷”。

此类案件的请求权基础来自《公司法》第 148 条①关于董事、高级管理人员忠实勤勉义务的规定。

2. 纠纷难点

（1）如何在不掌握公章的情况下提起诉讼。

无论适用上述哪种案由提起诉讼，有权的起诉主体均为公司本身。而公司因不掌握公章而无法提交起诉材料的，由于该类案件的特殊性，一般可由法定代表人签字提交。例如，最高人民法院在（2019）最高法民申 2444 号案件中就曾认定：《民法总则》（已失效）第 61 条第 1 款规定：“依照法律或者法人章程的规定，代表法人从事民事活动的负责人，为法人的法定代表人。”公司法定代表人作为代表公司从事民事活动的负责人，在不与公司章程、授权冲突的前提下，有权行使对内管理公司运营、对外代表公司履行职务等行为。陈某斌作为法定代表人有权代表红邦公司就公司证照返还提起诉

---

① 《公司法》第 148 条规定：“董事、高级管理人员不得有下列行为：（一）挪用公司资金；（二）将公司资金以其个人名义或者以其他个人名义开立账户存储；（三）违反公司章程的规定，未经股东会、股东大会或者董事会同意，将公司资金借贷给他人或者以公司财产为他人提供担保；（四）违反公司章程的规定或者未经股东会、股东大会同意，与本公司订立合同或者进行交易；（五）未经股东会或者股东大会同意，利用职务便利为自己或者他人谋取属于公司的商业机会，自营或者为他人经营与所任职公司同类的业务；（六）接受他人与公司交易的佣金归为己有；（七）擅自披露公司秘密；（八）违反对公司忠实义务的其他行为。董事、高级管理人员违反前款规定所得的收入应当归公司所有。”

讼。一审、二审法院认定陈某斌作为法定代表人有权代表红邦公司就公司证照返还提起诉讼，有法律依据。

而当法定代表人亦无法代表公司对起诉书进行签字时，根据《公司法》第151条①的规定，符合条件的股东在履行了相应前置程序后，亦可提起股东代表诉讼，要求关键资料持有人进行返还。在采用股东代表诉讼方式起诉要求返还关键资料的情况下，其案由应为“损害公司利益责任纠纷”，但在司法实践中，亦存在一定数量以“公司证照返还纠纷”为案由立案成功的案例。

（2）需要证明相应关键资料在被告的掌握之中。

对于返还关键资料的请求，通常的难点在于如何举证该等关键资料在被告掌握中。司法实践中，有如下几类做法：

其一，通过说明持有人在公司担任重要职位，依据相关法律规定及公司章程的规定说明持有人是法律或章程规定的有权/有义务使用、保管相应关键资料的人。

通常而言，法律法规、公司章程并不会直接规定公章、证照的保管责任人，但一般情况下，发生证照、公章等公司关键资料返还纠纷时，被告大概率在公司曾经担任过高管职位，才有可能掌握公司的证照、公章等关键资料。法律法规以及公司章程会对公司相关职位的职权进行规定，因此，可以从被告职权范围的角度说明被告有权/有义务使用、保管公章、证照等相关资料。

例如，《民法典》第61条第1款规定，“依照法律或者法人章程的规定，代表法人从事民事活动的负责人，为法人的法定代表人”，《公司法》

---

① 《公司法》第151条规定：“董事、高级管理人员有本法第一百四十九条规定的情形的，有限责任公司的股东、股份有限公司连续一百八十日以上单独或者合计持有公司百分之一以上股份的股东，可以书面请求监事会或者不设监事会的有限责任公司的监事向人民法院提起诉讼；监事有本法第一百四十九条规定的情形的，前述股东可以书面请求董事会或者不设董事会的有限责任公司的执行董事向人民法院提起诉讼。监事会、不设监事会的有限责任公司的监事，或者董事会、执行董事收到前款规定的股东书面请求后拒绝提起诉讼，或者自收到请求之日起三十日内未提起诉讼，或者情况紧急、不立即提起诉讼将会使公司利益受到难以弥补的损害的，前款规定的股东有权为了公司的利益以自己的名义直接向人民法院提起诉讼。他人侵犯公司合法权益，给公司造成损失的，本条第一款规定的股东可以依照前两款的规定向人民法院提起诉讼。”

第 49 条[①]规定了经理的职权，因此，如果被告离任前担任过法定代表人、总经理，其应当有权/有义务使用、保管公司公章、营业执照等代表公司身份的资料。

在山东省高级人民法院作出的（2014）鲁民四终字第 195 号判决中，被告陈某奎在离任前担任公司法定代表人、总经理，公司起诉要求陈某奎返还公司印章、证照，法院认为，“在没有公司章程特别规定的情况下，陈某奎作为邦盛公司的原法定代表人、总经理，任职期间，有权控制支配印章，是印章、证照的实质掌管返还移交义务人，在不担任公司的法定代表人之后，继续持有公司印章、证照已经没有依据，作为公司的高级管理人员，其对公司负有忠实勤勉义务，应该将上述证照、印章等予以交还”。

在上海市第一中级人民法院作出的（2017）沪 01 民终 10893 号判决中，被告李某男在离任前担任公司法定代表人，被告杨某在离任前担任公司总经理，公司起诉二人要求其返还公司证照，法院认为“李某男作为上海讯奇公司曾经的法定代表人，改选前，对内、对外代表公司，对保管公司的重要文件负有相应的义务”“上海讯奇公司章程未对总经理职权作具体约定，根据法律规定，总经理的职权包括主持生产经营管理工作、制定公司基本规章、基本管理制度等。由于公章、证照、重要文件等系上海讯奇公司生产经营的基本文件，故杨某在任职过程中有义务对上述文件的保管制定管理制度和规章”。法院基于被告二人的职位，认可其二人有权/有义务使用、保管公司公章、营业执照等公司经营必备的资料。

同样，在四川省成都市中级人民法院作出的（2014）成民终字第 1765 号判决中，被告林某海离任前为公司总经理，公司起诉要求其返还公司证照、公章，法院认为，“虽然英中耐成都公司未在举证期限内向原审法院提交相应证据证明除公司公章外的其他证照及资料仍由林某海保管，但林某海为公

---

① 《公司法》第 49 条规定：“有限责任公司可以设经理，由董事会决定聘任或者解聘。经理对董事会负责，行使下列职权：（一）主持公司的生产经营管理工作，组织实施董事会决议；（二）组织实施公司年度经营计划和投资方案；（三）拟订公司内部管理机构设置方案；（四）拟订公司的基本管理制度；（五）制定公司的具体规章；（六）提请聘任或者解聘公司副经理、财务负责人；（七）决定聘任或者解聘除应由董事会决定聘任或者解聘以外的负责管理人员；（八）董事会授予的其他职权。公司章程对经理职权另有规定的，从其规定。经理列席董事会会议。”

司总经理，对外代表公司开展经营活动，其当然持有合同专用章、营业执照正副本、组织机构代码正副本、税务登记证”。

在上述案例中，法院均以被告具有法定代表人、总经理的身份认定被告有权/有义务使用、保管公章、证照等相关资料。

需要注意的是，也有法院在说明被告曾经作为法定代表人、总经理时，也会对被告是否实际负责业务或能够接触使用公司关键资料进行查明，在上述上海市第一中级人民法院作出的（2017）沪01民终10893号判决中也查明“上海讯奇公司提供的证据也显示，杨某有较多机会接触公司的证照和重要文件”。在北京市第三中级人民法院作出的（2018）京03民终10012号判决中，法院同样认定“陆某担任公司总经理，且陆某亦认可天马运通公司自改制至今始终由其负责日常经营管理。故，在陆某任职期间，其实际行使天马运通公司的经营管理权，亦负有保管公司证照、印鉴章和财务账册等的义务，因此也具备相应的返还能力”。

同时，即便被告身为法定代表人或总经理，除了公司公章、营业执照类关键资料外，法律及公司章程相关规定并不能说明公司所有的印章均在其掌握之中，对于具体的办事章等资料，还需要提供进一步的证据证明该资料由被告控制。

例如，在山东省高级人民法院作出的（2014）鲁民四终字第195号判决中，虽然被告曾经担任法定代表人、总经理，但法院认为“关于忠旺公司要求陈某奎交还邦盛公司内部各机构或部门印章的诉讼请求，忠旺公司未提供证据证明公司内部印章客观存在并由陈某奎实际掌控，对忠旺公司该项请求不予支持”。同样，在四川省成都市武侯区人民法院作出的（2011）武侯民初字第4877号判决中，被告张某志也曾担任公司经理，但法院认为“至于原告起诉称张某志还持有组织机构代码证、医疗器械经营企业许可证、税务登记证、会计账簿凭证等，缺乏证据支持”。

其二，通过证明持有人实际控制公司，进而推定关键资料在其掌握之中。

例如，在山东省高级人民法院作出的（2012）鲁商终字第199号判决中，法院认为，“在外方董事会并未委派监管人员常驻公司，亦没有任何董事在公司负责经营管理的情况下，周某刚又在被董事会聘用为公司总经理期间，全面负责公司的经营管理，结合周某刚代表公司多次对外签订合同等事实，其为青岛信华毛纺有限公司的实际控制人”，在此基础上，法院认为，“周某刚在担任青岛信华毛纺有限公司总经理期间，作为公司的高级管理人员和公司的实际控制人，控制公司公章以及其他必要证照、财务账簿是其应有的职责，故周某刚是青岛信华毛纺有限公司所主张的公司公章、财务章、合同专用章，以及公司营业执照、批准证书、组织机构代码证、税务登记证、外汇管理登记证、海关登记证和公司财务账簿的实际控制人”。

其三，通过其他证据（包括但不限于交接清单、录音、公司备案文件、公安询问笔录等）证明关键资料在被告的掌握之中。

例如，在山东省高级人民法院作出的（2012）鲁商终字第 199 号判决中，法院认为“原审法院多次联系公司会计郭某飞、于某，公司办公室负责人刘某均未果，但在莱西市人民法院（2010）西民初字第 2093 号案中及该案中，周某刚均能调取青岛信华毛纺有限公司财务账目，在该案中周某刚还提交了陈某铭领取伙食补贴的财务账目，由此可知，周某刚至今实际控制青岛信华毛纺有限公司的财务会计资料”。在该案中，原告为证明公司公章在被告周某刚处，还提供了公司 2008 年度和 2009 年度《外商投资企业联合年检报告书》，两份年检报告书中“境外股东（发起人）的境内法律文件送达接受人”均载明为周某刚。法院认为“在 2009 年度青岛信华毛纺有限公司年检报告书加盖的公章由原来的椭圆形公章更换为圆形公章，原审法院为查明公章刻制手续，多次到莱西市公安局调查，均未果。该事实证明周某刚控制了青岛信华毛纺有限公司公章”。

在四川省成都市武侯区人民法院作出的（2011）武侯民初字第 4877 号判决中，法院通过公安的笔录、公司的工商备案文件以及被告的自认等证据认为“被告张某志于庭审中答辩称印鉴证照均由公司保管，具体保管人员为何某燕。但经本院对成都市公安局武侯分局治安科向张某志、何某燕制作的《询问笔录》审查，张某志自认公司公章、财务专用章、法人章自 2011 年 6 月起由其持有。此说法与何某燕在《询问笔录》中的陈述一致。此外，《武侯工商行政管理局通知书》也认定，企业法人营业执照在张某志处。综合以上证据显示，张某志持有成都欣翼隆生物科技有限公司公章、财务专用章、法定代表人印章及企业法人营业执照，应当向成都欣翼隆生物科技有限公司返还”。

其四，即便相应关键资料并非由被告亲自掌握，而是由其他员工保管，一般情况下，法院仍会认定员工是在作为高管的被告的授意下对关键资料进行保管的，因此即便相关资料不在被告手中，法院认为返还资料的义务人仍然是被告。

例如，在山东省高级人民法院作出的（2012）鲁商终字第199号判决中，法院认为“总经理不一定直接持有公司公章、证照、账册等，但可以委派其工作人员持有公司公章、证照、账册，能对持有公章、证照、账册的工作人员行使管理、支配权。鉴于周某刚在担任公司总经理期间，是公司的实际控制人，即为上述物品的实际控制人，现周某刚已被公司董事会解除了总经理职务，失去了控制公司公章以及证照的权力，周某刚拒不返还的行为系不当占有，应将相应的物品返还给青岛信华毛纺有限公司”。

在山东省高级人民法院作出的（2014）鲁民四终字第195号判决中，法院认为“法定代表人、总经理的控制和支配有别于一般工作人员基于公司安排所具有的保管职责，一般工作人员基于工作安排的保管不具有控制和支配性质，判令一般工作人员承担返还义务没有依据。陈某奎关于其不实际持有印章、证照，无法返还的理由不成立”。

在北京市第三中级人民法院作出的（2018）京03民终10012号判决中，法院认为“即使上述物品由公司工作人员保管，也是因总经理陆某对其的职务安排和授权，辅助其管理，故仍应视为上述诉争物品由陆某实际占有”。

（3）如何确保在判决前被告不能利用关键资料进行损害公司利益的活动。

由于起诉距离法院作出生效判决的周期较长，而在此期间被告仍持有相关关键资料，可能损害公司利益和交易安全。因此，我们认为可考虑在该等诉讼的起诉阶段同时提出行为保全的申请，以期解决上述问题。虽然行为保全申请整体的通过率尚不明确，但仍不妨碍原告在起诉时尝试提出相关行为保全的申请。有关行为保全的内容在本书中其他部分有详细讲解，此不赘论。

（五）小结

总体来说，关键资料的争夺应注意三方面的问题：第一，须具有合法持有该等关键资料的法律基础，这部分法律基础需要依靠控制权争夺中的其他手段和环节予以完善、完成；第二，在办理新的公章、证照时，须参考公司注册地相关部门的做法，因此在产生需求时应及时向注册地有关部门咨询落实；第三，在要求返还关键资料的相关诉讼中，应注意事先就关键资料掌握在被告处等重要事项进行取证并考虑采取行为保全措施。

四、釜底抽薪——民刑两手追责对方主要人员

公司是由自然人运营的实体，因而实现对对方阵营具体人员的追责，亦是在上市公司控制权争夺过程中虽间接，但行之有效的手段。企业董事高管有可能会涉及哪些法律风险，又能拿起怎样的法律武器，本部分内容将系统予以介绍。

（一）以追责对方董事、高管作为控制权争夺手段的典型案例概述

经笔者检索，根据董事、高管被行使的不同追责手段，将部分典型案例汇总如表 5－13 ~ 表 5－15 所示：

表 5－13　使用民事诉讼手段的案例

公司简称/股票代码	一审原告	一审被告	诉讼事由与诉讼请求	诉讼进展	监管关注
皖通科技/002331. SZ	皖通科技	董事易某辉（系控制权争夺中的守方之一）	1. 诉讼案件一：易某辉在重组交易后的股份锁定期内签署一致行动人协议，违反了其关于不以任何方式直接或者间接增持公司股份的承诺，原告诉请解除与易某辉之间的增资合同，要求其配合办理相应股份的注销手续。 2. 诉讼案件二：易某辉不执行皖通科技股东决定、董事会决议，拒绝移交子公司印章、证照等资料。原告诉请免去易某辉担任的子公司董事等职务	原告撤诉	交易所多次对公司发出关注函，要求公司对一致行动协议的签署及披露情况、公司对子公司的控制情况、相关诉讼案件的具体情况作出说明

续表

公司简称/股票代码	一审原告	一审被告	诉讼事由与诉讼请求	诉讼进展	监管关注
兰州黄河/000929. SZ	湖南昱成投资有限公司（系公司第二大股东）	董事长杨某江（同时担任控股股东的董事长）、兰州黄河	1. 诉讼事由：原告认为公司控股股东兰州黄河新盛投资有限公司（以下简称新盛投资，为第三人）参会人员无权在兰州黄河2019年第一次临时股东大会（以下简称股东大会）上投票表决、新盛投资董事长杨某江代表新盛投资在兰州黄河临时股东大会上的投票行为无效。 2. 诉讼请求：（1）请求判决确认杨某江代表新盛投资在公司股东大会上的投票行为无效。（2）请求判令撤销公司股东大会决议。（3）请求判令公司从股东大会的表决股份中扣除新盛投资的表决股份后重新计算各项议案的实际表决结果并作出合法有效的决议	一审原告诉讼请求被驳回、二审维持原判	无监管措施

表5-14 使用刑事报案手段的案例

公司简称/股票代码	报案方	被报案方	案情	报案结果	监管关注
新潮能源/600777. SH	新潮能源（推测为控制权争夺中胜出的刘某方主导）	公司部分前任管理层（未披露具体人员，推测为控制权争夺中失败的刘某臣方的代表）	1. 公司于2018年3月使用募集资金6.5亿元临时补充流动资金，截至2019年年末仍未归还。 2. 2021年3月广州农村商业银行股份有限公司起诉公司承担差额补足义务，该案中公司部分前	2019年6月，部分前任管理人员因任职期间涉嫌职务犯罪被公安机关刑事立案侦查；2021年5月，部分前任管理人员涉嫌背信损害上市公司利益一案与前述立案侦查的专案并案侦查。	交易所发出问询函，围绕保护上市公司、中小投资者及债权人的合法权益的问题就报案情

续表

公司简称/股票代码	报案方	被报案方	案情	报案结果	监管关注
			任管理层涉嫌背信损害上市公司利益	截至2022年6月30日，尚无法进一步了解上述案件的新进展	况要求公司作出说明
莱绅通灵/603900.SH	莱绅通灵（推测为控制权争夺中失败的守方、原董事长及控股股东沈某军主导）	董事马某2和蔺某泽（系控制权争夺中胜出的攻方）	税务局在例行检查中发现公司2005年至2015年（公司上市前）有税务违法嫌疑，嫌疑人主要为马某2、蔺某泽	公安局受理公司关于马某2、蔺某泽涉嫌职务侵占、虚开增值税发票、挪用资金等的报案后决定不予立案	无监管措施
*ST顺利/000606.SZ	连某桂（系控制权争夺中的攻方、公司的第一大股东）	董事长彭某（系控制权争夺中的守方、公司第二大股东）	公司回应未收到任何报案相关的法律文书，对案情不了解	彭某辞去董事长；因彭某已不担任公司董事职务，截至2022年6月30日，公司未公告最新进展	交易所发出关注函，要求公司说明案件具体情况及对公司的影响
*ST中昌/600242.SH	*ST中昌（系控制权争夺中的守方陈某铭等人主导）	董事厉某南（系控制权争夺中的攻方）	1. 公司对下属公司的核查工作中发现厉某南在其任职期间涉嫌挪用资金、侵占公司利益。 2. 厉某南涉嫌伪造/变造公司文件	已立案，截至2022年6月30日，案件无新进展	交易所发出监管工作函，要求公司说明案件的情况、进展和对公司的影响，并及时披露信息

续表

公司简称/股票代码	报案方	被报案方	案情	报案结果	监管关注
皖通科技/002331.SZ	未知	原董事长周某展（系控制权争夺中的守方之一）	举报周某展涉嫌职务侵占罪，具体案情未知	公安机关认为周某展无职务侵占犯罪事实，不应对其追究刑事责任，撤销了立案	无监管措施

表5-15 使用向监管部门投诉手段的案例

公司简称/股票代码	投诉方	被投诉方	投诉事由	投诉结果
山东墨龙/002490.SZ	投资者	山东墨龙及其时任董事长、董事会秘书（系控制权争夺中的其他方、代表公司原控股股东张某荣）	控股股东对外签署表决权委托的意向协议而公司未进行披露	2020年11月，交易所发出问询函要求公司对未及时披露信息的情况进行回复；2020年12月、2021年11月，山东证监局和中国证监会先后就公司未披露信息的情况对山东墨龙及其时任董事长、董事会秘书和张某荣作出责令改正、出具警示函、记入证券市场诚信档案和罚款的处罚措施

（二）可启动的与董事、监事、高管责任相关的民事诉讼

如上所述，在控制权争夺中将打击对方董监高作为争夺的手段之一已不鲜见，这些打击手段中包含民事诉讼和刑事举报，笔者先就民事诉讼部分按不同的案由梳理总结如下：

1. 董事、监事、高管违反忠实义务损害公司利益之诉

（1）法律规定。

《公司法》第147条规定：“董事、监事、高级管理人员应当遵守法律、行政法规和公司章程，对公司负有忠实义务和勤勉义务。董事、监事、高级

管理人员不得利用职权收受贿赂或者其他非法收入，不得侵占公司的财产。”

《公司法》第148条规定：“董事、高级管理人员不得有下列行为：（一）挪用公司资金；（二）将公司资金以其个人名义或者以其他个人名义开立账户存储；（三）违反公司章程的规定，未经股东会、股东大会或者董事会同意，将公司资金借贷给他人或者以公司财产为他人提供担保；（四）违反公司章程的规定或者未经股东会、股东大会同意，与本公司订立合同或者进行交易；（五）未经股东会或者股东大会同意，利用职务便利为自己或者他人谋取属于公司的商业机会，自营或者为他人经营与所任职公司同类的业务；（六）接受他人与公司交易的佣金归为己有；（七）擅自披露公司秘密；（八）违反对公司忠实义务的其他行为。董事、高级管理人员违反前款规定所得的收入应当归公司所有。”

《公司法》第149条规定：“董事、监事、高级管理人员执行公司职务时违反法律、行政法规或者公司章程的规定，给公司造成损失的，应当承担赔偿责任。”

根据上述法律规定，笔者认为，董监高存在两种身份的竞合，一是为公司谋取利益的公司人员，二是为个人谋取利益的独立个体。而忠实义务则是指，董监高在执行公司职务时，面对前述两种利益产生的矛盾，应始终将公司利益放在首位，其行为应当符合公司之需求，而不应为自己或其他方谋取利益，更不应因此而损害公司利益。

（2）常见的违反忠实义务的行为类型。

根据《公司法》第148条的规定，可将违反忠实义务的行为归纳为以下几种类型：

①直接对公司资金造成影响。

包括：挪用公司资金；将公司资金以其个人名义或者以其他个人名义开立账户存储；违反公司章程的规定，未经股东会、股东大会或者董事会同意，将公司资金借贷给他人或者以公司财产为他人提供担保；接受他人与公司交易的佣金归为己有。

②对公司商业机会或交易造成影响。

包括：未经股东会或者股东大会同意，利用职务便利为自己或者他人谋取属于公司的商业机会，自营或者为他人经营与所任职公司同类的业务；违反公司章程的规定或者未经股东会、股东大会同意，与本公司订立合同或者进行交易。

③对公司其他事情造成影响。

包括：擅自披露公司秘密。

应当注意，《公司法》第148条第8款“违反对公司忠实义务的其他行为”给未在该条中列明的其他违反忠实义务的情形作了兜底规定，一般理解，除该条已经列明的情形之外，违反忠实义务的行为还可以包括：

①违反竞业/兼业禁止义务，如在与公司存在竞业关系的其他公司任职；

②利用关联交易损害公司利益（详见下文“董事、高管关联交易损害公司利益之诉”）；

③涉及管理报酬的案件。如果公司管理报酬过高或者公司给管理者提供边际利润，而接受报酬的人实际上没有对公司做出相应的贡献，同样构成前述对公司资产的“劫掠”和“浪费”。[①]

（3）原告主体资格。

作为上市公司控制权争夺中的攻方或守方，当对方相关人员违反了忠实义务时，究竟谁是有权利提起相应诉讼的主体？这关系到攻方和守方谁更有条件提起该等诉讼。

根据《公司法》第149条的规定，“董事、监事、高级管理人员执行公司职务时违反法律、行政法规或者公司章程的规定，给公司造成损失的，应当承担赔偿责任”，不论违反忠实义务的具体情形为何，损害的均为公司的利益，公司作为被损害利益的主体理应为适格原告。

因此，在上市公司为适格原告的情况下，上市公司控制权争夺中的守方显然更具备起诉条件。但是，对于攻方而言，虽其难以通过上市公司对相应董监高提起诉讼，其仍然可以通过股东派生诉讼解决该问题。

《公司法》第151条规定，“董事、高级管理人员有本法第一百四十九条规定的情形的，有限责任公司的股东、股份有限公司连续一百八十日以上单

---

① 2015年8月25日，最高人民法院杨心忠法官，《损害股东利益责任纠纷》。

独或者合计持有公司百分之一以上股份的股东，可以书面请求监事会或者不设监事会的有限责任公司的监事向人民法院提起诉讼；监事有本法第一百四十九条规定的情形的，前述股东可以书面请求董事会或者不设董事会的有限责任公司的执行董事向人民法院提起诉讼。监事会、不设监事会的有限责任公司的监事，或者董事会、执行董事收到前款规定的股东书面请求后拒绝提起诉讼，或者自收到请求之日起三十日内未提起诉讼，或者情况紧急、不立即提起诉讼将会使公司利益受到难以弥补的损害的，前款规定的股东有权为了公司的利益以自己的名义直接向人民法院提起诉讼。他人侵犯公司合法权益，给公司造成损失的，本条第一款规定的股东可以依照前两款的规定向人民法院提起诉讼”。

因此，对于攻方而言，若其可以促使“连续一百八十日以上单独或者合计持有公司百分之一以上股份的股东”向监事会或董事会提出起诉请求，当监事会或董事会不予起诉时，前述股东可以自己的名义就相应董监高损害公司利益之诉提起派生诉讼。

（4）实操困境及解决方式。

前面已详述董监高违反忠实义务的类型，而如何判断董监高实际违反了这些义务，才是该类案件中的裁判要点。司法实践中，法院判决不支持董监高损害公司利益的主要原因即为原告提供的证据不足以证明董监高违反了忠实义务。因此，如何举证证明董监高违反了忠实义务，是该类案件的重点所在。

以“董监高侵占或挪用公司资产”这种情况为例，原告通常可提供财务资料、银行转账凭证、内部审批单作为证据。

为获取相应证据，也可运用司法鉴定或司法审计，来证明董监高对忠实义务的违反。如在（2013）闸民二（商）初字第S804号一案中，公司发现其CEO兼董事存在违反忠实义务的情况，于是在诉前即要求该名董事配合进行审计，但遭到该名董事拒绝。而后在诉讼过程中，进行了司法审计，最终法院结合司法审计的鉴定意见和其他证据，认定该名董事存在违反忠实义务的行为。

同时，因侵占/挪用公司资产存在构成挪用资金罪或职务侵占罪的可能，所以公司不仅可能提起民事诉讼，也可能进行刑事举报。这意味着刑事方面的材料亦可作为民事诉讼的证据，如四川省高级人民法院在（2019）川民申5414号案中所述“刑事判决虽以证据不足判决陈某禄不构成挪用资金罪，但由于刑事诉讼、民事诉讼各自的证明标准不同，一审、二审根据优势证据原则认定陈某禄在担任恒宇公交公司法定代表人期间，未经其他股东同意占用恒宇公交公司资金164 403元修建石棉县恒宇物流有限责任公司汽车维修养护分公司至今未归还的事实正确”，因而最终在针对陈某禄损害公司利益的民事案件中支持了追究陈某禄作为企业高管的责任。

2. 董事、监事、高管违反勤勉义务损害公司利益之诉

（1）法律规定。

《公司法》第147条规定，“董事、监事、高级管理人员应当遵守法律、行政法规和公司章程，对公司负有忠实义务和勤勉义务。董事、监事、高级管理人员不得利用职权收受贿赂或者其他非法收入，不得侵占公司的财产”。

如全国优秀案例（2018）浙1003民初4397号一案的评述所言，“勤勉义务是指公司董事、监事、高管根据法律、行政法规、公司章程的规定，积极、勤奋履行职责，以维持公司正常经营活动的谨慎和合理性注意义务。主要规定于我国《公司法》、《证券法》和《企业破产法》中。但上述法律对公司高管的勤勉义务，除了简单的概念提出外，均没有具体明确的表述，也没有统一明确的履行标准，因而导致司法实践中对勤勉义务的认定困难、裁判分歧”。

（2）常见的违反勤勉义务的行为类型。

如上所述，虽然《公司法》并未明确违反勤勉义务的类型，但最高人民法院杨心忠法官在《损害股东利益责任纠纷》一文中所述的违反勤勉义务的类型，可供各位读者参考：

①董事、监事、高管因重大过失导致公司利益受损，如在项目投资上的重大失误；在存在竞争收购的情况下，公司选择了较低价格出售公司股份；

②董事、监事、高管浪费公司资产，如公司进行不合理的巨额捐赠却与公司利益没有明显关系，将构成公司资产的浪费。

（3）原告主体资格。

与董监高违反忠实义务一致，在董监高因违反勤勉义务而被起诉的案件中，适格原告是公司和连续180日以上单独或者合计持有公司1%以上股份的股东（派生诉讼）。由股东起诉的，应注意履行股东派生诉讼的前置程序。

（4）审判要点。

正如前文所述，我国法律并未对勤勉义务的类型进行明确规定。因此，法院在判断董监高是否违反勤勉义务的前提是对勤勉义务的认定。

如浙江省台州市黄岩区法院在《农银人寿保险股份有限公司台州中心支公司诉於青国损害公司利益责任纠纷案——公司高级管理人员违反勤勉义务的司法认定》中的评述，“认定公司高级管理人员是否违反勤勉义务，应通过公司章程或其他规章制度来审查高级管理人员的职责范围及应负的合理监督义务，确定公司高级管理人员勤勉义务的具体内容，再根据认定的勤勉义务内容，来审查该违反行为有无给公司造成损失，从而确定其是否应当承担相应的赔偿责任”。[①] 同时，该案亦就举证责任进行说明，“公司一方需举证证明以下事项：高管有违反勤勉义务或者有违反法律、行政法规或者公司章程的行为，公司存在实际损失，上述人员的行为与公司损失之间存在因果联系。而被追责的高管需证明以下抗辩事项：其履行职责时尽到了勤勉义务，其行为符合法律、法规或公司章程的规定，公司不存在实际损失或造成公司损失的原因是不可抗力、商业风险等不可归责于高管的原因”。

因此，在该等案件中，应先根据公司的相关制度确定勤勉义务的内容，再进行判断。如最高人民法院在（2020）最高法民申640号案中所述，“从法律规定看，《公司法》（2005年修订）仅原则性规定了公司高级管理人员的勤勉义务，并未规定违反勤勉义务的具体情形。综观公司法实践，勤勉义务所要求的尽一个普通谨慎之人在类似情况下应尽到的合理注意，是一个经过实践而被逐渐总结出来的标准。面对市场不断变化的商事交易实践，如果要求每一个经营判断都是正确的，其结果会使公司高级管理人员过于小心谨

① 最高人民法院中国应用法学研究所编：《人民法院案例选》2020年第8辑（总第150辑），人民法院出版社2020年版，第153页。

慎，甚至裹足不前，延误交易机会，降低公司经营效率，最终不利于实现公司和股东权益。特别是在不涉及公司高级管理人员个人利益与公司利益冲突等可能违反忠实义务的情形中，公司高级管理人员依照法律和公司章程履行经营管理职责的行为，应受到法律的认可和保护。盖某作为海之杰公司的总经理，具有依照法律和公司章程主持公司生产经营管理工作的职权。从海之杰公司在原审中提交的《山东海之杰纺织有限公司章程》的具体内容看，海之杰公司赋予了总经理组织领导公司日常生产技术和经营管理工作的广泛职权。涉案交易中，包括海之杰公司与祥辉公司签订衬衫供货合同、与黄冈市金律纺织有限公司签订产品采购合同、在广州采购光坯布，均系盖某为开展公司日常经营而履行总经理职权的行为，并未超越海之杰公司章程规定的职责范围”。

综上可知，若董监高是在公司相关规定范围内正常行使其职权，公司不得仅仅因为正常业务产生的正常损失而主张董监高违反了勤勉义务，进而要求董监高承担损害公司的相关责任。

3. 董事、监事、高管关联交易损害公司利益之诉

（1）法律规定。

《公司法》第21条规定，“公司的控股股东、实际控制人、董事、监事、高级管理人员不得利用其关联关系损害公司利益。违反前款规定，给公司造成损失的，应当承担赔偿责任”。

根据上述法律规定，若公司主张董监高利用关联交易损害公司利益，并提起关联交易损害公司利益之诉时，应注意证明：①在关联交易发生时，该人员是公司在职的董监高；②公司关联交易的对方是该人员的关联方；[①] ③关联交易应由该人员利用其职权所主导，主导的表现包括但不限于：内部审批通过关联交易、指示公司人员进行关联交易；④关联交易对公司造成了损失。

① 根据《公司法》第216条第4款的规定，“关联关系，是指公司控股股东、实际控制人、董事、监事、高级管理人员与其直接或者间接控制的企业之间的关系，以及可能导致公司利益转移的其他关系。但是，国家控股的企业之间不仅因为同受国家控股而具有关联关系”。

（2）原告主体资格。

《公司法解释（五）》第 1 条规定，“关联交易损害公司利益……公司没有提起诉讼的，符合公司法第一百五十一条第一款规定条件的股东，可以依据公司法第一百五十一条第二款、第三款规定向人民法院提起诉讼”，关联交易损害公司利益之诉的适格原告包括公司和股东。当然，由股东提起诉讼的，应当履行《公司法》规定的前置程序。

（3）审判难点。

在关联交易损害公司利益之诉中，如同该类型案件的本质为侵权案件一样，如何证明公司遭受的损失是常见的认定难点。经汇总相关案例，依据不同的关联交易类型，损失通常包括以下几种情形：

①在关联销售/采购中，未回款/未收到采购货物的，可直接认定为存在损失，无须通过诉讼或其他方式先行确定损失；

②在关联销售/采购中，以不合理低价销售/不合理高价采购，通常要通过比对国内同行业价格/其他商家交易价格/该公司过往交易价格/成本或取得对价来确定公允价格的标准，进而确定损失；

③在资金往来/占用中，直接以往来或占用费用为损失。

（三）可启动的与董事、监事、高管责任相关的刑事举报

1. 职务侵占罪

《刑法》第 271 条第 1 款规定，“公司、企业或者其他单位的工作人员，利用职务上的便利，将本单位财物非法占为己有，数额较大的，处三年以下有期徒刑或者拘役，并处罚金；数额巨大的，处三年以上十年以下有期徒刑，并处罚金；数额特别巨大的，处十年以上有期徒刑或者无期徒刑，并处罚金”。

根据上述法律规定可知，构成本罪需包含三个要件：

（1）犯罪主体是公司、企业或者其他单位的人员，但不包括其中依法从事公务的国家工作人员；

（2）犯罪行为是利用职务上的便利将本单位的财物非法占为己有且数额较大的行为，其中利用职务上的便利系指利用自己主管、管理、经营、经手

单位财物的便利条件；

（3）主观方面应为故意，应有非法占有之目的，过失不能构成本罪。

具体到立案追诉标准，根据最高人民检察院、公安部联合于2022年4月6日最新发布的《关于公安机关管辖的刑事案件立案追诉标准的规定（二）》（以下简称《立案追诉标准规定（二）》）第76条的规定，对职务侵占的立案标准进行下调，职务侵占数额在三万元以上的，即应予立案追诉。根据最高人民法院、最高人民检察院《关于办理贪污贿赂刑事案件适用法律若干问题的解释》第1条、第2条、第3条、第11条的规定，贪污或者受贿数额在3万元以上不满20万元的，应当认定为刑法第383条第1款规定的"数额较大"；贪污或者受贿数额在20万元以上不满300万元的，应当认定为刑法第383条第1款规定的"数额巨大"；贪污或者受贿数额在300万元以上的，应当认定为《刑法》第383条第1款规定的"数额特别巨大"。非国家工作人员受贿罪中的"数额较大""数额巨大"的数额起点，按照受贿罪相对应的数额标准规定的2倍、5倍执行。职务侵占罪的量刑幅度及对应的数额标准如表5-16所示：

表5-16　职务侵占罪的量刑幅度及对应的数额标准

罪名	定罪量刑	触发标准
职务侵占罪	3年以下有期徒刑或者拘役，并处罚金	≥6万元
	3年以上10年以下有期徒刑，并处罚金	≥100万元
	10年以上有期徒刑或无期徒刑，并处罚金	暂无明确规定

深入司法实践中，职务侵占罪的主要犯罪手法通常包括虚构交易（具体为虚增中间交易环节，低买高卖，从中赚取差价的行为）、截留收入（如金融机构人员截留客户资金、公司业务人员利用销售的便利条件，公款私收，截留公司收入）、虚增支出（如通过电商平台进行虚拟财产采购过程中的虚增支出行为）、吃空饷、直接侵占公司财物等。①

① 参见李斌：《最高检教你怎么做企业内控合规》，载微信公众号"Legal观察"2022年5月6日，https：//mp. weixin. qq. com/s/SesHxlwtK-qLnCBFIT5KnQ。

尽管可以通过对司法判例的归纳对职务侵占行为类型有一定的了解，但因侵占行为通常都具有较强的隐蔽性，因此实践中存在诸多追诉难点：包括线索发现难（目前企业内部舞弊行为越来越隐蔽化，通常需要靠他人举报、企业数据出现异常、企业内部调查）、举证难（通常无法掌握公司利益被侵占的过程细节以及资金流向，甚至会导致无法进入追诉程序）、数额认定难（本罪的立案标准为 3 万元，因此对侵占数额的认定很重要，但尤其是在一些涉及虚拟财产、涉及正常交易与异常交易混同的情况下，往往很难认定犯罪数额）、立案难（由于直接证据很难获取，尤其是在缺乏当事人主动的情况下，企业的控告行为往往会被公安机关认为证据不足，而无法正式立案）、追赃难（员工通常会将侵占钱款进行挥霍消费或多人分赃分散，导致不易追赃）。①

鉴于以上情况，建议企业在针对职务侵占进行初期内部调查时，应掌握合同、付款等基础资料，再结合交易异常情况对相关人员进行初步背调；同时，针对商业贿赂与侵占行为混杂的情形，要注意理清利益来源和去向，这涉及非国家工作人员受贿罪和职务侵占罪的区分问题，也涉及最终违法所得是追缴还是退赔被害人的问题；最后，因为员工通常会辩解其只是暂时借用或者与公司存在经济纠纷，所以要注意需提前对员工是否有归还能力和归还意愿进行查证。②

2. 挪用资金罪

《刑法》第 272 条第 1 款规定："公司、企业或者其他单位的工作人员，利用职务上的便利，挪用本单位资金归个人使用或者借贷给他人，数额较大、超过三个月未还的，或者虽未超过三个月，但数额较大、进行营利活动的，或者进行非法活动的，处三年以下有期徒刑或者拘役；挪用本单位资金数额巨大的，处三年以上七年以下有期徒刑；数额特别巨大的，处七年以上有期徒刑。"

---

① 参见李斌：《最高检教你怎么做企业内控合规》，载微信公众号"Legal 观察"2022 年 5 月 6 日，https：//mp. weixin. qq. com/s/SesHxlwtK－qLnCBFIT5KnQ。

② 参见李斌：《最高检教你怎么做企业内控合规》，载微信公众号"Legal 观察"2022 年 5 月 6 日，https：//mp. weixin. qq. com/s/SesHxlwtK－qLnCBFIT5KnQ。

根据上述法律规定可知，构成本罪需包含三个要件：其一，犯罪主体是公司、企业或者其他单位的人员，但不包括其中依法从事公务的国家工作人员。① 其二，主观方面应为故意，过失不能构成本罪。其三，犯罪行为是利用职务上的便利挪用本单位资金的行为，其中“挪用”具体包括以下三种情况：

①挪用本单位资金归个人使用或者借贷给他人，数额较大、超过3个月未还的。

根据《立案追诉标准规定（二）》第77条第2款的规定，“归个人使用”包括以下几种情形：（a）将本单位资金供本人、亲友或者其他自然人使用的；（b）以个人名义将本单位资金供其他单位使用的；（c）个人决定以单位名义将本单位资金供其他单位使用，谋取个人利益的。

②挪用本单位资金归个人使用或者借贷给他人，数额较大、进行营利活动的。

“进行营利活动”是指用所挪用的资金进行经营或者其他获取利润的行为，至于其是否实际获得利益不影响本罪的成立。

③挪用本单位资金归个人使用或者借贷给他人，进行非法活动的。

具体到量刑标准，根据《立案追诉标准规定（二）》第77条的规定，公司、企业或者其他单位的工作人员，利用职务上的便利，挪用本单位资金归个人使用或者借贷给他人，涉嫌下列情形之一的，应予立案追诉：（a）挪用本单位资金数额在5万元以上，超过3个月未还的；（b）挪用本单位资金数额在5万元以上，进行营利活动的；（c）挪用本单位资金数额在3万元以上，进行非法活动的。

根据最高人民法院、最高人民检察院《关于办理贪污贿赂刑事案件适用法律若干问题的解释》第5条、第6条、第11条的规定，挪用资金罪中的“数额较大”、“数额巨大”以及“进行非法活动”情形的数额起点，按照挪用公款罪“数额较大”、“情节严重”以及“进行非法活动”的数额标准规

① 国有公司、企业或者其他国有单位中从事公务的人员和国有公司、企业或者其他国有单位委派到非国有公司、企业以及其他单位的从事公务的人员不能构成本款规定的犯罪。

定的2倍执行。挪用资金罪的量刑幅度及对应的数额、情节标准如表5－17所示：

表5－17 挪用资金罪的量刑幅度及对应的数额、情节标准

罪名	定罪量刑	触发标准
挪用资金罪	3年以下有期徒刑或者拘役	（1）进行非法活动：数额≥6万元；（2）进行营利活动或者超过3个月未还：数额≥10万元
	3年以上7年以下有期徒刑	（1）进行非法活动：数额≥600万元；（2）进行营利活动或者超过3个月未还：数额≥1000万元
	7年以上有期徒刑	暂无明确规定

挪用资金罪典型案例如下：2008年1月30日，顾某军因虚报注册资本罪，违规披露、不披露重要信息罪，挪用资金罪被判处有期徒刑10年，并处罚金人民币680万元。宣判后，顾某军等人不服，提出上诉。广东省高级人民法院于2009年3月25日作出二审裁定，驳回上诉，维持原判。顾某军刑满释放后，提出申诉，最高人民法院于2017年12月27日作出再审决定，提审本案。

最高人民法院经再审认为，原审认定顾某军、刘某忠、姜某军、张某汉在申请顺德格林柯尔变更登记过程中，使用虚假证明文件以6.6亿元不实货币置换无形资产出资的事实存在，但该行为系当地政府支持顺德格林柯尔违规设立登记事项的延续，未造成严重后果，且相关法律在原审时已进行修改，使本案以不实货币置换的超出法定上限的无形资产所占比例由原来的55%降低至5%，故顾某军等人的行为情节显著轻微、危害不大，不认为是犯罪。

3. 非国家工作人员受贿罪

根据《刑法》第163条的规定，公司、企业或者其他单位的工作人员，利用职务上的便利，索取他人财物或者非法收受他人财物，为他人谋取利益，数额较大的，处3年以下有期徒刑或者拘役，并处罚金；数额巨大或者有其他严重情节的，处3年以上10年以下有期徒刑，并处罚金；数额特别巨大或者有其他特别严重情节的，处10年以上有期徒刑或者无期徒刑，并处罚金。公司、企业或者其他单位的工作人员在经济往来中，利用职务上的便利，违反国家规定，收受各种名义的回扣、手续费，归个人所有的，依照前款的规定处罚。

根据《立案追诉标准规定（二）》第10条的规定，公司、企业或者其他单位的工作人员利用职务上的便利，索取他人财物或者非法收受他人财物，为他人谋取利益，或者在经济往来中，利用职务上的便利，违反国家规定，收受各种名义的回扣、手续费，归个人所有，数额在3万元以上的，应予立案追诉。

根据最高人民法院、最高人民检察院《关于办理贪污贿赂刑事案件适用法律若干问题的解释》第1条、第2条、第3条、第11条的规定，贪污或者受贿数额在3万元以上不满20万元的，应当认定为刑法第383条第1款规定的“数额较大”；贪污或者受贿数额在20万元以上不满300万元的，应当认定为《刑法》第383条第1款规定的“数额巨大”；贪污或者受贿数额在300万元以上的，应当认定为《刑法》第383条第1款规定的“数额特别巨大”。非国家工作人员受贿罪中的“数额较大”“数额巨大”的数额起点，按照受贿罪相对应的数额标准规定的2倍、5倍执行。非国家工作人员受贿罪的量刑幅度及对应的数额标准如表5－18所示：

表5－18　非国家工作人员受贿罪的量刑幅度及对应的数额标准

罪名	定罪量刑	触发标准
非国家工作人员受贿罪	3年以下有期徒刑或者拘役，并处罚金	≥6万元
	3年以上10年以下有期徒刑，并处罚金	≥100万元
	10年以上有期徒刑或无期徒刑，并处罚金	暂无明确规定

需要注意的是，本罪的立案追诉为3万元，远低于起刑点6万元，也就是说达到3万元，公安机关便会立案侦查。即使检察院作出不起诉的决定或者法院作出无罪的判决，对于控制权争夺来说，也会对争夺局面和争夺结果造成重大影响，如果在关键时刻发生一方被刑事立案甚至被采取刑事强制措施的情况，该方很可能因此错过控制权争夺的最佳时机。

非国家工作人员受贿罪典型案例如下：三只松鼠（300783. SZ）原物流参谋部总参谋蒋某曾被判处非国家工作人员受贿罪和职务侵占罪。在2018

年 10 月至 2020 年 4 月，蒋某利用职务上的便利，伙同被告人童某林采取销售不入账或调整过磅表等方式，将三只松鼠出售的废旧纸箱（价值人民币 684 000 元）占为己有。其中蒋某分得 344 000 元，童某林分得 340 000 元。2016 年 7 月至 2020 年 3 月，蒋某利用职务便利，收受北京某劳务服务有限公司法定代表人王某所送现金 279 042 元。2020 年 1 月，蒋某向王某索要宝马牌轿车一辆，王某为其支付购车款 429 000 元。

法院认为，蒋某身为公司工作人员，利用职务上的便利，非法收受和索取他人财物价值人民币 708 042 元，为他人谋取利益，数额较大，构成非国家工作人员受贿罪，判处有期徒刑 1 年零 2 个月，并处罚金 50 000 元；利用职务上的便利，伙同被告人童某林将公司财物非法占为己有，数额较大，构成职务侵占罪，判处有期徒刑 11 个月，并处罚金 50 000 元。决定执行有期徒刑 1 年零 10 个月，并处罚金 100 000 元。童某林犯职务侵占罪，判处有期徒刑 1 年，缓刑 2 年，并处罚金 50 000 元。

三只松鼠相关负责人回复表示，上述案件是公司在内部自查时发现了蒋某违法犯罪的线索，在进一步调查取证后向公安机关举报反映。

4. 内幕交易、泄露内幕信息罪

根据《刑法》第 180 条的规定，证券、期货交易内幕信息的知情人员或者非法获取证券、期货交易内幕信息的人员，在涉及证券的发行，证券、期货交易或者其他对证券、期货交易价格有重大影响的信息尚未公开前，买入或者卖出该证券，或者从事与该内幕信息有关的期货交易，或者泄露该信息，或者明示、暗示他人从事上述交易活动，情节严重的，处 5 年以下有期徒刑或者拘役，并处或者单处违法所得 1 倍以上 5 倍以下罚金；情节特别严重的，处 5 年以上 10 年以下有期徒刑，并处违法所得 1 倍以上 5 倍以下罚金。单位犯前款罪的，对单位判处罚金，并对其直接负责的主管人员和其他直接责任人员，处 5 年以下有期徒刑或者拘役。

根据《立案追诉标准规定（二）》第 30 条的规定，“证券、期货交易内幕信息的知情人员、单位或者非法获取证券、期货交易内幕信息的人员、单位，在涉及证券的发行，证券、期货交易或者其他对证券、期货交易价格有重大影响的信息尚未公开前，买入或者卖出该证券，或者从事与该内幕信息有关的期货交易，或者泄露该信息，或者明示、暗示他人从事上述交易活动，涉嫌下列情形之一的，应予立案追诉：（一）获利或者避免损失数额在五十万元以上的；（二）证券交易成交额在二百万元以上的；（三）期货交易占用保证金数额在一百万元以上的；（四）二年内三次以上实施内幕交易、泄露内幕信息行为的；（五）明示、暗示三人以上从事与内幕信息相关的证券、期货交易活动的；（六）具有其他严重情节的。内幕交易获利或者避免损失数额在二十五万元以上，或者证券交易成交额在一百万元以上，或者期货交易占用保证金数额在五十万元以上，同时涉嫌下列情形之一的，应予立案追诉：（一）证券法规定的证券交易内幕信息的知情人实施或者与他人共同实施内幕交易行为的；（二）以出售或者变相出售内幕信息等方式，明示、暗示他人从事与该内幕信息相关的交易活动的；（三）因证券、期货犯罪行为受过刑事追究的；（四）二年内因证券、期货违法行为受过行政处罚的；（五）造成其他严重后果的。"

根据最高人民法院、最高人民检察院《关于办理内幕交易、泄露内幕信息刑事案件具体应用法律若干问题的解释》第6条、第7条的规定，"情节严重"及"情节特别严重"的认定标准及量刑幅度如表5-19所示：

表5-19 内幕交易、泄露内幕信息罪中"情节严重"及"情节特别严重"的认定标准及量刑幅度

罪名	定罪量刑	触发标准
内幕交易、泄露内幕信息罪	5年以下有期徒刑或者拘役，并处或者单处违法所得1倍以上5倍以下罚金	（1）证券交易成交额在50万元以上的； （2）期货交易占用保证金数额在30万元以上的； （3）获利或者避免损失数额在15万元以上的； （4）3次以上的； （5）具有其他严重情节的
	处5年以上10年以下有期徒刑，并处违法所得1倍以上5倍以下罚金	（1）证券交易成交额在250万元以上的； （2）期货交易占用保证金数额在150万元以上的； （3）获利或者避免损失数额在75万元以上的； （4）具有其他特别严重情节的

内幕交易、泄露内幕信息罪典型案例如下：2007年4月，中关村上市公

司拟与鹏泰公司进行资产置换，黄某参与了该项重大资产置换的运作和决策。在该信息公告前，黄某决定并指令他人借用他人身份证，开立个人股票账户并由其直接控制。2007 年 4 月 27 日至 6 月 27 日，黄某累计购入中关村股票 976 万余股，成交额共计人民币 9310 万余元，账面收益 348 万余元。

2007 年 7 月、8 月，中关村上市公司拟收购鹏润控股公司全部股权进行重组。在该信息公告前，黄某指使他人以曹某娟等 79 人的身份证开立相关个人股票账户，并安排其妻杜某 1 协助管理以上股票账户。2007 年 8 月 13 日至 9 月 28 日，黄某指使杜某 2 等人使用上述账户累计购入中关村股票 1.04 亿余股，成交额共计 13.22 亿余元，账面收益 3.06 亿余元。

其间，原北京中关村科技发展（控股）股份有限公司董事长、总裁许某民明知黄某利用上述内幕信息进行中关村股票交易，仍接受黄某的指令，指使许某铭在广东借用他人身份证开立个人股票账户或直接借用他人股票账户，于同年 8 月 13 日至 9 月 28 日，累计购入中关村股票 3166 万余股，成交额共计 4.14 亿余元，账面收益 9021 万余元。

许某民还将中关村上市公司拟重组的内幕信息故意泄露给其妻李某娟及相某珠等人。同年 9 月 21 日至 25 日，李某娟买入中关村股票 12 万余股，成交额共计 181 万余元。

北京市第二中级人民法院认为，被告人黄某等人作为证券交易内幕信息的知情人员，在对证券交易价格有重大影响的信息尚未公开前，买入该证券，内幕交易成交额及账面收益均特别巨大，情节特别严重，黄某与被告人杜某 1、许某民构成内幕交易罪的共同犯罪，许某民向他人泄露内幕信息，还构成泄露内幕信息罪，其中黄某系主犯，杜某 1、许某民系从犯。

5. 操纵证券、期货市场罪

根据《刑法》第 182 条的规定，“有下列情形之一，操纵证券、期货市场，影响证券、期货交易价格或者证券、期货交易量，情节严重的，处五年以下有期徒刑或者拘役，并处或者单处罚金；情节特别严重的，处五年以上十年以下有期徒刑，并处罚金：（一）单独或者合谋，集中资金优势、持股或者持仓优势或者利用信息优势联合或者连续买卖的；（二）与他人串通，以事先约定的时间、价格和方式相互进行证券、期货交易的；

（三）在自己实际控制的帐户之间进行证券交易，或者以自己为交易对象，自买自卖期货合约的；（四）不以成交为目的，频繁或者大量申报买入、卖出证券、期货合约并撤销申报的；（五）利用虚假或者不确定的重大信息，诱导投资者进行证券、期货交易的；（六）对证券、证券发行人、期货交易标的公开作出评价、预测或者投资建议，同时进行反向证券交易或者相关期货交易的；（七）以其他方法操纵证券、期货市场的。单位犯前款罪的，对单位判处罚金，并对其直接负责的主管人员和其他直接责任人员，依照前款的规定处罚”。

根据《立案追诉标准规定（二）》第 34 条的规定，“操纵证券、期货市场，影响证券、期货交易价格或者证券、期货交易量，涉嫌下列情形之一的，应予立案追诉：（一）持有或者实际控制证券的流通股份数量达到该证券的实际流通股份总量百分之十以上，实施刑法第一百八十二条第一款第一项操纵证券市场行为，连续十个交易日的累计成交量达到同期该证券总成交量百分之二十以上的；（二）实施刑法第一百八十二条第一款第二项、第三项操纵证券市场行为，连续十个交易日的累计成交量达到同期该证券总成交量百分之二十以上的；（三）利用虚假或者不确定的重大信息，诱导投资者进行证券交易，行为人进行相关证券交易的成交额在一千万元以上的；（四）对证券、证券发行人公开作出评价、预测或者投资建议，同时进行反向证券交易，证券交易成交额在一千万元以上的；（五）通过策划、实施资产收购或者重组、投资新业务、股权转让、上市公司收购等虚假重大事项，误导投资者作出投资决策，并进行相关交易或者谋取相关利益，证券交易成交额在一千万元以上的；（六）通过控制发行人、上市公司信息的生成或者控制信息披露的内容、时点、节奏，误导投资者作出投资决策，并进行相关交易或者谋取相关利益，证券交易成交额在一千万元以上的；（七）实施刑法第一百八十二条第一款第一项操纵期货市场行为，实际控制的账户合并持仓连续十个交易日的最高值超过期货交易所限仓标准的二倍，累计成交量达到同期该期货合约总成交量百分之二十以上，且期货交易占用保证金数额在五百万元以上的；（八）通过囤积现货，影响特定期货品种市场行情，并进行相关期货交易，实际控制的账户合并持仓连续十个交易日的最高值超过期货交易所限仓标准的二倍，累计成交量达到同期该期货合约总成交量百分之二十以上，且期货交易占用保证金数额在五百万元以上的；（九）实施刑法第一百八十二条第一款第二项、第三项操纵期货市场行为，实际控制的账户连续十个交易日的累计成交量达到同期该期货合约总成交量百分之二十以上，且期货交易占用保证金数额在五百万元以上的；（十）利用虚假或者不确定的重大信息，诱导投资者进行期货交易，行为人进行相关期货交易，实际控制的账户连续十个交易日的累计成交量达到同期该期货合约总成交量百分之二十以上，且期货交易占用保证金数额在五百万元以上的；（十一）对期货交易标的公开作出评价、预测或者投资建议，同时进行相关期货交易，实际控制的账户连续十个交易日的累计成交量达到同期该期货合约总成交量的百分之二十以上，且期货交易占用保证金数额在五百万元以上的；（十二）不以成交为目的，频繁或者大量申报买入、卖出证券、期货合约并撤销申报，当日累计撤回申报量达到同期该证券、期货合约总申报量百分之五十以上，且证券撤回申报额在一千万元以上、撤回申报的期货合约占用保证金数额在五百万元以上的；（十三）实施操纵证券、期货市场行为，获利或者避免损失数额在一百万元以上的。操纵证券、期货市场，影响证券、期货交易价格或者证券、期货交易量，获利或者避免损失数额在五十万元以上，同时涉嫌下列情形之一的，应予立案追诉：（一）发行人、上市公司及其董事、监事、高级管理人员、控股股东或者实际控制人实施操纵证券、期货市场行为的；（二）收购人、重大资产重组的交易对方及其董事、监事、高级管理人员、控股股东或者实际控制人实施操纵证券、期货市场行为的；（三）行为人明知操纵证券、期货市场行为被有关部门调查，仍继续实施的；（四）因操纵证券、期货市场行为受过刑事追究的；（五）二年内因操纵证券、期货市场行为受过行政处罚的；（六）在市场出现重大异常波动等特定时段操纵证券、期货市场的；（七）造成其他严重后果的。对于在全国中小企业股份转让系统中实施操纵证券市场行为，社会危害性大，严重破坏公平公正的市场秩序的，比照本条的规定执行，但本条第一款第一项和第二项除外”。

根据最高人民法院、最高人民检察院《关于办理操纵证券、期货市场刑事案件适用法律若干问题的解释》第 1 条的规定，“行为人具有下列情形之一的，可以认定为刑法第一百八十二条第一款第四项规定的‘以其他方法操纵证券、期货市场’：（一）利用虚假或者不确定的重大信息，诱导投资者作出投资决策，影响证券、期货交易价格或者证券、期货交易量，并进行相关交易或者谋取相关利益的；（二）通过对证券及其发行人、上市公司、期货交易标的公开作出评价、预测或者投资建议，误导投资者作出投资决策，影响证券、期货交易价格或者证券、期货交易量，并进行与其评价、预测、投资建议方向相反的证券交易或者相关期货交易的；（三）通过策划、实施资产收购或者重组、投资新业务、股权转让、上市公司收购等虚假重大事项，误导投资者作出投资决策，影响证券交易价格或者证券交易量，并进行相关交易或者谋取相关利益的；（四）通过控制发行人、上市公司信息的生成或者控制信息披露的内容、时点、节奏，误导投资者作出投资决策，影响证券交易价格或者证券交易量，并进行相关交易或者谋取相关利益的；（五）不以成交为目的，频繁申报、撤单或者大额申报、撤单，误导投资者作出投资决策，影响证券、期货交易价格或者证券、期货交易量，并进行与申报相反的交易或者谋取相关利益的；（六）通过囤积现货，影响特定期货品种市场行情，并进行相关期货交易的；（七）以其他方法操纵证券、期货市场的”。

根据最高人民法院、最高人民检察院《关于办理操纵证券、期货市场刑事案件适用法律若干问题的解释》第2~4条的规定，“情节严重”及“情节特别严重”的认定标准如表5-20所示：

表5-20　操纵证券、期货市场罪中“情节严重”及“情节特别严重”的认定标准

罪名	定罪量刑	触发标准
操纵证券、期货市场罪	5年以下有期徒刑或者拘役，并处或者单处罚金	1. 持有或者实际控制证券的流通股份数量达到该证券的实际流通股份总量10%以上，实施《刑法》第182条第1款第1项操纵证券市场行为，连续10个交易日的累计成交量达到同期该证券总成交量20%以上的； 2. 实施《刑法》第182条第1款第2项、第3项操纵证券市场行为，连续10个交易日的累计成交量达到同期该证券总成交量20%以上的； 3. 实施本解释第1条第1项至第4项操纵证券市场行为，证券交易成交额在1000万元以上的；

续表

罪名	定罪量刑	触发标准
		4. 实施《刑法》第 182 条第 1 款第 1 项及本解释第 1 条第 6 项操纵期货市场行为，实际控制的账户合并持仓连续 10 个交易日的最高值超过期货交易所限仓标准的二倍，累计成交量达到同期该期货合约总成交量 20% 以上，且期货交易占用保证金数额在 500 万元以上的； 5. 实施《刑法》第 182 条第 1 款第 2 项、第 3 项及本解释第 1 条第 1 项、第 2 项操纵期货市场行为，实际控制的账户连续 10 个交易日的累计成交量达到同期该期货合约总成交量 20% 以上，且期货交易占用保证金数额在 500 万元以上的； 6. 实施本解释第 1 条第 5 项操纵证券、期货市场行为，当日累计撤回申报量达到同期该证券、期货合约总申报量 50% 以上，且证券撤回申报额在 1000 万元以上、撤回申报的期货合约占用保证金数额在 500 万元以上的； 7. 实施操纵证券、期货市场行为，违法所得数额在 100 万元以上的。 违法所得数额在 50 万元以上，具有下列情形之一的： 1. 发行人、上市公司及其董事、监事、高级管理人员、控股股东或者实际控制人实施操纵证券、期货市场行为的； 2. 收购人、重大资产重组的交易对方及其董事、监事、高级管理人员、控股股东或者实际控制人实施操纵证券、期货市场行为的； 3. 行为人明知操纵证券、期货市场行为被有关部门调查，仍继续实施的； 4. 因操纵证券、期货市场行为受过刑事追究的； 5. 二年内因操纵证券、期货市场行为受过行政处罚的； 6. 在市场出现重大异常波动等特定时段操纵证券、期货市场的； 7. 造成恶劣社会影响或者其他严重后果的
	5 年以上 10 年以下有期徒刑，并处罚金	1. 持有或者实际控制证券的流通股份数量达到该证券的实际流通股份总量 10% 以上，实施《刑法》第 182 条第 1 款第 1 项操纵证券市场行为，连续 10 个交易日的累计成交量达到同期该证券总成交量 50% 以上的； 2. 实施《刑法》第 182 条第 1 款第 2 项、第 3 项操纵证券市场行为，连续 10 个交易日的累计成交量达到同期该证券总成交量 50% 以上的；

续表

罪名	定罪量刑	触发标准
		3. 实施本解释第1条第1项至第4项操纵证券市场行为，证券交易成交额在5000万元以上的； 4. 实施《刑法》第182条第1款第1项及本解释第1条第6项操纵期货市场行为，实际控制的账户合并持仓连续10个交易日的最高值超过期货交易所限仓标准的五倍，累计成交量达到同期该期货合约总成交量50%以上，且期货交易占用保证金数额在2500万元以上的； 5. 实施《刑法》第182条第1款第2项、第3项及本解释第1条第1项、第2项操纵期货市场行为，实际控制的账户连续10个交易日的累计成交量达到同期该期货合约总成交量50%以上，且期货交易占用保证金数额在2500万元以上的； 6. 实施操纵证券、期货市场行为，违法所得数额在1000万元以上的。 违法所得数额在500万元以上，并具有情节严重的七种情形之一的

操纵证券、期货市场罪典型案例如下：2022年6月7日，尚纬股份（603333. SH）公告称，李某胜因涉嫌操纵证券、期货市场罪，现已被湖州市公安局采取刑事拘留措施。

2020年10月30日，卓翼科技（002369. SZ）公告称，公司实控人夏某武因涉嫌操纵证券市场罪，于2020年10月28日被宁波市公安局执行逮捕。

2021年6月6日，三圣股份（002742. SZ）公告称，收到控股股东、实控人潘某文家属通知，潘某文因涉嫌操纵证券市场，被重庆市公安局采取刑事拘留强制措施。

6. 逃税罪

根据《刑法》第201条的规定，“纳税人采取欺骗、隐瞒手段进行虚假纳税申报或者不申报，逃避缴纳税款数额较大并且占应纳税额百分之十以上的，处三年以下有期徒刑或者拘役，并处罚金；数额巨大并且占应纳税额百分之三十以上的，处三年以上七年以下有期徒刑，并处罚金。扣缴义务人采取前款所列手段，不缴或者少缴已扣、已收税款，数额较大的，依照前款的规定处罚……”

根据《立案追诉标准规定（二）》第52条的规定，“逃避缴纳税款，涉嫌下列情形之一的，应予立案追诉：（一）纳税人采取欺骗、隐瞒手段进行虚假纳税申报或者不申报，逃避缴纳税款，数额在十万元以上并且占各税种应纳税总额百分之十以上，经税务机关依法下达追缴通知后，不补缴应纳税款、不缴纳滞纳金或者不接受行政处罚的；（二）纳税人五年内因逃避缴纳税款受过刑事处罚或者被税务机关给予二次以上行政处罚，又逃避缴纳税款，数额在十万元以上并且占各税种应纳税总额百分之十以上的；（三）扣缴义务人采取欺骗、隐瞒手段，不缴或者少缴已扣、已收税款，数额在十万元以上的。纳税人在公安机关立案后再补缴应纳税款、缴纳滞纳金或者接受行政处罚的，不影响刑事责任的追究”。

根据上述关于立案追诉标准的规定，可以将《刑法》的“数额较大”解释为“十万元以上”，但对于“数额巨大”目前没有全国统一的司法解释，部分省份公布了省内对于“数额巨大”的认定标准，天津市、陕西省、浙江省将“二十五万元以上”认定为“数额巨大”，河南省将“五十万元以上”认定为“数额巨大”，具体规定如表5－21所示：

表5－21 不同省份对于“数额巨大”的认定标准及相关文件

地域	文件	“数额巨大”的认定标准
陕西省	陕西省高级人民法院《关于适用刑法有关条款数额、情节标准的意见》	1. 纳税人采取欺骗、隐瞒手段进行虚假纳税申报或者不申报，逃避缴纳税款，数额在25万元以上并且占各税种应纳税总额30%以上，经税务机关依法下达追缴通知后，不补缴应纳税款、不缴纳滞纳金或者不接受行政处罚的； 2. 纳税人五年内因逃避缴纳税款受过刑事处罚或者被税务机关给予二次以上行政处罚，又逃避缴纳税款，数额在25万元以上并且占各税种应纳税总额30%以上的； 3. 扣缴义务人采取欺骗、隐瞒手段，不缴或者少缴已扣、已收税款，数额在25万元以上的

续表

地域	文件	“数额巨大”的认定标准
河南省	河南省高级人民法院、河南省人民检察院、河南省公安厅《关于我省适用新刑法有关条款中犯罪数额、情节规定的座谈纪要》	纳税人逃避缴纳税款数额在 50 万元以上并且占各税种应纳税总额 30% 以上的
浙江省	浙江省高级人民法院《关于部分罪名定罪量刑情节及数额标准的意见》（浙高法〔2012〕325 号）	逃避缴纳税款数额在 25 万元以上的，属于“数额巨大”
天津市	天津市高级人民法院、天津市人民检察院、天津市公安局、天津市司法局关于《刑法部分罪名数额执行标准和情节认定标准的意见》（津高法发〔2016〕18 号）	逃避缴纳税款，或者不缴或者少缴已扣、已收税款，数额在 25 万元以上的，应当认定为《刑法》第 201 条第 1 款规定的“数额巨大”

7. 故意毁坏财物罪

根据《刑法》第 275 条的规定，“故意毁坏公私财物，数额较大或者有其他严重情节的，处三年以下有期徒刑、拘役或者罚金；数额巨大或者有其他特别严重情节的，处三年以上七年以下有期徒刑”。

根据最高人民检察院、公安部《关于公安机关管辖的刑事案件立案追诉标准的规定（一）》第 33 条的规定，“故意毁坏公私财物，涉嫌下列情形之一的，应予立案追诉：（一）造成公私财物损失五千元以上的；（二）毁坏公私财物三次以上的；（三）纠集三人以上公然毁坏公私财物的；（四）其他情节严重的情形”。

8. 伪造公司印章罪

根据《刑法》第 280 条第 2 款的规定，伪造公司、企业、事业单位、人民团体的印章的，处 3 年以下有期徒刑、拘役、管制或者剥夺政治权利，并处罚金。

该罪为行为犯，无须达到任何标准，只要行为人实施了伪造公司印章的行为，原则上就构成犯罪，应当立案追究。

9. 背信损害上市公司利益罪

《刑法》第169条之一规定："上市公司的董事、监事、高级管理人员违背对公司的忠实义务，利用职务便利，操纵上市公司从事下列行为之一，致使上市公司利益遭受重大损失的，处三年以下有期徒刑或者拘役，并处或者单处罚金；致使上市公司利益遭受特别重大损失的，处三年以上七年以下有期徒刑，并处罚金：（一）无偿向其他单位或者个人提供资金、商品、服务或者其他资产的；（二）以明显不公平的条件，提供或者接受资金、商品、服务或者其他资产的；（三）向明显不具有清偿能力的单位或者个人提供资金、商品、服务或者其他资产的；（四）为明显不具有清偿能力的单位或者个人提供担保，或者无正当理由为其他单位或者个人提供担保的；（五）正当理由放弃债权、承担债务的；（六）采用其他方式损害上市公司利益的。上市公司的控股股东或者实际控制人，指使上市公司董事、监事、高级管理人员实施前款行为的，依照前款的规定处罚。犯前款罪的上市公司的控股股东或者实际控制人是单位的，对单位判处罚金，并对其直接负责的主管人员和其他直接责任人员，依照第一款的规定处罚。"

根据上述法律规定，构成本罪需包含三个要件：一是犯罪主体是上市公司的董事、监事、高级管理人员。通常高级管理人员，是指公司的经理、副经理、财务负责人、董事会秘书和公司章程规定的其他人员。二是主观方面应为故意，过失不能构成本罪。三是犯罪行为是指违背对公司的忠实义务，利用职务便利，操纵上市公司从事有损自身利益的活动，给公司造成重大损失。其中"违背对公司的忠实义务"是指上市公司的董事、监事、高级管理人员，在代表上市公司从事经营活动或者履行相关职责时，违背其对公司负有的忠实于公司利益的义务，损害公司权益的行为。

根据全国人大常委会法制工作委员会刑法室的解读，操纵上市公司从事有损自身利益的行为，是本罪的重要特点。与公司、企业的经营管理人员个人利用职务之便，收受贿赂、侵占公司资产以谋取私利不同，本罪中损害上市公司利益的行为总是以公司行为的形式出现，是上市公司“自己损害自身的利益”。而本罪的行为人，上市公司的董事、监事、高级管理人员，则是以履行相关经营管理职责的名义，从事决策、执行等“职务行为”，形式上并不存在谋取个人私利的情况。但是，从行为人代表上市公司所进行的经营活动的本质看，则是严重损害上市公司自身利益的行为，行为人是利用其代表上市公司从事经营管理活动的身份，为上市公司安排不公平交易，将上市公司的资金、利益向外输送到其他公司、企业。

具体到量刑标准，根据《立案追诉标准规定（二）》第13条的规定，有下列情形之一的，予以追诉：

（1）无偿向其他单位或者个人提供资金、商品、服务或者其他资产，致使上市公司直接经济损失数额在150万元以上的；

（2）以明显不公平的条件，提供或者接受资金、商品、服务或者其他资产，致使上市公司直接经济损失数额在150万元以上的；

（3）向明显不具有清偿能力的单位或者个人提供资金、商品、服务或者其他资产，致使上市公司直接经济损失数额在150万元以上的；

（4）为明显不具有清偿能力的单位或者个人提供担保，或者无正当理由为其他单位或者个人提供担保，致使上市公司直接经济损失数额在150万元以上的；

（5）无正当理由放弃债权、承担债务，致使上市公司直接经济损失数额在150万元以上的；

（6）致使公司、企业发行的股票或者公司、企业债券、存托凭证或者国务院依法认定的其他证券被终止上市交易的；

（7）其他致使上市公司利益遭受重大损失的情形。

（四）小结

上市公司控制权争夺过程中，董事、高管席位系攻守双方争夺的重点。一旦一方通过提起民事诉讼、刑事报案、向监管机关投诉等方式成功对争夺中的另一方董事、高管进行追责，客观上的确能影响对方控制董事、高管席位的稳定性，为己方夺取控制权创造有利条件。

但如前所述，实践中该等追责方式的成功实施存在诸多限制。例如，提起民事诉讼时，如何提供有效证据证明董监高违反忠实义务、未勤勉尽责，或是证明公司因违规关联交易受到损失的标准均较为严格；提起刑事报案时，考虑到提起报案的一方往往为上市公司的非控制方，因此关于董事、高管存在犯罪行为的相关证据的收集亦存在较大难度；而向监管机关报案时，考虑到实践中除违规董事、高管严重侵害上市公司利益的情况外，交易所、证监局等监管机构多采取责令改正、警示函等实际威慑效果相对有限的行政监管措施，客观上对董事、高管席位的稳定性影响较小。因此，如控制权争夺中一方拟对另一方董事、高管进行追责，应尽可能确保其已掌握董事、高管违法违规，上市公司受到实质侵害等事实的相关证据，保证该等追责方式能够顺利实施。

此外，实践中可以通过对另一方董事、高管进行追责的方式配合其他控制权争夺方式的实施。例如，一方提议罢免上市公司董事、高管前，可以就拟罢免董事、高管违反忠实义务、未勤勉尽责等行为向监管机关提起投诉，在监管机关对该等董事、高管进行处罚或采取自律监管措施后，再行使股东提案权，以增强提案理由的合理性，增加提案成功的可能性。

五、如履薄冰——股东自行召集股东大会的实践要点及困境

股东自行召集股东大会系法律规定的一项股东救济措施，在董事会、监事会不履行或不能履行股东大会召集职责时，满足一定持股比例要求的股东可以通过自行召集的方式召开股东大会。鉴于控制权争夺往往聚焦在股东持股比例以及董事会/监事会席位两个层面，如一方满足自行召集股东大会的股东持股要求时，可以通过自行召集实现股东大会的召开并就董事、监事人员进行改选，从而实现对上市公司董事会、监事会的控制。然而受限于股东自行召集股东大会的条件以及实践中缺乏明确的实施细则，因此股东成功自行召集股东大会的案例较少，本部分内容主要从自行召集股东大会的规定、流程、参考案例、适用难点以及自行召集股东大会涉及的司法诉讼等几个维度，就股东自行召集股东大会在上市公司控制权争夺中的运用进行分析，具体如下：

（一）相关规定

股东自行召集股东大会的相关规定见表 5－22。

表 5－22　股东自行召集股东大会的相关规定

法律法规名称	具体规定
《公司法》	第 101 条　股东大会会议由董事会召集，董事长主持；董事长不能履行职务或者不履行职务的，由副董事长主持；副董事长不能履行职务或者不履行职务的，由半数以上董事共同推举一名董事主持。 董事会不能履行或者不履行召集股东大会会议职责的，监事会应当及时召集和主持；监事会不召集和主持的，连续 90 日以上单独或者合计持有公司 10% 以上股份的股东可以自行召集和主持
《上市公司股东大会规则》	第 9 条　单独或者合计持有公司 10% 以上股份的普通股股东（含表决权恢复的优先股股东）有权向董事会请求召开临时股东大会，并应当以书面形式向董事会提出……董事会不同意召开临时股东大会，或者在收到请求后 10 日内未作出反馈的，单独或者合计持有公司 10% 以上股份的普通股股东（含表决权恢复的优先股股东）有权向监事会提议召开临时股东大会，并应当以书面形式向监事会提出请求。监事会同意召开临时股东大会的，应在收到请求 5 日内发出召开股东大会的通知，通知中对原请求的变更，应当征得相关股东的同意。监事会未在规定期限内发出股东大会通知的，视为监事会不召集和主持股东大会，连续 90 日以上单独或者合计持有公司 10% 以上股份的普通股股东（含表决权恢复的优先股股东）可以自行召集和主持。 第 10 条　监事会或股东决定自行召集股东大会的，应当书面通知董事会，同时向证券交易所备案。在股东大会决议公告前，召集普通股股东（含表决权恢复的优先股股东）持股比例不得低于 10%。监事会和召集股东应在发出股东大会通知及发布股东大会决议公告时，向证券交易所提交有关证明材料。 第 11 条　对于监事会或股东自行召集的股东大会，董事会和董事会秘书应予配合。董事会应当提供股权登记日的股东名册。董事会未提供股东名册的，召集人可以持召集股东大会通知的相关公告，向证券登记结算机构申请获取。召集人所获取的股东名册不得用于除召开股东大会以外的其他用途。 第 12 条　监事会或股东自行召集的股东大会，会议所必需的费用由公司承担。 第 27 条　……股东自行召集的股东大会，由召集人推举代表主持。公司应当制定股东大会议事规则。召开股东大会时，会议主持人违反议事规则使股东大会无法继续进行的，经现场出席股东大会有表决权过半数的股东同意，股东大会可推举一人担任会议主持人，继续开会

续表

法律法规名称	具体规定
《上海证券交易所股票上市规则》	4.2.2 股东自行召集股东大会的，应当在发出股东大会通知前书面通知上市公司董事会并将有关文件报送本所。对于股东依法自行召集的股东大会，公司董事会和董事会秘书应当予以配合，提供必要的支持，并及时履行信息披露义务。 在股东大会决议披露前，召集股东持股比例不得低于公司总股本的10%。召集股东应当在不晚于发出股东大会通知时披露公告，并承诺在提议召开股东大会之日至股东大会召开日期间，其持股比例不低于公司总股本的10%
《深圳证券交易所股票上市规则》	4.2.2 股东自行召集股东大会的，应当在发出股东大会通知前书面通知上市公司董事会并将有关文件报送本所。对于股东依法自行召集的股东大会，公司及其董事会秘书应当予以配合，提供必要的支持，并及时履行信息披露义务。 在股东大会决议公告前，召集股东持股比例不得低于公司总股本的10%。召集股东应当在不晚于发出股东大会通知时，承诺自提议召开股东大会之日至股东大会召开日期间不减持其所持该上市公司股份并披露
《上海证券交易所科创板股票上市规则》	4.3.6 ……股东书面提议召开股东大会的，公司董事会应当在规定期限内书面反馈是否同意召开股东大会，不得无故拖延。股东依法自行召集股东大会的，公司董事会和董事会秘书应当予以配合，并及时履行信息披露义务…… 4.5.7 上市公司应当保证普通表决权比例不低于10%；单独或者合计持有公司10%以上已发行有表决权股份的股东有权提议召开临时股东大会；单独或者合计持有公司3%以上已发行有表决权股份的股东有权提出股东大会议案……
《深圳证券交易所创业板股票上市规则》	4.1.2 上市公司应当依据法律法规和公司章程召开股东大会。对于股东提议要求召开股东大会的书面提案，公司董事会应当在规定期限内提出是否同意召开股东大会的书面反馈意见，不得无故拖延。 股东自行召集股东大会的，应当在发出股东大会通知前书面通知上市公司董事会并将有关文件报送本所备案。在发出股东大会通知至股东大会结束当日期间，召集股东的持股比例不得低于10%。 对于股东依法自行召集的股东大会，公司董事会和董事会秘书应当予以配合，提供必要的支持，并及时履行信息披露义务
8号指南	一、（二）、3 股东召集股东大会的，应当提供连续90日以上单独或者合计持有公司10%以上股份的证明文件，以及曾向董事会、监事会请求召开股东大会但董事会、监事会不同意召开或者不履行召集股东大会职责的证明文件

基于上述规定，股东自行召集股东大会的，应满足下列条件：

1. 连续 90 日以上单独或者合计持有公司 10% 以上，需要注意的是，关于召集股东持股 10% 的要求是指发出股东大会通知至股东大会结束当日期间持股比例均不得低于 10%，沪深主板上市公司股东在发出召集公告的同时，还需就其于提议召开股东大会之日至股东大会召开日期间的持股情况作出承诺。实践中存在召集股东出具单独承诺或召集股东在股东大会通知中就承诺事项特别说明两种情形，据此判断，在承诺事项满足“书面出具、公开作出”的情况下，交易所对承诺的形式无明确要求。

2. 召集股东已向董事会、监事会提出召开股东大会的请求，但董事会、监事会均拒绝召开或未在规定期限内予以回复。即寻求董事会、监事会救济是前置程序，股东行使其自行召集股东大会的权利时，应确保其已向董事会、监事会提议召开股东大会且未获同意。

（二）主要流程

根据前述《公司法》《上市公司股东大会规则》及沪深交易所各板块股票上市规则的规定，股东自行召集股东大会涉及的主要流程如下：

1. 召集股东满足持股比例要求

股东拟自行召集股东大会的，应首先确保其单独或者合计连续 90 日以上持有上市公司股份比例不低于 10%，其中股东联合召集股东大会的，召集股东均应确保其连续 90 日以上的持股条件。

2. 股东向董事会提议召集股东大会

满足持股比例要求的股东向上市公司董事会书面提出召开临时股东大会，涉及文件主要包括提请董事会召开临时股东大会的函件以及相关提案或议案。召集股东需特别注意确保送达的有效性，并注意收集和留存相应证据。

3. 股东向监事会提议召集股东大会

股东向上市公司董事会书面提出召开临时股东大会后，董事会不同意或者在收到请求后 10 日内未作出反馈的，股东向上市公司监事会书面提出召开临时股东大会，涉及的文件主要包括：（1）前述提请董事会召开临时股东大会的函件以及相关提案或议案；（2）董事会拒绝召开股东大会的回复文件或董事会逾期未回复的证明文件；（3）提请监事会召开临时股东大会的函件以及相关提案或议案。召集股东需特别注意确保送达的有效性，并注意收集和留存相应证据。

4. 股东发出自行召集通知并履行相关程序

股东在向监事会提议召集股东大会后，监事会不同意或者在收到请求后 5 日内未作出反馈的，股东可以自行召开临时股东大会并履行下列程序：

（1）向交易所提交相关证明材料并履行备案程序，证明材料主要包括：①前述提请董事会、监事会召开临时股东大会的函件以及相关提案或议案；②董事会、监事会拒绝召开股东大会的回复文件或逾期未回复的证明文件；③召集股东连续 90 日以上单独或者合计持有上市公司 10% 以上股份的证明文件；④召集股东拟发布临时股东大会通知文件及相关议案文件；⑤召集股东关于召集期间持股比例均不低于 10% 的承诺（也可在通知文件中特别说明）。

（2）通过交易所网站和指定媒体发布召开股东大会的通知。根据中国证监会与国家新闻出版署于 2020 年 9 月发布的《具备证券市场信息披露条件的媒体名单》，可从事证券市场信息披露业务的媒体为《金融时报》《经济参考报》《中国日报》《中国证券报》《证券日报》《上海证券报》《证券时报》，以及其依法开办的互联网站。实务中如召集股东拟发布召开股东大会通知的，拟披露媒体除需属于上述名单外，还应当属于上市公司内部制度规定的指定信息披露媒体。

（3）向公司董事会发出书面通知。对于上述程序，召集股东需特别注意确保送达的有效性，并注意收集和留存相应证据，必要时可以进行行为公证，以强化证据效力。

5. 取得股东名册

召集股东发出股东大会通知并履行前一步相关程序后，应取得股权登记日的公司股东名册，实务中取得股东名册的途径主要包括：通过上市公司取得或通过交易所协调证券登记机构取得。

6. 召开临时股东大会并公告决议内容

召集股东根据股东大会通知的时间、地点主持召开股东大会，并就相关议案进行表决。股东大会召开后，召集股东应及时公告决议情况，并向交易所提供决议结果及相关证明文件。相关法律法规及上市公司公告案例未明确证明文件的具体内容，推测该等文件旨在证明股东大会真实召开以及召开程序合法有效。参照实务中上市公司股东大会召开时备查文件内容，证明文件至少应包括出席相关现场会议股东的签名登记表、授权委托书、股东身份证明文件、现场会议表决票、上证所信息网络有限公司/深圳证券信息有限公司反馈的现场及网络投票统计结果表以及律师事务所出具的见证法律意见书等。

（三）实践案例概述

经检索，最近两年控制权争夺案例中涉及股东自行召集股东大会的情况如表5－23所示：

表5－23　控制权争夺中涉及股东自行召集股东大会的典型案例

公司简称/股票代码	基本情况	自行召集股东大会情况	是否成功召开
莱绅通灵/603900. SH	控制权争夺双方沈东军、马峭原系夫妻关系，两人共同控制莱绅通灵。2019年11月马峭向法院提起离婚诉讼，请求判令与沈东军离婚并进行财产分割。2021年12月，法院二审判决就沈东军、马峭直接/间接持有的公司股份进行分割，马峭成为莱绅通灵实际控制人	2021年12月6日，马峭作为连续90日以上持有公司25.13%股份的股东，以书面形式向公司董事会提议召开临时股东大会，公司董事会于12月16日作出不同意召开临时股东大会的决议。 2021年12月16日，马峻[1]以书面形式向公司监事会提议召开临时股东大会，公司监事会于12月21日作出不同意召开临时股东大会的决议。 2021年12月21日，马峻决定自行召集临时股东大会，并书面通知公司董事会。 2021年12月24日，马峻在上海证券报、证券时报和上交所官网发布了自行召集临时股东大会的通知。该通知发布前一日，马峻就通知日至召开日期间，其持股比例不低于10%出具承诺函并公告。 2022年1月10日，马峻召集的莱绅通灵股东大会作出决议，其提名的3名董事当选，马峻成功控制公司董事会。本次会议中，召集人马峻为主持人，公司全体董事、监事、董事会秘书及其他高级管理人员均列席会议	成功召开，且未因自行召集程序问题被股东提起决议撤销之诉

续表

公司简称/股票代码	基本情况	自行召集股东大会情况	是否成功召开
奥维通信/002231. SZ	奥维通信控制权争夺双方为第一大股东瑞丽湾背后的实际控制人单川、吴琼夫妇与第二大股东杜方。2019 年 3 月，单川、吴琼夫妇通过间接受让瑞丽湾控制权的方式间接取得奥维通信实际控制权。此时单川、吴琼夫妇对奥维通信的控制主要基于股权层面，在董事会、监事会层面，单川、吴琼夫妇无提名人员	2019 年 6 月 19 日，瑞丽湾作为连续 90 日以上持有公司 27.95% 股份的股东，以函件形式提请公司董事会召开临时股东大会并审议相关罢免董事的议案，公司董事会于 6 月 29 日的决议未同意瑞丽湾召开临时股东大会的请求。 2019 年 6 月 30 日，瑞丽湾以函件形式提请公司监事会召开临时股东大会并审议相关罢免董事的议案，并于 7 月 5 日收到公司监事会回函，对瑞丽湾提请召开临时股东大会的请求不予同意。 2019 年 7 月 18 日，瑞丽湾以其自身名义发布了自行召集临时股东大会的通知，并就通知日至召开日期间不减持公司股份作出承诺。同时，瑞丽湾向董事会书面通知公司该等股东大会召集事宜，并向中国证监会辽宁监管局和深交所备案。[2] 2019 年 7 月 21 日，深交所对上述瑞丽湾发布的公告进行问询，要求公司说明对未以董事会公告的形式披露股东大会通知的原因。公司回复称将通知落款更正为公司董事会，公司董事会就上述更正内容发出更正公告。 2019 年 8 月 5 日，奥维通信股东大会作出决议，同意瑞丽湾提交的罢免董事的议案。上述股东大会决议作出后，杜方向沈阳市浑南区法院起诉，要求法院判令撤销股东大会决议，并于 2019 年 8 月 30 日向法院申请行为保全。基于此，即使瑞丽湾提案已获股东大会审议通过的情况下，其罢免董事的提议仍无法实际执行。 2020 年 8 月，沈阳市浑南区法院以罢免董事议案中未载明罢免原因，属于董事在任期届满以前股东大会无故解除其职务的情形，进而违反公司章程约定为由，撤销奥维通信 2019 年 8 月的股东大会决议。需要注意的是，奥维通信股东大会决议被撤销的原因系决议内容违反公司章程约定，而非召集程序存在瑕疵	成功召开，但因决议内容违反章程规定被股东提起决议撤销之诉

续表

公司简称/股票代码	基本情况	自行召集股东大会情况	是否成功召开
新潮能源/600777.SH	新潮能源控制权主要在原实际控制人刘志臣为代表的一方与现任董事长刘珂为代表的一方之间展开。 2018年6月，新潮能源股东提议罢免刘志臣委派的董事、监事人员，股东大会作出决议同意该等股东提议，刘志臣失去对董事会、监事会的控制权。 此后刘志臣为夺回董事会、监事会的控制权，多次提议召集临时股东大会，但均被以刘珂为首的公司现任董事会、监事会拒绝	2021年4月26日，刘志臣联合8名股东作为持股10%以上股东向公司董事会提议召开临时股东大会，并以经营不善为由要求罢免现任董事长刘珂等人。 2021年5月5日，公司董事会作出决议，认为刘志臣等股东提议的议案内容不符合事实依据，拒绝将该等议案提交股东大会审议。 2021年5月10日，刘志臣等股东就上述议案内容向公司监事会提议召开临时股东大会。 2021年5月14日，公司监事会作出决议，认为上述提议不符合法律规定情形且缺乏事实依据。 2021年6月4日，刘志臣等8名股东于《中国日报》ADVERTISMENT（广告版）版面发布自行召集股东大会的通知。 2021年7月8日，刘志臣等股东自行召集的股东大会作出决议，罢免刘珂等董事并选举了新的董事人选。就该等决议内容，新潮能源董事会认为提起召集的股东中部分股东连续持股时间不足90日，且股东大会的通知及公告媒体《中国日报》不属于新潮能源指定信息披露媒体[3]，因此股东大会决议无效。根据后续新潮能源公告情况判断，刘志臣等股东此次自行召集的股东大会选举的董事并未履职，该次会议决议未产生实际效力	成功召开，但因披露媒体不符合法律法规和公司内部制度规定，以及召集股东持股期限不满足要求，致使决议效力未获认可

续表

公司简称/股票代码	基本情况	自行召集股东大会情况	是否成功召开
皖通科技/002331. SZ	皖通科技控制权争夺主要在西藏景源及相关方与南方银谷及其相关方	2020 年 4 月 22 日，南方银谷向公司董事会提请召开临时大会并罢免廖凯、甄峰、李臻、王辉等 4 名非独立董事与周艳、罗守生等 2 名独立董事，同时选举周成栋、张曦、刘峻、胡明、林雷、冯辕等 6 名候选人为新的非独立及独立董事。 2020 年 5 月 2 日，公司董事会作出决议，同意召开临时股东大会，但南方银谷提议罢免及选举董事的议案未获通过。其中，投反对票的廖凯、李臻、甄峰、王辉、周艳 5 名董事认为：（1）其担任董事期间符合勤勉尽责要求；（2）南方银谷未提交非独立董事候选人的身份文件及书面承诺、独立董事候选人的身份文件、担任其他公司独立董事的履职报告文件及证明材料，以及独立董事资格证书等。基于上述，待南方银谷对相关内容补充修订后再行召开董事会审议召开临时股东大会的具体时间。 2020 年 5 月 2 日，南方银谷向公司监事会提请召开临时股东大会，但公司监事会未进行回应。 2020 年 5 月 7 日，南方银谷向公司董事会及董事会秘书发出关于自行召集临时股东大会的通知，提请其配合完成相关事项。同时，南方银谷在向董事会及董事会秘书发出股东大会通知前，将前述文件报送了相关监管部门备案。 根据南方银谷的说明，2020 年 5 月 7 日至 12 日（南方银谷提请自行召开临时股东大会法定 15 日提前通知的届满日期），公司董事会及董事会秘书未配合南方银谷自行召开临时股东大会，未披露、公告相关通知及其附件。因此，南方银谷只能选择在《深圳商报》刊登自行召集临时股东大会的通知及其附件。 2022 年 5 月 28 日，南方银谷自行召集的股东	成功召开，但因披露媒体不符合法律法规和公司内部制度规定致使决议效力未获认可

续表

公司简称/股票代码	基本情况	自行召集股东大会情况	是否成功召开
		大会召开，会议现场还发生了肢体冲突，公司有报警记录，根据表决情况，股东大会同意对公司董事会进行改组。 针对南方银谷未按证券法律法规要求，在证券交易场所的网站和符合国务院证券监督管理机构规定条件的媒体发布股东大会通知的问题，安徽证监局对南方银谷采取了出具警示函的监管措施。南方银谷自行召集股东大会的决议效力未获认可	
新宁物流/300013. SZ	新宁物流控制权争夺主要在中原金控、曾卓与公司现任董事会之间展开	2022 年 2 月，中原金控、曾卓向董事会提议召集临时股东大会，经公司征求公司董事会全体成员意见，过半数董事拒绝启动股东请求召开股东大会的相关程序。该等董事认为召集股东之一曾卓存在损害公司利益的情形，且已被列入失信被执行人，负有数额较大的债务，属于《收购办法》第 6 条第 2 款第 1 项规定的不得收购上市公司的情形，董事会有权根据《收购办法》第 60 条[4]的规定，拒绝接受本次提案。 中原金控与曾卓向董事会提议召开股东大会未获同意后，其又联合向新宁物流监事会提议召集临时股东大会，并承诺曾卓没有任何收购公司的意图，并承诺、保证在未来 12 个月内不会作出任何增持公司股份或谋求公司控制权的行为或计划。公司监事会以董事会已就该项提案积极履职，召集股东向监事会提议召开股东大会的前提条件尚不具备，拒绝了本次提案。 2022 年 2 月 9 日，中原金控与曾卓向公司发出通知，称其决定自行召集股东大会。 2022 年 2 月 11 日，公司发布公告认为《收购办法》第 60 条所述“拒绝接受”的法律效果为董事会拒绝将召集股东大会的函及该函件所述提案及议案提交董事会进行审议，而非董事会对股东请求召开股东大会之请求	未成功召开

续表

公司简称/股票代码	基本情况	自行召集股东大会情况	是否成功召开
		作出同意或者不同意之意见，即《公司章程》第 48 条规定的股东请求召开股东大会的相关程序自始未启动。因此，召集股东自行召集临时股东大会的前提条件尚不具备	

［1］马峭同马峻系兄妹关系。

［2］《上市公司股东大会规则》于 2022 年 1 月修订，该规则修订前股东自行召集股东大会的，除应向证券交易所备案外，还需向上市公司所在地证监局备案。

［3］根据新潮能源公告内容，新潮能源指定信息披露媒体为《中国证券报》《上海证券报》《证券日报》《证券时报》《经济参考报》及上交所网（http：//www. sse. com. cn）。

［4］《收购办法》第 60 条规定，上市公司实际控制人及受其支配的股东未履行报告、公告义务，拒不履行第 58 条规定的配合义务，或者实际控制人存在不得收购上市公司情形的，上市公司董事会应当拒绝接受受实际控制人支配的股东向董事会提交的提案或者临时议案，并向中国证监会、派出机构和证券交易所报告。中国证监会责令实际控制人改正，可以认定实际控制人通过受其支配的股东所提名的董事为不适当人选；改正前，受实际控制人支配的股东不得行使其持有股份的表决权。上市公司董事会未拒绝接受实际控制人及受其支配的股东所提出的提案的，中国证监会可以认定负有责任的董事为不适当人选。

参考上述案例，虽然相关法律法规已就股东自行召集股东大会的基本程序作出规定，但实际操作中股东能否成功自行召开股东大会且决议效力能否得到认可仍受董事会、监事会配合程度，上市公司自身状况，召集股东自身情况等多重因素的影响。

在莱绅通灵案例中，股东大会召集前马峻已经取得公司股权层面的控制权，而辞任总裁的行为也表明沈东军在公司管理层面已基本放弃争夺，这为马峻成功自行召集股东大会打下了基础。在奥维通信案例中，瑞丽湾在提请董事会、监事会召集股东大会未获同意后，以自身名义发布了自行召集临时股东大会的通知，此举引来交易所对董事会的问询，最终董事会迫于监管压力，配合瑞丽湾成功召集股东大会。① 在新宁物流的案例中，公司董事会认为中原金控与曾卓召集股东大会的行为构成收购上市公司，且不满足《收购

① 需要注意的是，虽然瑞丽湾自行召集的股东大会的决议后来被法院判决撤销，但被撤销主要是因无故罢免董事不符合公司章程规定，而非因自行召集的股东大会存在程序瑕疵。

办法》关于收购方的要求，因此拒绝中原金控与曾卓的提议。同时，董事会、监事会认为，拒绝中原金控与曾卓提议是指拒绝将该等提议提交董事会审议，而非法律法规规定的“董事会不同意召开临时股东大会，或者在收到请求后十日内未作出反馈”的情形，因此如中原金控与曾卓拟自行召集股东大会，仍需满足“向董事会、监事会提出召开股东大会的请求，但董事会、监事会均拒绝召开或未在规定期限内予以回复”的条件。基于上述案例，股东自行召集股东大会成功与否，除了召集股东是否满足持股条件外，还取决于董事会、监事会是否存在阻碍召集的行为。莱绅通灵、奥维通信案例中，召集股东或因争夺对方放弃对公司管理层面的争夺、或因交易所关注等原因，均最终在董事会、监事会未阻碍的情况下成功召集股东大会。而新宁物流案例中，召集股东虽已满足持股要求，但董事会、监事会以召集行为属于“收购上市公司”、召集股东不满足收购方身份为由进行阻碍，致使股东自行召集股东大会的目的未实现。

在新潮能源、皖通科技案例中，召集股东虽然成功召集股东大会并作出决议，但该等股东大会因通知及议案披露媒体不属于法律法规及上市公司内部制度中规定的披露媒体范围或者召集股东不满足持股时间要求，致使股东大会决议效力未获认可。例如，在新潮能源案例中，股东大会披露媒体为《中国日报》，属于《具备证券市场信息披露条件的媒体名单》中可以从事证券市场信息披露业务的媒体，但由于《中国日报》不属于新潮能源内部制度规定的信息披露媒体，因此以刘珂为代表的董事会认为该等决议存在程序瑕疵。除因信息披露媒体不属于公司内部制度规定范围外，新潮能源案例中部分召集股东还存在持股时间不满足连续90日的要求，因此以刘珂为代表的董事会认为该等自行召集的股东大会决议无效。根据后续上市公司的公告，上交所未对董事会的认定进行质疑。而皖通科技案例中，召集人南方银谷选择在《深圳商报》刊登自行召集临时股东大会的通知及其附件，监管机构认为南方银谷未在证券交易场所的网站和符合规定条件的媒体发布股东大会通知，并向其出示了警示函，因此，其自行召集股东大会的决议效力亦未获认可。

（四）实务困境

如前所述，相关法律法规关于股东自行召集股东大会的规定较为原则性，而对召集过程中包括如何合法有序地履行完毕向董事会、监事会提议且未获通过的前置程序、如何合法地发布股东大会通知及其他信息披露公告、如何获得公司股权登记日的股东名册等具体事项的实施细则均未作出明确规定，这也导致股东自行召集股东大会在实务中存在诸多困境，具体如下：

1. 董事会、监事会拒绝股东大会提议的标准缺乏明确规定，召集股东合法有序地履行完毕前置程序难度较高

根据前述规定，股东拟自行召集股东大会的，需首先满足已向董事会、监事会提交召开股东大会提议且未获通过这一前置条件，考虑到相关法律法规未对董事会、监事会拒绝股东召集股东大会提议的标准作出明确规定，因此实务中即使召集股东在形式上已就提议董事会、监事会召开股东大会履行相关程序，但仍存在被董事会、监事会以其他理由进行实质审查认定不满足前置条件的情形。以前述新宁物流为例，中原金控、曾卓虽然形式上已履行董事会、监事会等前置程序，但新宁物流董事会、监事会仍以“拒绝接受”的法律效果为由拒绝将召集股东大会的函及该函件所述提案及议案提交董事会/监事会进行审议，而非董事会/监事会对股东请求召开股东大会之请求作出同意或者不同意之意见，因此其认为股东请求召开股东大会的相关程序自始未启动，中原金控、曾卓自行召集股东大会的前置程序尚未满足。需要注意的是，新宁物流董事会认定股东请求召开股东大会的相关程序自始未启动的一个核心理由是“曾卓联合中原金控，已具备控制上市公司的条件”，但根据新宁物流 2020 年 9 月 12 日公告的内容，该公司无控股股东和实际控制人，这与董事会前述提出的理由相矛盾。同时，即使中原金控与曾卓已具备控制新宁物流的条件，但具备控制的条件并不等同于已经控制公司的事实。中原金控与曾卓在向公司监事会提议召开临时股东大会时也出具了不存在收购上市公司意图的承诺。因此，新宁物流董事会、监事会认定前置条件未满足的理由合理性值得商榷，中原金控、曾卓自行召集股东大会的目的也因上述董事会、监事会的拒绝未顺利实现。

基于上述，股东拟自行召集股东大会的，即使形式上已满足向董事会、监事会提交召开股东大会提议且未获通过这一前置条件，但仍存在被公司董事会或监事会认定该前置条件尚未满足的风险。结合新宁物流案例判断，实

务中关于董事会、监事会否定前置条件理由的判定标准较为宽松，即使如新宁物流案例中董事会、监事会关于前置条件未满足的论证存在一定瑕疵，但仍能从事实上影响股东自行召集股东大会权利的实施。笔者认为董事会、监事会拒绝自行召集股东大会提议的标准应按照以下原则进行：董事会、监事会对召集股东提议的审核以形式审核为准，主要核查召集股东是否满足前述法律法规规定的持股比例及持股时间要求，除非法律法规或公司章程制度另有规定，董事会、监事会无权对召集股东提议的议案内容进行实质性判定，并以此为理由拒绝召集股东大会。

2. 董事会或董事会秘书拒绝配合时，股东自行合法合规发布股东大会通知及其他信息披露公告程序的难度较大

根据《证券法》第 86 条的规定，依法披露的信息，应当在证券交易场所的网站和符合国务院证券监督管理机构规定条件的媒体发布。考虑到上市公司日常公告工作主要是通过董事会、董事会秘书等进行，且股东自行召集股东大会多是在无法控制董事会的情形下进行的，因此该等股东拟发布关于任何涉及自行召集股东大会的公告内容时，存在被另一方控制的董事会或董事会秘书拒绝配合的风险。

目前沪深交易所关于股东自行发布股东大会通知及其他信息披露公告的规则和要求并不统一，其中深交所规定上市公司股东通过深交所网站股东专区可以直接就自行召集股东大会提交相关信息披露文件，文件内容包括深交所股票上市规则及相关自律监管指引、公告格式等要求准备的公告文件和报备材料，但该等拟披露文件提交后须经深交所形式审查通过后才能披露，此外，深交所未就形式审查的标准作出明确规定，而且从目前的实践来看，深交所可能并不支持股东采用前述方式自行发布会议通知等信息披露文件。反观上交所，其目前未就股东自行召集股东大会时涉及的单独公告程序作出明确规定，根据上交所相关规定，上市公司持股 5% 以上的股东拟就信息披露业务办理等相关事项进行咨询但上市公司拒绝配合时，该等股东可直接与上交所上市公司管理部门联系，联系方式参见上交所系统公布的联络人电话。

基于上述规定，股东自行召集股东大会时，如董事会或董事会秘书拒绝配合，深交所上市公司股东存在明确的自行发布股东大会通知及其他信息披

露公告的途径，但该等拟公告内容尚需通过深交所进行形式审查，实践操作难度大。需要注意的是，前述程序主要基于深交所现有的规定整理，鉴于各上市公司的具体情况存在差异，实务中深交所股东拟自行召集股东大会的，建议在履行上述程序前就具体实施流程以及是否可能存在操作障碍同深交所上市公司管理部门进一步沟通确认。不同于深交所，上交所上市公司股东无自行发布股东大会通知及其他信息披露公告的明确途径，如实务中上交所股东拟自行召集股东大会，建议同上交所上市公司管理部门沟通确认具体的程序和步骤，以使操作具有明确性。

3. 董事会或董事会秘书拒绝配合时，股东获得公司股权登记日股东名册的难度较大

根据《公司法》第 97 条的规定，股东有权查阅股东名册。然而实际操作中，股东名册通常由董事会或董事会秘书保管，如董事会或董事会秘书拒绝配合，股东直接从上市公司处获得公司股权登记日股东名册的难度较高。目前关于股东名册的获取主要包括两种路径：一种是通过交易所协调从证券登记结算机构处取得，另一种是通过司法途径从上市公司处取得，具体如下：

关于股东通过交易所协调从证券登记结算机构处取得股东名册具体程序目前尚无明确规定，经电话咨询中国证券登记结算有限责任公司（以下简称中登公司）服务人员，如股东自行拟取得股东名册，可以在履行交易所关于股东自行招集股东大会的相关程序后，经交易所协调从中登公司处取得。基于此，如上市公司股东拟采用此种方式取得股东名册，应先确保本文前述股东自行发布股东大会通知及其他信息披露公告的程序已按照交易所的要求履行，并在该等程序均已合法有序履行的情况下同交易所沟通股东名册的取得事宜。

除股东通过交易所协调取得股东名册外，根据最高人民法院《关于适用〈中华人民共和国公司法〉若干问题的规定（四)》第 7 条的规定，股东可以依据公司法及公司章程规定，起诉请求上市公司提供股东名册。但考虑到实务中诉讼周期较长，且股东名册内容随着上市公司股票交易变化较快。因此，以诉讼途径获取股东名册与股东拟尽快召集股东大会的初衷相矛盾，意义有限。

4. 股东自行召集股东大会流程中相关证明材料的准备

股东自行召集股东大会时，需确保自行召集流程中各个环节所需证明材

料的齐备，避免因证明材料存在问题致使自行召集程序存在瑕疵，从而影响股东大会召集。结合前述自行召集股东大会流程及相关案例，准备证明材料应注意以下几点：

（1）所有提交董事会、监事会及交易所的文件中，涉及落款的部分股东均应签字盖章，其中法人股东应当确保加盖公章且法定代表人或授权代表签字。如系股东联合召集的，所有联合召集的股东均应签字盖章；同时，为避免公司董事会、监事会以股东未在同一份文件签名为由认定股东联合的事实存在瑕疵，建议各联合股东尽可能在同一份文件上签字盖章。如系一方或多方授权一方召集，该等授权股东应出具书面的授权文件，且召集股东提交召集文件时应将该等授权文件一并提交。

（2）所有提交董事会、监事会及交易所的文件中应包含所涉议案或相关事项的附件，如提名董事、监事的，应提交该等人员身份证明、简历或履职报告、无违法违规证明以及相关承诺等；提名独立董事的，还需提供该等董事的独立董事资质等。例如，在皖通科技案例中，因南方银谷未提交拟提名董事的身份文件及书面承诺以及独立董事资格证书等，而被另一方控制的董事会认定其提名议案存在瑕疵，拒绝提交股东大会审议。

（3）股东联合召集股东大会前，应对各联合主体是否满足召集条件进行自查，确保联合股东中不存在连续持有上市公司股份不足90日或持有上市公司股份相关股东权利受限进而可能影响提案效力的情形。例如，在新潮能源案例中，因刘志臣联合的自然人股东中存在持有上市公司股份不足90日的情形，其召集股东大会的提议即被董事会拒绝。

除上述问题外，考虑到各上市公司实际情况存在差异，实务中股东自行召集股东大会时还可能面临其他难点或困境，需结合上市公司的具体情况进一步判断。

（五）司法诉讼

经查阅司法案例，如召集股东已满足自行召集股东大会的持股要求和《公司法》及章程规定的前置程序，司法机关通常倾向于认为该等召集行为符合法律规定，召集股东有权自行召集股东大会，反之亦然。以下案例供参考（见表5－24）。

表 5－24　股东自行召集股东大会相关案例

序号	案号及法院	事实概要	裁判要点
1	（2018）苏 02 民初 577 号；江苏省无锡市中级人民法院	中超控股股东中超集团自行召集召开了中超控股 2018 年第四次临时股东大会，表决通过了罢免某董事的议案，但股东鑫腾华公司认为上述会议的召集程序存在问题，因此诉至法院要求撤销《2018 年第四次临时股东大会决议》	法院认为，中超控股章程第 52 条将董事会、监事会对股东提请召开临时股东大会作出反馈的时间具体规定为 10 日、5 日。本案中，中超集团于 2018 年 9 月 11 日向董事会提交了请求召开临时股东大会的函，董事会在 10 日内未给予答复，其间中超集团还于 2018 年 9 月 14 日向董事会提议由副董事长召集和主持董事会会议，遭董事会多数票反对而未获通过，显然中超控股的董事会不同意召开临时股东大会。后中超集团于 2018 年 9 月 22 日向监事会提出召开临时股东大会的请求，监事会在 5 日内未给予答复。至此，中超集团已履行了法律和章程规定的前置程序，其有权自行召集临时股东大会
2	（2020）苏 0106 民初 7930 号；江苏省南京市鼓楼区人民法院	航威物流 2020 年第三次临时股东大会由监事会召集主持，会议内容为选举董事，原告为航威物流股东，其主张监事会召集主持股东大会未经过董事会，也不存在董事会不能履行，董事长不能履职、不履职等情况，因此诉至法院请求撤销该 2020 年第三次临时股东大会决议	根据航威物流公司章程规定，监事会应先向董事会提议召开临时股东大会，由董事会对是否同意召开临时股东大会作出决议，只有在董事会不同意召开临时股东大会或者董事会在收到监事会提议后 10 日内未作出书面反馈的，监事会才可以自行召集和主持临时股东大会。监事会并未就召开此次临时股东大会的事宜向董事会进行提议，而是直接召集与主持了此次临时股东大会，此次临时股东大会的召集程序违反了公司章程的规定。被告辩称监事会在召集此次临时股东大会时已通过邮件的形式向全体董事发送了全部议案，但未提交证据证明其主张，且即使监事会向全体董事发送了议案，也不能等同于监事会向董事会就召开临时股东大会进行了提议。因此法院最终因监事会召集程序违法而支持了原告关于撤销该次临时股东大会决议的诉请

续表

序号	案号及法院	事实概要	裁判要点
3	(2017) 浙0212民初811号；浙江省宁波市鄞州区人民法院	前程公司股东沈某宏、戚某威、郭某泓认为前程公司另一股东周某君违反《公司法》及前程公司章程之规定，未履行向董事会、监事会提请召集股东大会的前置程序，径行通知沈某宏、戚某威、郭某泓，并于2016年12月19日自行主持召开了2016年第一次临时股东大会，会议通过了选举董事的议案，但会议过程未能按法律及公司章程规定进行，因此沈某宏、戚某威、郭某泓诉至法院请求撤销2016年第一次临时股东大会决议	被告前程公司未能提供证据证明，被告股东周某君在自行召集和主持2016年12月19日股东大会前已按照《公司法》及公司章程的规定程序事先向董事会、监事会提出过书面请求，系董事会、监事会不履行召集、主持会议职责。周某君自行委托浙江省宁波市永欣公证处对该次会议召开情况进行保全证据公证存档卷宗中，亦无任何材料表明周某君以公司股东名义发出通知召集会议前已履行向董事会、监事会提出过书面请求的程序。作为前程公司股东的周某君绕开董事会、监事会直接召集并主持股东大会，其召集程序显然违反了公司法及公司章程的规定
4	(2021) 闽04民终882号；福建省三明市中级人民法院	智胜化工股份有限公司股东上海弘钛企业自行召集了2020年第一次临时股东大会，会议内容主要是表决改选董事会、监事会，股东永安智胜投资股份有限公司认为上述会议召集程序违法，因此诉至法院请求撤销《智胜化工股份有限公司2020年第一次临时股东大会决议》	董事会在收到单独或者合计持有公司10%以上股份的股东提请召开临时股东大会的书面请求后，不论是同意或不同意召开，均应以董事会的名义作出通知或反馈，董事会不同意召开或逾期未反馈的，视为董事会不能履行或不履行召集股东大会会议职责；同样，监事会在收到单独或者合计持有公司10%以上股份的股东提请召开临时股东大会的书面请求后，同意召开的，亦应当以监事会名义发出通知，逾期未发出通知的，视为监事会不召集和主持股东大会，则连续90日以上单独或合计持有公司10%以上股份的股东可以自行召集和主持。在监事会不召集和主持本次临时股东大会的情况下，上海弘钛企业作为连续90日持股10%以上的股东，已按照法律及

续表

序号	案号及法院	事实概要	裁判要点
			公司章程规定的程序，自行召集和主持本次临时股东大会。上海弘钛企业于2019年12月13日成为持有智胜化工公司52.48%股份的股东，至2020年3月12日便属于连续90日持有公司10%以上股份的股东，在董事会、监事会未依法履职的情况下，有权自行召集和主持本次临时股东大会
5	(2019)鄂0506民初602号；湖北省宜昌市中级人民法院	2019年1月3日，杨某雄、彭某宜、石某楷、李某蓉四位股东在元升公司会议室召开了临时股东大会会议，到会股东合计持股比例67%，张某庆、刘某瑞、胡某林三位股东未到会，未到会股东合计持股比例为33%；到会股东通过审议讨论会议提案、填写书面表决票等方式表决形成了临时股东会决议，选举产生了新一届董事、监事；当天，新选举产生的董事、监事分别召开了临时董事会会议和临时监事会会议，应到会5名董事全部到会，应到会3名监事全部到会，经书面表决和投票，形成了临时董事会决议和临时监事会决议，因此，未到会的股东张某庆、刘某瑞、胡某林请求法院确认上述股东会决议、董事会决议及监事会决议不成立	元升公司股东彭某林、严某芳、彭某宜、杨某雄、石某楷、李某蓉等人分别于2018年8月13日、11月13日向公司董事会书面要求召集召开临时股东大会会议，符合《公司法》第100条之规定，在公司董事会不按规定履行临时股东大会会议召集职责的情况下，公司股东彭某宜、杨某雄、李某蓉于2018年12月12日要求公司监事会履行临时股东大会会议召集职责，符合《公司法》第101条之规定，在监事会书面表明无法履行临时股东大会会议召集职责时，连续90日以上合计持有元升公司10%以上股份的股东彭某宜、杨某雄、石某楷向公司全体股东发出书面通知自行召集和主持临时股东大会会议，亦符合《公司法》第101条之规定，会议审议事项范围符合《公司法》第99条之规定

（六）小结

综上，控制权争夺中一方拟自行召集股东大会的，如果该等会议能够顺利召开且召集程序合法合规，则该方可以通过此方式实现改选董事、监事人员的目的，这是参与控制权争夺的一种重要手段。但我国目前法律法规层面关于股东自行召集股东大会的规定缺乏明确的实施细则，在另一方控制的董事会、监事会不配合的情况下，一方自行召集股东大会可能会面临董事会、监事会对提案进行实质审查进而导致不满足前置程序要求、股东大会通知等信息披露公告难以合法合规对外发布以及股权登记日股东名册需要外部监管机构同意及配合才能获取等实践困境，可谓每一步都如履薄冰。因此，笔者建议从立法角度进一步完善股东自行召集股东大会的操作细则，使相关程序具有可操作性和可预见性，此外，股东自行召集股东大会的，建议每一个程序都依法进行，注意搜集证据，并提前充分与监管机构沟通，获得其支持和配合。

六、借力打力——监事会在控制权争夺中的作用和职责

（一）涉及监事会职权的相关规定

我国现行法律法规中，关于监事会职权的规定主要来自《公司法》《证券法》，根据该等法律规定，监事会的职权具体如表5－25所示：

表5－25　关于监事会职权的规定

法律法规名称[1]	具体规定
《公司法》	第53条　监事会、不设监事会的公司的监事行使下列职权： （1）检查公司财务； （2）对董事、高级管理人员执行公司职务的行为进行监督，对违反法律、行政法规、公司章程或者股东会决议的董事、高级管理人员提出罢免的建议； （3）当董事、高级管理人员的行为损害公司的利益时，要求董事、高级管理人员予以纠正；

续表

法律法规名称	具体规定
	（4）提议召开临时股东会会议，在董事会不履行本法规定的召集和主持股东会会议职责时召集和主持股东会会议； （5）向股东会会议提出提案； （6）依照本法第 151 条的规定，对董事、高级管理人员提起诉讼； （7）公司章程规定的其他职权
	第 54 条　监事可以列席董事会会议，并对董事会决议事项提出质询或者建议。 监事会、不设监事会的公司的监事发现公司经营情况异常，可以进行调查；必要时，可以聘请会计师事务所等协助其工作，费用由公司承担
	第 101 条第 2 款　董事会不能履行或者不履行召集股东大会会议职责的，监事会应当及时召集和主持；监事会不召集和主持的，连续 90 日以上单独或者合计持有公司 10% 以上股份的股东可以自行召集和主持
	第 118 条　本法第 53 条、第 54 条关于有限责任公司监事会职权的规定，适用于股份有限公司监事会
	第 151 条第 1 款　董事、高级管理人员有本法第 149 条规定的情形的，有限责任公司的股东、股份有限公司连续 180 日以上单独或者合计持有公司 1% 以上股份的股东，可以书面请求监事会或者不设监事会的有限责任公司的监事向人民法院提起诉讼；监事有本法第 149 条规定的情形的，前述股东可以书面请求董事会或者不设董事会的有限责任公司的执行董事向人民法院提起诉讼
《证券法》	第 82 条第 2 款　发行人的监事会应当对董事会编制的证券发行文件和定期报告进行审核并提出书面审核意见。监事应当签署书面确认意见
《上市公司股东大会规则》	第 10 条　监事会或股东决定自行召集股东大会的，应当书面通知董事会，同时向证券交易所备案。在股东大会决议公告前，召集普通股股东（含表决权恢复的优先股股东）持股比例不得低于 10%。监事会和召集股东应在发出股东大会通知及发布股东大会决议公告时，向证券交易所提交有关证明材料

[1]《上市公司章程指引》《上市公司治理准则》以及沪深证券交易所自律监管指引等规定关于监事会职权与已列示监事会职权类似的，不再赘述。

基于上述规定，上市公司监事会的职权主要包括以下几种：

1. 涉及公司财务及内控的相关职权：检查公司财务、对发行文件和定期报告进行审核。

2. 涉及股东大会的相关职权：提议召开或自行召集临时股东大会、向股东大会会议提出提案、根据股东要求提议召开或自行召集临时大会。

3. 涉及董事、高管的相关职权：提出罢免董事、高级管理人员的建议，要求董事、高级管理人员纠正违规情形，根据股东要求召集股东大会或向董事、高级管理人员提起诉讼等。

实务中，监事会行使涉及股东大会、董事、高管的相关职权的情形在上市公司控制权争夺过程中较为常见。特别是控制权争夺中一方为改组上市公司经营管理层而要求监事会提议召开或自行召集临时大会的情形，在涉及董事会席位争夺的案例中屡见不鲜。

（二）控制权争夺过程中涉及监事会参与的案例概述

经查询实践中控制权争夺的案例，监事会在控制权争夺中的参与情况如表5－26所示：

表5－26　控制权争夺过程中涉及监事会参与的典型案例

公司简称/股票代码	基本情况	监事会参与情况	监事会参与效果
恒泰艾普/300157. SZ	恒泰艾普控制权争夺主要在硕晟科技、李丽萍为代表的一方与银川中能、孙庚文及马敬忠为代表的一方间展开	2020年11月，硕晟科技、李丽萍在提议召开临时股东大会被公司董事会拒绝后，向监事会发出召开临时股东大会的提议，并要求罢免董事马敬忠。监事会审议通过了该项提议，但公司董事会拒绝配合召集股东大会。 次日，深交所向恒泰艾普出具《关注函》，要求公司董事会说明未配合召集股东大会的原因，根据董事会回复的内容，硕晟科技、李丽萍增持表决权股份达到5%时未立即停止并履行信息披露义务，违反《证券法》《收购办法》相关规定，硕晟科技、李丽萍增持至5%	恒泰艾普控制权争夺中，监事会先后以同意股东临时召集股东大会、自行决议召集股东大会的方式尝试召开股东大会，但均因董事会拒绝未能成功实现

续表

公司简称/股票代码	基本情况	监事会参与情况	监事会参与效果
		后的股份在买入后的36个月内均不得行使表决权，除该等被限制表决权的股份外，硕晟科技、李丽萍所持有的可以行使表决权的股份比例不足10%，不具备提请召开股东大会的资格。基于该回复内容，监事会最终未成功召集召开临时股东大会。 2021年8月，公司监事会会议作出决议，监事会主席姜玉新与职工监事冯珊珊出席并同意召集临时股东大会并提交建议罢免马敬忠董事职务的议案。马敬忠等董事认为公司已与职工监事冯珊珊解除劳动合同，其不具有职工监事的合法资格，同时本次监事会会议存在程序瑕疵，监事会最终未成功召集召开临时股东大会	
世龙实业/002748. SZ	世龙实业上市后一直处于无实际控制人状态，控制权争夺主要在董事曾道龙为代表的一方与董事刘宜云为代表的一方间展开	2021年10月，刘宜云等人以其控制的公司股东致远投资向监事会发出《关于对曾道龙、刘林生、陆豫、章慧琳提起诉讼的请求》，认为董事曾道龙、刘林生、陆豫、董事会秘书章慧琳违抗法院裁定、拒不更正临时股东大会决议、拒不履行信息披露义务等行为严重违反法律和公司章程，给公司造成了重大损失，应当承担赔偿责任，要求监事会以起诉的方式追究前述主体的法律责任。监事会审议通过该请求，但最终并未实际起诉	监事会同意致远投资请求后虽然未实际起诉，但该项事由受到深交所关注并下发《关注函》，监事会决议通过当月，公司董事会决议罢免曾道龙、章慧琳职务，刘宜云成功控制公司董事会等经营管理层

续表

公司简称/股票代码	基本情况	监事会参与情况	监事会参与效果
*ST 顺利/000606. SZ	*ST 顺利控制权争夺主要在连良桂为代表的一方与彭聪为代表的一方间展开	2020 年 7 月，彭聪等人向公司董事会提议召开临时股东大会未获回应后，向监事会提议召开临时股东大会。监事会审议通过该提议，同时要求彭聪在股东大会召开前将董事会未做处理的相关材料提交监事会。 同月，连良桂等人就上述临时股东大会事项提议新增议案，请求罢免彭聪董事职务，监事会审议通过该提议。 2020 年 8 月，因彭聪在股东大会召开前未将董事会未做处理的相关材料提交监事会，监事会取消关于临时股东大会的召集。需要注意的是，根据监事会后续回复深交所的内容，监事会成员意见并不统一	*ST 顺利控制权争夺中，监事会虽然同意了彭总等人召集临时股东大会的请求，并同意增加连良桂等人提出的罢免彭总董事职务的议案，但最终并未实际召集股东大会。根据监事会回复情况，监事会成员立场并不统一也是造成股东大会未顺利召开的原因之一
新潮能源/600777. SH	新潮能源控制权主要在原实际控制人刘志臣为代表的一方与现董事长刘珂为代表的一方之间展开	2021 年 4 月刘志臣为夺回控制权，联合其他股东提议召开股东大会，该提议遭到公司现任董事长刘珂控制的董事会拒绝后，刘志臣向监事会提议召开股东大会，刘珂控制的监事会以刘志臣等人提议不符合事实依据为由拒绝该提议	刘志臣等人提议召开临时股东大会的愿望未顺利实现，新潮能源目前董事会、监事会仍由刘珂控制

续表

公司简称/股票代码	基本情况	监事会参与情况	监事会参与效果
皖通科技/002331. SZ	皖通科技控制权争夺主要在其股东西藏景源为代表的一方与南方银谷为代表的一方间展开	2020年10月，南方银谷及其一致行动人易增辉提请董事会（此时董事会由西藏景源控制）召开股东大会审议罢免部分西藏景源方董事议案未获审议通过，随后南方银谷及其一致行动人易增辉提请监事会召开股东大会审议罢免部分西藏景源方董事议案，监事会同意南方银谷及易增辉的请求。 2020年11月，皖通科技监事会作出决议，取消召集临时股东大会的决议。鉴于相关事项影响较大，该次决议作出后3日，监事会再次召开监事会，根据公告内容，监事会取消临时股东大会主要理由为：鉴于公司与易增辉之间的增资纠纷[1]尚在审理过程中，且易增辉持有的公司股份已被法院裁定司法冻结，其股东身份存在不确定性，如其被法院裁定配合注销股东身份，其股东权利基础将不存在。同时，本次临时股东大会审议议案涉及对公司现有董事会1/2以上董事的罢免及更换，直接影响公司治理的稳定。经审慎考虑决定取消，待有权机关作出最终认定后，再行召开股东大会审议相关事项。 监事会取消股东大会事宜引起深交所和安徽证监局高度关注，就监事是否足够审慎，是否充分履行勤勉义务等问题进行了详细问询	监事会虽然同意了南方银谷、易增辉召集临时股东大会的请求。但因易增辉同皖通科技间的诉讼仍在进行中，其持有的公司股份已被司法冻结，监事会于2020年11月决议取消召集股东大会
		2021年2月，西藏景源提请董事会（此时董事会由南方银谷控制）召开股东大会审议公司章程修改议案未获审议通过。随后，西藏景源提请监事会召开股东大会审议公司章程修改议案，监事会同意南方银谷的请求。	监事会虽然同意了西藏景源召集临时股东大会的请求。但董事会就监事会决议进行质疑并引起深交

续表

公司简称/股票代码	基本情况	监事会参与情况	监事会参与效果
		2021年3月20日，董事会就监事会决议事项提出反对，董事会称：（1）监事会审议的内容不符合《公司章程》等相关规定；（2）监事会的召集、召开及表决程序不符合皖通科技监事会议事规则等相关规定。 上述事宜引起深交所的关注，公司就相关问询问题进行了回复。最终监事会未实际召集股东大会	所关注，最终股东大会未顺利召开

[1] 易增辉原系赛英科技大股东，2018年1月，皖通科技完成对赛英科技100%股权的收购，易增辉通过换股成为皖通科技股东和董事。2020年9月，南方银谷与易增辉签署一致行动协议，联合争夺皖通科技控制权。随后皖通科技（此时西藏景源控制公司）罢免了易增辉在赛英科技的职务，并于2020年10月以易增辉同南方银谷的一致行动违反赛英科技重组时的约定为由对易增辉提起诉讼。

（三）控制权争夺过程中可能涉及监事会的环节及适用要点

根据上述控制权争夺案例中监事会参与情况，控制权争夺过程中可能涉及监事会的环节主要包括：股东大会召集，向股东大会提案以及对董事、监事、高级管理人员违规情况的诉讼。关于监事会职权在该等环节的适用要点，具体如下：

1. 监事会职权在股东大会召集或向股东大会提案中的适用要点

根据前述监事会职权的规定，监事会职权涉及股东大会召集或向股东大会提案的主要有两项，一项是监事会可以主动召集临时股东大会以及向股东大会提交议案，另一项是在董事会未召集股东大会时，根据股东要求召集股东大会或提交股东大会议案。

（1）监事会召集股东大会或向董事会提议召开股东大会。

在恒泰艾普控制权争夺过程中，公司监事会审议通过《关于向股东大会提交建议罢免马敬忠董事职务提案的议案》《关于监事会向董事会提议召开临时股东大会的议案》《关于监事会附条件自行召集临时股东大会的议案》等,[①] 其中监事会主席姜玉新与职工监事冯珊珊出席并同意上述议案，监事王秋实未参与会议，也未对议案内容作出授权或投票。公司董事会收到监事会提交的议案后，以监事会决议时职工代表监事冯珊珊同公司劳动关系已“解除”，职工代表监事身份存在瑕疵为由认为该等监事会提案存在程序瑕疵，因此拒绝提交股东大会。根据后续深交所问询问题及公司回复内容来看，冯珊珊劳动关系是否“解除”仍存在争议，但监事会召集股东大会的提议却客观上因为上述争议的影响未顺利实现。

基于上述情况，恒泰艾普向股东大会提交议案的事项未实现并非监事会本身职权问题，而是因监事身份争议导致。这也间接反映出控制权争夺过程中，通过监事会召集临时股东大会或向股东大会提交议案的路径的可行性。如控制权争夺中的一方能够控制监事会多数席位的，该方除以股东身份提议召集股东大会或向股东大会提交议案外，还可以通过监事会实现上述目的。但需要注意的是，如果监事会关于召集临时股东大会或提出股东大会的议案中存在瑕疵或争议，以恒泰艾普为例，则监事会的提议存在董事会不配合的风险。

（2）监事会根据股东要求召集股东大会。

在恒泰艾普、*ST 顺利、新潮能源、皖通科技控制权争夺过程中，均存在监事会根据股东提议审议召集股东大会或新增股东大会议案的事项。其中在恒泰艾普案例中监事会审议通过了硕晟科技、李丽萍召集临时股东大会的提议，但董事会拒绝配合监事会召集临时股东大会。监事会决议通过后次日，深交所要求董事会说明未配合的原因。根据董事会回复深交所的内容，硕晟科技、李丽萍增持表决权股份达到 5% 时未立即停止并履行信息披露义务，故根据相关规定，硕晟科技、李丽萍增持股份达到 5% 后的 36 个月内均不得

---

① 关于上述监事会自行召集股东大会所附条件是指若董事会在收到监事会提议召开临时股东大会、审议监事会提出的建议罢免马敬忠董事职务提案后 10 日内作出不同意召开临时股东大会的书面反馈意见或者在收到监事会上述提案后 10 日内未作出书面反馈的，应视为董事会不能履行或者不履行召集股东大会会议职责，则届时同意由监事会作为召集人自行召集和主持临时股东大会，包括但不限于发出召开临时股东大会会议通知、聘请中介机构等事宜。

行使表决权，除该等被限制表决权的股份外，硕晟科技、李丽萍所持有的可以行使表决权的股份比例不足10%，不具备提请召开股东大会的资格。根据公司公告判断，董事会回复的内容貌似获得深交所认可。在*ST顺利案例中，攻守双方几乎同时向监事会提议召集临时股东大会或提议新增股东大会议案，监事会虽然审议通过了该等提议，但最终因监事会成员内部立场未统一致使股东大会未实际召开。需要注意的是，该案例中攻守双方选择在监事会层面就股东大会召集及议案内容进行博弈的主要系双方中任何一方均无法实现对董事会的控制，因此需要在监事会层面展开争夺，最终同样因双方中任何一方均无法实现对监事会的控制致使上述提议未能实现。这也间接反映出控制权争夺中如双方均无法有效控制董事会，能否控制监事会也是最终能否取得控制权的重要因素。在新潮能源案例中，刘志臣为夺回控制权，联合其他股东向监事会提议召开股东大会，但因监事会系刘珂控制致使该提议未获同意。在皖通科技案例中，控制权争夺双方均先后向监事会提议召集股东大会。其中，南方银谷联合股东易增辉于2020年10月向监事会提议罢免西藏景源委派董事并召开股东大会，监事会虽然审议通过了该等提议，但最终因易增辉同公司间的诉讼事宜，致使其持有的公司股份被司法冻结，随后监事会作出决议，取消召集股东大会。西藏景源于2021年2月向监事会提议修改《公司章程》并召开股东大会，监事会虽然审议通过了该等提议，但董事会通过公司公告对监事会决议程序提出反对。上述事宜引起深交所的关注，公司就相关问询问题进行了回复。根据公司公告判断，董事会的观点貌似获得深交所认可，最终监事会未实际召集股东大会。基于上述情况，可以看出在控制权争夺中，股东通过监事会召集股东大会或增加股东大会议案的方式是可行的，但该方式受到两个因素制约：

第一，监事会根据股东提议召集股东大会或增加股东大会议案的前置条件是股东的该等提议未获董事会通过。鉴于现行法律法规未对董事会拒绝股东提议的标准作出明确规定，实务中董事会拒绝股东提议的理由也并不统一，因此监管部门认可董事会观点的尺度难以把握。结合恒泰艾普、皖通科技案例，如果董事会拒绝股东提议的原因获得监管部门认可，即使监事会审议通过了股东提议，最终监事会根据股东要求自行召集股东大会或提议召集股东大会成功实现的可能性仍然较低。此外，实务中上市公司股东大会召集义务通常由董事会负责，监事会根据股东要求向董事会提议召开股东大会时，董事会可能会采取拒绝配合或故意拖延的方式影响股东大会召开。

第二，监事会的立场影响股东通过监事会召集股东大会或增加股东大会议案实现的可能性。控制权争夺中关于监事会立场可能的情形主要包括由一方控制、双方均无法有效控制以及保持中立三种。其中，如监事会由一方控制，则另一方希望通过监事会召集股东大会或增加股东大会议案的难度较高，特别是实践中一方提议召集股东大会或新增股东大会议案的内容多涉及董事、监事、高级管理人员的提名或罢免，这间接反映出该提议方未能有效控制董事会，因此即使其提议获得监事会的同意，根据前述第一项因素影响，仍存在董事会不配合的风险；如双方均无法有效控制监事会，即使监事会就一方提议召集股东大会或增加股东大会议案审议通过的，如 * ST 顺利案例类似情形，该等议案最终可能因监事会成员立场不统一而无法实现；如监事会保持中立，则控制权争夺方需争取监事会的支持以便于其开展控制权争夺，但需要注意的是该等情形下需考虑到监事会本身的监督属性以及部分公司监事会出于自我保护而拒绝改变中立立场的可能。

2. 对董事、监事、高级管理人员违规情况的诉讼

根据前述关于监事会职权的规定，董事、监事、高级管理人员执行公司职务时违反法律、行政法规或者公司章程的规定，给公司造成损失的，股份有限公司连续 180 日以上单独或者合计持有公司 1% 以上股份的股东，可以书面请求监事会向人民法院提起诉讼。结合前述参考案例，控制权争夺中对董事、监事、高级管理人员提起诉讼的，需考虑以下因素：

第一，监事会的立场可能影响股东诉讼请求能否顺利实现。在世龙实业案例中，刘宜云等人关于对董事曾道龙等人提起诉讼的请求获得监事会同意，并通过该等诉讼事项引起深交所关注，最终通过董事会决议成功获得对公司经营管理层的控制权。但需要注意的是，刘宜云等人的诉讼请求获得监事会同意的一个重要因素是，监事会在世龙实业控制权争夺过程中保持中立，但如控制权争夺过程中，一方能够有效控制监事会，则另一方通过监事会向对方提起诉讼的难度较高。

第二，诉讼周期较长，诉讼目的实现较难。实践中诉讼周期受管辖权认定、双方举证以及一审、二审等诉讼程序的影响，致使诉讼周期普遍较长。因此即使控制权争夺的一方能够通过监事会提起对另一方委派董事、监事、高级管理人员的诉讼，在诉讼结果出现前并不会立即对该诉讼提起方争夺控制权带来明显优势。同时，考虑到公司控制权争夺整体节奏较快，诉讼过程中攻守双方态势，董事会、监事会成员构成均可能较诉讼提起前发生较大变化，可能致使诉讼目的无法顺利实现。

第三，监事会根据股东请求提起诉讼的，需以公司作为原告。根据最高人民法院《关于适用〈中华人民共和国公司法〉若干问题的规定（四）》第23条第1款的规定，监事会依据《公司法》第151条第1款的规定对董事、高级管理人员提起诉讼的，应当列公司为原告。考虑到公司监事会一般不负责公章的管理与使用，实操中即使监事会拟根据股东请求提起诉讼，仍可能因未掌握公章无法在起诉状等诉讼文件上加盖公章，致使该等诉讼无法顺利实现。此种情况下，如股东后续自行提起诉讼的，不在本书讨论的监事会职权范围内，故此处不再赘述。

（四）小结

综上，在控制权争夺过程中，监事会通过履行召集临时股东大会、增加股东大会议案、提起诉讼等方式能够对控制权争夺造成重要影响，但监事会该等职权顺利行使的前提是一方未有效控制董事会或监事会无明确立场，如一方拟通过监事会展开控制权争夺时，董事会受对方实际控制或监事会立场偏向对方，则该方通过监事会行使职权实现其目的的难度较高。结合前述案例，实务中如控制权争夺中能够控制监事会或取得监事会的支持，对于其成功取得公司控制权有较大帮助。但需要注意的是，监事会作为上市公司常设监督机构，其核心职能是对公司的业务活动及内部运作进行监督和检查，原则上应当保持中立。如果监事会改变其中立的立场，作为一方的筹码参与控制权争夺，则实质上与监事会设置的立法目的和初衷相违背。

七、未雨绸缪——上市公司章程反收购条款的布局与权衡

（一）上市公司章程反收购条款概述

上市公司章程反收购条款，是指上市公司为防御恶意收购而在章程中预先设置的限制性条款，旨在增加收购方收购上市公司的成本，为恶意收购设置障碍，通常为控制权争夺战中的防守方使用，是一种提前布局的重要防御措施。但基于相关规定以及上市公司的公众性等特点，并非所有章程反收购条款在设置后都能得到监管机构的认可并实际有效适用，部分条款可能还存在被司法机关认定为无效的风险，因此，如何正确布局还需要结合上市公司具体情况和反收购条款的内容进行综合分析和判断。

结合目前的市场实践，常见的反收购条款类型主要包括恶意收购行为判断权条款，降低举牌线并设置制裁措施条款，与股东大会相关条款，与董事会、监事、高级管理人员相关条款，该等条款设置的主要目的如下：

1. 恶意收购行为判断权条款：通过股东大会授权，使董事会享有对恶意收购行为的判断权；

2. 降低举牌线并设置制裁措施条款：通过设置低于法定标准的权益变动披露义务、未履行该披露义务应承担限制性责任（包括限制未履行该额外权益变动披露义务股东的表决权等），以利于上市公司能够及时、准确地了解股东特别是外来股东的持股变化情况；

3. 与股东大会相关条款：通过条款设置增加恶意收购方召集股东大会、提案和相关议案被表决通过的难度，包括将恶意收购情况下相关重大事项纳入股东大会审议范围，并提高表决通过比例、增设股东行使临时提案权（含提名董事人选）的持股时间/比例要求、增设自行召集股东大会股东的持股时间/比例要求等；

4. 与董事会、监事、高级管理人员相关条款：通过股东大会授权董事会实施各类反收购措施，使上市公司能够更加灵活地面对恶意收购；通过限制单次改选董事的比例、增设董事/高管任职条件等，增加恶意收购方改组董事会、提名高管的难度；通过设置金色降落伞条款，增加恶意收购的成本。

以下笔者将从各类反收购条款通常所包含的内容、涉及反收购条款的相关规定、实践参考案例及监管部门对该等条款的态度等三个维度来进行详细介绍。

（二）恶意收购行为判断权条款

1. 条款内容

实务中恶意收购行为判断权条款通常包括三部分内容，具体如下：

（1）恶意收购行为判断权的权利归属主体。

恶意收购行为认定产生争议时，上市公司董事会有权作出最终判断。

（2）恶意收购行为的判断标准。

恶意收购行为的判断主要基于以下三个方面：①收购方的目的：获得上市公司控制权或对上市公司决策的重大影响力；②收购方履行的程序：收购行为规避上市公司内部决议程序，在未告知董事会或未经董事会决议的情况下进行；③收购方采取的方式：通过二级市场增持、协议转让、司法拍卖、表决权委托、签署一致行动协议等方式扩大对上市公司表决权。

（3）兜底约定

如果证券监管部门未来就“恶意收购行为判断权”相关内容作出规定，则公司章程中相关内容按证券监管部门规定调整。

2. 关于恶意收购行为判断权的相关规定

（1）关于公司章程约定恶意收购行为判断标准的相关规定。

我国相关法律法规目前尚未对“恶意收购”的定义作出规定。同时，上市公司在公司章程中增加对“恶意收购”的认定标准应不属于明确违反相关法律法规禁止性或强制性规定的情形。因此，基于公司意思自治的原则，如果“恶意收购行为判断权”相关条款经上市公司股东大会审议通过，则该等条款原则上应当有效。

（2）关于董事会作为恶意收购行为判断主体的相关规定。

如前所述，我国目前尚未对“恶意收购”的定义作出规定。经查询相关法律法规，上市公司董事会作为恶意收购行为判断主体也不存在违反相关法律法规禁止性或强制性规定的情形。基于公司意思自治的原则，如果“董事会作为恶意收购行为判断主体”相关条款经上市公司股东大会审议通过，则该等条款原则上亦应当有效。

（3）关于恶意收购行为判断权设置和权利行使的前提。

结合前述恶意收购行为判断权条款内容来看，恶意收购行为判断权条款本身不属于具体的反收购措施，但考虑到相关法律法规未对“恶意收购”作出规定，且公司章程中设置恶意收购行为判断权条款不存在违反强制性或禁止性规定的情形，如果上市公司在公司章程中设置该等条款，则其董事会实质上就具备了对“恶意收购”的全部解释权。因此，如董事会认定某一收购方构成恶意收购，上市公司即可对该收购方的收购行为采取反收购措施，即在实际操作层面，董事会关于收购行为是否构成恶意的判断，系上市公司是否采取反收购措施的前置程序。

需要注意的是，根据《收购办法》第 8 条的规定，被收购公司的董事、监事、高级管理人员对公司负有忠实义务和勤勉义务，应当公平对待收购本公司的所有收购人。被收购公司董事会针对收购所作出的决策及采取的措施，应当有利于维护公司及其股东的利益，不得滥用职权对收购设置不适当的障碍，不得利用公司资源向收购人提供任何形式的财务资助，不得损害公司及其股东的合法权益。根据该规定内容，上市公司董事会原则上应当公平对待所有收购人，只有在满足有利于维护公司及其股东的利益这一前提下，上市公司董事会方可采取相应的反收购措施，且该等措施不得损害公司及其股东的合法权益。

基于上述，虽然恶意收购行为判断权本身不属于反收购的具体措施，但该权利项下关于恶意收购行为的判断直接影响上市公司反收购措施的实施。因此，恶意收购行为判断权的设置与权利行使均需遵守《收购办法》第 8 条的规定，即满足维护公司及其股东的利益这一前提，且不得损害公司及其股东的合法权益。

3. 实践参考案例及监管部门态度分析

（1）参考案例概述（见表 5 – 27）。

表 5－27　关于恶意收购行为判断的典型案例

公司简称/股票代码	基本情况	监管部门关注情况	公司回复情况	结果
振芯科技/300100. SZ	振芯科技控制权争夺主要在其控股股东国腾电子层面展开，其中攻方为国腾电子小股东莫晓宇、柏杰、徐进、谢俊等人，守方为何燕。 鉴于何燕不参与振芯科技日常经营管理，攻方能够控制振芯科技董事会。 2019 年 3 月 26 日，振芯科技董事会审议通过《关于修订〈公司章程〉部分条款》的议案，增加反恶意收购相关条款，并提交股东大会审议。该等修改条款中涉及恶意收购行为判断权条款相关内容[1]	第一次问询情况： 2019 年 3 月 28 日，深交所就振芯科技章程修改情况下发《关注函》，其中涉及恶意收购行为判断权条款相关问题为： （1）修订后的《公司章程》规定，恶意收购，是指收购方采取包括但不限于二级市场买入、协议转让方式受让公司股份、通过司法拍卖方式受让公司股权、通过未披露的一致行动人收购公司股份等方式，在未经告知公司董事会并取得董事会讨论通过的情况下，以获得公司控制权或对本公司决策的重大影响力为目的而实施的收购。经董事会决议为判断一项收购是否构成恶意收购的最终依据。 请说明，对“恶意收购”界定的法律或规则依据，对“收购”的认定标准是否符合《收购办法》的相关规定。	第一次问询回复情况： 2019 年 4 月 8 日，公司就第一次问询回复如下： （1）相关法律法规未对“恶意收购”作出明确规定，公司章程相关修改内容不违反法律法规强制性或禁止性规定。 本次修订关于“恶意收购”认定的前提是“在未经告知本公司董事会并取得董事会讨论通过的情况下，以获得本公司控制权或对本公司决策的重大影响力为目的而实施的收购”。 （2）出发点并非完全排斥市场化收购，而是从维护公司长期、持续、稳定经营的角度出发，防止收购方以追求短期资本收益为目的，使公司陷入投机性资本的恶意炒作。 本条拟修订的内容属于公司股东意思自治范畴，经公司有权决策机构同意后即可按规定执行，未违反公平原则，不存在不当限制投资者依法买卖、受让公司股票及行使股东权利的情形	经过深交所两轮问询，未成功提交股东大会审议

续表

公司简称/股票代码	基本情况	监管部门关注情况	公司回复情况	结果
		（2）在公司章程中将该等行为定义为“恶意收购”并以董事会决议作为最终判断依据，是否违反公平原则，是否存在不当限制投资者依法买卖、受让公司股票及行使股东权利的情形		
		第二次问询情况： 基于公司2019年4月8日回复情况，深交所于4月10日下发第二次《关注函》，其中涉及恶意收购行为判断权条款相关问题为： 具体说明董事会决议作为认定“恶意收购”的最终依据的法律依据及合理性，是否损害公司股东利益及权利，以及公司如何防范董事会将自身利益凌驾于公司及股东利益之上	第二次问询回复情况： 2019年4月11日，振芯科技董事会作出决议，不再将《关于修订〈公司章程〉部分条款》的议案提请股东大会审议。原因是经董事会慎重考虑，认为上述议案尚需进一步修订和完善。同日，公司以上述议案取消情况对深交所《关注函》进行回复	
ST艾格/002619. SZ	2021年8月27日，ST艾格发布《关于变更经营范围并修改〈公司章程〉的公告》，该等章程	2021年8月27日，深交所下发《问询函》，其中涉及恶意收购行为判断权条款相关问题为： 请说明“恶意收购”界定的法律	2021年9月13日，公司就深交所问询问题进行回复如下： 相关法律法规未对“恶意收购”作出明确的界定。修订过程中参考了部分上市公司章程规	经过深交所一轮问询，成功提交股东

续表

公司简称/股票代码	基本情况	监管部门关注情况	公司回复情况	结果
	修改条款中涉及恶意收购行为判断权条款相关内容	依据，在公司章程中将该等行为定义为“恶意收购”是否违反公平原则，是否存在不当限制投资者依法买卖公司股票的情形	定。本次修改特别注明“如果证券监管部门未来就‘恶意收购’作出明确界定的，则本章程下定义的恶意收购的范围按证券监管部门规定调整”。 本次修订后的《公司章程》虽然对“恶意收购”进行了界定，但并未实质排除潜在收购方对公司实施收购的可能性，对有利于公司长远发展和投资者整体利益的收购行为，并不会认定为恶意收购。此外，本次修订并未对投资者依法买卖、受让公司股票及行使股东权利进行实质限制。因此，不存在不当限制投资者依法买卖公司股票的情形，符合公平原则。 2021 年 9 月 15 日，公司公告修订后的《公司章程》，该章程内容与 8 月 27 日公告的章程内容一致	大会审议通过
兆新股份[2]/002257. SZ	2020 年 11 月 18 日，兆新股份董事会审议通过了《关于修订〈公司章程〉的议案》和《关于修订〈董事会议事规则〉的议案》，并拟提交	2020 年 11 月 18 日，深交所就兆新股份章程修改情况下发《关注函》，其中涉及恶意收购行为判断权条款相关问题为： （1）对“恶意收购”界定的法律或规则依据，是否违反公平原则，	2020 年 12 月 19 日，公司就深交所问询回复如下： （1）相关法律法规未对“恶意收购”作出明确的界定。修订过程中参考了部分上市公司章程规定。本次修改特别注明，依据公司自治原则，若拟修订条款经公司股东大会合法程序审议通	经过深交所一轮问询，成功提交股东大会审议通过

续表

公司简称/股票代码	基本情况	监管部门关注情况	公司回复情况	结果
	股东大会审议，该等章程修改条款中涉及恶意收购行为判断权条款相关内容	是否存在不当限制投资者依法买卖公司股票的情形； （2）说明以“董事会讨论通过”作为认定“恶意收购”标准的法律依据及合理性	过，则公司董事会有权决议一项收购是否构成恶意收购，未违反公平原则。同时，该拟修订条款并未对投资者依法买卖、受让公司股票及行使股东权利进行实质限制，所有投资者依法履行披露义务并遵守相关法律法规，即可自由买卖公司股票，所有股东可在法律法规和《公司章程》的范畴内平等地行使权利。 （2）公司股东大会经过合法程序通过的《公司章程》，将判断认定“恶意收购”的权利交行公司董事会行使，是公司股东大会在其职权范围内的自治行为，并无违法违规之处。 2020 年 12 月 31 日，公司公告修订后的《公司章程》内容与 11 月 18 日董事会审议通过的章程内容一致	

[1] 关于振芯科技此次章程修订，需要注意两个背景情况：第一，国腾电子控股股东何燕 2016 年因犯挪用资金罪、虚开发票罪，被判处有期徒刑 5 年，并处罚金人民币 30 万元，基于该事实，为缓解何燕违法犯罪情况对振芯科技的影响，国腾电子于 2017 年 1 月减持其持有的振芯科技股份，减持完成后，国腾电子作为振芯科技第一大股东持有的股份比例由 38.33% 降至 29.83%。第二，国腾电子小股东莫晓宇、柏杰、徐进、谢俊等人为争夺振芯科技控制权，于 2018 年 1 月提议将国腾电子持有的振芯科技的股份分拆给各自然人股东，又于 2018 年 2 月向法院提起解散国腾电子之诉。振芯科技进行上述章程修订时，该等诉讼仍在进行。

[2] 需要注意的是，该等章程条款修订事项发生时，兆新股份因 2018 年度、2019 年度连续两个会计年度经审计的净利润均为负值，被深交所于 2020 年 4 月 27 日复牌后被实行“退市风险警示”处理。2021 年 8 月 4 日，公司申请的撤销退市风险警示及其他风险警示的申请获深交所审核同意，股票简称由“*ST 兆新”变更为“兆新股份”。

根据上述案例，实务中如上市公司章程修改涉及恶意收购判断权条款事项，监管部门主要关注合法合规性以及是否侵害公司、投资者权益两个方面，具体为：第一，对“恶意收购”的界定以及由董事会作为“恶意收购”判断主体的法律依据及合理性；第二，是否违反公平原则，是否存在不当限制投资者依法买卖、受让公司股票及行使股东权利的情形。针对该等问题，上市公司回复思路主要如下：

①针对问题一，现行法律法规未对“恶意收购”进行明确规定，恶意收购判断权条款的设置不违反强制性或禁止性法律法规的规定，上市公司按照意思自治的原则可以对该等条款进行修订。

②针对问题二，回复思路主要基于程序性、修订目的、修订内容三个方面：在程序性方面，该等条款的修订均已按照相关规定和内部制度履行审议决策程序，满足程序性要求；在修订目的方面，该等修订系为上市公司长远发展考虑，未实质排除潜在收购方对公司实施收购的可能性，有利于公司长远发展和投资者整体利益的收购行为，并不会被认定为恶意收购；在修订内容方面，未对投资者依法买卖、受让公司股票及行使股东权利进行实质限制。

（2）监管部门关于恶意收购条款的态度分析。

参考振芯科技、ST 艾格、兆新股份案例，三家上市公司面对交易所类似的问询问题，均按照上述思路进行回复。其中，交易所未对兆新股份、ST 艾格进行进一步问询，该等公司成功在公司章程中设置恶意收购行为判断条款；而振芯科技按照上述思路回复交易所问询后，交易所要求其进一步说明“是否损害公司股东利益及权利，以及公司如何防范董事会将自身利益凌驾于公司及股东利益之上”。之后振芯科技董事会决议放弃将公司章程修订议案提交股东大会审议。结合振芯科技、ST 艾格、兆新股份拟修订章程时的具体情况判断，笔者认为交易所面对该等公司在公司章程中设置恶意收购行为判断权条款情形时监管态度存在差异的主要原因可能如下：

在 ST 艾格、兆新股份案例中，该等公司修订公司章程时均因经营不善存在退市风险，因此通过设置恶意收购行为判断权条款以及其他反收购条款来确保控制权稳定，可以避免因恶意收购导致的控制权争夺对公司发展目标、日常经营计划等造成不利影响，防止公司经营状况进一步恶化，进而损害广大中小股东的利益。可能是基于上述背景情况，交易所在确定该等公司设置恶意收购行为判断权条款满足合法合规性、不存在侵害投资者权益的情形下，未进行进一步补充问询或施加监管压力。

在振芯科技案例中，公司实际控制人何燕系通过国腾电子对振芯科技形成股权层面的间接控制，但振芯科技董事会及日常经营管理由国腾电子小股东莫晓宇、柏杰、徐进、谢俊等人控制。何燕因刑事犯罪被判处有期徒刑后，为避免其对公司影响，国腾电子减持公司股份至29.83%，同时莫晓宇等人为争夺公司控制权提议解散国腾电子并分割国腾电子持有的公司股份。鉴于国腾电子因上述减持事项导致其持有振芯科技股份已不足30%，如果进一步分割，可能会导致公司股东持股比例分散的情况出现。在上述背景下，莫晓宇等人控制的振芯科技董事会审议通过了公司章程修改相关议案，拟授权董事会就恶意收购行为进行判断并有权采取相关反收购措施。但如果该等公司章程修订完成，且上述振芯科技股东持股比例分散的情况出现，振芯科技董事会将在事实上形成对公司的控制，而公司其余股东可能因持股比例分散致使其部分股东权益实现难度增高，进而可能导致董事会利益凌驾于公司股东利益之上。基于该等风险，深交所要求振芯科技进一步说明恶意收购行为判断权条款的设置是否损害公司股东利益及权利，以及公司如何防范董事会将自身利益凌驾于公司及股东利益之上。迫于监管压力，振芯科技董事会最终放弃了该次公司章程的修订。

基于上述，相较于其他反收购条款，恶意收购行为判断权条款并不属于具体的反收购措施，而是通过公司章程赋予公司董事会认定是否构成恶意收购的权利，如果上市公司成功在公司章程中设置该条款，则董事会实质上就具备了对“恶意收购”的全部解释权。因此，如果董事会认定某一收购方构成恶意收购，上市公司即可对该收购方的收购行为采取反收购措施，董事会在其中的话语权比较大。鉴于我国法律法规目前未对“恶意收购”作出规定，同时上市公司在公司章程中设置恶意收购行为判断权条款不属于违反强制性或禁止性规定的情形，因此，目前实务中监管部门针对该条款整体上基本秉持自律监管的态度，即在条款设置符合前述《收购办法》规定的前提下，交易所倾向于不过多干涉上市公司根据意思自治原则调整公司章程，但如条款设置可能会导致董事会利益凌驾于股东利益至上，进而不满足《收购办法》规定前提，则交易所还可能会通过不断问询施以监管压力等方式促使上市公司放弃该条款的设置。

（三）降低举牌线并设置制裁措施条款

1. 条款内容

实务中降低举牌线并设置制裁措施条款内容主要包括两部分：

（1）设置低于法定标准的权益变动披露义务。

收购方通过证券交易所的证券交易持有或者通过协议、其他安排与他人共同持有公司已发行的股份达到3%时（或其他低于法定标准的权益），应当在规定期限内向公司董事会作出书面报告。报告内容通常包括额外权益变动披露义务人基本情况、收购目的、收购方式、收购资金来源、后续的增持计划、对公司影响的分析、前六个月内买卖上市交易股份的情况、额外权益变动披露义务人自身的财务资料、其他重要事项等。

（2）未履行额外权益变动披露义务应承担限制性责任。

①未履行额外权益变动披露义务需承担损失赔偿责任。

如收购方未履行前述低于法定标准的额外权益变动披露义务，致使公司其他股东受到损失的，该等受到损失的股东有权要求收购方赔偿因其未履行额外权益变动披露义务而造成的所有直接和间接经济损失。

②限制未履行额外权益变动披露义务股东的表决权。

收购方或公司股东收购或控制公司股份时未履行额外权益变动披露义务的，在其违规行为改正前，视为其放弃所持或所控制的该等股票的表决权。

2. 关于降低举牌线并设置制裁措施条款的相关规定

所谓“举牌”，指投资者持有上市公司股票到达一定比例时，应当向上市公司报告并履行信息披露义务。一般认为，举牌规则的目标主要有两个：第一，小额的股份比例变化暗示着进一步收购及上市公司发生控制权转移的可能性，并可能影响上市公司股份的供求关系，故有必要提示公众关注股份交易变化动向、让其对可能发生的收购产生合理预期。第二，由于交易量增大往往会引起市场价格的剧烈波动，通过预警式的披露可以让公众及时了解股东的交易行为，是防止因收购产生的内幕交易和市场操纵的重要预防手段。[①] 我国目前法律法规关于“举牌线”及违规举牌的限制规定如表5－28所示：

表5－28 我国法律法规关于“举牌线”及违规举牌的限制的相关规定

法律法规名称	具体规定
《证券法》	第63条 通过证券交易所的证券交易，投资者持有或者通过协议、其他安排与他人共同持有一个上市公司已发行的有表决权股份达到5%时，应当在该事实发生之日起3日内，向国务院证券监督管理机构、证券交易所作出书面报告，通知该上市公司，并予公告，在上述期限内不得再行买卖该上市公司的股票，但国务院证券监督管理机构规定的情形除外。 投资者持有或者通过协议、其他安排与他人共同持有一个上市公司已发行的有表决权股份达到5%后，其所持该上市公司已发行的有表决权股份比例每增加或者减少5%，应当依照前款规定进行报告和公告，在该事实发生之日起至公告后3日内，不得再行买卖该上市公司的股票，但国务院证券监督管理机构规定的情形除外。 投资者持有或者通过协议、其他安排与他人共同持有一个上市公司已发行的有表决权股份达到5%后，其所持该上市公司已发行的有表决权股份比例每增加或者减少1%，应当在该事实发生的次日通知该上市公司，并予公告。 违反第1款、第2款规定买入上市公司有表决权的股份的，在买入后的36个月内，对该超过规定比例部分的股份不得行使表决权
《收购办法》	第13条 通过证券交易所的证券交易，投资者及其一致行动人拥有权益的股份达到一个上市公司已发行股份的5%时，应当在该事实发生之日起3日内编制权益变动报告书，向中国证监会、证券交易所提交书面报告，通知该上市公司，并予公告；在上述期限内，不得再行买卖该上市公司的股票，但中国证监会规定的情形除外。 前述投资者及其一致行动人拥有权益的股份达到一个上市公司已发行股份的5%后，通过证券交易所的证券交易，其拥有权益的股份占该上市公司已发行股份的比例每增加或者减少5%，应当依照前款规定进行报告和公告。在该事实发生之日起至公告后3日内，不得再行买卖该上市公司的股票，但中国证监会规定的情形除外。 前述投资者及其一致行动人拥有权益的股份达到一个上市公司已发行股份的5%后，其拥有权益的股份占该上市公司已发行股份的比例每增加

① 参见郑彧：《上市公司收购法律制度研究：历史、现状、问题及变革》，载《证券法苑》2013年第2期。

续表

法律法规名称	具体规定
	或者减少1%，应当在该事实发生的次日通知该上市公司，并予公告。 违反本条第1款、第2款的规定买入在上市公司中拥有权益的股份的，在买入后的36个月内，对该超过规定比例部分的股份不得行使表决权。 第75条　上市公司的收购及相关股份权益变动活动中的信息披露义务人，未按照本办法的规定履行报告、公告以及其他相关义务的，中国证监会责令改正，采取监管谈话、出具警示函、责令暂停或者停止收购等监管措施。在改正前，相关信息披露义务人不得对其持有或者实际支配的股份行使表决权。 第76条　上市公司的收购及相关股份权益变动活动中的信息披露义务人在报告、公告等文件中有虚假记载、误导性陈述或者重大遗漏的，中国证监会责令改正，采取监管谈话、出具警示函、责令暂停或者停止收购等监管措施。在改正前，收购人对其持有或者实际支配的股份不得行使表决权

根据上述规定，我国法定的举牌线为5%，但需要注意的是，现行法律法规虽然对“举牌线”对应的股份比例作出规定，但未禁止上市公司为股东设置低于法定举牌线的权益变动披露义务。

3. 实践参考案例及监管部门态度分析

（1）参考案例概述。

在2015年发生的令市场瞩目的万宝之争大背景下，大量上市公司出现修订公司章程，特别是设置降低投资人“举牌线”并增加违反规定的制裁措施相关条款的情形，以避免公司被“恶意收购”。以雅化集团（002497. SZ）、伊利股份（600887. SH）、世联行（002285. SZ）为例，该等公司于2016年陆续提出公司章程修正案，但在受到交易所问询、关注后，伊利股份与雅化集团的修订最终未实际落地，世联行则完成了章程修订，具体如表5－29所示：

表5－29 关于降低“举牌线”并设置制裁措施条款的典型案例

公司简称/股票代码	拟修订内容	监管部门关注情况	公司回复情况	结果
雅化集团/002497. SZ	第45条 投资者通过证券交易所的证券交易，持有或者通过协议、其他安排与他人共同持有公司已发行的股份达到3%时，应当在该事实发生之日起3日内，向公司董事会作出书面报告，在上述期限内，不得再行买卖公司的股票。股东持有或者通过协议、其他安排与他人共同持有公司已发行的股份达到3%后，其所持公司已发行的股份比例每增加或者减少3%，应当依照前款规定进行报告。在报告期限内和作出报告后2日内，不得再行买卖公司的股票。报告内容应包括但不限于，信息披露义务人介绍、本次权益变动的目的、本次权益变动方式、本次交易的资金来源…… 投资者违反上述规定，在购买、控制公司股份过程中未依法履行报告义务，或者在信息披露义务过程中存在虚假陈述、重大误导、遗漏的，构成恶意收购，应承担如下法律责任： (1) 公司其他股东有权要求其赔偿因其违法收购而造成的所有经济损失（含直接和间接损失）。 (2) 公司董事会有权依据章程主动采取反收购措施，并公告该等收购行为为恶意收购，该公告的发布与否不影响前述反收购措施的执行。	雅化集团于2016年7月19日收到深交所下发的关注函，问题包括：请说明修订后的《公司章程》第45条是否存在限制股份收购及转让的情形，是否合法合规，并详细说明相关制裁措施的合理性以及该条款是否限制公司股东表决权及损害公司股东的基本权利	雅化集团于2016年7月19日回复交易所，称左述修订是在特定情形下对特定股东权利的临时性限制且有严格程序，不构成对股东基本权利的损害。但在综合各方论证后，公司将对本条进行适当修改	2016年8月26日，上市公司发布公告，说明“鉴于目前对反收购相关条款存在异议，按照谨慎性原则，公司拟暂缓《公司章程》及相关规则的修订，待相关法律法规有明确界定或监管部门有确定性意见后再行推进”。此后，上市公司也未在章程中增加左述拟修订内容

续表

公司简称/股票代码	拟修订内容	监管部门关注情况	公司回复情况	结果
	(3) 投资者违反上述规定购买、控制公司股份的，在其违规行为改正前，视为放弃其所持或所控制的该等股票的表决权，公司董事会有权拒绝其行使除领取该等股票股利以外的其他股东权利。 (4) 公司董事会及其他股东有权要求国务院证券监督管理机构、证券交易所追究其法律责任			
伊利股份/600887. SH	第37条　公司股东承担下列义务： …… (5) 通过证券交易所的证券交易，投资者持有或者通过协议、其他安排与他人共同持有公司已发行的股份达到3%时，应当在该事实发生之日起3日内，向公司董事会发出书面通报。在通报期限内和发出通报后2个交易日内，不得再行买卖公司的股票。 投资者持有或者通过协议、其他安排与他人共同持有公司已发行的股份达到3%后，其所持公司已发行的股份比例每增加或者减少3%，应当依照前款规定进行通报。通报内容应包括但不限于，信息披露义务人介绍、本次权益变动的目的、本次权益变动方式、本次交易的资金来源、后续计划…… 违反上述规定，或者在信息披露过程中存在虚假记载、误导性陈述、重大遗漏的应承担如下法律责任：	伊利股份于2016年8月10日收到上交所下发的问询函，其中问题二为：公司修订后的《公司章程》第37条第5项规定……请公司补充披露：上述修改是否合法合规，是否存在限制投资者依法收购及转让股份的情形；相关“制裁措施”的法律依据及合理性、是否不当限制公司股东表决权	—	2016年8月20日，伊利股份披露公告，决定取消召开审议章程修正案的股东大会

续表

公司简称/股票代码	拟修订内容	监管部门关注情况	公司回复情况	结果
	①公司其他股东有权要求其赔偿因其恶意收购而造成的所有经济损失（含直接和间接损失）。 ②公司董事会有权依据本章程主动采取反收购措施，并公告该等收购行为为恶意收购，该公告的发布与否不影响前述反收购措施的执行。 ③违反上述规定购买、持有公司股份的，在其违规行为改正前，不得行使其所持或所控制的该等股票的表决权，公司董事会有权拒绝其行使除领取该等股票股利以外的其他权利。 ④公司董事会及其他股东有权向证券监督管理机构、证券交易所等反映情况并请求追究其法律责任			
世联行/002285. SZ	第37条 ……（5）通过证券交易所的证券交易，投资者持有或者通过协议、其他安排与他人共同持有公司已发行的股份达到3%时，应当在该事实发生之日起3日内，向公司董事会作出书面报告，~~在上述期限内，不得再行买卖公司的股票~~。[1]股东持有或者通过协议、其他安排与他人共同持有公司已发行的股份达到3%后，其所持公司已发行的股份比例每增加或者减少3%，应当依照前款规定进行报告。~~在报告期限内和作出报告后2日内，不得再行买卖公司的股票。~~	世联行于2016年6月7日收到深交所关注函，问题包括：请说明修订后的《公司章程》第37条第5项是否存在限制股份收购及转让的情形，是否合法合规，并详细说明相关制	2016年6月23日，世联行发布回复深交所的公告，称第37条的相关限制符合法律法规要求，且相关限制有严格程序限制，不构成对股东	2016年7月11日，世联行发布关于修订《公司章程》的进展公告，说明拟对《公司章程》的部分修订进行调整。此后，世联行召开股东大会审议通过了调整后的章程修正案。

续表

公司简称/股票代码	拟修订内容	监管部门关注情况	公司回复情况	结果
	报告内容应包括但不限于，信息披露义务人介绍、本次权益变动的目的、本次权益变动方式……投资者违反上述规定，在购买、控制公司股份过程中未依法履行报告义务，或者在信息披露义务过程中存在虚假陈述、重大误导、遗漏的，构成恶意收购，应承担如下法律责任： ①公司其他股东有权要求其赔偿因其违法收购而造成的所有经济损失（含直接和间接损失）。 ②公司董事会有权依据本章程主动采取反收购措施，并公告该等收购行为为恶意收购，该公告的发布与否不影响前述反收购措施的执行。 ~~③投资者违反上述规定购买、控制公司股份的，在其违规行为改正前，视为放弃其所持或所控制的该等股票的表决权，公司董事会有权拒绝其行使除领取该等股票股利以外的其他股东权利。~~ ④公司董事会及其他股东有权要求国务院证券监督管理机构、证券交易所追究其法律责任	裁措施的合理性以及该条款是否限制公司股东表决权及损害公司股东的基本权利	基本权利的损害。但综合各方论证后公司将对部分修订内容予以删除（见左述标删除线部分）	截至2022年4月，世联行章程中仍保留了相关条款

[1] 标删除线的系上市公司拟调整但在交易所问询后删除的内容，下同。

根据上述案例，实务中如上市公司章程修改涉及降低举牌线并设置制裁措施条款的，监管部门主要关注合法合规性以及是否存在侵害股东基本权利两个方面的内容。针对合法合规性问题，上市公司在回复交易所问询时的口径通常为，现行法律法规未禁止上市公司为股东设置低于法定举牌线的权益变动披露义务，因此降低举牌线并设置制裁措施条款符合合法合规的要求，针对是否存在侵害股东基本权利的问题，上市公司在回复交易所问询时则认为，降低举牌线并设置制裁措施条款系特定情形下对特定股东权利的临时性限制且有严格程序，不构成对股东基本权利的损害。

（2）监管部门的监管态度分析。

参考伊利股份、雅化集团、世联行案例，世联行在删除了对未履行额外权益变动披露义务主体权利限制的条款后，交易所最终同意其修订公司章程。而伊利股份、雅化集团在未对上述权利限制条款调整的情况下，最终放弃修改公司章程。结合我国关于“举牌线”的相关法律规定，笔者认为，在现行法律法规未禁止上市公司为股东设置低于法定举牌线的权益变动披露义务的情况下，上市公司在公司章程中设置降低投资者举牌线条款具备一定的可行性，即上市公司可以在章程中规定投资者在达到法定举牌线以下的持股比例时（如3%）向上市公司董事会报告，此类安排得到交易所认可的可能性较大，但是，如上市公司降低投资者举牌线的同时设置制裁措施条款的，交易所的态度基于制裁措施的内容可能会有所差异：如果制裁措施中可能损害股东基本权利，例如，增加限制投资者在报告期内的继续增持权利、限制未履行报告义务的投资者的表决权等，则交易所会呈现明显的反对态度；如果制裁措施中未损害股东基本权利，例如约定投资者未履行额外权益变动披露义务给公司其他股东造成损失，应承担赔偿义务等，则交易所原则上不会对该等条款修改设置障碍。

（四）与股东大会相关条款

控制权争夺或防御中，与股东大会相关的条款一般包括三类：增加表决程序（如表决比例绝对多数条款），限制股东权利（如限制股东临时提案权、自行召集股东大会权利）及“毒丸计划条款”，具体如下：

1. 表决比例绝对多数条款

（1）条款内容。

实务中，表决比例绝对多数条款通常会约定恶意收购方为实施恶意收购而提交的议案需经股东大会特别决议程序表决，其中特别决议的表决通过比例提高至3/4（或其他超过2/3的比例），常见的收购方为实施恶意收购而向股东大会提交的议案内容包括：购买或出售资产、租入或租出资产、赠与资产、关联交易、对外投资或委托理财等、对外担保或抵押、提供财务资助、债权或债务重组、签订委托经营、受托经营等管理合同、调整或变更公司开发项目、签订许可/授权协议等议案。

（2）相关规定。

根据《公司法》第103条，股东大会决议事项有普通决议与特别决议之分，前者由出席会议的股东所持表决权过半数通过，而修改章程、增加/减少注册资本或合并/分立/解散及变更公司形式则属后者，需经出席会议的股东所持表决权的2/3以上通过。

（3）实践参考案例及监管态度分析。

实践中，部分上市公司通过修订章程，进一步提高了股东大会审议通过收购方在“恶意收购”背景下修改章程、改选董事/监事等事项的通过标准［关于“恶意收购”认定标准，请见第五章“七、（二）恶意收购行为判断权条款”部分］，具体如表5－30所示：

表5－30　上市公司通过修订章程，提高股东大会审议通过收购方在“恶意收购”背景下修改章程、改选董事/监事等事项的通过标准的典型案例

公司简称/股票代码	拟修订内容	监管部门关注情况	公司回复情况	结果
龙佰集团/002601. SZ	第78条　下列事项由股东大会以特别《决议》通过： …… （7）股东大会审议收购方为实施恶意收购而提交的关于本《章程》的修改、董事会成员的改选及购买或出售资产、租入或租出资产、赠与资产、关联交易、对外投资（含委托理财等）、对外担保或抵押、提供财务资助、债权或债务重组、签订管理方面的合同（含委托经营、受托经营等）、研究与开发项目的转移、签订许可协议等议案时，应由股东大会以出席会议的股东所持表决权的3/4以上决议通过……	龙佰集团于2016年8月25日收到深交所下发的关注函，其中第3问要求上市公司说明做出左述修订的原因，以及该条款是否会导致赋予部分股东一票否决权，并说明公司保障中小股东救济权拟采取的措施	上市公司于回复中称，法律法规未禁止上市公司就股东大会特定事项做出更为严格的规定或要求，鉴于上市公司处于无实控人状态，尚无任何一位股东所持股份比例超过25%，且持股5%以上的主要股东之间亦不存在一致行动协议或安排，故未赋予任何一名股东一票否决权	上市公司于2016年9月召开股东大会，审议通过了章程修正案

续表

公司简称/股票代码	拟修订内容	监管部门关注情况	公司回复情况	结果
泰嘉股份/002843. SZ	第78条　股东大会审议收购方及其一致行动人为实施恶意收购或恶意收购后五年内提交的关于购买或出售资产、租入或租出资产、赠与资产、关联交易、对外投资（含委托理财等）、对外担保或抵押、提供财务资助、债权或债务重组、签订管理方面的合同（含委托经营、受托经营等）、研究与开发项目的转移、签订许可协议等议案时，应由股东大会以出席会议的股东所持表决权的3/4以上决议通过	泰嘉股份于2017年3月17日收到深交所下发的关注函，其中问题包括左述修订是否会导致赋予部分股东一票否决权，并说明公司保障中小股东救济权拟采取的措施	上市公司于回复中称，公司控股股东及其一致行动人持股比例超过36%，按照现行有效章程，控股股东已在事实上拥有一票否决权，本次修订系为提高恶意收购事项决议通过的严格性和难度、保证公司股权结构和经营管理的相对稳定性	上市公司于2017年4月召开股东大会，审议通过了章程修正案

基于前述市场案例，且考虑到法律法规并未明确限制，一般情况下，上市公司可以提高“恶意收购”背景下修改章程、改选董事/监事等事项的股东大会通过标准。但需说明的是，交易所较为关注相关设置是否会赋予部分股东一票否决权、不当扩张其股东权利，因此，是否能够设置表决比例绝对多数条款，还需结合上市公司自身股权结构等情况具体分析确定。

2. 限制股东临时提案权、自行召集股东大会权利的条款

（1）条款内容。

实务中限制股东临时提案权、自行召集股东大会权利的条款的具体内容如下：

①限制股东临时提案权条款。

增设股东临时提案权（含提名董事人选）的连续持股时间要求。例如，公司除职工代表董事以外的非独立董事候选人，由上届董事会、单独或合并连续270日以上（法律法规无该等要求，实务中常见的也有设置为1年以上的情形）持有公司发行在外有表决权股份总数3%或以上的股东提出，每一

提案中候选人数加上职工代表担任的董事人数不得超过公司章程规定的董事人数。

剥夺恶意收购方提名董事人选的权利在发生恶意收购的情况下，收购方及其一致行动人无权提名董事、监事候选人。

②限制股东自行召集股东大会权利的条款。

主要包括延长连续持股时间和提高股东持股比例两种方式：

第一，延长自行召集和主持股东大会的股东连续持股时间要求。例如，监事会未在规定期限内发出股东大会通知的，视为监事会不召集和主持股东大会，连续 270 日以上（法定要求为连续 90 日以上，实务中常见的也有设置为 180 日以上的情形）单独或者合计持有公司 10% 以上股份的股东可以自行召集和主持。

第二，提高自行召集和主持股东大会的股东持股比例要求。例如，监事会未在规定期限内发出股东大会通知的，视为监事会不召集和主持股东大会，连续 1 年以上单独或者合计持有公司 15% 以上（法定要求为 10% 以上）表决权股份的股东可以自行召集和主持股东大会。

（2）相关规定。

所谓股东自行召集股东大会的权利，指在董事会、监事会不履行召集股东大会职责时，法律法规赋予适格股东自行召集股东大会的权利。《公司法》第 101 条规定，股东大会由董事会召集，董事会不能履行或者不履行召集股东大会会议职责的，监事会应当及时召集和主持；监事会不召集和主持的，连续 90 日以上单独或者合计持有公司 10% 以上股份的股东可以自行召集和主持。《上市公司章程指引》规定的召集人顺序与自行召集股东大会的股东持股要求（连续 90 日以上且持股 10% 以上）与《公司法》基本一致。

就股东临时提案权，《公司法》第 102 条第 2 款规定，单独或者合计持有公司 3% 以上股份的股东，可以在股东大会召开 10 日前提出临时提案并书面提交董事会，《上市公司章程指引》第 54 条也有类似规定。

（3）实践参考案例及监管机构态度。

在控制权争夺中，股东提案权和自行召集股东大会的权利为外来者较为频繁采用的积极进攻手段，因此，为抵御外部收购，部分上市公司选择增加股东行使临时提案权、股东大会召集权的条件，如要求持股超过270天的股东才享有提案权和股东大会召集权。其中，部分公司（山东金泰、龙宇燃油）成功对章程进行了修订，但后续又取消了修订，也有公司（宁波中百）在收到交易所问询后即取消了修订章程的议案。具体如表5－31所示：

表5－31　上市公司为抵御外部收购而增加股东行使临时提案权、股东大会召集权的条件的典型案例

公司简称/股票代码	拟修订内容	监管部门关注情况	公司回复情况	结果
山东金泰/600385. SH	第48条　单独或者合计持有公司10%以上股份的股东有权向董事会请求召开临时股东大会，并应当以书面形式向董事会提出。董事会应当根据法律、行政法规和本章程的规定，在收到请求后10日内提出同意或不同意召开临时股东大会的书面反馈意见。 …… 监事会未在规定期限内发出股东大会通知的，视为监事会不召集和主持股东大会，连续270日以上单独或者合计持有公司10%以上股份的股东可以自行召集和主持。 第53条　公司召开股东大会，董事会、监事会以及连续270日以上单独或者合计持有公司3%以上股份的股东，有权向公司提出提案。 连续270日以上单独或者合计持有公司3%以上股份的股东可以在股东大会召开10日前提出临时提案并书面提交召集人。召集人应当在收到提案后2日内发出股东大会补充通知，公告临时议案的内容。	2016年8月12日，上交所下发问询函，要求上市公司说明第48条、第53条修订是否合法合规，是否存在限制投资者依法行使股东权利的情形，以及第82条修订是否符合《公司法》的规定，是否不当提高股东行使提案权的法定资格标准，是否构成对股东提名权的限制	上市公司于2016年8月20日回复称，左述修订系为避免股东利用短期持股滥用股东权利、影响公司组织机构稳定及正常经营而进行的，相关修订合法合规。同日，上市公司披露股东大会的更正补充公告，说明将不再审议原有的关于修订公司章程的议案，但将增加审议公司第一大股东新恒基投资提出的临时提案，提案内容仍为修订公司章程，保留了董事会此前提案中关于左述	2016年8月29日，山东金泰股东大会审议通过了章程修正案

续表

公司简称/股票代码	拟修订内容	监管部门关注情况	公司回复情况	结果
	…… 第82条 (1) 董事和监事候选人的产生方式如下： ①非独立董事候选人：董事会换届或更换、增补董事时，非独立董事候选人名单由本届董事会、连续270日以上单独或合计持有公司股份3%以上的股东提出。 ②非职工代表监事候选人：监事会换届或更换、增补监事时，非职工代表监事候选人由本届监事会、连续270日以上单独或合计持有公司股份3%以上的股东提出。 ……		修订的内容，但不再修订章程其他条款（除左述修订外，上市公司原本还拟修订罢免董事/高管程序、罢免赔偿金等事项）	
龙宇燃油/603003.SH	第48条 单独或者合计持有公司10%以上股份的股东有权向董事会请求召开临时股东大会，并应当以书面形式向董事会提出。董事会应当根据法律、行政法规和本章程的规定，在收到请求后10日内提出同意或不同意召开临时股东大会的书面反馈意见。 …… 监事会未在规定期限内发出股东大会通知的，视为监事会不召集和主持股东大会，连续270日以上单独或者合计持有公司10%以上股份的股东可以自行召集和主持。 第53条 公司召开股东大会，董事会、监事会以及连续270日以上单独或者合计持有公司	2016年6月7日，上市公司收到上交所下发的问询函，问题包括左述修订是否违反《公司法》及《上市公司股东大会规则》有关规定	上市公司于6月13日回复称，第48条、第53条修订不违反禁止性规定，相关修订系鼓励长期持股股东参与公司重大事项管理、系对股东正常行使权利的丰富和完善。第82条修订符合法律法规，且能够有效防止恶意收购方控制董事会，保证了董事会的稳定	2016年6月16日，上市公司召开股东大会，审议通过章程修正案

续表

公司简称/股票代码	拟修订内容	监管部门关注情况	公司回复情况	结果
	3%以上股份的股东，有权向公司提出提案。 连续270日以上单独或者合计持有公司3%以上股份的股东可以在股东大会召开10日前提出临时提案并书面提交召集人。召集人应当在收到提案后2日内发出股东大会补充通知，公告临时议案的内容。 第82条　董事、监事候选人名单以提案的方式提请股东大会表决。 …… 董事会换届或改选董事会时，连续270日以上单独或合并持有公司3%以上（包含3%）10%以下（不包含10%）的股东只能通过以其名义向股东大会提出提案的方式提名一名董事候选人，连续270日以上单独或合并持有公司10%以上（包含10%）的股东只能通过以其名义向股东大会提出提案的方式提名不超过董事会人数三分之一的董事候选人。 ……			
宁波中百/600857. SH	第48条　单独或者合计持有公司10%以上股份的股东有权向董事会请求召开临时股东大会，并应当以书面形式向董事会提出。董事会应当根据法律、行政法规和本章程的规定，在收到请求后10日内提出同意或不同意召开临时股东大会的书面反馈意见。 ……	上交所于2018年5月7日下发问询函，要求上市公司说明左述修订是否合法合规，是否涉及限制投资者依法行使股东权利	2018年5月10日，上市公司发布公告，说明股东大会将取消审议修改公司章程的议案	未予修订

续表

公司简称/股票代码	拟修订内容	监管部门关注情况	公司回复情况	结果
	监事会未在规定期限内发出股东大会通知的，视为监事会不召集和主持股东大会，连续270日以上单独或者合计持有公司10%以上股份的股东可以自行召集和主持。 第53条　公司召开股东大会，董事会、监事会以及连续270日以上单独或者合并持有公司3%以上股份的股东，有权向公司提出提案。 连续270日以上单独或者合计持有公司3%以上股份的股东，可以在股东大会召开10日前提出临时提案并书面提交召集人。召集人应当在收到提案后2日内发出股东大会补充通知，公告临时提案的内容			

值得注意的是，前述案例中，虽然龙宇燃油、山东金泰在公司章程中增加了限制股东临时提案权、自行召集股东大会权利的条款，但山东金泰后于2017年7月、龙宇燃油后于2018年11月再次对章程进行修订，取消了相关限制条款，恢复为与《公司法》规定一致。从交易所角度，其较为关注限制股东临时提案权、自行召集股东大会权利的条款是否合法合规，是否限制投资者依法行使股东权利，以及是否不当提高股东行使提案权的法定资格标准。虽然有个别案例曾经短暂在章程中加入了相关限制条款，但没多久便取消了相应限制。

此外，关于限制股东临时提案权有一个比较值得关注的司法诉讼，亦一定程度上反映了中国证监会和司法机关对此类条款的态度。

经查阅，中国证监会管理的中证中小投资者服务中心有限责任公司（以下简称投服中心)[1] 与海利生物（603718. SH）的公司决议效力确认纠纷案[（2017）沪0120民初13112号]，海利生物于2015年6月召开股东大会审议通过章程修正案、加入了连续90日以上单独或合计持股3%以上的股东才有权向董事会提出非独立董事候选人提名的内容。就上述修订，投服中心先向海利生物提出质询建议，后进一步向法院起诉、要求确认海利生物股东大会审议通过的相关修订内容无效。虽然海利生物辩称已按照投服中心建议修改章程且新章程已生效，但上海市奉贤区人民法院仍于2018年4月作出判决，确认海利生物股东大会决议中关于限制股东临时提案权的修订无效。笔者未查询到海利生物就此案提起上诉的公开信息，前述判决业已生效。

因此，在现行规定和监管政策下，在公司章程中增加该等条款存在不当限制股东依法行使权利并被认定为无效的合规风险，不建议进行设置。

3. “毒丸计划条款”

“毒丸”（poisonpill）计划，又被称为“股权摊薄反收购措施”，指目标公司给予现有股东特定的优先权利，例如，以优惠价格购买公司股票或按优惠条件将手中的优先股转为普通股，并以出现特定情形（典型的是恶意收购方获取目标公司股份达到一定比例）为该权利的行使条件，一经触发，剧增的股份数额将大大增加收购成本。[2]

“毒丸”机制依赖于授权资本制度，这一制度允许董事会不经股东批准即可决定发行已授权的股票。由于董事会拥有发行股票的自由，“毒丸”计划以发行新股稀释收购方股份的目的才得以实现。[3]“毒丸”起源并流行于美国，但是，与美国法律体系一脉同源的英国、新加坡都禁止实施“毒丸”计划，这两个国家规定在收购威胁实际出现之后，除非经过股东大会批准，否则不得启动“毒丸”。

鉴于我国现行《公司法》实行法定资本制，故“毒丸”计划暂没有实施空间，也没有可资参考的案例。而中资企业中，较早出现的“毒丸”系2005

---

① 投服中心属于证券金融类公益机构并归属中国证监会直接管理。

② 参见刘凯、孙克强：《反收购规制中的利益平衡——以毒丸计划为视角》，载《法学杂志》2009年第4期。

③ 参见张巍：《资本的规则》，中国法制出版社2017年版。

年新浪为抵御盛大收购（上述两公司均为纳斯达克上市公司）而启动的“毒丸”计划。根据该计划，一旦新浪10%以上的普通股被收购，则收购人以外的新浪股东就能以半价购买新浪增发的股票，这一“毒丸”也迫使盛大最终放弃了收购计划。

需要说明的是，2021年12月公布的《公司法（修订草案）》已允许股份有限公司采用“授权资本制”，即公司章程或股东会可以授权董事会决定发行新股（新股数量需在公司已发行股份代表的表决权总数20%以下）。如前述修订得以落地，则中国版的“毒丸”也将获得合法性依据。

（五）与董事会、董事、监事、高管相关的条款

1. 条款内容

目前实务中与董事会、董事、监事、高管相关的条款主要包括授权董事会实施反收购措施条款、限制单次改选董事比例条款、限制董事/高管任职资格条款、“金色降落伞条款”、“豪猪条款”等。该等条款内容如下：

（1）授权董事会实施反收购措施条款。

为确保公司经营管理的持续稳定，维护公司及股东的整体及长远利益，针对恶意收购行为，董事会可自主采取反收购措施，常见的反收购措施如下：

①要求收购方向董事会提交关于未来增持、收购及其他后续安排的资料和计划；同时，董事会根据收购方提供的资料和计划进行分析并提出反收购措施，在适当情况下董事会可以就反收购措施提交股东大会审议确认。

②董事会有权选择其他收购者，以阻止恶意收购者对公司的收购。

③在符合相关法律法规及公司章程规定的情形下，通过采取对公司股权结构进行适当调整的措施，以降低恶意收购者的持股比例或增加收购难度。

④除前述条款内容外，董事会可以采取包括反向收购、法律诉讼等在内的其他符合法律法规及公司章程规定的反收购行动，以阻止恶意收购者实现收购目标。

（2）限制单次改选董事比例条款。

①限制单次改选董事的比例：恶意收购发生时的当届董事会任期届满或

提前改选时，新的董事会成员候选人中应当至少包括 2/3 或其他比例原董事会成员；在新董事会成员任期内，公司股东大会每年改选董事的总数不得超过公司章程所规定董事会组成人数的 1/3 或其他比例。

②限制董事提名人数：若公司控股股东、实际控制人因恶意收购发生变动，变动后的公司控股股东、实际控制人在其实际控制公司之日起一定期间内无权向公司提名累计超过半数的董事人选。

（3）限制董事、高管任职资格条款。

①董事、高管任职资格中增加与公司主营业务相同的业务管理经验；

②董事、高管任职资格中增加与其履行董事、高管职责相适应的专业能力和知识水平；

③董事、高管任职资格中增加与公司所处行业相关的较长时间的任职经历；

④董事会认可的其他情形。

（4）“金色降落伞条款”。

“金色降落伞条款”指董事、高管离职补偿条款：在公司被恶意收购的情况下，如果公司原董事、高管在不存在违法犯罪行为，不存在不具备公司董事、高管的任职资格及能力，或不存在违反公司章程等情形下在任期内被解除职务，则公司应按该董事、高管在公司任职董事、高管年限内税前薪酬总额的一定倍数支付赔偿金，但董事、高管主动辞职的除外。

（5）“豪猪条款”。

“豪猪条款”指在公司章程中设置防御条款，使所有收购企图只有经过董事会同意才能发生。实务中根据收购方目的不同，对应的“豪猪条款”也存在不同。

2. 与董事会、监事、高管相关条款的相关规定

（1）与授权董事会实施反收购措施条款相关的规定如表 5－32 所示。

表 5－32 关于授权董事会实施反收购措施条款的相关规定

法律法规名称	具体规定
《上市公司治理准则》	第 14 条　上市公司应当在公司章程中规定股东大会对董事会的授权原则，授权内容应当明确具体。股东大会不得将法定由股东大会行使的职权授予董事会行使
《收购办法》	第 8 条　被收购公司的董事、监事、高级管理人员对公司负有忠实义务和勤勉义务，应当公平对待收购本公司的所有收购人。 被收购公司董事会针对收购所做出的决策及采取的措施，应当有利于维护公司及其股东的利益，不得滥用职权对收购设置不适当的障碍，不得利用公司资源向收购人提供任何形式的财务资助，不得损害公司及其股东的合法权益
	第 33 条　收购人作出提示性公告后至要约收购完成前，被收购公司除继续从事正常的经营活动或者执行股东大会已经作出的决议外，未经股东大会批准，被收购公司董事会不得通过处置公司资产、对外投资、调整公司主要业务、担保、贷款等方式，对公司的资产、负债、权益或者经营成果造成重大影响

根据上述规定，上市公司授权董事会实施反收购措施时，不得将法定由股东大会行使的职权授予董事会行使。结合授权董事会实施反收购措施条款通用内容判断，目前实务中上市公司授权董事会实施的反收购措施中通常不会包括股东大会法定职权。

此外，董事会实施反收购措施时，需遵守《收购办法》第 8 条的规定，即满足维护公司及其股东的利益，不得滥用职权对收购设置不适当的障碍这一前提，且不得损害公司及其股东的合法权益。

（2）与限制单次改选董事比例条款相关的规定如表 5－33 所示。

表 5－33 关于限制单次改选董事比例条款的相关规定

法律法规名称	具体规定
《公司法》	第 45 条　董事任期由公司章程规定，但每届任期不得超过三年。董事任期届满，连选可以连任。 董事任期届满未及时改选，或者董事在任期内辞职导致董事会成员低于法定人数的，在改选出的董事就任前，原董事仍应当依照法律、行政法规和公司章程的规定，履行董事职务

续表

法律法规名称	具体规定
《上市公司章程指引》	第96条　董事由股东大会选举或者更换，并可在任期届满前由股东大会解除其职务。董事任期【年数】，任期届满可连选连任。 董事任期从就任之日起计算，至本届董事会任期届满时为止。董事任期届满未及时改选，在改选出的董事就任前，原董事仍应当依照法律、行政法规、部门规章和本章程的规定，履行董事职务。 董事可以由经理或者其他高级管理人员兼任，但兼任经理或者其他高级管理人员职务的董事以及由职工代表担任的董事，总计不得超过公司董事总数的1/2。 注释：公司章程应规定规范、透明的董事选聘程序。董事会成员中可以有公司职工代表，公司章程应明确本公司董事会是否可以由职工代表担任董事，以及职工代表担任董事的名额。董事会中的职工代表由公司职工通过职工代表大会、职工大会或者其他形式民主选举产生后，直接进入董事会

根据上述规定，《公司法》《上市公司章程指引》等规定仅对上市公司董事的任期及选举和更换董事的权利主体作出规定，并未对单次改选董事的比例作出限制。

（3）与限制董事、高管任职资格条款相关的规定如表5－34所示。

表5－34　关于限制董事、高管任职资格条款的相关规定

法律法规名称	具体规定
《公司法》	第146条　有下列情形之一的，不得担任公司的董事、监事、高级管理人员： （1）无民事行为能力或者限制民事行为能力； （2）因贪污、贿赂、侵占财产、挪用财产或者破坏社会主义市场经济秩序，被判处刑罚，执行期满未逾5年，或者因犯罪被剥夺政治权利，执行期满未逾5年； （3）担任破产清算的公司、企业的董事或者厂长、经理，对该公司、企业的破产负有个人责任的，自该公司、企业破产清算完结之日起未逾3年； （4）担任因违法被吊销营业执照、责令关闭的公司、企业的法定代表人，并负有个人责任的，自该公司、企业被吊销营业执照之日起未逾3年； （5）个人所负数额较大的债务到期未清偿。

续表

法律法规名称	具体规定
	公司违反前款规定选举、委派董事、监事或者聘任高级管理人员的，该选举、委派或者聘任无效。 董事、监事、高级管理人员在任职期间出现本条第1款所列情形的，公司应当解除其职务
《上交所主板规范运作指引》	3.2.2　董事、监事和高级管理人员候选人存在下列情形之一的，不得被提名担任上市公司董事、监事和高级管理人员： (1)《公司法》规定不得担任董事、监事、高级管理人员的情形； (2) 被中国证监会采取不得担任上市公司董事、监事、高级管理人员的市场禁入措施，期限尚未届满； (3) 被证券交易所公开认定为不适合担任上市公司董事、监事、高级管理人员，期限尚未届满； (4) 最近36个月内受到中国证监会行政处罚； (5) 最近36个月内受到证券交易所公开谴责或者2次以上通报批评； (6) 法律法规、本所规定的其他情形。 上述期间，应当以董事、监事和高级管理人员候选人经公司有权机构聘任议案审议通过的日期为截止日
《深交所主板规范运作指引》	3.2.2　董事、监事和高级管理人员候选人存在下列情形之一的，不得被提名担任上市公司董事、监事和高级管理人员： (1)《公司法》规定不得担任董事、监事、高级管理人员的情形； (2) 被中国证监会采取不得担任上市公司董事、监事、高级管理人员的市场禁入措施，期限尚未届满； (3) 被证券交易所公开认定为不适合担任上市公司董事、监事和高级管理人员，期限尚未届满； (4) 法律法规、本所规定的其他情形。 董事、监事和高级管理人员候选人存在下列情形之一的，公司应当披露该候选人具体情形、拟聘请该候选人的原因以及是否影响公司规范运作： (1) 最近36个月内受到中国证监会行政处罚； (2) 最近36个月内受到证券交易所公开谴责或者3次以上通报批评； (3) 因涉嫌犯罪被司法机关立案侦查或者涉嫌违法违规被中国证监会立案调查，尚未有明确结论意见； (4) 被中国证监会在证券期货市场违法失信信息公开查询平台公示或者被人民法院纳入失信被执行人名单。 上述期间，应当以公司董事会、股东大会等有权机构审议董事、监事和高级管理人员候选人聘任议案的日期为截止日

续表

法律法规名称	具体规定
《创业板规范运作指引》	3.2.3 董事、监事和高级管理人员候选人存在下列情形之一的，不得被提名担任上市公司董事、监事和高级管理人员： (1)《公司法》规定不得担任董事、监事、高级管理人员的情形； (2) 被中国证监会采取不得担任上市公司董事、监事、高级管理人员的市场禁入措施，期限尚未届满； (3) 被证券交易所公开认定为不适合担任公司董事、监事和高级管理人员，期限尚未届满； (4) 本所规定的其他情形。 3.2.4 董事、监事和高级管理人员候选人存在下列情形之一的，公司应当披露具体情形、拟聘任该候选人的原因以及是否影响公司规范运作，并提示相关风险： (1) 最近36个月内受到中国证监会行政处罚； (2) 最近36个月内受到证券交易所公开谴责或者三次以上通报批评； (3) 因涉嫌犯罪被司法机关立案侦查或者涉嫌违法违规被中国证监会立案调查，尚未有明确结论意见； (4) 被中国证监会在证券期货市场违法失信信息公开查询平台公示或者被人民法院纳入失信被执行人名单。 上述期间，应当以公司董事会、股东大会、职工代表大会等有权机构审议董事、监事和高级管理人员候选人聘任议案的日期为截止日

《公司法》及沪深交易所规范运作指引等关于董事、高管任职条件的规定主要采用负面清单列示的方式，如上市公司在公司章程中设置的限制董事、高管任职资格条款中不存在法律法规规定的负面情形时，笔者认为该等条款不违反相关法律法规规定。

(4) 与"金色降落伞条款"相关的规定如表5-35所示。

表5-35 关于"金色降落伞条款"的相关规定

法律法规名称	具体规定
《公司法》	第37条 股东会行使下列职权： ……(2) 选举和更换非由职工代表担任的董事、监事，决定有关董事、监事的报酬事项…… 第99条 本法第37条第1款关于有限责任公司股东会职权的规定，适用于股份有限公司股东大会

续表

法律法规名称	具体规定
	第 46 条　董事会对股东会负责，行使下列职权： ……（9）决定聘任或者解聘公司经理及其报酬事项，并根据经理的提名决定聘任或者解聘公司副经理、财务负责人及其报酬事项…… 第 108 条第 4 款　本法第 46 条关于有限责任公司董事会职权的规定，适用于股份有限公司董事会
《公司法解释（五）》	第 3 条第 2 款　董事职务被解除后，因补偿与公司发生纠纷提起诉讼的，人民法院应当依据法律、行政法规、公司章程的规定或者合同的约定，综合考虑解除的原因、剩余任期、董事薪酬等因素，确定是否补偿以及补偿的合理数额
《上市公司治理准则》	第 60 条　董事、监事报酬事项由股东大会决定。在董事会或者薪酬与考核委员会对董事个人进行评价或者讨论其报酬时，该董事应当回避。 高级管理人员的薪酬分配方案应当经董事会批准，向股东大会说明，并予以充分披露
	第 61 条　上市公司章程或者相关合同中涉及提前解除董事、监事和高级管理人员任职的补偿内容应当符合公平原则，不得损害上市公司合法权益，不得进行利益输送

根据上述规定，上市公司股东大会有权决定董事、监事的报酬事项。董事会有权决定高级管理人员的报酬事项，但需要就高管薪酬分配方案向股东大会说明，并予以充分披露。上市公司提前解除董事、监事和高管任职的补偿内容应当符合公平原则，法院在司法诉讼中就上市公司提前解除董事任职的是否进行补偿以及补偿的合理数额的判断主要基于对解除的原因、剩余任期、董事薪酬等因素的综合考虑。

因此，如“金色降落伞条款”约定的董事、监事及高管的离职补偿金额违反公平原则，则存在监管部门要求上市公司降低“金色降落伞条款”约定的补偿金额的可能，进而导致上市公司通过设置金色降落伞条款增加恶意收购成本的目的无法实现。需要注意的是，目前相关规定未对董事、监事及高管的离职补偿金额符合公平原则的标准作出明确规定。

此外，即使上市公司在公司章程中按照其预期的补偿金额设置“金色降落伞条款”且监管部门没有进一步意见，但如未来“恶意收购”完成后，收购方控制下的上市公司就离职补偿金额同离职董事产生诉讼的，法院仍可能基于离职原因、剩余任期、董事薪酬等因素认定董事离职补偿金额不合理并酌情进行调减。

（5）与“豪猪条款”相关的规定。

鉴于实务中根据收购方目的不同，不同上市公司对应的“豪猪条款”存在差异，因此关于“豪猪条款”适用的相关规定需结合条款内容具体判断，此处不再赘述。

3. 实践参考案例及监管部门态度分析

（1）参考案例概述如表5－36所示。

表5－36　关于增加与董事会、董事、监事、高级管理人员相关条款的典型案例

公司简称/股票代码	拟修订内容	交易所关注问题	上市公司回复及最终处理措施	修订结果
振芯科技/300100. SZ[1]	2019年3月26日，振芯科技董事会审议通过《关于修订〈公司章程〉部分条款》的议案，增加与董事会、监事、高级管理人员相关条款，并提交股东大会审议。 该等条款主要内容如下： （1）授权董事会实施反收购措施： ①对公司收购方提交的关于未来增持、收购及其他后续安排的资料，进行审核、讨	第一次问询情况： 2019年3月28日，深交所就振芯科技章程修改情况下发《关注函》，其中涉及与董事会、监事、高级管理人员相关条款的问题为： （1）修订后的《公司章程》规定了授权董事会实施反收购措施条款、限制单次改选董事比例条款、限制董事、高管任职资格条款、“金色降落伞”条款。请说明，该等条款是否符合《公	第一次问询回复情况： 2019年4月8日，公司就第一次问询回复如下： （1）本次修订涉及公司面临恶意收购发生时继任董事会的候选人规定及改选限制，是基于维护公司及全体股东的长远利益并结合公司的实际情况而对《公司法》原则性规定的进一步细化与明确，该行为实质上属于合法有效的公司自治行为，未违反《公司	经过深交所两轮问询，未成功提交股东大会审议

续表

公司简称/股票代码	拟修订内容	交易所关注问题	上市公司回复及最终处理措施	修订结果
	论、分析，提出分析结果和应对措施，并在适当情况下提交股东大会审议确认；②董事会可以为公司选择其他收购者，以阻止恶意收购行为；③采取可能对公司的股权结构进行适当调整以降低恶意收购者的持股比例或增加收购难度的行动；④采取以阻止恶意收购者实施收购为目标的反收购行动，包括但不限于对抗性反向收购、法律诉讼策略等。 （2）限制单次改选董事比例：恶意收购发生时的当届董事会任期届满时，继任董事会成员中至少应有2/3的原任董事会成员连任……继任董事会任期届满前，每年股东大会改选董事的总数，不得超过董事会组成人数的1/4。 （3）限制董事/高管任职资格：收	司法》《上市公司治理准则》的规定，是否损害股东选举董事的权利，以及是否损害上市公司以及中小投资者的利益。 （2）说明：①补偿标准确定的合理性，并测算不同轮换比例下支付补偿金对公司经营业绩的影响；②补偿安排是否会激励董事会对“恶意收购”作出不当判断；③该条款是否违反《上市公司治理准则》第61条的规定，是否符合上市公司及股东利益。 （3）请说明：①董事会自主采取“为公司选择其他收购者”“对公司的股权结构进行适当调整”“对抗性反向收购、法律诉讼策略等反收购行动”的具体标准和程序是否有明确制度规范，以及在采取上述反收购措施时，确保公司及股东整体利益不受损害的应对措施；②上述	法》《上市公司治理准则》的禁止性规定。 （2）出发点并非完全排斥市场化收购，而是从维护公司长期、持续、稳定经营的角度出发，防止收购方以追求短期资本收益为目的，使公司陷入投机性资本的恶意炒作。 本条拟修订的内容属于公司股东意思自治范畴，经公司有权决策机构同意后即可按规定执行，未违反公平原则，不存在不当限制投资者依法买卖、受让公司股票及行使股东权利的情形。 （3）①本次修订所规定的向董事、监事、总经理和其他高管支付补偿，属于管理层的报酬问题，且前提是在“恶意收购”情形下，其补偿标准系根据目前董事、监事和高管的整体薪酬及福利待遇水平综合考虑后设置，	

续表

公司简称/股票代码	拟修订内容	交易所关注问题	上市公司回复及最终处理措施	修订结果
	购方及其一致行动人提名的董事候选人除应具备与履行董事职责相适应的专业能力和知识水平外，还应当具有至少五年与公司主营业务相同的业务管理经验。 (4)“金色降落伞条款”：公司董事、监事、高管任期未届满前被解除职务的，公司须支付相当于其年薪及福利待遇总和5倍以上的经济补偿	条款的法律依据及合理性，是否符合相关规定	不违反现行法律、法规的禁止性规定。 经测算，更换一名董事合计补偿金额约626.61万元，约占公司2016—2018年均净利润的21.68%。相关经济补偿对公司财务有一定的影响，但本条修改系提高恶意收购方的收购成本以防范在出现恶意收购时恶意收购方大范围地更换公司原有管理层，从而影响上市公司管理层和经营策略的稳定性。 ②本次修订内容主要系针对恶意收购的保护措施，如不存在恶意收购情形，则不会触发补偿条款。本次补偿安排不会激励董事会对“恶意收购”作出不当判断。 ③离职补偿的主要作用在于事前防范，目的是提高恶意收购方强行收购公司的成本，防止恶意收购方滥用控制权在短期内大范	

续表

公司简称/股票代码	拟修订内容	交易所关注问题	上市公司回复及最终处理措施	修订结果
			围更换管理层，影响公司管理层和经营决策、战略部署的稳定性，不存在违反《上市公司治理准则》第61条规定的情形。 （4）①《公司法》《证券法》《收购办法》等法律法规并未禁止董事会实施反收购措施，但董事会实施反收购措施时，须严格遵守《公司法》《证券法》《收购办法》的规定，履行内部决策程序和信息披露义务，相关董事也应受到忠实勤勉义务的约束。若未来股东认为董事会采取相关反收购措施侵害了其作为公司股东的合法权益，可请求司法救济。并且，本次修订最终是否审议通过仍需由公司股东大会进行表决。 ②董事会可采取的反收购措施并未违反《公司法》《证券法》《收购办法》《上市公司治理准则》等相关法律法	

续表

公司简称/股票代码	拟修订内容	交易所关注问题	上市公司回复及最终处理措施	修订结果
			规的禁止性或强制性规定。 鉴于召开股东大会必须履行至少提前15天至20天通知的程序等，在发生恶意收购的情况下，股东大会可能无法及时对恶意收购作出反应和处理，从而导致恶意收购情形对公司造成难以弥补的损害。 因此，为保障公司及广大中小股东的合法权益，有必要赋予董事会在公司遭受恶意收购的情况下采取必要行动的权力	
		第二次问询情况：基于公司2019年4月8日回复情况，深交所于4月10日下发第二次《关注函》，其中涉及与董事会、监事、高级管理人员相关条款的问题为： （1）请结合补偿金额占公司净利润的比例，进一步论证相关补偿安排是否合理，是否不当维护董事会成员的利	2019年4月11日，振芯科技董事会作出决议，不再将《关于修订〈公司章程〉部分条款》的议案提请股东大会审议。原因是经董事会慎重考虑，认为上述议案尚需进一步修订和完善。同日，公司以上述议案已取消对深交所《关注函》进行回复	

续表

公司简称/股票代码	拟修订内容	交易所关注问题	上市公司回复及最终处理措施	修订结果
		益，是否损害上市公司利益； （2）分别说明董事会采取不同反收购措施时的判断标准、具体情形以及所需履行的程序，是否符合法律法规的相关规定，是否损害相关股东的权利及利益； （3）此次修订公司章程将独立董事、监事亦纳入了“金色降落伞”安排，请说明该等安排是否会影响独立董事及监事的独立性		
中国宝安/000009. SZ	2016 年 6 月 6 日，中国宝安[2] 对《公司章程》进行修订，其中涉及与董事会、监事、高级管理人员相关的条款，主要包括以下内容： （1）“金色降落伞条款”：当公司被并购接管，董事、监事、高管任期未届满前如确需终止或解除职务，必须得到本人的认可，且公司须一次性支付其相当	2016 年 6 月 8 日，深交所就中国宝安章程修改情况下发《关注函》，其中涉及与董事会、监事、高级管理人员相关条款的问题为： （1）请说明相关条款制定的原因、背景及内部审议决策程序； （2）请说明上述条款是否可能与《公司法》《关于在上市公司建立独立董事制度的指导意见》	2016 年 6 月 8 日，公司就深交所问询回复如下： （1）公司的股权结构相对分散，容易成为被举牌目标，公司董事局基于公司的长远发展，为防止恶意收购给公司的正常生产经营活动带来混乱，特向股东大会提议修改《公司章程》，修订及增加有关条款。 （2）《公司法》《证券法》等相关法律	经过深交所一轮问询，成功提交股东大会审议通过

续表

公司简称/股票代码	拟修订内容	交易所关注问题	上市公司回复及最终处理措施	修订结果
	于其年薪及福利待遇总和10倍以上的经济补偿； (2)限制单次改选董事比例：每届董事局任期内，每年更换的董事不得超过全部董事人数的1/4； (3)限制董事、高管任职资格：董事局中的职工代表须由在本公司连续工作满5年以上的职工通过职工代表大会民主选举产生后，直接进入董事局。需要注意的是，根据中国宝安《公司章程》的约定，修改章程需经股东大会特别决议通过，因此股东如需调整上述条款，其持有的表决权股份数应占参与表决的股份总数的2/3以上	《深圳证券交易所股票上市规则》《深圳证券交易所主板上市公司规范运作指引》等文件中有关董事、监事选举、任职的相关规定存在相互冲突，是否存在限制股东权利、损害股东基本权益的情形； (3)经济补偿条款设置是否存在违反《收购办法》第8条的情形，该条款设置对公司的影响，是否涉嫌利益输送，是否违反忠实义务	法规并未就上市公司董事会更换人数作出明确的强制性或禁止性规定，而本条修订是在《公司法》《上市公司章程指引》的基本要求基础上根据公司自身情况明确董事会换届选举的具体操作办法，主要增加了关于董事会换届选举时新任董事的人数比例限制规定，是对《公司法》原则性规定的补充与明确，该行为实质上属于合法有效的公司自治行为。 本次修订对职工董事候选人资格予以了明确规定，即必须在公司连续工作满5年，意在推选在公司工作年限较长、对公司经营和管理工作较为熟悉的员工进入董事局，以便其能够对公司经营管理工作提出合理化建议，更好地履行董事职责和义务。 (3)离职补偿条款触发是有前提条件	

续表

公司简称/股票代码	拟修订内容	交易所关注问题	上市公司回复及最终处理措施	修订结果
			的，即“公司被并购接管”时、公司董事和监事及高级管理人员任期未届满且有关各方未协商一致，故该条款并不对公司构成现实的影响。相反，会促使收购方稳妥处理并购后的相关事宜，这样有利于维护上市公司正常的生产经营活动和全体股东的利益。而且，从当前的实践来看，已对公司章程相关条款作类似修订的上市公司也未见其必然会给上市公司带来不利影响和利益输送等问题	
	2020 年 10 月起，中国宝安爆发控制权争夺，争夺双方主要在粤民投以及中国宝安原控股股东富安控股间展开。 争夺过程中，粤民投通过二级市场不断增持超越富安控股成为中国宝安第一大股东，但受限于中国	2021 年 6 月 17 日，投服中心发布《公开征集投票权报告书》并就《关于修改公司章程的议案》向公司全体股东征集投票权。[3]根据报告书披露内容，投服中心认为中国宝安现行的《公司章程》中设置了一些不恰当的条款，如公司被并	2021 年 6 月 30 日，中国宝安股东大会审议通过了修改《公司章程》的议案，其中同意修改《公司章程》的股份数占出席会议股东所持有效表决权股份总数的 74.15% 为超过有效表决权股份总数的 2/3。同日，中国宝安发布修订后的《公司	投服中心就修改公司章程议案公开征集投票权，成功提交股东大会审议通过

续表

公司简称/股票代码	拟修订内容	交易所关注问题	上市公司回复及最终处理措施	修订结果
	宝安公司章程与董事会、监事、高级管理人员相关条款限制，粤民投实现顺利改组中国宝安董事会的难度较高。 2021 年 6 月 11 日，粤民投通过其持股中国宝安的主体向公司董事局提交《关于修改公司章程的议案》，提议删除与董事会、监事、高级管理人员相关条款	购接管后解除任期内的董监高需支付高额经济补偿、每年及每届更换的董事人数受比例限制、职工董事和职工监事受工作年限限制等，删除该等公司章程相关条款，有利于提高上市公司的治理水平和保护投资者合法权益。因此，投服中心同意该议案。需要注意的是，这是新《证券法》发布后投资者保护机构首次公开向全体股东征集投票权	章程》，原与董事会、监事、高级管理人员相关条款均被删除。至此，粤民投第一大股东地位进一步稳固，同时也解决了原《公司章程》关于其改组公司董事会的限制	
ST 奥马/002668. SZ	2021 年 1 月起，ST 奥马爆发控制权争夺，争夺双方为 TCL 集团以及公司原实际控制人赵国栋。 2021 年 1 月至 2 月，TCL 集团通过司法拍卖、二级市场增持以及同第三方签署一致行动协议等方式，合计控制 ST 奥马表决权达到 15.51%。 2021 年 2 月 22 日，	2021 年 2 月 25 日，深交所于年报问询函中要求公司说明如控制权发生变更，是否对奥马冰箱并表构成实质性影响，是否有切实有效的解决措施	2021 年 5 月 27 日，公司回复深交所称： ST 奥马历史上出售奥马冰箱 49% 的股权系中山市纾困基金为解决公司流动性问题提供的纾困项目。为保证纾困资金的安全及资金方的利益，奥马冰箱章程中设置对纾困资金及资金方的保护条款，即 ST 奥马实际控制人变更时，选举和更换	深交所未就“豪猪条款”内容提出修改要求，但赵国栋以此条款来打消 TCL 集团控制权争夺攻势的目的未实现

续表

公司简称/股票代码	拟修订内容	交易所关注问题	上市公司回复及最终处理措施	修订结果
	为应对 TCL 集团攻势，赵国栋搬出“豪猪条款”：根据奥马冰箱[4]的公司章程，如公司实际控制人发生变化，选举和更换奥马冰箱董事、监事时应以特别决议通过。考虑到公司仅持有奥马冰箱 51%股权，如 TCL 集团取得公司控制权，其通过公司所持有的奥马冰箱股权比例不满足特别决议的股权比例（2/3）要求，存在可能影响并表的风险。TCL 集团争夺控制权的核心目的可能无法实现		非由职工代表担任的董事、监事并决定其薪酬应以特别决议通过。 虽然该条款系为保护纾困资金及资金方设置，但 ST 奥马未说明章程中该条款是否有明确的只适用于纾困资金的具体约定，从披露内容来看，一旦 ST 奥马实际控制人发生变更，该条款即生效。经公开途径检索，除在上述年报问询函回复内容外，ST 奥马未就奥马冰箱章程具体条款内容进行披露。根据 TCL 集团入主 ST 奥马后的公告内容，ST 奥马将继续履行与奥马冰箱其他股东签订的合同的相关约定，董事会将继续支持奥马冰箱业务管理团队，以及奥马冰箱业务的独立发展与稳健运营，不存在无法将奥马冰箱并表的风险	

续表

公司简称/股票代码	拟修订内容	交易所关注问题	上市公司回复及最终处理措施	修订结果
首航高科[5]/002665. SZ	2020年5月，首航高科董事会审议通过了《关于修改公司章程的议案》，增加与董事会、监事、高级管理人员相关条款[6]，并提交股东大会审议	2020年5月11日，深交所就首航高科章程修改情况下发《关注函》，其中涉及与董事会、监事、高级管理人员相关条款的问题为： （1）设置限制董事、高管任职资格是否不合理地维护现任董事地位； （2）设置授权董事会实施反收购措施条款是否存在将股东大会的职权授予董事会的情形	首航高科于2020年7月22日就深交所《关注函》问询问题进行回复： （1）公司主营业务是太阳能光热发电业务、电站空冷、海水淡化等，有技术密集型的特点，对管理层有一定的任职要求符合公司日常经营的需求。如果公司在面临恶意收购中没有事前设定管理层资历和保障管理层持续、稳定的相关合理条件，则公司的发展目标和业绩将很可能被改变或打乱，这无论对上市公司的正常运营还是对上市公司股价的维稳，无论是对上市公司广大中小股东而言还是对上市公司本身而言，都可能有重大不利影响。 （2）公司召开股东大会必须履行至少提前15天至20天通知的程序等，在发生恶意收购的情况下，股东大会可能无法及时对恶意	经过深交所一轮问询，成功提交股东大会审议通过

续表

公司简称/股票代码	拟修订内容	交易所关注问题	上市公司回复及最终处理措施	修订结果
			收购作出反应和处理，从而导致恶意收购情形对公司造成难以弥补的损害。因此，赋予公司董事会在公司遭受恶意收购的情况下采取必要行动的权力。 此外，董事会采取反收购措施时，需要依法依规履行信息披露义务，受《公司章程》规定的董事会及股东大会权限范围的限制，受忠实勤勉义务和法律、行政法规、部门规章以及其他规范性文件的限制，亦受到独立董事、监事、股东、新闻媒体的制衡以及中国证监会、深交所等监管部门各种形式的监督、监管	

［1］振芯科技控制权争夺相关背景已于本书“恶意收购行为判断权条款”部分说明，故此处不再赘述。

［2］中国宝安由董事局行使董事会职能，根据公司公告内容，其董事局职权与惯常的上市公司董事会职权一致。

［3］投服中心关于中国宝安《公司章程》相关条款具体意见如下：

1.《公司章程》第10条规定：“当公司被并购接管，在公司董事、监事、总裁和其他高级管理人员任期未届满前如确需终止或解除职务，必须得到本人的认可，且公司须一次性支付其相当于其年薪及福利待遇总和十倍以上的经济补偿。”公司章程中单方面制定高额赔偿金条款，该条款一旦触发，将大大削减上市公司的净利润。

2.《公司章程》第96条规定："董事在任期届满以前，股东大会不得无故解除其职务。在每届董事局任期内，每年更换的董事不得超过全部董事人数的四分之一……每届更换董事人数（包括独立董事）不得超过董事局构成总人数的二分之一。"我国《公司法》第4条、第37条、第45条、第99条规定，公司股东依法享有选择管理者的权利，董事的选举和更换必须经过股东大会。董事任期由公司章程规定，每届任期不得超过3年，任期届满连选可以连任。因此，股东大会是董事产生或更选的必经程序，虽然可以连选连任，但前提是股东大会选任了才能连任。中国宝安上述公司章程条款规定了每年、每届董事更换人数的比例，限制了股东选任董事的基本权利，变相延长董事法定最长3年的任期，不符合《公司法》的立法本意。

3.《公司章程》第96条规定："董事局中的职工代表须由在本公司连续工作满五年以上的职工通过职工代表大会民主选举产生后，直接进入董事局。"《公司法》第108条规定，董事会成员中可以有公司职工代表，但并未强制规定职工董事任职资格，如工作年限。上述公司章程条款限制了职工代表大会选任职工董事的权利。

[4] ST奥马主营业务包括冰箱业务以及互联网金融业务。其中，奥马冰箱系ST奥马核心资产，其冰箱业务主要通过奥马冰箱实施，TCL集团举牌ST奥马的核心目的就是取得奥马冰箱控制权。2021年5月，因受互联网金融业务暴雷影响，ST奥马将其全资子公司奥马冰箱51%的股权转让给中山市纾困基金。此次转让发生后深交所曾关注转让事宜是否会影响奥马冰箱并表事宜，公司回复该等转让不影响奥马冰箱并表。需要注意的是，ST奥马控制权争夺中，"豪猪条款"系设置在上市公司控股子公司的公司章程层面。

[5] 首航高科不属于控制权争夺案。

[6] 鉴于首航高科在公司章程中设置的与董事会、监事、高级管理人员相关条款内容，以及深交所关注问题及首航高科回复思路与前述列示案例内容基本一致，因此此处仅列示前述案例中监管机关未提及的相关问题及公司回复内容。

（2）监管部门关注重点及上市公司回复内容。

基于上述案例，实务中监管部门就上市公司章程修改涉及与董事会、董事、监事、高级管理人员相关条款情形，主要关注合法合规性、是否侵害公司或投资者权益、是否违反董监高忠实勤勉义务三个方面，具体如表5-37所示：

表5-37 监管部门对上市公司章程修改涉及与董事会、董事、监事、高级管理人员相关条款的关注重点

涉及条款	监管部门关注问题
授权董事会实施反收购措施条款	①是否符合法律法规规定； ②是否存在将股东大会的职权授予董事会的情形； ③董事会自主采取反收购措施时，确保公司及股东整体利益不受损害的应对措施

续表

涉及条款	监管部门关注问题
限制单次改选董事比例条款	①是否符合法律法规规定； ②是否侵害公司股东选择管理者的权利
限制董事/高管任职资格条款	①是否符合法律法规规定； ②是否不合理维护现任董事地位
“金色降落伞条款”	①赔偿金支付标准的法律依据及合理性； ②测算支付赔偿金对公司经营业绩的影响并充分提示相关风险； ③支付赔偿金是否导致利益输送，是否构成关联交易； ④是否损害上市公司利益及中小股东合法权益； ⑤是否符合《上市公司治理准则》第61条的相关规定； ⑥是否不利于董事忠实勤勉、履职尽责

针对上述监管部门的关注重点，上市公司的主要回复思路通常如下：

①关于合法合规性问题：上市公司主要基于“法无禁止即可为”的原则，通过说明不存在违反法律法规或强制性、禁止性规定的情形来进行论证。

②关于是否侵害公司、投资者利益的问题：上市公司基于两个方面进行回复，一方面，与董事会、董事、监事、高级管理人员相关条款的设置系为了避免公司因恶意收购致使公司管理层稳定性受到影响，进而影响公司业务经营和持续发展，最终导致上市公司及其股东利益受到损害；另一方面，现行法律法规未禁止对恶意收购方设置更为严格的义务或增设限制条件，上市公司通过设置与董事会、董事、监事、高级管理人员相关条款系在现行规定基础上进行的进一步细化。

③关于董监高勤勉尽责的问题：与董事会、董事、监事、高级管理人员相关条款设置完成后，上市公司董监高将严格执行公司章程规定义务；同时，该等条款的设置不影响董监高继续履行信息披露义务，其职权仍受股东大会权限范围限制，其履职情况受监管部门及媒体监督，因此该等条款设置不影响董监高继续履行勤勉尽责义务。

(3) 监管态度分析。

①交易所监管态度分析。

参考振芯科技、中国宝安、首航高科案例，三家上市公司面对交易所类似的问询问题，均按照上述思路进行回复。但根据公告内容判断，交易所就该等公司的监管态度存在差异。其中，就振芯科技回复内容，交易所进行了进一步补充问询。如第五章“七、（二）恶意收购行为判断权条款”部分分析，振芯科技系于控制权争夺期间修改公司章程，如公司章程根据提案内容修订完成，结合振芯科技可能出现的股东持股比例分散的情况，振芯科技董事会将在事实上形成对公司的控制，而公司其余股东可能因持股比例分散致使其股东部分权益实现难度较高，进而可能导致董事会利益凌驾于公司股东利益之上。基于该等情况，交易所要求振芯科技说明离职赔偿金额较高是否损害公司利益、董事会采取反收购措施是否侵害股东利益、“金色降落伞条款”的设置是否影响独立董事/监事履职，最终振芯科技迫于监管压力选择取消修改公司章程修订事宜。就中国宝安（此处分析仅针对中国宝安2016年修改公司章程时相关事项）、首航高科回复内容，交易所未进行补充问询，该等公司就修改公司章程修订的议案成功提交股东大会审议通过。

除上述案例外，ST奥马案例中赵国栋为打消TCL集团控制权争夺的攻势，搬出核心子公司奥马冰箱在公司章程设置的“豪猪条款”。鉴于ST奥马的主营业务主要为冰箱业务及互联网金融业务两个部分，且ST奥马受互联网金融业务暴雷影响，长期处于亏损状态，其公司收入主要通过负责冰箱业务的奥马冰箱实现。如奥马冰箱因ST奥马控制权变动而无法并表，将会对ST奥马及其小股东权益造成重大损失。基于该等情形，在“豪猪条款”搬出后，交易所随即在问询函中要求ST奥马说明该等条款对奥马冰箱并表的影响。最终迫于监管压力，ST奥马回复称该等条款不会对奥马冰箱控制权造成影响。

根据《证券法》的规定，交易所实行自律管理。结合上述事实发生后交易所的态度判断，对于上市公司在公司章程中设置与董事会、监事、高级管理人员相关条款的情形，如该等公司拟调整条款内容满足合法合规性要求、未侵害上市公司及其股东利益、未对董监高勤勉尽责造成影响，交易所基本秉持自律监管的态度，原则上同意上市公司根据意思自治原则调整公司章程内容。但如果该等拟调整条款内容未满足上述要求，交易所可能通过不断问询施以监管压力促使上市公司放弃该等条款设置。

②中国证监会监管态度分析。

经查询，中国证监会管理的投服中心在实务中就上市公司在公司章程中设置的与董事会、董事、监事、高级管理人员相关条款以及其他反收购条款多次提出过修改建议或质疑。

例如，针对部分上市公司在公司章程中设置限制股东对董事、监事的选任，设置董监高高额经济补偿等条款的情形，投服中心曾以股东建议函的形式向沈阳化工、山西焦化、永悦科技、通用股份等上市公司提出章程修改意见，该等公司随后均相应修改了章程条款。此外，投服中心还曾通过媒体发布新闻稿的方式，对雅化集团、中捷股份、国光电器、黑牛食品、隆平高科、中技控股等上市公司的章程条款设置进行质疑，不过该等公司未就投服中心上述质疑进行明确回应。

在中国宝安案例中，TCL 虽通过持续在二次市场增持、司法拍卖、签署一致行动协议等方式成为中国宝安第一大股东，但受限于“金色降落伞条款”与董事会、监事、高级管理人员相关条款存在，TCL 集团改组中国宝安董事会的难度较高。因此 TCL 集团向中国宝安提交关于修改《公司章程》的议案。议案提出后，投服中心就该议案公开征集投票权，最终该议案经中国宝安股东大会特别决议程序审议通过，《公司章程》中涉及与董事会、监事、高级管理人员相关条款均被删除。根据公司公告内容，TCL 集团与投服中心就中国宝安控制权争夺未达成任何一致行动关系，因此可以推断投服中心参与股东大会决议主要基于规范公司内部治理、保护中小股东利益的目的。结合投服中心历史上多次对上市公司章程中反收购条款质疑的情况进行推断，可以看出投服中心更多从保护股东特别是中小股东利益角度出发，对此类条款整体上呈现不支持态度。考虑到投服中心受中国证监会管理，其立场一定程度上也能体现中国证监会的监管态度。

（六）总结

反收购条款作为上市公司控制权争夺中的一项防御性措施，其条款内容可以助力上市公司控制权拥有者在公司股东持股较为分散的情况下依然能通过控制董事会实现对上市公司的有效控制，帮助上市公司抵御潜在的被收购风险。

结合前述法律法规及参考案例，我国现行规定中未对反收购相关条款的设置作出明确规定，实务中上市公司章程就该等条款设置的内容基本相似，除个别细节存在差异外，整体条款设置未作出突破性改动。对于上市公司反收购条款的效力，交易所主要关注反收购条款设置是否违反法律法规规定，是否可能侵害公司、股东权益，或可能导致董监高无法忠实勤勉尽责等。如果不存在前述情形，交易所虽然不会明确支持，但通常亦不会刻意设置障碍。需要注意的是，反收购条款本质上属于上市公司控制权争夺的防御措施，而非控制上市公司的主动管理措施，结合投服中心近年来多次建议上市公司修改反收购条款、对上市公司反收购条款设置进行质疑以及涉及反收购条款的上市公司诉讼等情况来看，虽然中国证监会没有明确表态，但一定程度上可以看出其对反收购条款持不支持立场。

此外，董事会作为公司的权力机关，其履行董事会职责需对股东大会负责。但结合目前实务案例来看，上市公司在设置反收购条款时，除个别细节存在差异外，整体条款内容同质化严重，部分上市公司疑似存在滥用反收购条款情形。如果监管部门认为该等上市公司存在董事会权力凌驾于公司及股东利益之上，或存在其他致使公司及股东利益受损情形，则该等上市公司可能面临来自监管机构的问询和关注。

基于上述，如上市公司拟设置反收购条款应对潜在或者已发生的控制权争夺，需结合公司具体情况，在确保不违反法律法规并保证上市公司及股东利益的基础上，有针对性地进行设置并合理权衡运用，以其作为控制权争夺的有力武器。

八、先发制人——行为保全在控制权争夺中的运用

行为保全在知识产权相关争议领域已不鲜见，但在其他类型的民商事领域，无论是从法律规定层面还是司法实践层面，总体尚处于相对不成熟的阶段。然而即便如此，行为保全却已在上市公司控制权争夺的舞台上崭露锋芒，有时甚至起到了“天降奇兵”的效果。本部分内容将从多个角度对行为保全

这一利器进行解析[①]。

（一）行为保全的定义及相关法律规定

1. 行为保全的定义

《民事诉讼法》第 103 条第 1 款规定："人民法院对于可能因当事人一方的行为或者其他原因，使判决难以执行或者造成当事人其他损害的案件，根据对方当事人的申请，可以裁定对其财产进行保全、责令其作出一定行为或者禁止其作出一定行为……"

由上述法律规定可知，相对于财产保全是对案件当事人的财产进行查封、冻结、扣押等限制措施，行为保全系对案件当事人的行为进行限制的措施。该等限制可以是积极地责令其做出一定行为，亦可是消极地禁止其做出一定行为。

上述法律规定为我国关于行为保全最主要的法律依据，相关部门尚未出台相应司法解释对其进行进一步解释。

2. 行为保全的管辖及流程

（1）管辖。

对于诉讼保全，因其系当事人在诉讼过程中提出的申请，因此，应由受诉法院处理当事人提出的行为保全申请。

对于诉前保全，根据《民事诉讼法》第 104 条"利害关系人因情况紧急，不立即申请保全将会使其合法权益受到难以弥补的损害的，可以在提起诉讼或者申请仲裁前向被保全财产所在地、被申请人住所地或者对案件有管辖权的人民法院申请采取保全措施"之规定，行为保全申请应向被申请人住所地或者对案件有管辖权的受诉法院提出。

（2）流程。

行为保全的流程与财产保全相似，即由原告提出保全申请并提供相应担

---

① 由于知识产权领域的行为保全有专门的法律法规予以规定，且其行为保全所要达到的目的和保全措施的特点均与其他民商事案件不同，因此本文仅探讨除知识产权诉讼外的其他民商事案件中的行为保全问题。

保后，由法院出具相应保全裁定。虽然依据最高人民法院《关于适用〈中华人民共和国民事诉讼法〉的解释》第152条第3款“在诉讼中，人民法院依申请或者依职权采取保全措施的，应当根据案件的具体情况，决定当事人是否应当提供担保以及担保的数额”之规定，对于诉讼中的保全，允许法院“视案件具体情况”决定是否要求当事人提供担保，但司法实践中几乎所有法院都要求当事人提供相应担保。

若在行为保全过程中，需要案外人协助执行，则法院还会给该案外人出具《协助执行通知书》，要求案外人协助执行保全裁定所载内容。

（二）以行为保全作为上市公司控制权争夺手段的典型案例概述

在控制权争夺过程中，面对一方已经作出的董事会、股东大会决议，或者一方已经通过不正当手段控制公章，此时，如果完全依靠诉讼的流程去解决问题，可能会错失控制权争夺的时机，在提起诉讼的同时采取行为保全则是更加便捷、迅速、有效的方式，并且已有多家公司在控制权争夺的诉讼中辅以使用行为保全的方式，具体如表5-38所示：

表5-38 以行为保全作为上市公司控制权争夺手段的典型案例

上市公司/股票代码	案例背景	所涉诉讼	行为保全过程	在控制权争夺中的作用及影响
*ST顺利/000606.SZ	2015年，*ST顺利通过收购神州易桥完成重组，重组后。第一大股东连良桂与第二大股东彭聪持股比例接近，公司无实际控制人，董事长也由连良桂变更为彭聪，公司日常经营主	2020年5月26日，连良桂方组织召开董事会审议通过了罢免彭聪及彭聪方其他董事、高管的议案，并定于6月12日召开股东大会审议上述议案。 2020年6月2日，彭聪向青海省西宁市城西区人民法院	2020年6月2日，彭聪在提起撤销董事会决议诉讼的同时，向青海省西宁市城西区人民法院申请行为保全。 2020年6月10日，青海省西宁市城西区人民法院作出保全申请裁定，禁止实施第八届董事会	2020年6月10日，公司在收到保全裁定后，将股东大会召开时间延期至2020年6月18日。 2020年6月13日连良桂代表公司提

续表

上市公司/股票代码	案例背景	所涉诉讼	行为保全过程	在控制权争夺中的作用及影响
	要由彭聪负责。2020年5月，因公司业绩下降，两大股东矛盾激化，从而展开控制权争夺	提起诉讼［案号：（2020）青0104民初2322号］请求法院撤销上述董事会全部决议。2021年1月6日，西宁市城西区人民法院作出判决，撤销*ST顺利2020年5月26日董事会作出的全部决议	2020年第二次临时会议作出的全部决议。2020年6月13日，连良桂方代表公司向法院提出复议申请。2020年6月20日，公司收到《民事裁定书》，驳回了公司的复议申请	出复议申请后，直到2020年6月16日，公司仍未收到法院的任何许可或同意文件，因此，公司取消了此次股东大会。通过行为保全。彭聪保住了自己的董事长职务，也成功阻止了连良桂方召集的股东大会的召开，使得后续继续争夺控制权成为可能，也为撤销董事会决议的诉讼赢得了时间

续表

上市公司/股票代码	案例背景	所涉诉讼	行为保全过程	在控制权争夺中的作用及影响
*ST 海伦/300201. SZ	2020 年 4 月，中天泽与江苏机电、丁剑平先后签署股权转让协议、表决权委托协议及非公开发行股票协议，双方就 *ST 海伦的控制权进行交易。2021 年 3 月，*ST 海伦定增未成，非公开发行股票协议约定事项未能顺利实现。一场控制权交易转变为控制权争夺，双方就控制权交易过程中签署协议的履行展开一系列诉讼	2021 年 5 月 21 日，*ST 海伦召开股东大会，董事会席位中包括天泽提名的 7 名董事，江苏机电、丁剑平提名的 2 名董事。 2021 年 8 月 10 日，江苏机电、丁剑平向徐州经济技术开发区人民法院提起诉讼［案号：（2021）苏 0391 民初 3364 号］，申请法院撤销上述股东大会决议。 截至目前，撤销决议之诉仍在进行中	2021 年 9 月 15 日，江苏机电、丁剑平向徐州经济技术开发区人民法院申请行为保全，法院经审查同意该行为保全申请。 针对决议撤销之诉中的行为保全裁定，海伦哲、中天泽认为董事会、监事会换届选举已结束，决议事项已执行完毕，因此提起复议申请。2021 年 10 月 12 日，法院经审查认为，董事、监事履行职责是一个持续的过程，不应认为决议事项已经执行完毕，因此驳回复议申请。 2021 年 10 月，*ST 海伦新选举的董事在董事职责被保全的情况下仍召开董事会并作出决议。基于该违反行为保全的情形，江苏机电、丁剑平于 2021 年 10 月 14 日申请强制执行，后又于 2021 年 10 月 27 日撤回强制执行申请	江苏机电、丁剑平通过向法院申请行为保全的方式，阻碍了中天泽提名的董事、监事正常履行职责，致使中天泽虽然拥有董事会、监事会半数以上席位，但仍无法通过董事会、监事会完全实现对公司的有效控制

续表

上市公司/股票代码	案例背景	所涉诉讼	行为保全过程	在控制权争夺中的作用及影响
		2021年10月9日，媒体报道称，*ST海伦原实际控制人丁剑平于10月9日上午控制公司公章及财务章并提出全面接管公司。 2021年10月18日，*ST海伦向徐州经济开发区人民法院提起诉讼，要求法院判决丁剑平等人将公章、法定代表人章、财务章、财务U盾、公司营业执照及其他证照等全部返还公司。 截至2022年6月30日，*ST海伦"公章抢夺事件"仍未结束	2022年1月6日，*ST海伦就返还公章之诉提交行为保全申请。 2022年1月12日，徐州经济技术开发区人民法院经审查同意该行为保全申请，裁定禁止丁剑平等人在本案作出生效判决前使用公司公章办理法定代表人、董事、监事、总经理以及公司章程、经营地址、经营范围的工商变更登记手续	面对丁剑平等人的"暴力"手段，诉讼的程序可能无法快速解决问题，尤其是在控制权争夺这么紧张的过程中，通过行为保全可以迅速遏制另一方使用公章进行工商变更，从而避免造成更多的控制权争夺中的不利后果
		2021年11月，中天泽向深圳市福田区人民法院提起诉讼，要求法院判决丁剑平、江苏机电继续履行表决权委托协议，并赔偿中天泽经济损失人民币1000万元。 截至2022年6月30日，除丁剑平对中天泽的表决权委托解除之诉因未及	2021年12月8日，中天泽就表决权委托继续履行之诉向深圳市福田区人民法院申请行为保全，法院经审查同意该行为保全申请，裁定禁止丁剑平、江苏机电就其所持有的*ST海伦股份对以下事项行使表决权：提出提名、推荐、选举或	丁剑平2021年10月"抢夺"公章的行为已对其控制*ST海伦造成不利影响，因此中天泽通过提起表决权委托继续履行之诉以及相应的行为保

续表

上市公司/股票代码	案例背景	所涉诉讼	行为保全过程	在控制权争夺中的作用及影响
		时缴纳诉讼费用被认定主动撤回外，江苏机电对中天泽的表决权委托解除之诉、中天泽对江苏机电、丁剑平的表决权委托继续履行之诉仍在进行中	者罢免董事（候选人）、监事（候选人）的提案、议案，对相应的提案、议案进行表决	全申请，避免其控制权遭到进一步损害
奥维通信/002231. SZ	2019 年 3 月 9 日，景成集团有限公司将其持有的瑞丽湾 51% 的股权转给潍坊润弘，转让完成后潍坊润弘将持有瑞丽湾 51% 的股权，并通过瑞丽湾间接控制上市公司 27.95% 的股份，瑞丽湾仍为上市公司的控股股东，潍坊润弘的实际控制人单川、吴琼夫妇成为上市公司的实际控制人，但未能在公司董事会占有席位，因此二人与公司原董事长杜方及其控制的董事会展开了控制权争夺	2019 年 8 月 5 日，瑞丽湾自行召集的 2019 年第二次临时股东大会顺利召开，并通过了《关于罢免李继芳女士董事职务的议案》。其后，杜方向沈阳市浑南区法院起诉，要求法院判令撤销股东大会《关于罢免李继芳女士董事职务的议案》的决议。 2020 年 10 月 27 日，法院作出判决，议案未载明罢免李继芳女士董事职务的原因，属于董事在任期届满以前，股东大会无故解除其职务，违反了奥维通信公司章程第 96 条第 1 款的相关规定，因此，根据《公司法》第 32 条的规定撤销上述决议	杜方于 2019 年 8 月 30 日向法院申请行为保全，法院裁定在本案判决生效前，公司不得执行 2019 年第二次临时股东大会决议，亦不得基于该次会议决议办理董事会成员的工商变更登记、备案	杜方几乎在上述临时股东大会决议作出的同时就起诉要求法院撤销临时股东大会决议，并采取了关键性的措施，申请法院采取行为保全，要求公司不得执行股东大会决议，使得单川、吴琼夫妇无法使用其取得的“战果”，也给了自己反击的机会

续表

上市公司/股票代码	案例背景	所涉诉讼	行为保全过程	在控制权争夺中的作用及影响
世龙实业/002748. SZ	2020年5月11日董事会、监事会任期届满，但公司的控股股东电化高科、大龙实业对推荐公司新一届董事会董事候选人、监事会监事候选人人选持不同意见，双方矛盾不断加深，引发控制权争夺	2020年年底，大龙实业和电化高科以公司证照返还纠纷为由起诉刘宜云及张海清等人	在提起诉讼的同时，向法院申请行为保全。 2020年11月27日，乐平市人民法院作出裁定，禁止刘宜云、张海清在违反《公司法》及相关司法解释、《公司章程》以及有损大龙实业和电化高科利益的情况下使用公章、财务章等公司证照的行为；并于2021年1月7日向公司出具《乐平市人民法院通知书》，要求公司“不能接受任何人，任何单位出具的盖有电化高科和大龙实业公章的文件（特别是对你公司高管之间的人事变动的文件），如文件有违规定，该文件不产生法律效力”。 2021年10月11日，乐平市人民法院作出裁定，对刘宜云、张海清的行为保全予以解除，大龙实业、电化高科的公章后已恢复使用	公章、证照、信息披露密钥以及财务文件等关键资料的实际控制与占有是控制权争夺是否成功完成的重要标志和对外表象，即使从股东大会、董事会表决层面一方已取得董事会、监事会、经营管理层的多数席位，但在实际接管时，失败一方往往不愿配合移交甚至会铤而走险销毁该等重要资料。因此，获胜方需要结合具体情况采取包括但不限于向公安机关报案、提起诉讼同步行为保全、挂失、完成工商变更登

续表

上市公司/股票代码	案例背景	所涉诉讼	行为保全过程	在控制权争夺中的作用及影响
				记备案等多元手段实际控制该等文件，以免对后续的经营管理造成不利影响
		龙强投资（系上市公司管理层共同出资设立的投资平台）的合伙人包括攻守两方人员。龙强投资于 2021 年 6 月召开合伙人临时会议，将执行事务合伙人由攻方代表李宗标变更为守方代表李角龙。但合伙人会议决议作出后，李宗标并未配合办理工商变更程序。龙强投资以返还原物纠纷为由起诉李宗标，后攻方撤诉	在起诉李宗标时向法院同时申请采取行为保全，要求在除龙强投资会议表决通过的情形外，禁止李宗标使用龙强投资公章或者以龙强投资执行事务合伙人名义实施书面或网上代表龙强投资行使权利或履行义务的行为。法院支持了龙强投资的行为保全请求，要求上市公司协助前述事宜的执行	守方通过上述诉讼和行为保全手段，限制了龙强投资在上市公司股东大会层面的表决权

（三）行为保全案例汇总及分析

为充分了解法院在民商事案件（知识产权案件除外）中已明确裁定支持或驳回了哪些具体的行为保全措施，笔者对近年来的相关案例进行了分类梳理。由于针对上市公司的行为保全与针对其他民事主体的行为保全在法律规定和实操层面并无太大差异，因此笔者将截至目前从中国裁判文书网、上市公司公告等公开渠道能够查询到的案例均列示如下。若同一保全裁定中包含两种或以上类型的行为保全措施，笔者会将该案例在不同类型项下均予以列示（见表5-39）：

表5-39　法院支持行为保全申请的案例

序号	文书号及法院	案由	出文时间	案件背景	行为保全裁定内容	备注
行为保全类型一：禁止行使股东权利						
1	（2018）苏0282行保1号；江苏省宜兴市人民法院	股权转让纠纷（仲裁）	2018年10月	中超控股公告显示： 申请人与被申请人系上市公司股东，双方因上市公司股份转让争议诉至仲裁委，申请人在仲裁过程中提出保全申请。 未查到相关仲裁裁决	禁止被申请人深圳市鑫腾华资产管理有限公司在上海仲裁委员会对（2018）沪仲案字第2336号案件作出仲裁裁决前，就其所持有的江苏中超控股股份有限公司25 360万股股份行使股东权利（包括但不限于提案权、表决权、盈余分配权、股东知情权等股东权利）	—
2	（2020）豫05民初32号之四；河南省安阳市中级人民法院	股东资格确认纠纷	2020年12月7日	保全裁定显示： 保全申请内容为，禁止被申请人赵某娜于本判决生效前以安阳华诚博盛钢铁有限公司股东身份行使股东权利（包括但不限于以法定代表人身份处置安阳华诚博盛钢铁有限公司名下55万吨/年炼铁产能指标）。 未查到相关判决	禁止被申请人赵某娜于本判决生效前以安阳华诚博盛钢铁有限公司股东身份行使股东权利（包括但不限于以法定代表人身份处置安阳华诚博盛钢铁有限公司名下55万吨/年炼铁产能指标）	—

续表

序号	文书号及法院	案由	出文时间	案件背景	行为保全裁定内容	备注
3	（2015）拉民二初字第36－2号；西藏自治区拉萨市中级人民法院	—	2015年	西藏旅游公告显示：原被告双方均为上市公司股东，因被告收购上市公司股份时未及时履行信息披露义务，原告诉至法院，后双方达成调解。 原告诉求：（1）胡某1、胡某2自2015年7月15日所持股份达到5%之后购买在上交所上市的西藏旅游公司股票（600749.SH）的行为属无效民事行为；（2）胡某1、胡某2改正上述购买行为，在二级市场抛售2015年7月15日购买并持有西藏旅游公司股票超出发行股票5%的部分，所得收益予以赔偿西藏旅游公司的损失，并以500万元为赔偿底线；（3）胡某1、胡某2在改正上述持股行为之前，不得对其持有的股份行使表决权、提案权等其他股东权利，不得自行或联合西藏旅游公司其他股东召集股东大	1. 禁止被告胡某1、胡某2（公司股东）于本案判决生效前行使：自行或通过第三方行使其持有西藏旅游股份有限公司公开发行股份的投票权、提案权、参加股东大会的权利、召集和主持股东大会的权利。故不接受胡某1、胡某2参加西藏旅游股份有限公司2015年度股东大会及行使相关股东权利。 2. 禁止被告西藏旅游股份有限公司于本案判决生效前配合被告胡某1、胡某2行使投票权、提案权、参加股东大会的权利、召集和主持股东大会的权利等相关股东权利，并不得接受申请、不得向有关单位提交申请等	—

续表

序号	文书号及法院	案由	出文时间	案件背景	行为保全裁定内容	备注
				会，不得以任何形式进行转让、质押、托管、市值互换等处分行为。 未查到相关判决		
行为保全类型二：禁止执行某项决议						
4	（2018）粤1391民初3956号；广东省惠州市大亚湾经济技术开发区人民法院	公司决议撤销纠纷	2019年1月25日	（2019）粤13民终5808号判决显示：原告为公司股东，被告为惠州市汉富房地产开发有限公司及另一股东李某贤。原告诉请：撤销股东会决议、董事会决议。判决：驳回诉请。 保全裁定显示： 保全申请内容为，禁止被告李某贤、惠州市汉富房地产开发有限公司执行以下公司决议	禁止被告李某贤、惠州市汉富房地产开发有限公司执行以下公司决议	—
5	（2018）藏0103行保1号；西藏自治区拉萨市堆龙德庆区人民法院	请求公司收购股份纠纷	2018年12月29日	西藏银河公告显示：原告为公司股东，被告为西藏银河。原告诉请：判令撤销西藏银河2018年第三次临时股东大会所作出的决议。 《2018年第三次临时股东大会决议》内容： （1）否决《关于增补李某为公司第八	禁止被申请人西藏银河科技发展股份有限公司实施于2018年12月25日作出的《2018年第三次临时股东大会决议》	—

续表

序号	文书号及法院	案由	出文时间	案件背景	行为保全裁定内容	备注
				届董事会非独立董事候选人的议案》；（2）通过《关于增补徐某为公司第八届董事会非独立董事候选人的议案》；（3）否决《关于增补沈某明为公司第八届董事会独立董事候选人的议案》；（4）通过《关于增补范某亚为公司第八届董事会独立董事候选人的议案》。未查到相关判决		
6	（2021）苏0582民初14997号；江苏省张家港市人民法院	公司决议纠纷	2021年11月5日	（2021）苏0582民初14997号判决书显示：原告为公司股东，被告为张家港市协恒布料有限公司。原告诉请：（1）依法撤销被告股东会于2021年9月20日作出的叶某旺不再担任公司执行董事的决议；（2）依法撤销被告股东会于2021年9月20日作出的选举叶某鲍担任公司执行董事的决议。判决：驳回诉请。 保全裁定显示： 保全申请内容为，	中止实施张家港市协恒布料有限公司于2021年9月20日作出的股东会决议	—

续表

序号	文书号及法院	案由	出文时间	案件背景	行为保全裁定内容	备注
				中止实施张家港市协恒布料有限公司于2021年9月20日作出的股东会决议		
7	(2015)鄂洪山民商初字第00798号；湖北省武汉市洪山区人民法院	公司决议撤销纠纷	2015年8月10日	(2015)鄂洪山民商初字第00393号判决书显示： 原告为公司股东及董事长，被告为武汉紫菘房地产建筑集团股份。原告诉请：撤销被告武汉紫菘房地产建筑集团股份有限公司2015年4月17日专题会议作出的全部决议。判决：支持上述诉求。 保全裁定显示： 保全申请内容为，中止被告武汉紫菘房地产建筑集团股份有限公司2015年7月26日作出的董事会决议的执行	中止被告武汉紫菘房地产建筑集团股份有限公司2015年7月26日作出的董事会决议的执行	—

续表

序号	文书号及法院	案由	出文时间	案件背景	行为保全裁定内容	备注
8	（2021）苏0211执保110号；江苏省无锡市滨湖区人民法院	公司决议纠纷	2021年1月25日	保全裁定显示： 保全申请内容为，禁止被申请人江苏淮安漕运城文化旅游开发有限公司执行2021年1月25日形成的临时股东会全部决议内容。禁止被申请人江苏淮安漕运城文化旅游开发有限公司办理2021年1月25日临时股东会决议涉及的公司董事长、法定代表人、总经理、董事等所有工商变更登记及备案手续。 未查到相关判决	禁止被申请人江苏淮安漕运城文化旅游开发有限公司执行2021年1月25日形成的临时股东会全部决议内容	本案存在其他类型的保全措施，列示于第25号案例
9	未查到裁定文书号；辽宁省沈阳市浑南区法院	公司决议撤销纠纷	2019年8月30日	奥维通信公告显示： 原告为公司股东，被告为奥维通信。原告诉请：撤销被告于2019年8月5日作出的2019年第二次临时股东大会决议。判决：支持上述诉求。 未查到相关判决书	在本案判决生效前，公司不得执行2019年第二次临时股东大会决议，亦不得基于该次临时股东大会决议办理董事会成员的工商变更登记、备案	本案存在其他类型的保全措施，列示于第26号案例

续表

序号	文书号及法院	案由	出文时间	案件背景	行为保全裁定内容	备注
10	(2021) 苏0391民初3364号之一；江苏省徐州经济技术开发区人民法院	公司决议撤销纠纷	2021年9月15日	*ST海伦公告显示： 原告为公司股东，被告为*ST海伦。 原告诉请：确认被告于2021年5月21日作出的2020年度股东大会决议不成立。 保全申请内容为，禁止被告执行股东大会决议中关于选举金某玮等人员为被告公司董事、监事的事项，也即禁止金某玮等人履行董事、监事职责。 未查到相关判决	禁止被申请人*ST海伦对于其2021年5月21日作出的2020年度股东大会决议中的以下事项予以实施：选举金某玮、薄某明、董某、童某民为第五届董事会非独立董事；选举张某波、黄某敏为第五届董事会独立董事；选举李某华、陈某为第五届监事会非职工代表监事。 协助执行人：*ST海伦，要求公司协助执行前述裁定	本案存在其他类型的保全措施，列示于第35号案例；被申请人针对保全裁定提出的复议申请被驳回
11	未查到裁定文书号；青海省西宁市城西区人民法院	公司决议撤销纠纷	2020年6月10日	*ST顺利公告显示： 原告为公司股东，被告为*ST顺利。 原告诉请：撤销*ST顺利第八届董事会2020年第二次临时会议作出的全部决议。 未查到相关判决	禁止*ST顺利实施第八届董事会2020年第二次临时会议作出的全部决议	—

续表

序号	文书号及法院	案由	出文时间	案件背景	行为保全裁定内容	备注
12	(2020)渝0110执保436号;重庆市綦江区人民法院	公司决议撤销纠纷	2020年8月20日	(2020)渝05民终8382号判决书显示: 原告为公司股东,被告为重庆市渝黔兴隆投资开发有限公司。原告诉请:撤销兴隆公司五名股东杨某乾、戴某荣、王某、李某忠、梅某华于2020年5月22日以兴隆公司名义作出的股东会决议及决议内容。判决:驳回诉求。 保全裁定显示: 保全申请内容为,禁止被申请人重庆市渝黔兴隆投资开发有限公司实施2020年5月22日股东会的决议内容	禁止被申请人重庆市渝黔兴隆投资开发有限公司实施2020年5月22日股东会议决议的内容	本案存在其他类型的保全措施,列示于第14、16号案例
13	(2018)沪0113民初13040号之一;上海市宝山区人民法院	公司决议撤销纠纷	2018年7月12日	(2019)沪02民终4260号判决显示: 原告为公司股东,被告为上海添跃企业管理有限公司,原告诉请:撤销被告添跃公司于2018年7月1日形成的董事会决议。 判决:添跃公司于2018年7月1日通过的董事会决议中	被申请人上海添跃企业管理有限公司于2018年7月1日作出的董事会决议(具体详见裁定附件)暂缓施行	—

续表

序号	文书号及法院	案由	出文时间	案件背景	行为保全裁定内容	备注
				除"解聘汤某沁总经理职务"外的其余事项予以撤销。 保全裁定显示： 保全申请内容为，被申请人上海添跃企业管理有限公司于2018年7月1日作出的董事会决议暂缓施行		
行为保全类型三：禁止召开相关会议						
14	（2020）渝0110执保436号；重庆市綦江区人民法院	公司决议撤销纠纷	2020年8月20日	（2020）渝05民终8382号判决书显示： 原告为公司股东，被告为重庆市渝黔兴隆投资开发有限公司。原告诉请：撤销兴隆公司五名股东杨某乾、戴某荣、王某、李某忠、梅某华于2020年5月22日以兴隆公司名义作出的股东会决议及决议内容。判决：驳回诉求。 保全裁定显示： 禁止被申请人重庆市渝黔兴隆投资开发有限公司实施2020年5月22日股东会的决议内容	禁止以上述股东会议决议为基础召开股东会议，禁止期限2年	本案存在其他类型的保全措施，列示于第12、16号案例

续表

序号	文书号及法院	案由	出文时间	案件背景	行为保全裁定内容	备注
15	（2021）浙0282执异58号；浙江省慈溪市人民法院	股权转让纠纷	2021年7月28日	保全裁定显示： 保全申请内容为，禁止敏敏幼儿园变更投资人。 未查到相关判决	禁止敏敏幼儿园变更投资人	被申请人针对保全裁定提出的复议申请被驳回
16	（2020）渝0110执保436号；重庆市綦江区人民法院	公司决议撤销纠纷	2020年8月20日	（2020）渝05民终8382号判决书显示： 原告为公司股东，被告为重庆市渝黔兴隆投资开发有限公司。原告诉请：撤销兴隆公司五名股东杨某乾、戴某荣、王某、李某忠、梅某华于2020年5月22日以兴隆公司名义作出的股东会决议及决议内容。判决：驳回诉求。 保全裁定显示： 保全申请内容为，禁止被申请人重庆市渝黔兴隆投资开发有限公司实施2020年5月22日股东会的决议内容	禁止依据上述股东会议决议办理工商变更登记	本案存在其他类型的保全措施，列示于第12、14号案例

续表

序号	文书号及法院	案由	出文时间	案件背景	行为保全裁定内容	备注
17	（2019）渝0110执保529号；重庆市綦江区人民法院	公司决议纠纷	2019年8月9日	保全裁定显示： 保全申请内容为，被申请人重庆市渝黔兴隆投资开发有限公司停止公司工商变更登记。 未查到相关判决	禁止被申请人重庆市渝黔兴隆投资开发有限公司办理公司董事成员、执行董事、公司章程、公司法定代表人及经理等的所有工商变更登记，禁止时间为2年	—
18	（2018）苏0582民初1053号；江苏省张家港市人民法院	公司决议效力确认纠纷	2018年1月31日	保全裁定显示： 保全申请内容为，禁止被申请人江苏新美德投资有限公司办理法定代表人及总经理的工商变更、备案登记。 （2018）苏0582民初1053号之二裁定显示： 原告撤诉	禁止被申请人江苏新美德投资有限公司办理法定代表人及总经理的工商变更、备案登记	—
19	（2020）苏0205民初1904号；江苏省无锡市锡山区人民法院	公司决议撤销纠纷	2020年5月9日	（2020）苏0205民初1904号判决书显示：原告为公司股东，被告为无锡溥汇机械科技有限公司。原告诉请：判决撤销溥汇公司于2020年5月7日作出的股东会决议。判决：驳回诉求。 保全裁定显示： 保全申请内容为，暂停被申请人无锡溥汇机械科技有限公司法定代表人工商登记变更	暂停被申请人无锡溥汇机械科技有限公司法定代表人工商登记变更	—

续表

序号	文书号及法院	案由	出文时间	案件背景	行为保全裁定内容	备注
20	(2018)鲁1526行保1号;山东省高唐县人民法院	请求公司收购股份纠纷	2018年12月27日	保全裁定显示: 保全申请内容为,禁止被申请人高唐县金航金属焊接有限公司变更工商登记(包括但不限于股东变更、法定代表人变更、减少注册资本、注销企业、合并分立)。 未查到相关判决	禁止被申请人高唐县金航金属焊接有限公司变更工商登记(包括但不限于股东变更、法定代表人变更、减少注册资本、注销企业、合并分立)	—
21	(2021)苏0391民初4910号;江苏省徐州经开区法院	证照返还纠纷	2021年10月18日	*ST海伦公告显示: 原告为公司,被告为公司高管,原告诉请:将公章、法定代表人章、财务章、财务U盾、公司营业执照及其他证照等全部返还给公司。 未查到相关判决	禁止被申请人丁某平、张某伟、栗某思、尹某平、郭某峰、邓某杰、马某在本案作出生效判决前使用*ST海伦公章办理法定代表人、董事、监事、总经理以及公司章程、经营地址、经营范围的工商变更登记手续	—
22	(2019)川0121民初4421号;四川省金堂县人民法院	公司决议效力确认纠纷	2019年9月23日	(2019)川0121民初4421号判决书显示: 原告为公司股东,被告为四川久远成阿科技有限公司。原告诉请:判决确认2019年8月1日作出的《四川久远成阿科技有限公司股东会决议(一)》《四川久远成阿科	责令被申请人四川久远成阿科技有限公司停止办理公司法定代表人、董事的工商变更登记,期限为1年	—

续表

序号	文书号及法院	案由	出文时间	案件背景	行为保全裁定内容	备注
				技有限公司股东会决议（二）》不成立。判决：撤销2019年8月1日作出的《四川久远成阿科技有限公司股东会决议（一）》《四川久远成阿科技有限公司股东会决议（二）》。 保全裁定显示： 保全申请内容为，责令被申请人四川久远成阿科技有限公司停止办理公司法定代表人、董事的工商变更登记		
23	（2021）冀0291财保8号；河北省唐山高新技术产业开发区人民法院	—	2021年8月17日	保全裁定显示： 保全申请内容为，禁止被申请人盘富公司办理有限责任公司变更为股份有限公司的变更手续，禁止进行股东变更。 未查到相关判决	禁止被申请人盘富公司办理有限责任公司变更为股份有限公司的变更手续，禁止进行股东变更，禁止期限为1年	被申请人针对保全裁定提出的复议申请被驳回
24	（2021）苏0582民初3324号之一；江苏省张家港市人民法院	有限合伙纠纷	2021年4月28日	保全裁定显示： 保全申请内容为，限制被申请人张家港绿色三星净化科技有限公司办理工商变更登记。 未查到相关判决	限制被申请人张家港绿色三星净化科技有限公司办理工商变更登记	—

续表

序号	文书号及法院	案由	出文时间	案件背景	行为保全裁定内容	备注
25	(2021)苏0211执保110号;江苏省无锡市滨湖区人民法院	公司决议纠纷	2021年1月25日	保全裁定显示:保全申请内容为,禁止被申请人江苏淮安漕运城文化旅游开发有限公司执行2021年1月25日形成的临时股东会全部决议内容。禁止被申请人江苏淮安漕运城文化旅游开发有限公司办理2021年1月25日临时股东会决议涉及的公司董事长、法定代表人、总经理、董事等所有工商变更登记及备案手续。 未查到相关判决	禁止被申请人江苏淮安漕运城文化旅游开发有限公司办理2021年1月25日临时股东会决议涉及的公司董事长、法定代表人、总经理、董事等所有工商变更登记及备案手续	本案存在其他类型的保全措施,列示于第8号案例
26	未查到裁定文书号;辽宁省沈阳市浑南区法院	公司决议撤销纠纷	2019年8月30日	奥维通信公告显示:原告为公司股东,被告为奥维通信。原告诉请:撤销被告于2019年8月5日作出的2019年第二次临时股东大会决议。判决:支持上述诉求。 未查到相关判决书	在本案判决生效前,不得基于2019年第二次临时股东大会决议办理董事会成员的工商变更登记、备案	本案存在其他类型的保全措施,列示于第9号案例

续表

序号	文书号及法院	案由	出文时间	案件背景	行为保全裁定内容	备注
行为保全类型四：禁止重新刻制印章、变更网上银行U盾、银行预留印鉴						
27	（2021）鲁0391民初418号；山东省淄博高新技术产业开发区人民法院	股权转让纠纷	2021年1月29日	保全裁定显示： 保全申请内容为，被告恒大地产集团济南置业有限公司、淄博高新正承房地产开发有限公司、淄博承恒置业有限公司不得重新刻制淄博高新正承房地产开发有限公司、淄博承恒置业有限公司已经列入共管的公章、财务专用章、合同专用章，不得变更网上银行U盾、商品房网签U盾、银行的预留印鉴、U盾。 未查到相关判决	被告恒大地产集团济南置业有限公司、淄博高新正承房地产开发有限公司、淄博承恒置业有限公司不得重新刻制淄博高新正承房地产开发有限公司、淄博承恒置业有限公司已经列入共管的公章、财务专用章、合同专用章，不得变更网上银行U盾、商品房网签U盾、银行的预留印鉴、U盾	—
28	（2019）京0108民初35030号；北京市海淀区人民法院	与公司有关的纠纷	2019年7月3日	（2019）京0108民初35030号判决显示： 原告为公司董事长、法定代表人，被告为公司。原告诉请：（1）判令将网秦无限公司的法定代表人注册登记为原告许某民；（2）判令将网秦无限公司的董事长和董事注册登记为原告许某民。判决：驳回诉求。	禁止变更法定代表人及公司预留印鉴	被申请人针对保全裁定提出的复议申请被驳回

续表

序号	文书号及法院	案由	出文时间	案件背景	行为保全裁定内容	备注
				保全裁定显示：保全申请内容为，禁止变更法定代表人及预留印鉴		
29	（2016）粤0304民初24460号；广东省深圳市福田区人民法院	公司决议效力确认纠纷	2017年2月17日	保全裁定显示：保全申请内容为，禁止公司重新刻制印章。 驳回复议的裁定显示：法院认为，原告系以股东会决议无效为由向本院提起诉讼，涉案的股东会决议涉及公司控制权的变更，本院采取禁止被告变更工商登记、重新刻制印章符合对公司控制权进行限制的目的，本院采取上述诉讼保全措施并无不当。并且，经查被告已经按照诉争的股东会决议实际办理了工商变更登记，被告公司的印章亦不存在丢失而需要重新刻制的情形。 未查到相关判决	禁止公司重新刻制印章	被申请人针对保全裁定提出的复议申请被驳回

续表

序号	文书号及法院	案由	出文时间	案件背景	行为保全裁定内容	备注
行为保全类型五：禁止隐匿、销毁印章证照、财务税务资料、档案文件等						
30	（2019）赣01民初640号；江西省南昌市中级人民法院	损害公司利益责任纠纷	2019年9月29日	保全裁定显示：申请人共提交了两份保全申请，第一份保全申请内容为，查封、扣押国旅联合印章证照、财务税务资料、档案文件等。第二份保全申请内容为：（1）被申请人不得转移、隐匿、销毁或利用国旅联合印章证据、财务税务资料、档案文件等经营所需资料；（2）被申请人不得指使或允许他人转移、隐匿、销毁或利用国旅联合印章证据、财务税务资料、档案文件等经营所需资料；（3）施某在国旅联合董事会就有关公司印章证照、财务税务资料、档案文件等公司经营所需资料移交问题的议案进行表决时，不得行使表决权；（4）杨某新在国旅联合董事	查封、扣押国旅联合印章证照、财务税务资料、档案文件等（附：查封、扣押物品清单）[1]；禁止被申请人或被申请人指使、允许他人擅自转移、隐匿、销毁、使用上述物品；如公司正常经营确需使用上述物品，国旅联合股东大会授权人员可持股东大会决议（决定内容含授权人员的确认和具体使用事项的确认，表决比例符合法律规定）向本院申请使用	本案行为保全申请第三、四项被法院驳回，列示于驳回行为保全裁定案例的第5号案例

续表

序号	文书号及法院	案由	出文时间	案件背景	行为保全裁定内容	备注
				会就有关公司印章证照、财务税务资料、档案文件等公司经营所需资料移交问题的议案进行表决时，不得行使表决权。 未查到相关判决		
行为保全类型六：禁止以法定代表人的身份对外代表公司，禁止使用公司公章、合同专用章、财务专用章、营业执照						
31	（2015）湖民初字第1832号；福建省厦门市湖里区人民法院	与公司有关的纠纷	2015年4月23日	保全裁定显示： 保全申请内容为，被告金某立即停止以福建省加勒王游艇销售有限公司法定代表人身份对外代表公司、对外使用福建省加勒王游艇销售有限公司公章、合同专用章、财务专用章、营业执照。 未查到相关判决	被告金某立即停止以福建省加勒王游艇销售有限公司法定代表人身份对外代表公司、对外使用福建省加勒王游艇销售有限公司公章、合同专用章、财务专用章、营业执照	—
32	（2018）京0101民初9627号；北京市东城区人民法院	公司证照返还纠纷	2018年6月14日	（2018）京0101民初9627号判决显示： 原告为公司，被告为公司股东。原告诉请：判令被告返还原告公司公章。 判决：被告王某玉于本判决生效之日起7日内将原告北	禁止被申请人王某玉在本案诉讼期间使用北京外贸新创经贸发展有限公司公章	—

续表

序号	文书号及法院	案由	出文时间	案件背景	行为保全裁定内容	备注
				京外贸新创经贸发展有限公司的公章返还原告北京外贸新创经贸发展有限公司。 保全裁定显示： 保全申请内容为，禁止被申请人王某玉在本案诉讼期间使用北京外贸新创经贸发展有限公司公章		
33	（2020）赣0281民初3176号、（2020）赣0281民初2900号；江西省乐平市人民法院	公司证照返还纠纷	2020年11月27日	世龙实业公告显示：原告为世龙实业股东大龙实业和电化高科，被告为世龙实业股东刘某云、张某清，原告诉求为返还大龙实业、电化高科公章、财务章等公司证照。 未查到相关判决	禁止刘某云、张某清在违反《公司法》及相关司法解释、《公司章程》以及有损大龙实业和电化高科利益的情况下使用公章、财务章等公司证照的行为；并于2021年1月7日向公司出具《乐平市人民法院通知书》，要求公司“不能接受任何人，任何单位出具的盖有电化高科和大龙实业公章的文件（特别是对你公司高管之间的人事变动的文件），如文件有违规定，该文件不产生法律效力”。	—

续表

序号	文书号及法院	案由	出文时间	案件背景	行为保全裁定内容	备注
					协助执行人：世龙实业，要求上市公司不能接受任何人，任何单位（出具的）盖有大龙实业和电化高科公章的文件（特别是对公司高管之间的人事变动的文件），如文件有违规定，该文件不产生法律效力	
34	（2021）赣0281民初2307号；江西省乐平市人民法院	返还原物纠纷	2021年6月30日	世龙实业公告显示：原告为世龙实业股东龙强投资中心，被告为世龙实业股东李某标，原告要求被告返还龙强投资中心公章。 未查到相关判决	除申请人龙强投资合伙人会议表决通过的情形外，禁止被申请人李某标使用申请人龙强投资公章或者以申请人龙强投资执行事务合伙人名义进行书面或网上代表申请人行使权利或履行义务的行为。 协助执行人：世龙实业，送达（2021）赣0281民初2307号《协助执行通知书》，依法协助执行（2021）赣0281民初2307号民事裁定书中裁定的事项	—

续表

序号	文书号及法院	案由	出文时间	案件背景	行为保全裁定内容	备注
行为保全类型七：新任董事、监事、高级管理人员禁止履行职务职责						
35	（2021）苏0391民初3364号之一；江苏省徐州经济技术开发区人民法院	公司决议撤销纠纷	2021年9月15日	*ST海伦公告显示：原告为公司股东，被告为*ST海伦。 原告诉请：确认被告于2021年5月21日作出的2020年度股东大会决议不成立。 保全申请内容为，禁止被告执行股东大会决议中关于选举金某玮等人员为被告公司董事、监事的事项，也即禁止金某玮等人履行董事、监事职责。 未查到相关判决	禁止金某玮等人履行董事、监事职责。 协助执行人：海伦哲，要求公司协助执行前述裁定	本案存在其他类型的保全措施，列示于第10号案例；被申请人针对保全裁定提出的复议申请被驳回
行为保全类型八：禁止被申请人对申请人公司作出阻挡、侵害正常生产经营的行为						
36	（2020）辽1011民初396号；辽宁省辽阳市太子河区人民法院	与公司有关的纠纷	2020年5月15日	保全裁定显示： 保全申请内容为，被申请人刘某是申请人的股东，被申请人刘某存在阻挡企业生产的行为，因此禁止被申请人刘某对申请人辽阳华联制药机械有限公司作出阻挡、侵害正常生产经营的行为。 （2020）辽1011民初396号之一裁定显示： 原告撤诉	禁止被申请人刘某对申请人辽阳华联制药机械有限公司作出阻挡、侵害正常生产经营的行为	—

续表

序号	文书号及法院	案由	出文时间	案件背景	行为保全裁定内容	备注
行为保全类型九：限制处分股权权益凭证原件						
37	（2019）豫04民初123－1号；河南省平顶山市中级人民法院	股权转让纠纷	2019年7月4日	保全裁定显示： 保全申请内容为，对被申请人曹某英、赵某越所继承的赵某魁名下的中国山水投资有限公司27 743股股份权益凭证原件限制处分权。 未查到相关判决	对被申请人曹某英、赵某越所继承的赵某魁名下的中国山水投资有限公司27 743股股份权益凭证原件限制处分权，限制期限为2年	—

[1] 本项保全措施属于财产保全措施，但由于其与裁定的其他行为保全措施具有关联性，因此也列示于此。

由上述法院已经裁定支持的行为保全措施的类型上看，保全措施的义务主体主要为公司的保全措施有：禁止执行某项决议，禁止召开相关会议，禁止办理工商变更登记，禁止重新刻制印章、变更网上银行U盾、银行预留印鉴；保全措施的义务主体主要为公司股东、高管等人员的保全措施有：禁止行使股东权利，禁止隐匿、销毁印章证照、财务税务资料、档案文件等，禁止以法定代表人的身份对外代表公司，禁止使用公司公章、合同专用章、财务专用章、营业执照，禁止履行职务职责，禁止对公司作出阻挡、侵害正常生产经营的行为，限制处分股权权益凭证原件等。

此外，也有部分未被法院支持的行为保全申请案例，笔者在此同样列示如表5－40所示：

表 5－40　法院驳回行为保全申请的案例

序号	裁定文书号及法院	案由	裁定出具时间	案件背景	法院驳回理由
1	(2021) 粤 0306 民初 26081 号之一；广东省深圳市宝安区人民法院	公司决议效力确认纠纷	2021 年 10 月 29 日	保全裁定显示： 原告为公司股东，被告为公司。原告诉请：(1) 确认形成日期为 2021 年 4 月 19 日的被申请人深圳市新业物业管理有限公司的股东会决议无效；(2) 确认形成日期为 2021 年 4 月 26 日的被申请人深圳市新业物业管理有限公司的章程修正案无效；(3) 确认被申请人深圳市新业物业管理有限公司依据形成日期为 2021 年 4 月 19 日的股东会决议，形成日期为 2021 年 4 月 26 日的章程修正案换领公司营业执照（正副本），重新刻制公司公章、财务专用章、发票专用章、合同专用章、法定代表人汤某静私章以及变更公司银行账记预留印鉴的行为无效；(4) 判令被申请人深圳市新业物业管理有限公司、汤某静向公司登记机关办理根据形成日期为 2021 年 4 月 26 日的章程修正案所做的变更登记的撤销申请手续；(5) 判令被申请人汤某静、深圳市三阳开泰商贸有限公司向申请人深圳市中能阳子能源股份有限公司赔偿经济损失 65 万元。 保全申请内容为，人民法	本案为公司决议效力确认纠纷，涉案诉争的决议是否无效还需进一步实体审查。暂时扣押被申请人深圳市新业物业管理有限公司营业执照、公章、财务专用章、发票专用章、合同专用章、法定代表人（汤某静）私章、冻结公司银行账户的保全措施，将会直接影响被申请人深圳市新业物业管理有限公司正常经营，影响被申请人深圳市新业物业管理有限公司对外负债能力。此外，依据现有证据，尚不能证明被申请人深圳市新业物业管理有限公司的涉案行为如不及时制止，将会使申请人深圳市中能阳子能源股份有限公司的合法权益受到难以弥补的损害。故申请人深圳市中能阳子能源股份有限公司的申请不符合采取保全措施的条件

续表

序号	裁定文书号及法院	案由	裁定出具时间	案件背景	法院驳回理由
				院暂时扣押被申请人深圳市新业物业管理有限公司新换领的公司营业执照(正副本)、重新刻制的公司公章、财务专用章、发票专用章、合同专用章、法定代表人（汤某静）私章。 未查到相关判决	
2	（2020）沪0118 民初 4758 号；上海市青浦区人民法院	公司解散纠纷	2020 年 3 月 20 日	保全裁定显示： 保全申请内容为，责令被申请人的股东王某将被申请人的营业执照正副本、公章、法人章及财务专用章交付法院保管。 （2020）沪 0118 民初 4758 号之二裁定显示： 原告撤诉	根据《民事诉讼法》第 100 条第 1 款的规定，涉案行为保全应满足以下条件：（1）申请人具有胜诉可能性；（2）不采取行为保全措施，或使判决难以执行、或造成申请人其他损害。但鉴于本案尚未举行庭审，根据申请人目前提供的证据材料，本院尚不能对其胜诉可能性予以认定。同时，申请人确认目前被申请人尚在正常经营过程中，有十余名在职员工，故被申请人的营业执照及相关印章系被申请人日常经营所需。综上，申请人的申请不符合行为保全的法律规定

续表

序号	裁定文书号及法院	案由	裁定出具时间	案件背景	法院驳回理由
3	（2020）津0112民初6399号之一；天津市津南区人民法院	公司决议撤销纠纷	2020年8月18日	保全裁定显示： 保全申请内容为，（1）冻结被申请人工商登记，责令被申请人停止向津南区市场监督管理局申请变更工商登记；（2）法院向津南区市场监督管理局发出关于暂停受理被申请人变更工商登记申请的协助执行通知书。 未查到相关判决	首先，申请人钱某要求冻结天津融进置业有限公司的工商登记，并无法律依据。其次，2020年7月29日，天津融进置业有限公司召开临时股东会并形成股东会决议，通过形式审查，该股东会决议并无明显违法之处。钱某作为天津融进置业有限公司的工商登记中记载的股东，对公司提起诉讼，要求撤销前述决议，说明其认可该决议已经成立，公司另一股东胡某松亦未对该决议提出异议。因此，在本院对该决议作出实质审查之前，该决议已经生效。钱某要求天津融进置业有限公司停止申请变更登记，并无依据。最后，在无生效的法律文书之前，本院并无作出协助执行通知书的权利，钱某的该项申请，并无依据

续表

序号	裁定文书号及法院	案由	裁定出具时间	案件背景	法院驳回理由
4	(2020)京04民初139号;北京市第四中级人民法院	股东资格确认纠纷	2020年11月30日	保全裁定显示: 保全申请内容为,在本案终结之前,北京比特大陆科技有限公司不得再行向北京市海淀区市场监督管理局提交对法定代表人的变更登记申请。 未查到相关判决	行为保全的事项需与诉讼请求的事项具有关联性。本案中,詹某团的诉讼请求为确认其系北京比特大陆科技有限公司股东,其保全申请的事项为禁止北京比特大陆科技有限公司法定代表人的变更登记,与本案的诉讼请求或裁判的执行无必然关联
5	(2019)赣01民初640号;江西省南昌市中级人民法院	损害公司利益责任纠纷	2019年9月29日	保全裁定显示: 申请人共提交了两份保全申请,第一份保全申请内容为,查封、扣押国旅联合印章证照、财务税务资料、档案文件等;第二份保全申请内容为,(1)被申请人不得转移、隐匿、销毁或利用国旅联合印章证据、财务税务资料、档案文件等经营所需资料;(2)被申请人不得指使或允许他人转移、隐匿、销毁或利用国旅联合印章证据、财务税务资料、档案文件等经营所需资料;(3)施某在国旅联合董事会就有关公司印章证照、财务税务资料、档案文件等公司经营所需资料移交问题的议案进行表决时,不得行使表决权;(4)杨某新在国旅联合董事会就	本案纠纷并不涉及关联交易,申请人国旅联合的行为保全申请第(3)、(4)项,于法无据,本院不予准许

续表

序号	裁定文书号及法院	案由	裁定出具时间	案件背景	法院驳回理由
				有关公司印章证照、财务税务资料、档案文件等公司经营所需资料移交问题的议案进行表决时，不得行使表决权。 未查到相关判决	

由上述可以通过公开渠道查询到的案例，及结合目前司法实践中笔者的经验和观察得知，目前国内的行为保全呈现如下特点：

其一，数量相对较少且支持率很可能偏低。与每年不计其数的财产保全相比，涉及行为保全的案件数量总体仍较少。由上述表格汇总的信息可见，似乎在提出行为保全申请的案件中，大部分情况下法院均作出了支持行为保全的裁定，仅对部分案件裁定驳回了保全申请，且在涉及行为保全申请的案件中，与上市公司控制权争夺相关的案件占比较大。

但司法实践中是否确实如此？根据笔者的经验和观察，在很多案件中原告虽提出了行为保全的申请，但法院未通过裁定驳回，而是劝原告撤回申请，导致这部分申请无法查到与之对应的驳回裁定，因此，仅通过支持和驳回行为保全的裁定数量来确定法院对行为保全申请的支持率可能会造成一定的偏差。

知识产权类案件的行为保全情况也可一定程度印证上述观点，最高人民法院知识产权庭庭长宋晓明曾介绍过一组数据："据不完全统计，过去五年间，全国法院分别受理知识产权诉前停止侵权和诉中停止侵权案件 157 件和 75 件，裁定支持率分别为 98.5% 和 64.8%。"[①] 对此，北京市高级人民法院法官蒋强在做"行为保全申请错误认定的司法救济"主题发言时提到："从自身的办案经历来看，行为保全案件的申请量上并非如媒体报道的五年只有一百多件，这个数据很可能是仅仅统计了出具书面裁定的案件，而法官劝撤

① 参见《最高法：明确知识产权纠纷行为保全六种"紧急情况"》，载《城市金融报》2018 年 12 月 14 日，第 1 版。

或者口头驳回的案件不在少数。”①

其二，案由相对集中。除知识产权诉讼领域的行为保全外，其他民商事诉讼的行为保全多发于与公司治理相关的纠纷中，其案由多为与公司决议效力相关的纠纷，亦有一定数量的证照返还纠纷、股权转让纠纷等。

其三，裁定支持的行为保全措施多为禁止性的。虽然法律规定行为保全措施既可包含责令当事人作出一定行为，也可包含禁止当事人作出一定行为，但实践中，行为保全的申请及裁定内容以禁止当事人作出一定行为为主。

其四，具有先发性。保全的特点之一即在于可在案件尚未判决的情况下，先对被告的财产或行为采取一定限制措施。就上市公司控制权争夺而言，当一方股东不希望公司执行由另一方股东主导而形成的股东大会决议或董事会决议时，其可在针对决议效力提起诉讼的同时提出行为保全申请，请求公司不执行某项决议，甚至禁止由该等决议确定的新董事、高管履行职务。而这样的措施一旦实施，将立即给对方在公司的实际控制和治理上带来极大的障碍和压力。

通过上述案例、司法实践的相关情况，及参考国内唯一对行为保全作出相对详尽规定的最高人民法院《关于审查知识产权纠纷行为保全案件适用法律若干问题的规定》（以下简称《知产纠纷行为保全规定》），笔者认为，法院在对待行为保全申请时，基本秉承着如下原则：

其一，相当一部分法院倾向于对商事案件行为保全采取较财产保全更为严格的保全前的审查标准。参考《知产纠纷行为保全规定》第 7 条的规定：“人民法院审查行为保全申请，应当综合考量下列因素：（一）申请人的请求是否具有事实基础和法律依据，包括请求保护的知识产权效力是否稳定；（二）不采取行为保全措施是否会使申请人的合法权益受到难以弥补的损害或者造成案件裁决难以执行等损害；（三）不采取行为保全措施对申请人造成的损害是否超过采取行为保全措施对被申请人造成的损害；（四）采取行为保全措施是否损害社会公共利益；（五）其他应当考量的因素。”在知识产

① 蒋强：《行为保全错误的认定标准》，载微信公众号“北京知识产权司法保护研究会”2019年9月5日，https：//mp. weixin. qq. com/s/C_z5bm4o6kyK3n0zPRw5tw。

权类案件中，以专利无效相关纠纷为例，若完全不经审查即对被申请人作出禁止使用专利的行为禁令，那么被申请人将在诉讼一审、二审过程中的几年间均无法再继续生产，而一旦判决申请人败诉，则该行为禁令已经给被申请人造成了巨大损失。

因此，笔者认为，无论是商事纠纷还是知产纠纷的行为保全，对申请人的请求是否具有事实基础和法律依据均应予以一定程度的审查。但就不同纠纷类型、不同的行为保全内容具体应采取何种程度的审查，应当予以区分。

从上述列表案例可见，在商事纠纷的行为保全案件中，多数支持行为保全申请的法院均本着保全不须对案件实体有预先判断的原则，对行为保全申请予以了支持。如江苏省徐州经济技术开发区人民法院在驳回被告针对保全裁定的复议申请的裁定中所述，“行为保全是民事诉讼法设立的一项保全制度，该制度具有独特的价值，可及时制止不法行为、有利于权利的恢复、避免合法权利被不当延迟等。因此，根据具体案情合理合法地执行保全制度，是人民法院应有的司法职责”；“关于股东大会决议不成立的主张是否缺乏事实和法律依据，需在审理后对双方当事人之间的实体法律关系予以处理，不属于对行为保全是否适当的审查范围”。

但通过表 5 – 40 也可以看出，有部分法院对此原则持相反观点，以“涉案诉争的决议是否无效还需进一步进行实体审查”“本院尚不能对其胜诉可能性予以认定”等为理由驳回了当事人的行为保全申请。

笔者认为，上列法院的观点均有偏颇之处：若仅因需要经实体审查、不能确定申请人能否胜诉而驳回行为保全申请，则有悖于保全制度建立的初衷；但若完全不予以审查，尤其是当某些保全措施将给被申请人带来无法挽回的损失时，则又会对被申请人造成严重不公。

此处需要指出的是，对各类保全的预先审查的严格程度应考虑到，若申请人败诉，那么针对被申请人已经做出的保全措施将会给被申请人带来多大的损失这一因素。以财产保全中的银行账户现金保全为例，若最终申请人败诉，则被申请人可以拿回本金，其损失的仅为保全期间不能使用该笔资金的相应间接损失，即针对财产所做出的保全措施均可恢复原状，因而，目前针对财产保全，法院仅就法律关系基础是否存在、诉讼请求与所诉法律关系是否具有关联性、保全申请与诉讼请求是否具有关联性等进行初步审查，不需审查“胜诉可能性是否较大”，只需审查“是否具有胜诉可能性”。但是，行为保全与财产保全的重大区别之一，即在于行为保全措施一旦采取则具有不可逆的特点，还可能造成被申请人的巨大损失。因而，对行为保全采取相对于财产保全更为严格的审查标准具有合理性。只是亦应按照上述标准进一步甄别不同的行为保全类型所对应的具体审查标准。

其二，行为保全申请内容应与诉讼请求具有关联性。如北京市第四中级人民法院在（2020）京04民初139号裁定书中所述：“行为保全的事项需与诉讼请求的事项具关联性。本案中，詹某团的诉讼请求为确认其系北京比特大陆科技有限公司股东，其保全申请的事项为禁止北京比特大陆科技有限公司法定代表人的变更登记，与本案的诉讼请求或裁判的执行无必然关联。”可见，为防止当事人滥用诉权，行为保全的请求事项必须与诉讼请求具有关联性。

同时，在上述案例中，由于缺乏针对行为保全的更为具体、系统的法律规定，因此不同法院在实际操作时也会在如下方面存在差异或不合理之处：

其一，在裁定支持行为保全的案例中，仅有部分法院在裁定中指明了行为保全的期限，多数法院未明确保全期限。财产保全的法律规定已经非常细致地明确了不同财产类型对应的不同保全期限，行为保全也可进行参照，按照行为保全措施的不同而区别规定其保全期限。

其二，部分法院对于行为保全的直接义务主体和协助执行义务主体的把握存在不准确之处。例如，在保全裁定文书号为（2021）苏0391民初3364号之一的案件中，由*ST海伦的公告信息可知，原告为*ST海伦的股东，被告为*ST海伦，原告的保全申请内容为：（1）禁止被申请人*ST海伦对于其2021年5月21日作出的2020年度股东大会决议中的以下事项予以实施：选举金某玮、薄某明、董某、童某民为第五届董事会非独立董事；选举张某波、黄某敏为第五届董事会独立董事；选举李某华、陈某为第五届监事会非职工代表监事；（2）禁止金某玮等人履行董事、监事职责。

笔者认为，行为保全的直接义务主体只能是被告本身，而不能是在案件中不具诉讼主体地位的案外人。然而在本案中，原告的保全申请中包含了“禁止金某玮等人履行董事、监事职责”的请求，法院也支持了该项保全请求，这相当于通过保全裁定直接对案外人的权利义务进行了处分。但与此同时，亦应注意到，原告的第 1 项保全申请是禁止实施选举金某玮等人为董事、监事的决议，那么，在法院裁定支持该项行为保全申请后，该项行为保全措施的内容确实应包含禁止金某玮等人履行董事、监事职责的内涵，否则，第 1 项保全申请即便得到支持，也将流于形式。因此，似乎宜将金某玮等人列为协助执行人，这样既解决了裁定不应直接处置案外人权利义务的问题，又避免了使行为保全裁定内容流于形式的问题。

其三，部分法院的裁定内容超越了原告提出的行为保全申请的范围。例如，在保全裁定文书号为（2020）渝 0110 执保 436 号的案件中，原告提出的保全申请仅为“禁止被申请人重庆市渝黔兴隆投资开发有限公司实施 2020 年 5 月 22 日股东会决议内容”，但法院不仅对原告的申请进行了裁定，还另外裁定“禁止依据上述股东会决议办理工商变更登记”及“禁止以上述股东会决议为基础召开股东会议”。由于未查到该案判决书，笔者无法得知原告的具体诉讼请求及原告要求撤销的决议内容是否与法院径行裁定的两项内容具有关联，但即便具有关联性，在原告未明确就此提出请求的情况下，法院径行在文书中超越请求进行裁定亦为不妥。

综上，在目前行为保全相应法律规定仍不完善的情况下，实操中仍可能会遇到各种各样的实践问题。这有待于各个领域的法律从业者不断探讨和摸索，以期早日形成相对完善的行为保全法律体系。当然，笔者也在某些案件中看到了部分法院迈出了探索的步伐。例如，在保全裁定文书号为（2019）赣 01 民初 640 号的案件中，法院在裁定“查封、扣押国旅联合印章证照、财务税务资料、档案文件等”后，同时裁定“如确因公司正常经营需使用上述物品，国旅联合股东大会授权人员可持股东大会决议（决定内容含授权人员的确认和具体使用事项的确认，表决比例符合法律规定）向本院申请使用”，后一项裁定并非原告在保全申请中提出的内容，因此该裁定虽然有超裁的嫌疑，但也在一定程度上体现了法院在行为保全问题上的思考和实践探索。

（四）证券监管部门的态度

上述在控制权争夺中使用行为保全的案例中，监管部门对 * ST 顺利和奥维通信涉及行为保全的事宜没有进行问询，对 * ST 海伦和世龙实业中的个别行为保全进行了问询，具体如表 5 – 41 所示：

表 5 – 41 证券监管部门对上市公司控制权争夺中行为保全事宜的态度

上市公司/股票代码	监管关注问题
* ST 海伦/300201. SZ	根据你公司于 2021 年 10 月 13 日披露的《关于公司涉及诉讼的进展公告》，以及 10 月 18 日晚间披露的《关于对深圳证券交易所关注函回复的公告》，江苏省徐州经济技术开发区人民法院于 2021 年 9 月 16 日作出裁定，禁止公司执行 2020 年度股东大会决议中关于选举金诗玮等 6 名董事、2 名监事的决议，并要求公司协助执行。公司向该法院申请复议并于 2021 年 10 月 12 日收到《民事裁定书》，法院裁定驳回公司的复议请求。董事马超、邓浩杰回复称，根据《民事裁定书》，目前公司未被法院禁止履行董事职责的董事有马超、邓浩杰、杜民（独立董事）；金诗玮等 7 名董事回复称，董事会无法有序运作。我部对此表示关注，请你公司核实并说明以下问题： 请公司补充说明后续如何执行法院裁定，以及对董事履职和董事会运作的具体影响，并结合《公司法》第 111 条以及公司章程说明，公司董事会是否能够正常召开会议并形成有效决议。请律师核实并发表明确的法律意见
世龙实业/002748. SZ	请你公司认真核查并说明年度股东大会表决程序、表决结果是否合法有效。 公司回复： 公司于 2021 年 5 月 26 日 14：30 召开 2020 年度股东大会，按照此次股东大会的议程及审议事项，采取现场记名投票及网络投票相结合的方式。 因公司股东电化高科和大龙实业关于刘宜云、张海清公司证照返还纠纷一案，正处于诉讼审理阶段，根据 2020 年 11 月 27 日乐平市人民法院出具的（2020）赣 0281 民初 2900 号、3176 号民事裁定书，禁止被申请人刘宜云、张海清在违反《公司法》及相关司法解释、《公司章程》以及有损申请人公司（大龙实业及电化高科）利益的情况下使用公章、财务章等。2021 年 1 月 7 日，乐平市人民法院向公司出具《乐平市人民法院通知书》，要求公司“不能接受任何人，任何单位出具的盖有上述两公司公章的文件”。 上述案件争议焦点之一为刘宜云、张海清等人是否有权代表电化高科、大龙实业，是否有权保存及使用公章，因此上述法院文件对公司提出了不得接受带有电化高科和大龙实业公章的文件的要求，其本意是限制任

续表

上市公司/股票代码	监管关注问题
	何人利用掌握公章之便或利用其他方式代表电化高科、大龙实业作出不真实的意思表示。电化高科、大龙实业通过网络进行股东大会投票的行为，与使用公章投票的效果一致，属于代表公司作出意思表示的行为，该行为违反了上述法院的保全裁定；同时，根据电化高科多数股东的声明，他们作为电化高科的直接股东及大龙实业的间接股东，反对电化高科及大龙实业在未经股东会决议同意的情形下，擅自决定在 2020 年度股东大会上通过现场及网络投票的方式投票。 为保证公司正常经营、保障公司合法权益、维护中小股东合法利益，就电化高科、大龙实业诉讼争议的票数（共 108 515 000 票）均不列入本次股东大会有效票数。会议召集人在本次股东大会上对该事项进行了说明，《2020 年度股东大会决议公告》对该事项进行了特别提示。 公司 2020 年度股东大会普通决议通过的议案，均获得出席会议有表决权股份总数的 1/2 以上通过，特别决议通过的议案，均获得出席本次会议有表决权股份总数的 2/3 以上通过，会议表决程序符合《公司法》、《证券法》和公司现行章程的规定。会议所通过的决议均合法有效。同时，本次股东大会的见证律师对本次股东大会的召集、召开程序、出席本次股东大会并进行有效表决的人员资格及本次股东大会的表决程序均发表了意见，认为本次会议符合《公司法》、《证券法》和公司现行章程的规定

不同案例中监管部门是否问询，态度并不相同，同一案例中监管部门也不会就所有行为保全的行为均进行问询，*ST 顺利和奥维通信一方当事人申请撤销的都是罢免董事、高管的决议，罢免个别董事、高管并不会使公司管理层无法运行，对于此种情形，监管部门并不会重点关注。相反，如果是如*ST 海伦的情形，涉及整个董事会的选举，该等议案的撤销或者行为保全，将会使董事会无法履职，此时监管部门便会重点关注。同理，在*ST 海伦和世龙实业中都有证照、公章返还的诉讼，监管部门对世龙实业案例进行了问询，可能也是因为世龙实业案例中，是否使用公章决定了股东是否拥有投票权，进而影响公司的决议效力。因此，行为保全这一事项本身不会成为监管部门关注的重点，但如果因为行为保全可能造成对公司经营、管理、决策的不利影响，那么监管部门可能会重点关注。

（五）小结

商事纠纷的行为保全目前没有系统的法律规定，因此法院在审查行为保全申请时难免采取较为保守、谨慎的态度。但仍有部分公司，包括上市公司，在其控制权争夺的过程中采用了行为保全这一手段且达到了阶段性目的，而一旦行为保全得到法院支持则其先发优势会相当显著，因而，行为保全不失为上市公司控制权争夺过程中的利器之一。在实操时，应注意在保全阶段即应尽可能组织证据，提高法院认定申请人大概率会胜诉的可能性，并根据所要采取的具体保全措施的特点向法院申明该等措施不会给被申请人带来不可挽回的损失，以综合提高行为保全申请被支持的可能性。此外，一方申请保全的，需注意证券监管部门的态度，如行为保全可能造成对公司经营、管理、决策的不利影响，则存在被监管部门重点关注的风险。

九、他山之石——公开征集投票权在控制权争夺过程中的运用

公开征集投票权，一般是指上市公司召开股东大会时，对于需要在股东大会上审议的事项，享有征集投票权的主体可以公开方式向公司股东发出代为行使投票权的行为。实践中，控制权争夺多发生在股权较为分散的上市公司，在持股比例与对方差距不明显的情况下，争夺的一方采取公开征集投票权的方式可以为自己争取更大的投票优势。本部分内容就公开征集投票权在上市公司控制权争夺过程中的运用展开研究，主要介绍我国投票权公开征集制度的相关规定与程序，并结合控制权争夺实践案例提出相应建议。

（一）相关规定的历史脉络

上市公司股东投票权征集制度是公司治理的一部分，因此理论上也属于《公司法》的调整范围。1993 年《公司法》第 108 条就规定了股东在不能或不愿出席股东大会时，可委托代理人出席并在授权范围内行使表决权，该规定也被学术界认为是投票权征集在基本法律层面的依据或雏形。此后，投票权征集制度开始出现在我国法律、部门规章及规范性文件之中。

根据相关学者文章,[①] 2002 年，深圳证券管理办公室发布《上市公司征集投票权操作指引》（以下简称《投票指引》），围绕上市公司股东投票权的征集进行了比较详细的规定，但《投票指引》只是地方性指导文件，立法层级较低，适用地域范围也较为有限。通过检索上市公司公告，最近 10 年未有上市公司在公告中披露存在适用《投票指引》的情形。

2021 年 11 月，为贯彻落实修订后的《证券法》（以下简称新《证券法》），进一步规范公开征集上市公司股东权利活动，提升上市公司治理水平，保护投资者合法权益，根据新《证券法》、《公司法》等有关规定，中国证监会制定了《公开征集上市公司股东权利管理暂行规定》（以下简称《暂行规定》），自 2021 年 12 月 3 日开始实施，该规定是投票权征集制度的基础性规定。

除《投票指引》《暂行规定》，我国关于公开征集投票权的规定散见于《公司法》《证券法》等法律、行政法规、规章和交易所规则中，具体如表 5 –42所示：

表 5 –42　我国关于公开征集投票权的相关规定

法律规定	具体条款	说明
《公司法》	第 106 条　股东可以委托代理人出席股东大会会议，代理人应当向公司提交股东授权委托书，并在授权范围内行使表决权	此规定自 1993 年沿用至今，为上市公司股东委托他人行使投票权提供法律依据
《股票发行与交易管理暂行条例》	第 65 条　股票持有人可以授权他人代理行使其同意权或者投票权。但是，任何人在征集 25 人以上的同意权或者投票权时，应当遵守证监会有关信息披露和作出报告的规定	此规定是我国首次在法律条文中明确投票权征集制度，但关于其相应的信息披露义务只要求遵守证券市场一般的信息披露规则，并未针对性地构建专门的信息披露规则

① 参见龚乾厅：《上市公司代理权征集制度中信息披露规则的完善》，载《重庆文理学院学报（社会科学版）》2022 年第 3 期。

续表

法律规定	具体条款	说明
《上市公司治理准则》	第16条　上市公司董事会、独立董事和符合有关条件的股东可以向公司股东征集其在股东大会上的投票权。上市公司及股东大会召集人不得对股东征集投票权设定最低持股比例限制。 投票权征集应当采取无偿的方式进行，并向被征集人充分披露具体投票意向等信息。不得以有偿或者变相有偿的方式征集股东投票权	中国证监会2002年1月下发的《上市公司治理准则》第10条已首次明确提出公司董事会、独立董事和符合条件的股东可向上市公司股东征集其在股东大会上的投票权。 2018年，中国证监会对《上市公司治理准则》进行修订，就公开征集投票权制度在原第10条的基础上，进一步补充了“上市公司及股东大会召集人不得对股东征集投票权设定最低持股比例限制”“不得以有偿或者变相有偿的方式征集股东投票权”等要求
《上市公司章程指引》	第79条第4款　公司董事会、独立董事、持有1%以上有表决权股份的股东或者依照法律、行政法规或者中国证监会的规定设立的投资者保护机构可以公开征集股东投票权。征集股东投票权应当向被征集人充分披露具体投票意向等信息。禁止以有偿或者变相有偿的方式征集股东投票权。除法定条件外，公司不得对征集投票权提出最低持股比例限制	2006年，中国证监会第一次修订《上市公司章程指引》时，引用了2002年《上市公司治理准则》的规定，明确了董事会、独立董事和符合相关规定条件的股东可以成为股东投票权的征集主体。 2014年，中国证监会修订《上市公司股东大会规则》，在2006年《上市公司章程指引》上做了三点细化规定：（1）征集人应当向被征集人充分披露具体投票意向等信息；（2）禁止有偿或以变相有偿方式征集投票权；（3）公司不得限制征集投票权的最低持股比例。之后，《上市公司章程指引》也在2014年第一次修订中补充了相关规定。 2019年，新《证券法》将“符合相关规定条件的股东”进一步明确为“持有百分之一以上有表决权股份的股东”，并引入投资者保护机构成为代理权征集的资格主体。中国证监会修订《上市公司章程指引》及《上市公司股东大会规则》时，对相关规定同步进行了修订
《上市公司股东大会规则》	第31条第5款　公司董事会、独立董事、持有1%以上有表决权股份的股东或者依照法律、行政法规或者中国证监会的规定设立的投资者保护机构可以公开征集股东投票权。征集股东投票权应当向被征集人充分披露具体投票意向等信息。禁止以有偿或者变相有偿的方式征集股东投票权。除法定条件外，公司不得对征集投票权提出最低持股比例限制	

续表

法律规定	具体条款	说明
新《证券法》	第90条　上市公司董事会、独立董事、持有1%以上有表决权股份的股东或者依照法律、行政法规或者国务院证券监督管理机构的规定设立的投资者保护机构（以下简称投资者保护机构），可以作为征集人，自行或者委托证券公司、证券服务机构，公开请求上市公司股东委托其代为出席股东大会，并代为行使提案权、表决权等股东权利。 依照前款规定征集股东权利的，征集人应当披露征集文件，上市公司应当予以配合。 禁止以有偿或者变相有偿的方式公开征集股东权利。 公开征集股东权利违反法律、行政法规或者国务院证券监督管理机构有关规定，导致上市公司或者其股东遭受损失的，应当依法承担赔偿责任。 第199条　违反本法第90条的规定征集股东权利的，责令改正，给予警告，可以处50万元以下的罚款	—
《上市公司股权激励管理办法》	第40条　上市公司召开股东大会审议股权激励计划时，独立董事应当就股权激励计划向所有的股东征集委托投票权	这一规定系我国强制要求独立董事就股权激励计划征集投票权
《上市公司员工持股计划试点登记结算业务指引》	第21条　本公司可根据上市公司委托，代为征集参与员工持股计划的员工的投票意愿，并将征集投票结果提交至上市公司	中国结算公司可以作为征集人，根据上市公司委托，代为征集参与员工持股计划的员工的投票意愿

续表

法律规定	具体条款	说明
《上市公司股权分置改革管理办法》（证监发〔2005〕86号）	第13条　公司董事会在相关股东会议召开前，应当在指定报刊上刊载不少于两次召开相关股东会议的提示公告。 相关股东会议征集投票委托事宜，由公司董事会负责办理	审议股权分置改革事项时，由董事会负责征集投票委托事宜
《上市公司独立董事规则》	第22条　为了充分发挥独立董事的作用，独立董事除应当具有《公司法》和其他相关法律、法规赋予董事的职权外，上市公司还应当赋予独立董事以下特别职权：……（5）在股东大会召开前公开向股东征集投票权	这一规定与新《证券法》、《上市公司章程指引》等规定同步，明确了独立董事向股东征集投票权的职权
《深交所主板规范运作指引》	2.1.10　上市公司董事会、独立董事、持有1%以上有表决权股份的股东或者依照法律法规设立的投资者保护机构，可以作为征集人，自行或者委托证券公司、证券服务机构，公开请求上市公司股东委托其代为出席股东大会，并代为行使提案权、表决权等股东权利，但不得以有偿或者变相有偿方式公开征集股东权利。 征集人应当依规披露征集公告和相关征集文件，并按规定披露征集进展情况和结果，公司应当予以配合。征集人持有公司股票的，应当承诺在审议征集议案的股东大会决议公告前不转让所持股份。 征集人可以采用电子化方式公开征集股东权利，为股东进行委托提供便利，上市公司应当予以配合。 公司可以在公司章程中规定股东权利征集制度的实施细则，但不	深交所自律监管规则对公开征集事项进行了细化规定

续表

法律规定	具体条款	说明
	得对征集行为设置最低持股比例等不适当障碍而损害股东的合法权益。 征集人仅对股东大会部分提案提出投票意见的，应当同时征求股东对于其他提案的投票意见，并按其意见代为表决。 3.5.18　独立董事应当充分行使下列特别职权：……（6）在股东大会召开前公开向股东征集投票权	

（二）公开征集投票权涉及的主要程序

《暂行规定》对公开征集投票权制度进行了明确规定，根据《暂行规定》，公开征集投票权涉及的主要程序如表5-43所示：

表5-43　公开征集投票权涉及的主要程序

事项	具体要求	
征集主体	【积极条件】以下四类主体可以作为征集人，自行或委托证券公司、证券服务机构公开征集： （1）上市公司董事会； （2）上市公司独立董事； （3）持有1%以上有表决权股份的股东； （4）依法设立的投资者保护机构	【消极条件】上市公司独立董事、持有1%以上有表决权股份的股东有下列情形之一的，不得公开征集： （1）被中国证监会采取证券市场禁入措施尚在禁入期的； （2）最近36个月内受到中国证监会行政处罚，或者最近12个月内受到证券交易所公开谴责； （3）因涉嫌犯罪正在被司法机关立案侦查或者涉嫌违法违规正在被中国证监会立案调查，尚未有明确结论意见； （4）因贪污、贿赂、侵占财产、挪用财产或者破坏社会主义市场经济秩序，被判处刑罚，执行期满未逾5年，或者因犯罪被剥夺政治权利，执行期满未逾5年；

续表

事项	具体要求	
		(5) 法律、行政法规以及中国证监会规定的不得公开征集的其他情形。 征集人存在以下情形的，证券公司、证券服务机构不得为其提供服务： (1) 不符合《暂行规定》第3条规定； (2) 征集事项明显损害上市公司整体利益； (3) 拟采用有偿或者变相有偿的方式公开征集； (4) 中国证监会规定的其他情形。 证券公司、证券服务机构与征集人和征集事项存在利害关系的，不得接受委托。 征集公告披露后，征集人出现不符合征集人资格规定情形的，应当及时通知召集人披露并取消本次公开征集活动
相关程序与具体要求 (以年度股东大会为例，股东大会召开之日为T日)	T-20日：上市公司股东大会召集人(以下简称召集人)发出股东大会召开通知	【上市公司的信息披露义务】上市公司应当通过官方网站等渠道，公开其指定的邮箱、通信地址、联系电话或电子化系统等，接收公开征集的相关文件，并确保畅通有效
	T-19至T-3日：征集人启动公开征集活动，将拟披露的征集公告及相关备查文件提交召集人。 召集人收到上述文件后应核查征集人资格，核查无误后应当于2个交易日内披露征集公告，否则向征集人书面反馈证据及法律意见	【征集公告的必备内容】 (1) 征集人符合规定的条件及依法公开征集的声明、征集日至行权日期间持续符合条件的承诺； (2) 征集事由及拟征集的股东权利； (3) 征集人基本信息及持股情况； (4) 征集人与上市公司董事、监事、高级管理人员、持股5%以上股东、实际控制人及其关联人之间的关联关系； (5) 征集人与征集事项之间可能存在的利害关系； (6) 征集主张及详细理由，并说明征集事项可能对上市公司利益产生的影响； (7) 征集方案，包括拟征集股东权利的

续表

事项	具体要求	
		确权日、征集期限、征集方式、征集程序和步骤、股东需提交的材料及递交方式等； （8）股东授权委托书； （9）其他需要说明的事项。 【备查文件的必备内容】 （1）征集人身份证明文件； （2）征集人符合征集人资格规定条件的证明材料； （3）征集公告涉及其他事项的相关材料。 【委托证券公司、证券服务机构公开征集投票权的披露要求】 征集公告还应当包括授权委托情况、证券公司和证券服务机构基本情况、与征集人和征集事项不存在利害关系的声明。 【召集人的信息披露义务】召集人经核查认为征集人不符合规定条件而拒绝披露的，应当向征集人书面反馈不符合规定的证据和律师出具的法律意见。召集人配合征集人披露征集公告后方取得证据证明征集人不符合条件的，应当披露征集人不符合条件的公告和律师出具的法律意见
	T－3 日：征集人应当在股东大会召开 2 日前，将股东授权委托书、授权股东的身份证明等材料提交召集人	【股东授权委托书的必备内容】 （1）授权委托事项； （2）授权委托的权限； （3）授权委托的期限以最近一期股东大会为限； （4）股东的信息，包括姓名或名称、居民身份证号或统一社会信用代码、股东账户、持股数量、联系方式等； （5）股东实际持股份额应以确权日为准、股东将所拥有权益的全部股份对应的权利份额委托给征集人的说明； （6）其他需要说明的事项。 【股东与投资者保护机构的证明材料】 （1）征集人为上市公司股东的，符合条件的证明材料为证券登记结算机构出具的
	T 日：征集人应当凭身份证明文件、符合条件的证明材料、授权委托书出席股东大会，并严格按照股东授权委托书中的指示内容代为行使表决权	

续表

事项	具体要求	
		股东持股证明材料，该材料出具日与提交备查文件日，间隔不得超过 2 个交易日。 (2) 征集人为投资者保护机构的，身份证明和符合条件的证明材料为其营业执照。 【股东授权委托文件要求】 股东应当在授权委托书上签名或盖章，并向征集人提供身份证明和持股证明材料。境外股东的授权委托书及身份证明材料在境外形成的，应当依据中华人民共和国的法律规定办理证明手续
	T+1 日：征集人应配合上市公司提供相关信息及材料；上市公司在股东大会决议公告中进行相应披露	【征集人的信息披露义务】 征集人应当依法充分披露股东作出授权委托所必需的信息，披露的信息应当真实、准确、完整，简明清晰、通俗易懂，符合相关信息披露要求或格式指引，不得有虚假记载、误导性陈述或者重大遗漏。 征集人应当通过上市公司在证券交易所网站和符合中国证监会规定条件的媒体上披露征集文件，上市公司应当予以配合。 征集人在其他媒体上发布相关信息，其内容不得超出在前款规定媒体上披露的内容，发布时间不得早于前款规定媒体披露的时间。 征集人原则上不接受与其表决意见不一致的委托；应征集对全部提案的表决意见，并严格按照授权代为行权。 【股东大会决议公告必备内容】 (1) 征集获得授权的股东人数、合计持股数量及持股比例； (2) 征集人是否按照已披露的表决意见和股东授权委托书中的指示内容代为行使股东权利； (3) 征集事项相关提案的表决结果； (4) 其他应当说明的事项

续表

事项	具体要求	
其他要求	【征集人应当聘请律师出具法律意见】征集人应当聘请律师对下列问题出具法律意见并按规定披露： （1）征集人自征集日至行权日期间是否符合主体资格规定的条件； （2）征集程序及行权结果是否合法合规； （3）征集提案权时，征集结果是否满足临时提案的持股比例要求； （4）其他应征集人或根据中国证监会、证券交易所规定要求说明的事项	
关于撤销	【公开征集的撤销】 征集人撤销公开征集的，应当在股东权利的确权日前披露撤销征集公告并充分披露撤销的原因，在确权日后不得撤销。 前述“确权日”是指明确股东具有某项股东权利的日期，表决权确权日指对应股东大会的股权登记日	【股东授权委托的撤销】 征集人不得设置股东授权委托不可撤销的条款。股东撤销表决权授权委托的，应当于征集人代为行使表决权之前撤销，撤销后征集人不得代为行使表决权。股东未在征集人代为行使表决权之前撤销，但其出席股东大会并在征集人代为行使表决权之前自主行使表决权的，视为已撤销表决权授权委托，表决结果以该股东提交股东大会的表决意见为准
法律责任	征集人、上市公司、召集人未按照规定履行信息披露义务的，按照《证券法》第197条予以处理。征集人、证券公司、证券服务机构、上市公司、召集人违反《暂行规定》除信息披露义务外其他要求的，按照《证券法》第199条予以处理	【具体罚则】 《证券法》第197条　信息披露义务人未按照本法规定报送有关报告或者履行信息披露义务的，责令改正，给予警告，并处以50万元以上500万元以下的罚款；对直接负责的主管人员和其他直接责任人员给予警告，并处以20万元以上200万元以下的罚款。发行人的控股股东、实际控制人组织、指使从事上述违法行为，或者隐瞒相关事项导致发生上述情形的，处以50万元以上500万元以下的罚款；对直接负责的主管人员和其他直接责任人员，处以20万元以上200万元以下的罚款。 信息披露义务人报送的报告或者披露的信息有虚假记载、误导性陈述或者重大遗漏的，责令改正，给予警告，并处以100万元以上1000万元以下的罚款；对直

续表

事项	具体要求	
		接负责的主管人员和其他直接责任人员给予警告，并处以50万元以上500万元以下的罚款。发行人的控股股东、实际控制人组织、指使从事上述违法行为，或者隐瞒相关事项导致发生上述情形的，处以100万元以上1000万元以下的罚款；对直接负责的主管人员和其他直接责任人员，处以50万元以上500万元以下的罚款。 《证券法》第199条　违反本法第90条的规定征集股东权利的，责令改正，给予警告，可以处50万元以下的罚款

（三）市场案例

根据《暂行条例》及相关规定，上市公司董事会、独立董事、持有1%以上表决权的股东以及依法设立的投资者保护机构可以作为征集人，自行或委托证券公司、证券服务机构公开征集投票权。实践中，除依据《上市公司股权激励管理办法》的规定，独立董事就股权激励计划向所有股东征集委托投票权较为常见外，自发性征集的情况相对较少。经检索案例，公开征集投票权目前尚不是上市公司控制权争夺高频使用的手段。

下面介绍的3个控制权争夺案例，均发生在股权分散的上市公司，参与争夺的一方分别以投服中心、符合条件的股东自身以及独立董事作为征集人公开征集投票权，具体情况如下：

1. 投资者保护机构公开征集上市公司投票权第一案——中国宝安(000009. SZ)

2021年6月，中国宝安大股东韶关市高创企业管理有限公司（以下简称韶关高创）作为控制权争夺的进攻方向中国宝安提交了修改公司章程的议案，拟删除守方深圳市富安控股有限公司（以下简称富安控股）作为第一大股东时在《公司章程》中设置的“金色降落伞”条款①。

作为中国证监会设立的投资者保护机构以及中国宝安的小股东，投服中心对公司章程修改内容进行了详细研究，认为此议案删除了中国宝安公司章程中的相关反收购条款，有利于提高上市公司的治理水平和保护投资者合法权益。投服中心赞成本次修改公司章程的议案，并决定作为征集人就中国宝安拟于2020年度股东大会审议的《关于修改公司章程的议案》征集股东投票权。

2021年6月30日，中国宝安年度股东大会如期召开，投服中心出席会议并代委托股东进行投票。此次股东大会参与投票的股东及代表共3026人，代表股份约15.45亿股。其中中小投资者3019人，占出席会议股东人数的99%，所代表股份近8.47亿股，占出席会议股东所持有效表决权股份总数的54.82%，成为修改公司章程议案获得通过的决定性力量（最终修改《公司章程》的议案取得74.15%有效表决权股份的同意）。稍显遗憾的是，目前从公开渠道无法查询到投服中心最终征集到的表决权占出席会议股东所持有效表决权股份总数的具体比例。

本次年度股东大会召开前，韶关高创合计持有中国宝安的股份比例达到13.31%，富安控股持有中国宝安11.91%的股份。需要注意的是，根据控制权争夺前中国宝安《公司章程》的约定，修改章程须经特别决议程序通过。如果投服中心未公开征集全体股东表决权，则韶关高创仅靠自身持有的公司股份可能不足以推动通过股东大会特别决议程序。根据上市公司公告的内容，攻方与投服中心就本次控制权争夺未达成任何一致行动关系，并结合投服中心历史上多次对上市公司章程中反收购条款关注和质疑的情况判断，此次投服中心参与股东大会并公开征集股票权主要基于规范公司内部治理、保护中小股东利益的目的，这也是新《证券法》发布后投资者保护机构首次公开向

① “金色降落伞”条款一般是指董事、监事、高管与公司签订的一个协议条款，公司同意其在离职时拿到丰厚的离职补偿，且通常规定仅在公司被收购、兼并或者发生其他公司控制权变更事件时触发。实务中公司股东通过设置该等条款，将恶意并购一旦成功后需要支付超高额的高管离职补偿金作为阻碍恶意并购的手段之一。2016年6月，中国宝安修改《公司章程》，约定当公司被并购接管，在公司董事、监事、总裁和其他高级管理人员任期未届满前如确需终止或解除职务，必须得到本人的认可，且公司须一次性支付相当于其年薪及福利待遇总和10倍以上的经济补偿。

全体股东征集投票权，投服中心的此行动客观上对中国宝安控制权争夺产生了重要的影响，无形中成就了攻方的进攻。

2. 股东自行公开征集上市公司投票权——恒泰艾普（300157. SZ）

2020 年 7 月，硕晟科技及其一致行动人作为控制权争夺的攻方，通过二级市场增持恒泰艾普的股票，开始了对恒泰艾普控制权的争夺。在控制权争夺期间，硕晟科技作为持有 1% 以上有表决权股份的股东，曾两次向全体股东征集投票权。

2021 年 1 月，硕晟科技作为征集人，向全体股东征集投票权，就 2021 年第一次临时股东大会审议选举王莉斐为非独立董事及选举安江波、朱乾宇为独立董事议案征集同意票，最后朱乾宇成功当选，王莉斐和安江波落选（3 名候选人最终获得的支持率分别为 59. 1015%、35. 8136% 与 10. 7058%）。本次出席现场会议和参加网络投票的股东及授权代表共 415 人，其中，单独或者合计持有本公司 5% 以下股份的中小股东共 411 人，占出席会议股东所持有效表决权股份总数的 46. 60%；硕晟科技及其一致行动人所持有表决权股份，占出席会议股东所持有效表决权股份总数的 16. 31%。虽未成功使 3 名候选人均当选，但在硕晟科技因表决权被限制，仅对持有 5% 的股票具有表决权的情况下，公开征集投票权对朱乾宇的当选发挥了一定作用。

2021 年 5 月，硕晟科技作为征集人，向公司全体股东征集投票权，就 2020 年度股东大会审议议案中《关于拟修订公司章程的议案》征集反对票，最终该议案以 51. 93% 的同意及 47. 22% 的反对未获通过。出席本次股东大会的股东及股东委托代理人共 264 人，其中，出席本次股东大会的中小投资者股东及股东委托代理人共 261 人，占出席会议股东所持有效表决权股份总数的 25. 66%，硕晟科技及其一致行动人所持有的表决权股份，占出席会议股东所持有效表决权股份总数的 23. 72%。

两次股东大会中，公司均以违规增持为由，以 5% 作为硕晟科技及其一致行动人有表决权股份数，从而限制硕晟科技的投票权。为此，硕晟科技通过自行公开征集投票权的形式，征集中小股东委托其在股东大会上行使股东权利。根据两次股东大会表决情况，出席股东大会的股东中，存在多名与攻方投票保持一致的中小股东。特别是在攻守双方持股数差距较小，且攻方投票权受到限制的情况下，公开征集中小股东的投票权在一定程度上对股东大会结果产生了重要影响。

3. 通过独立董事公开征集上市公司投票权——世龙实业（002748. SZ）[①]

2021 年 8 月，独立董事陆豫作为控制权争夺攻方的代表，为了能在临时股东大会上增加己方的表决权，就临时股东大会中审议的议案向公司全体股东征集投票权，其明确投票意见为：反对罢免攻方董事曾道龙和刘林生；同意罢免守方董事刘宜云；同意选举舒云凡为董事；同意选举欧阳祖友为独立董事。陆豫主要针对罢免攻方代表曾道龙和刘林生的议案发表了反对意见：认为他们并未违反法律、行政法规、公司章程或者股东大会决议，不应被罢免。

2021 年 8 月 25 日，2021 年第一次临时股东大会召开，曾道龙和刘林生以 54. 5123% 及 54. 4754% 的反对，未被罢免；陆豫征集同意票的议案，也均以 54% 左右的同意率经股东大会审议通过。

根据世龙实业的公告，参加本次股东大会表决的股东、股东代表及委托代理人共计 322 人，代表公司股份 77 149 244 股，占公司股份总数的 32. 1455%。在征集时间内，委托陆豫投票的股东共 62 名，代表公司有效表决权的股份数为 15 664 683 股，占公司表决权股份总数的 6. 5270%，占出席会议股东所持有效表决权股份总数的 20. 30%，占比不低。

值得关注的是，本案例中独立董事在控制权争夺中的角色较为引人瞩目，其态度较为明显地支持攻方，但按照相关法律法规对独立董事职责的定位，其本应代表中小股东的利益，独立董事代表某一股东深度参与控制权争夺是否影响其独立性值得进一步思考。

（四）总结

股东大会无疑是上市公司控制权争夺的最主要战场之一，其决议结果通常代表着控制权争夺一方阶段性的胜利或失败，而投票权征集制度在控制权

① 在世龙实业的控制权争夺案例中，攻方代表主要为曾道龙、刘林生、陆豫、潘英曙、李宗标、章慧琳等自然人，守方代表主要为刘宜云、汪国清、蔡启孝、冯汉华、张海清、李角龙等自然人及致远投资。

争夺中的主要作用是可以帮助征集人劝导、说服潜在的被征集者委托其在股东大会上行使股东权利，以增加己方在股东大会中的“筹码”。虽然目前投票权征集制度的使用在实践中尚不普遍，且其产生的实际效果有待进一步观察，但上面提及的3个案例中，征集人均通过公开征集投票权取得了一定成效。因此若能有效使用投票权征集制度，将能使其在控制权争夺中发挥一定的助力作用。上面3个案例均发生在《暂行规定》出台之前，随着《暂行规定》的实施，投票权征集制度的相关程序、信息披露及罚则均进一步完善，笔者预计未来公开征集投票权在上市公司控制权争夺中会越来越普遍，但相关方在采用时应谨慎遵守《暂行规定》的相关规定，避免因违反相关规定而触犯相应的罚则。

十、兵临城下——违规增持表决权相关法律问题分析

上市公司控制权争夺较为重要且直接的途径之一即为通过在二级市场增持以获得更多享有表决权的股份。作为握有上市公司控制权的守方，必然希望降低攻方的表决权比例，甚至希望攻方所取得的股份均不具表决权；而作为攻方，其增持股份的目的即为提高其享有表决权的股份所占上市公司总股份的比例，面对守方对其表决权的限制自然不会坐以待毙。

那么，究竟何为违规增持，违规后是否会导致股份不享有表决权，攻方和守方是如何在控制权争夺中就此展开博弈的，以及随着《证券法》《收购办法》相继施行，证券监管层面及司法实践层面又是如何认定的，下面将就上述问题进行相应分析及展望。

（一）违规举牌/违规增持的定义及法律规定

违规增持，俗称“违规举牌”，是指任何在增持上市公司股份过程中违反法律关于信息披露等规定的行为，包含协议增持及在交易所集中竞价增持等场景和方式。但是，在控制权争夺的背景下，攻方可能会主要以在二级市场集中竞价的方式进行增持，因此在此语境下，违规增持主要指的是在二级市场以集中竞价方式购买上市公司股票的过程中，违反《证券法》等相关法律关于披露、停止购买等规定的增持行为。因而，我们在介绍相关法律规定

时亦以在证券交易所进行增持这一场景下的相关规定为主。

那么，“违规”究竟违的是何规？增持上市公司股份的行为主要受《证券法》《收购办法》的规范和调整。2020 年 3 月，现行《证券法》与《收购办法》相继施行（统称现行法律规定），而此前多年间，增持上市公司股份的行为主要受《证券法》（2014 年修正）、《收购办法》（2014 年修订）的调整（统称 2014 版法律规定）。我们首先对新老法律关于违规增持部分的规定进行梳理和对比，具体如表 5－44 所示：

表 5－44 对新老法律关于违规增持规定的梳理和对比

内容	2014 版法律规定	现行法律规定
主体及义务	《证券法》第 86 条　通过证券交易所的证券交易，投资者持有或者通过协议、其他安排与他人共同持有一个上市公司已发行的股份达到 5% 时，应当在该事实发生之日起 3 日内，向国务院证券监督管理机构、证券交易所作出书面报告，通知该上市公司，并予公告；在上述期限内，不得再行买卖该上市公司的股票。 投资者持有或者通过协议、其他安排与他人共同持有一个上市公司已发行的股份达到 5% 后，其所持该上市公司已发行的股份比例每增加或者减少 5%，应当依照前款规定进行报告和公告。在报告期限内和作出报告、公告后三日内，不得再行买卖该上市公司的股票	《证券法》第 63 条第 1 款至第 3 款　通过证券交易所的证券交易，投资者持有或者通过协议、其他安排与他人共同持有一个上市公司已发行的有表决权股份达到 5% 时，应当在该事实发生之日起 3 日内，向国务院证券监督管理机构、证券交易所作出书面报告，通知该上市公司，并予公告，在上述期限内不得再行买卖该上市公司的股票，但国务院证券监督管理机构规定的情形除外。 投资者持有或者通过协议、其他安排与他人共同持有一个上市公司已发行的有表决权股份达到 5% 后，其所持该上市公司已发行的有表决权股份比例每增加或者减少 5%，应当依照前款规定进行报告和公告，在该事实发生之日起至公告后 3 日内，不得再行买卖该上市公司的股票，但国务院证券监督管理机构规定的情形除外。 投资者持有或者通过协议、其他安排与他人共同持有一个上市公司已发行的有表决权股份达到 5% 后，其所持该上市公司已发行的有表决权股份比例每增加或者减少 1%，应当在该事实发生的次日通知该上市公司，并予公告

续表

内容	2014 版法律规定	现行法律规定
	《收购办法》第 13 条　通过证券交易所的证券交易，投资者及其一致行动人拥有权益的股份达到一个上市公司已发行股份的 5% 时，应当在该事实发生之日起 3 日内编制权益变动报告书，向中国证监会、证券交易所提交书面报告，通知该上市公司，并予公告；在上述期限内，不得再行买卖该上市公司的股票。 前述投资者及其一致行动人拥有权益的股份达到一个上市公司已发行股份的 5% 后，通过证券交易所的证券交易，其拥有权益的股份占该上市公司已发行股份的比例每增加或者减少 5%，应当依照前款规定进行报告和公告。在报告期限内和作出报告、公告后~~2 日~~内，不得再行买卖该上市公司的股票	《收购办法》第 13 条第 1 款至第 3 款　通过证券交易所的证券交易，投资者及其一致行动人拥有权益的股份达到一个上市公司已发行股份的 5% 时，应当在该事实发生之日起 3 日内编制权益变动报告书，向中国证监会、证券交易所提交书面报告，通知该上市公司，并予公告；在上述期限内，不得再行买卖该上市公司的股票，但中国证监会规定的情形除外。 前述投资者及其一致行动人拥有权益的股份达到一个上市公司已发行股份的 5% 后，通过证券交易所的证券交易，其拥有权益的股份占该上市公司已发行股份的比例每增加或者减少 5%，应当依照前款规定进行报告和公告。在该事实发生之日起至公告后 3 日内，不得再行买卖该上市公司的股票，但中国证监会规定的情形除外。 前述投资者及其一致行动人拥有权益的股份达到一个上市公司已发行股份的 5% 后，其拥有权益的股份占该上市公司已发行股份的比例每增加或者减少 1%，应当在该事实发生的次日通知该上市公司，并予公告
违规增持股份表决权相关规定	《证券法》第 213 条　收购人未按照本法规定履行上市公司收购的公告、发出收购要约等义务的，责令改正，给予警告，并处以 10 万元以上 30 万元以下的罚款；~~在改正前，收购人对其收购或者通过协议、其他安排与他人共同收购的股份不得行使表决权~~。对直接负责的主管人员和其他直接责任人员给予警告，并处以 3 万元以上 30 万元以下的罚款	《证券法》第 63 条第 4 款　违反第 1 款、第 2 款规定（前述“主体及义务”部分规定）买入上市公司有表决权的股份的，在买入后的 36 个月内，对该超过规定比例部分的股份不得行使表决权

续表

内容	2014 版法律规定	现行法律规定
	《收购办法》第 75 条　上市公司的收购及相关股份权益变动活动中的信息披露义务人，未按照本办法的规定履行报告、公告以及其他相关义务的，中国证监会责令改正，采取监管谈话、出具警示函、责令暂停或者停止收购等监管措施。在改正前，相关信息披露义务人不得对其持有或者实际支配的股份行使表决权。 第 76 条　上市公司的收购及相关股份权益变动活动中的信息披露义务人在报告、公告等文件中有虚假记载、误导性陈述或者重大遗漏的，中国证监会责令改正，采取监管谈话、出具警示函、责令暂停或者停止收购等监管措施。在改正前，收购人对其持有或者实际支配的股份不得行使表决权	《收购办法》第 13 条第 4 款　违反本条第 1 款、第 2 款的规定（前述“主体及义务”部分规定）买入在上市公司中拥有权益的股份的，在买入后的 36 个月内，对该超过规定比例部分的股份不得行使表决权。 第 75 条　上市公司的收购及相关股份权益变动活动中的信息披露义务人，未按照本办法的规定履行报告、公告以及其他相关义务的，中国证监会责令改正，采取监管谈话、出具警示函、责令暂停或者停止收购等监管措施。在改正前，相关信息披露义务人不得对其持有或者实际支配的股份行使表决权。 第 76 条　上市公司的收购及相关股份权益变动活动中的信息披露义务人在报告、公告等文件中有虚假记载、误导性陈述或者重大遗漏的，中国证监会责令改正，采取监管谈话、出具警示函、责令暂停或者停止收购等监管措施。在改正前，收购人对其持有或者实际支配的股份不得行使表决权

由上述新旧法律规定的对比可见，关于违规增持的相关规定，尤其是表决权受限的股份范围发生了较大变化，分析如下：

1. 现行法律关于违规增持主体的规定较 2014 版法律规定更为明确

2014 版法律规定中，负有信披及暂停购买义务的主体是“通过证券交易所的证券交易……持有或者通过协议、其他安排与他人共同持有一个上市公司已发行的股份达到百分之五”的“投资者”，但在相应法律后果及处罚一节，2014 版法律规定又将主体限定为“收购人”① 和“上市公司的收购及相

① 《证券法》及《收购办法》均未对何为“收购人”直接进行规定和定义。但通常理解为持有或通过协议、其他安排与他人共同持有上市公司股份达到触发要约收购条件之比例（30%）的投资者，实践中，对于投资者收购上市公司股份成为第一大股东但持股比例低于 30%（没有触发要约收购条件）的，通常也需要按照“收购人”的要求进行监管，包括该等投资者需要遵守关于“收购人”持有股份的锁定期要求、作为信息披露义务人编制的详式权益变动报告书需要参照收购报告书部分章节要求进行额外信息披露等。

关股份权益变动活动中的信息披露义务人”，前后规定并不统一。

反观现行法律规定，《证券法》第 63 条及《收购办法》第 13 条均将义务主体是谁、承担何种义务及对表决权的相应影响规定在了同一条款中，主体统一表述为“通过证券交易所的证券交易……持有或者通过协议、其他安排与他人共同持有一个上市公司已发行的有表决权股份达到百分之五”的“投资者”，较 2014 版法律规定更为明确。

2. 现行法律关于违规增持股份所受限制的规定较 2014 版法律规定更为明确

在 2014 版法律规定中，当违规举牌的情况发生的，明确由“中国证监会责令改正”并采取其他监管措施，且明确“在改正前”不得对相关股份行使表决权，这些措辞更倾向于将认定相关股份是否具有表决权及限制该等股份的表决权的主管部门归为中国证监会，并将限制表决视为一种行政监管措施。但现行法律规定（除现行《收购办法》第 75 条、第 76 条）直接规定超买部分股份在 36 个月内无表决权，删除了“在改正前”等须由监管部门先行判断的前提，应视为法律法规对违规增持人的权利进行了直接规定，不再需要行政监管部门先予评判。上述变化，在法院的司法实践中均有体现，将在后文详述。

3. 现行法律关于违规增持股份表决权限制范围及期限的规定较 2014 版法律规定更为明确

2014 版法律规定将表决权受限的股份范围规定为违规增持人持有或其实际支配及其通过协议、其他安排与他人共同收购的全部股份，限制期限为“改正前”。而现行法律规定则明确规定仅“超过规定比例部分的股份不得行使表决权”，限制期限为“在买入后的三十六个月内”。

应当注意的是，现行《收购办法》第 13 条虽然与现行《证券法》第 63 条就“在买入后的三十六个月内，对该超过规定比例部分的股份不得行使表决权”的规定保持了一致，但仍保留了 2014 版法律规定的第 75 条、第 76 条关于“在改正前，相关信息披露义务人不得对其持有或者实际支配的股份行使表决权”的规定，存在前后文规定不一致之处。但从现行法律规定实施后的相关监管配套立法及司法实践情况看，该不一致之处在执行时未引起过大歧义，各部门仍以 36 个月及超买部分股份不得行使表决权为依据进行立法、司法，具体情况将在后文详述。

总的来说，现行法律规定明确了仅超买部分的股份无表决权，较从前的全部股份表决权均受限制，看似对意图取得上市公司控制权的攻方更为友好；但受限期限从“改正前”变为“买入后的三十六个月内”，也意味着只要不及时披露，即在三年内均无法就超买股份行使表决权，这无疑又提高了攻方在购股时对购买比例、购买节奏、信披义务等制定整体策略的精准度要求，一旦部分股份被认定为超买，那么该部分股份将完全无法在当下的控制权争夺特别是股东大会的表决中发挥作用；而相应的，攻方一旦按照法律规定进行举牌（信息披露）和慢走（暂停购买），无形中也为守方组织反击留出了宝贵时间。

（二）以违规举牌方式争夺上市公司控制权的典型案例概述

在上市公司控制权争夺案例中，皖通科技、新世界与恒泰艾普都先后选择了以《证券法》第 63 条为依据，展开表决权限制之战。关于恒泰艾普案将在后面详细介绍案件情况与法院判决的观点，本部分重点介绍皖通科技案与新世界案。

1. 皖通科技案

（1）控制权争夺双方及违规增持背景。

本案中，争夺的两大主角南方银谷（以下亦称守方）和西藏景源（以下亦称攻方）。因西藏景源涉嫌违规增持上市股东股票，被守方多次以此为由延期或取消召开股东大会并诉诸法院。

2021 年 3 月，皖通科技发布董事会（此时，守方控制董事会过半数的席位）决议公告，首次披露西藏景源与刘含构成一致行动关系，上述主体存在信息披露违规情况。

（2）违规增持具体情况。

根据上市公司公告，2019 年 7 月 1 日至今，西藏景源与刘含存在下列违规行为：

①2019 年 7 月 1 日，西藏景源及刘含合计持有公司 7.12% 的股份，超过

5%，但其未履行信息披露义务，至2020年3月9日，仅由西藏景源发布《简式权益变动报告书》，公告其持有公司5%的股份。

②2020年5月8日至20日，西藏景源及刘含合计持有公司的股份从9.83%增加至11.68%，至2020年6月10日，仅由西藏景源发布《简式权益变动报告书》，公告其持有公司10%的股份。

③2020年11月10日至20日，西藏景源及刘含合计持有公司的股份由14.96%增加至16.94%，至2021年1月21日，仅由西藏景源发布《简式权益变动报告书》，公告其持有公司15%的股份。

④2021年2月10日至19日，西藏景源及刘含合计持有公司的股份由18.07%增加至20.72%，超过20%后仍未履行信息披露义务，而是继续增持至20.91%。

（3）守方限制攻方表决权情况。

南方银谷因西藏景源及其相关方存在上述违规增持行为，开始限制其表决权：

①发布公告称违规增持部分的股份不得行使表决权。

2021年3月29日，皖通科技召开董事会，并通过《关于西藏景源企业管理有限公司等股东存在违规增持情形的议案》，认为西藏景源及其一致行动人刘含违规增持的部分股票自买入后的36个月内不得行使表决权，自2019年7月1日至2022年6月30日，西藏景源及刘含合计可行使表决权的股份比例为7.12%；肖飚及其一致行动人违规增持的部分股票自买入后的36个月内不得行使表决权，肖飚及其一致行动人在2020年12月18日至2023年12月17日可行使表决权的股份比例为5%。

2021年3月30日，皖通科技先后发布载有上述内容的董事会决议公告及西藏景源等股东存在《证券法》第63条情形的相关说明。

②提起诉讼拟限制西藏景源表决权，但最终撤诉。

守方就西藏景源违规增持事宜先后提起三次诉讼，最后均撤诉，具体情况如表5－45所示：

表5-45　守方就西藏景源违规增持事宜提起的三次诉讼

案件名称	主要诉讼请求	诉讼进展
郭育沛起诉公司以及西藏景源损害股东利益责任纠纷一案	1. 请求人民法院判令被告一（西藏景源）买入被告二（皖通科技）股份5%以上股份的行为因违法为无效民事行为； 2. 请求人民法院判令被告一在买入被告二超过5%股份36个月内不得行使表决权； 3. 请求人民法院判令被告二依法禁止被告一对其违法买入超过5%的股份行使表决权	已撤诉
南方银谷起诉公司股权决议纠纷	请求判令撤销被告于2021年2月9日作出的《2021年第一次临时股东大会决议》中的第17项议案《关于提请选举王晟为第五届董事会非独立董事的议案》	已撤诉
甄峰（第五届董事会原董事）起诉公司决议效力纠纷	1. 请求判令确认被告于2021年2月9日作出的《2021年第一次临时股东大会决议》不成立； 2. 请求判令确认被告于2021年2月9日之后作出的董事会决议不成立	已撤诉

③延期、取消召开股东大会。

2021年3月30日，董事会以西藏景源可行使表决权的股份比例可能不足10%为由，延期召开2021年第二次临时股东大会。

2021年5月，董事会以西藏景源及其一致行动人在提请召开2021年第四次临时股东大会时可行使表决权的股份比例不足10%，无权提请董事会召开股东大会为由，取消召开2021年第四次临时股东大会。

（4）攻方对限制其表决权采取的反击。

对于守方的起诉以及提请召开的临时股东大会被先后延期及取消，西藏景源的反击如下：

①提起诉讼，但败诉。

2021年4月，西藏景源就公司决议效力确认纠纷向法院起诉，请求法院依法判令确认被告于2021年3月29日作出的董事会决议无效：（a）关于西藏景源等股东存在违规增持情形的议案；（b）关于延期召开公司 2021 年第二次临时股东大会的议案。

2021 年 8 月，法院作出一审判决，驳回西藏景源全部诉讼请求（根据公开渠道信息，未披露法院驳回的理由）。2021 年 9 月，西藏景源提起上诉，后于 2022 年 3 月撤诉。

②在对交易所的回复中否认与刘某的一致行动关系。

对于攻守双方之间的表决权限制之争，深交所多次下发关注函，在对深交所的关注函回复中，西藏景源表示其与刘某不构成一致行动关系。

（5）结果。

本案中，认定西藏景源是否违规增持的关键在于西藏景源与刘某是否为一致行动关系。虽然守方控制的董事会认为西藏景源与刘某所持股份应合并计算，且在 2022 年 6 月 30 日之前，西藏景源及刘某合计可行使表决权的股份比例仅为 7.12%。但董事会亦表示西藏景源及刘某持有股份合计可行使的表决权是否受限具有不确定性，应以法院的最终裁决为准。

随着守方的撤诉并根据上市公司的公告，公司并未在股东大会中不计入西藏景源的表决票数，同时在公司 2021 年年报与半年报中亦未披露西藏景源与刘某为一致行动人，可以判断守方对西藏景源表决权的限制最后并未成功，但仍拖延了股东大会召开及董事会改选的时间，为加固其防守创造了宝贵时间。

同时，虽然法院驳回了西藏景源对公司决议效力确认的起诉，但并无法从公开渠道确认法院是否认定西藏景源存在违规增持的行为，监管亦未对西藏景源及刘某存在信息披露违规采取监管措施或进行处罚，西藏景源与刘某是否构成违规增持最终并未得到官方的证实。

随着西藏景源不断增持并成功改选公司董事会以及在交易所的关注压力下，守方开始减持并退出控制权的争夺。2022 年 3 月，皖通科技发布公告，认定公司控股股东为西藏景源，实际控制人为西藏景源的实际控制人黄某。

2. 新世界案

2020 年 2 月 25 日，沈某军、沈某升、沈某乐、浙江国俊有限公司（以下统称为攻方）作为一致行动人与其他一致行动人合计持有新世界已发行股份的 4.9597%，同时通过二级市场增持新世界的股票，开始筹划与黄浦区国资委（以下简称守方）的控制权争夺。2 月 28 日，公司披露《简式权益变动报告书》：截至 2 月 26 日，攻方及其他一致行动人对新世界的持股比例达到 5.02%。2 月 29 日，对《简式权益变动报告书》进行了修正：截至 2 月 28 日，攻方及其他一致行动人对新世界的持股比例达到 5.0777%。

2020 年 5 月 8 日，攻方与眘某达等人签署一致行动协议，合计持股比例达到 25.22%，成为新世界大股东，正式开始对新世界控制权的争夺。

然而 10 天后，公司披露上海证监局下发的警示函，因攻方在 2020 年 2 月增持新世界股份累计比例达到其已发行股份的 5% 时，没有在履行报告和公告义务前停止买入上市公司股份，上海证监局对其采取出具警示函的行政监管措施。

值得注意的是，守方并未对攻方这一违规增持行为采取限制攻方表决权等行动。最终，守方通过在章程中增加反收购条款以及依靠其国资身份成功守住上市公司控制权。但攻方因违规增持而收到警示函的行为，对于拟通过增持谋求控制权的攻方而言具有重要的警戒意义，未来进行增持时，需更精准地进行筹划并严格遵守相关信息披露义务。

（三）证券监管部门对限制违规举牌方表决权的态度

监管部门在相应违规情形发生时，直接以决定形式对相关责任人采取限制表决权这一监管措施的情形并不多见。由于数量稀少，此处不再甄选与上市公司控制权争夺事件相关的监管/处罚决定，而是将查询到的 4 例全部列示如表 5－46 所示：

表5-46 证券监管部门对限制违规举牌方表决权的态度

时间	监管机构及文书名称	监管对象	上市公司	具体内容汇总	处罚原因
2020年4月28日	中国证监会北京监管局《关于对中俄丝路投资有限责任公司、中俄地区合作发展投资基金管理有限责任公司采取责令暂停收购措施的决定》（〔2020〕69号）	中俄丝路投资有限责任公司、中俄地区合作发展投资基金管理有限责任公司（合称中俄公司）	华锐风电	2020年3月30日，中俄公司通过接受表决权委托的方式，可以实际支配华锐风电科技（集团）股份有限公司（以下简称华锐风电）表决权股份合计1 368 423 800股，占华锐风电总股本的22.69%，王峰成为华锐风电的实际控制人。经查发现中俄公司未能在上述事实发生之日起3日内编制权益变动报告书，向中国证监会、证券交易所提交书面报告，通知华锐风电，并予公告。 上述行为违反了《收购办法》第14条的规定。按照《收购办法》第75条的规定，现责令你们公司暂停收购，在改正前不得对实际支配的股份行使表决权	股东增持后未按规定进行披露
2019年7月25日	中国证监会深圳监管局《深圳证监局关于对林凯旋采取责令改正措施的决定》（〔2019〕157号）	林凯旋	深天地	林凯旋、林宏润夫妇通过受让股份成为上市公司实际控制人。但经核查发现，林凯旋于2016年2月23日被佛山市顺德区人民法院一审判决成立拒不执行判决、裁定罪，并处罚金20万元；同年7月15日，佛山市中级人民法院二审维持原判。林凯旋因犯罪被司法机关判处刑罚，构成了重大违法行为。 林凯旋的上述收购行为违反了《收购办法》第6条第2款第2项的规定。依据《收购办法》第60条的规定，我局决定对林凯旋采取责令改正的行政监管措施。林凯旋应认真学习有关法律法规，对上述违法行为进行整	股东存在违法行为，依法不能收购却收购上市公司股份

续表

时间	监管机构及文书名称	监管对象	上市公司	具体内容汇总	处罚原因
				改，并在收到本决定书之日起30日内向我局提交书面整改报告，明确整改措施、预计完成时间等内容。改正完成前，受林凯旋支配的股东广东君浩不得行使其持有深天地的表决权	
2016年3月18日	中国证监会海南监管局《关于对郭开铸采取责令改正措施的决定》（〔2016〕1号）	郭开铸	欣龙控股	由于郭开铸曾因存在严重的证券市场失信行为于2014年6月25日收到海南证监局给予的警告并处以10万元罚款的行政处罚，因此海南证监局认为，郭开铸上述收购行为违反了《收购办法》第6条关于“收购人最近3年有严重的证券市场失信行为，不得收购上市公司”的规定。为此，依据《收购办法》第60条的规定，海南证监局决定对郭开铸采取责令改正的行政监管措施，要求郭开铸对上述行为进行整改，并在收到责令改正决定书之日起30日内向海南证监局提交书面整改报告；改正前，受郭开铸支配的海南筑华不得行使其持有欣龙控股股份的表决权。同时，海南证监局发函告知公司董事会应当拒绝接受海南筑华（注：郭开铸通过海南筑华实际控制欣龙控股）向董事会提交的提案或者临时议案，并向中国证监会、海南证监局和深交所报告	

续表

时间	监管机构及文书名称	监管对象	上市公司	具体内容汇总	处罚原因
2016 年 1 月 20 日	中国证监会宁夏监管局《行政监管措施决定书：关于对上海宝银创赢投资管理有限公司采取责令改正措施的决定》（〔2016〕1 号）	上海宝银创赢投资管理有限公司（以下简称上海宝银）	新华百货	经查，上海宝银于 2015 年 12 月 8 日增持新华百货 451.26 万股股票，截至当日上海宝银及一致行动人上海兆赢股权投资基金管理有限公司累计持有新华百货股份 7220.21 万股，占新华百货总股份的 32%，上海宝银 2015 年 12 月 15 日披露《收购报告书》，但至今未披露财务顾问核查意见和律师专项意见。 上述行为违反了《收购办法》第 9 条、第 63 条的相关规定。按照《收购办法》第 77 条的规定，我局责令你公司于 2016 年 2 月 15 日前聘请中介机构就以上事项进行核查、发表明确意见并进行公开披露。在改正前，你公司不得对已经持有的新华百货股份行使表决权	股东增持后未按规定披露财务顾问核查意见和律师专项意见

基于上述，证券监管部门采取限制表决权这一监管措施虽于法有据，但从其实施的频率看，不仅针对违规增持，监管部门对于所有可以限制表决的行为的态度均相当克制。

对此，笔者认为相关规定尚不够明确具体可能是原因之一，例如，从程序上，“改正”的标志是什么，当监管措施实施后，违规举牌方补充了相应材料，是否就可以被认定为已经“改正”？如仍需补充材料，其享有几次补交的机会？改正后，监管部门是否要将改正过程、结果均予以公示？一旦在程序上缺乏具体指引，监管部门在实际操作中亦会受限。

目前，监管实操层面为数不多的法律规定集中在 2009 年中国证监会颁布的《证券期货市场监督管理措施实施办法（试行）》第 43 条、第 47 条、第 50 条中，在现行《证券法》《收购办法》实施后，中国证监会于

2020年3月公布了《证券期货市场监督管理措施实施办法（征求意见稿）》，其中第22条第3款规定："实施限制违法上市公司收购人行使表决权的，实施机构应当向收购人及相关上市公司发出书面决定，决定文书应当载明限制收购人行使表决权的期限、范围等内容，并要求上市公司公告。"可见，监管部门亦已注意到在实际实施限制表决这一监管措施时缺乏具体操作指引，因而在征求意见稿中适当弥补了这一缺憾，但仍不足以给实际中的操作提供充足依据。

综上，无论是从立法还是实际执行的层面看，由证券监管部门直接以监管或处罚决定的形式限制违规举牌方表决权的可能性较低。

（四）法院在司法实践中对限制违规举牌方表决权的态度

1. 现行《证券法》及《收购办法》施行前的司法实践情况

2014年版《证券法》及《收购办法》开始施行直至被现行法律规定取代的五六年间，正是上市公司控制权争夺频发的时期，这一时期内与限制违规举牌方表决权相关的诉讼类型及请求方式五花八门，非常具有探索性。笔者将该等诉讼分为三大类与大家进行分享、探讨。

（1）上市公司或其实控人直接发起诉讼以限制违规举牌方的表决权。

2020年之前，拟直接通过诉讼方式限制违规举牌方表决权的案例并不罕见，其诉讼请求的提法多种多样，包括但不限于：请求限制违规举牌方表决权；请求确认违规举牌方买入上市公司股份的民事行为无效；请求确认违规举牌方不享有股东资格；请求判令上市公司在违规举牌方违法行为改正之前，就其违法持有的上市公司股票不计入股东大会议案的有效表决权；甚至请求判令违规举牌方强制抛售股票并将所得收益赔偿给上市公司等。多数案件在起诉时均交叉提出了上述2项或以上的诉讼请求。

笔者对此前法院的观点进行了归纳，总体来说，其思路在大方向上趋于一致，但深究其观点，仍存在细节差异：

①法院对请求确认违规举牌方买入股份的行为系无效民事法律行为或确认其不具股东资格相关诉求的审判情况。

在新都酒店案①、新梅置业案②、新华百货案③等案件中，上市公司或其股东均提出了前述相应诉求。届时有效的《证券法》（2014 年修正）第 120 条规定：“按照依法制定的交易规则进行的交易，不得改变其交易结果。对交易中违规交易者应负的民事责任不得免除，在违规交易中所获利益，依照有关规定处理。”④

因此，多数法院在处理本项诉求时，均援引了上述规定，认可了违规举牌方持股这一民事法律行为的效力及违规举牌方的股东资格。在新都酒店案中，法院进一步说理认为，证券交易属于特殊买卖行为，不仅具备电子化交易的特征，而且是通过证券交易系统以集合竞价、自动撮合方式进行的交易，涉及众多不特定的证券投资者。正是基于这样的交易特征，为维护证券交易的稳定性，我国法律对证券交易行为的效力采取了更加严格的保护标准。

笔者观察到，鉴于相关法律规定及法院的审判思路明确，在 2016 年、2017 年之后，鲜有将请求确认买入行为无效作为诉讼请求的案件。

②法院对于请求限制违规举牌方表决权相关诉求的审判情况。

2020 年前的所有相关案件，最终几乎均以不支持该等诉求为结局，但不同法院对其不支持该等诉求的原因却存在不同。主要观点有：

其一，认为限制股东表决权属于行政监管措施，属于行政责任而非民事责任，进而驳回了上市公司或其实控人的诉讼请求。新都酒店案中，法院引用《证券法》、《收购办法》及《中国证券监督管理委员会行政复议办法》（已失效）相关规定，指出“限制违规股东行使表决权属于中国证监会及其派出机构针对违规收购人采取的具体行政监管措施，属于可以申请行政复议的具体行政行为”。

其二，认为在违规举牌方按照证券监管部门的要求改正前，可以限制其表决权，但最终以改正已经完成为由未支持对表决权的限制，如在新梅置业

---

① 广东省深圳市福田区人民法院民事判决书，（2016）粤 0304 民初 22334 号。

② 上海市第一中级人民法院民事判决书，（2015）沪一中民六（商）初字第 66 号。

③ 银川市中级人民法院民事判决书，（2018）宁 01 民终 400 号。

④ 《证券法》保留了不得改变交易结果的基本原则，并在第 117 条中进行了适当调整修订：“按照依法制定的交易规则进行的交易，不得改变其交易结果，但本法第一百一十一条第二款规定的除外。对交易中违规交易者应负的民事责任不得免除；在违规交易中所获利益，依照有关规定处理。”

案在判决中，法院一方面认为“责令改正的事项应由证券监督管理机构依其行政职权依法作出行政处罚决定，而是否全面履行改正义务亦应由作出行政处罚决定的证券监督管理机构予以审查认定”，另一方面却在其后的判决中认定违规举牌方已经履行了监管部门决定书中的改正义务，且基于监管部门在其履行改正义务后未再进一步责令其改正其他违法行为，而径行认定违规举牌方已完成改正义务。

需要注意的是，虽然第二种观点看似为上市公司及其实控人提供了至少在一定期间内可以限制违规举牌方表决权的希望，但类似案件，如成都路桥案①，几乎都伴随同时认定违规举牌方已经整改完毕的情形，最终未支持对其表决权限制的诉求。

（2）上市公司作出限制违规举牌方表决权的董事会决议，及违规举牌方就该等决议发起的公司决议纠纷之诉。

关于上市公司董事会是否有权限制股东表决权一事，司法机关有着相对一致的观点。以康达尔案②为例，2015 年 11 月，康达尔第八届董事会 2015 年度第六次临时会议作出决议，确认林某、京基集团及其一致行动人在改正其违法行为前不得对其持有的公司股份行使表决权。随后，京基集团将康达尔诉至法院，请求确认前述决议无效。

法院最终支持了前述董事会决议无效的诉讼请求：一方面，法院认为有权依法限制表决权的机关为中国证监会，董事会不具相应权力；另一方面，依据《公司法》第 4 条“公司股东依法享有资产收益、参与重大决策和选择管理者等权利”之规定，参与重大决策的权利是股东的根本性权利，未经正当程序不应受到非法限制和剥夺，而参与重大决策的权利通过表决权的方式体现，因此限制表决权的决议违反了前述法律规定，应属无效。

（3）上市公司通过股东大会修改章程的决议限制违规举牌方表决权，及违规举牌方就该等决议发起的公司决议纠纷之诉。

在成都路桥案中，上市公司通过股东大会决议修改了其章程内容，增加

① 四川省成都市中级人民法院民事判决书，（2017）川 01 民终 14529 号。

② 广东省深圳市福田区人民法院民事判决书，（2016）粤 0304 民初 7145 号。

了章程第37条第5项，将违反公告、信息披露的行为设定为永久性的“视为放弃表决权，其所持或所控制股票不享有表决权，公司董事会有权拒绝其行使除领取股利以外的其他股东权利”。

法院在该部分认定中认为，就公司章程自治的角度而言，虽然公司股东大会经法定程序表决具有订立、修改章程的自由，但股东的表决权、参与重大决策权和选择管理者的权利属于公司法赋予股东的法定权利，非依据法律规定或股东自行放弃，不应以资本多数决方式剥夺以上权利。

（4）小结。

通过以上分析，可以看到，在2020年之前，司法机关的主要观点可提炼为：限制表决权的权限依法属于证券监管部门，表决权是股东的法定权利，不可通过董事会决议、修改公司章程等方式予以剥夺。而从证券监管层面来看，各类违规发生时，以监管决定、处罚决定方式限制股东表决权的实例少之又少。可以说，对上市公司及其实控人而言，虽然通过董事会的控制可以一定程度上对攻方增持股份表决权的行使造成一定阻滞，但想要获得“官方”对攻方增持股票表决权的限制也并非容易事。

2. 现行《证券法》及《收购办法》施行后上市公司实控人与违规举牌方有关表决权之诉的新发展

一方面，随着前述2020年之前限制违规增持股份表决权的多样化，司法实践中的多数案件均以不支持对违规增持股份表决权的限制而告终；另一方面，2020年3月施行的现行法律规定仅规定超买部分股份不享有表决权。这些原因可能间接导致了自2020年3月以来，限制违规增持股份表决权的相关案件逐渐减少。

据统计，2020年3月现行法律规定实施至今，与违规增持股份表决权相关且已经获得生效判决的案件仅有一例，即硕晟科技等与恒泰艾普公司决议纠纷（以下简称恒泰艾普案）。该案由北京市海淀区人民法院、北京市第一中级人民法院于2021年作出一审、二审判决[①]。恒泰艾普案是自2020年3月

---

① 北京市海淀区人民法院民事判决书，（2021）京0108民初2026号；北京市第一中级人民法院民事判决书，（2021）京01民终7069号。

现行法律规定实施以来第一件也是唯一一件作出生效判决的相关案例，且审判思路直接体现了立法的相应变化，也对所谓“超过规定比例部分的股份”究竟为哪部分股份作出了较为详细的法律适用说理及认定，有利于新法的适用，具有较大的参考价值。因此，笔者详细还原案件审判情况如下：

（1）恒泰艾普案的基本事实经过。

在该案中，北京硕晟及其一致行动人李丽萍（统称违规举牌方）存在两次集中增持恒泰艾普股份的情况，第一次系于2020年7月27日至8月5日的数次增持，最后一笔交易发生于2020年8月5日，此次增持后超出5%持股比例152股，至当月10日，违规举牌方未再增持恒泰艾普股份。2020年8月6日，北京硕晟作为信息披露义务人签署了《简式权益变动报告书》，2020年8月7日，恒泰艾普就上述收购发布《关于股东增持公司股份达到5%的提示性公告》。

违规举牌方的第二次集中增持发生在2020年8月11日至18日，李丽萍继续增持恒泰艾普股票。最后一笔交易发生于2020年8月18日，此次增持后超过10%持股比例179 917股。此后至当月26日，违规举牌方未再增持恒泰艾普股份。2020年8月19日，北京硕晟作为信息披露义务人签署了《简式权益变动报告书》，2020年8月20日，恒泰艾普就上述收购发布了《关于股东增持公司股份达到5%的提示性公告》。

2020年8月24日，恒泰艾普召开2020年第二次临时股东大会，在“会议召开情况”一栏表明硕晟公司及其一致行动人买入的有表决权的股份中超过5%的部分在36个月内无表决权，并明确了其在本次决议中有表决权的股份数及无表决权的股份数。

其后①，违规举牌方就撤销上述临时股东大会决议提起诉讼。

2020年10月22日，中国证监会北京监管局作出《关于对硕晟公司、李丽萍采取出具警示函行政监管措施的决定》，对第二次增持至10%时未进行报告和公告的行为进行警告，责令改正。

---

① 笔者未能查到一审立案的确切日期，但鉴于该类案件须在决议作出的60日内起诉，因此推测提起诉讼的时间为2020年10月23日前。

（2）恒泰艾普案的法院主要裁判观点及判决结论。

①恒泰艾普是否有权限制违规举牌方行使超出5%持股比例的表决权。

一审法院认为：其一，依据《证券法》第63条第1款、第2款、第4款的规定，违反该条买入在上市公司中拥有权益的股份的，在买入后的36个月内，对该超过规定比例部分的股份不得行使表决权。上述规定的目的在于避免操纵市场及内幕交易，而非防止控制权发生变化。"超过规定比例部分的股份"应理解为投资者在增持上市公司股份每达到5%持股比例之时，在履行权益披露义务之前对于超买的部分不得行使表决权，投资人履行权益披露义务之后所买入的股份不在表决权限制范围内。

其二，《公司法》第4条确定了股东参与公司经营系法定固有权利，除非基于法律规定或公司章程的规定，公司任何机关不得对股东行使表决权进行限制。

因此，案涉股东大会召开时，两原告的持股比例约占10.025%，已超过每5%的权益披露义务点，且未履行相关义务，根据《证券法》第63条的规定，在此次会议中，两原告买入的超过10%的部分即0.025%股份的表决权应当受到限制。

二审法院认可了一审法院的大部分观点，但进一步明确了第一次超买的152股（0.00002%）及第二次超买的179 917股（0.025%）对应的表决权均应受到限制。

②案涉决议效力的认定。

一审法院认为，在明确被限制表决的股份数后应重新计票，而重新计票后，议案1、2、3（1）的投票结果不发生变化，但议案3（2）的投票结果由通过变为未通过，重新计票对议案3（2）的结果产生了实质影响。因此，根据最高人民法院《关于适用〈中华人民共和国公司法〉若干问题的规定（四）》第5条第4款的规定，第3（2）项决议不成立。二审法院完全认同一审法院的裁判观点。

③判决结论。

一审法院判决确认重新计票后投票结果发生实质变化的决议内容不成立，并驳回了违规举牌方其他诉求，二审判决维持了原判。

（3）恒泰艾普案的历史意义及价值。

第一，恒泰艾普案的判决逆转了先前法院普遍认为限制表决权的主管机关是证券监管部门，而法院无权在无监管文件依据的情况下径行裁判的局面，直接在判决中认定了应被限制表决的股份数，并直接根据这一认定进行了重新计票。这种变化得益于现行法律规定对2014版法律规定的相应修订（前已述，此不赘论）。

第二，恒泰艾普案明确了何为“超过规定比例部分的股份”，案涉攻方存在两次连续数日集中增持的行为，至其两次分别达到5%、10%持股比例线并进行相应报告、公告时，其分别比5%持股比例线多买了152股、比10%持股比例线多买了179 917股，因此，根据法律规定，投资者在增持上市公司股份每达到5%持股比例之时，在履行权益披露义务之前对于超买的部分不得行使表决权，投资人履行权益披露义务之后所买入的股份不在表决权限制范围内。因此，即便案涉攻方第一次买入至披露时已经超买，也不能将其在此后购买的全部股份（超过5%的全部股份）均限制表决。

（五）总结及建议

根据现行《证券法》及《收购办法》的规定，超过规定比例部分的股份在36个月内不得行使表决权，其在司法实践中的具体适用和配套法规的相继修订也使现行法律规定确定的前述原则更趋明朗化。

在现行法律规定下，攻方必须严格遵守举牌规则和慢走规则，在每次达到法定持股比例（5%及其后每增加5%）时均须进行信息披露并暂停购买，否则超过规定比例部分的股份将在3年内不得行使表决权，不仅无法发挥该部分股份在控制权争夺中的作用，还可能平白浪费大量资金，因而，对于攻方来说，购股数量、比例、节奏及相关的信披时点等均须进行更为精准的策划。

对于守方来说，在现行法律规定实施前，无论在监管层面还是司法层面，想要限制违规举牌方的表决权可谓困难重重，而新法实施后，虽然监管层面仍对此较为克制，一方面，恒泰艾普案已通过司法实践给予了新法适用的某些具体准则，且《上市公司股东大会规则（2022年修订）》较2016年修订版增加了第 31 条第 4 款内容："股东买入公司有表决权的股份违反《证券法》第六十三条第一款、第二款规定的，该超过规定比例部分的股份在买入后的三十六个月内不得行使表决权，且不计入出席股东大会有表决权的股份总数。"为上市公司在召开股东大会时对违规增持股份的计票提供了进一步可操作的依据；另一方面，当攻方不得不遵守举牌规则和慢走规则时，也为守方创造了加固防守的宝贵时间。

第六章　控制权争夺的风险识别及救济

一家公司从股东之间达成共同投资设立公司的合意、公司注册成立开始，到股东之间、股东与管理层之间出现控制权争夺，其中有个从零到一的发生、发展到矛盾激化的演变过程。中国文字里有很多描绘争夺这一现象或者过程的成语或者俚语，譬如“你争我夺”“争权夺利”“明争暗斗”“针锋相对”“同室操戈”“你死我活”“龙争虎斗”等，表明争夺本身并非现今才出现，而是自古有之。

站在第三方的超脱角度，对这一过程中各方状态、动作、决心、目标、手段等进行定性判断，在不了解来龙去脉的情况下，争夺在道德上应该基本属于中性评价，一定程度上也认为其常见且多发。俗话说“当局者迷、旁观者清”，有时候客观上参与争夺的一方或多方主观上并不认为自己是在“争夺”，而是在“维权”“行使正当、合法权利”“明确各方职责和边界”等，但旁观者早已看得清清楚楚。所以，实际参与控制权争夺的相关人员不一定在控制权争夺刚刚开始的时候就能够识别或者判定这就是控制权争夺的开始，其往往会将该种情况理解为一般性的观点分歧、部分公司权力的拉扯，经过一段时间的消化会自动消散或者达成新的平衡，并认为这种情况在企业管理中司空见惯并且有其合理性。但是，一些比较敏感的实际控制人、创始人和企业家因为站位高，考虑问题全面、系统、长远，牵涉利益大，能够敏锐预测其影响深远，在控制权争夺刚刚开始露头的时候可能就已经察觉，并开始构思如何采取风险防范措施。

认知不一样，对策就会不同。利益大小不一样，投入程度就会有差异。

从分歧的存在、分歧的暴露、矛盾的产生、争夺的激化到冲突的爆发这一逐步演变的过程看，控制权争夺是一个从无到有、由小到大、由轻到重、从单一分歧到全方位对抗、从量变到质变、从隐蔽到公开的过程。每一个环节、每一种程度既可以成为下一阶段的开始，也可以因处理得当、及时解决而就此结束。

那么，如何识别控制权争夺的风险点和争议点呢?

一、控制权争夺的风险识别

为方便读者理解控制权争夺的全貌，笔者从争夺现象和结果倒推，不考虑时间、程度、性质变化等的演化过程，仅从容易发生争夺的问题点出发，用以下思维导图来表述控制权争夺的风险识别要点（见图6-1）。

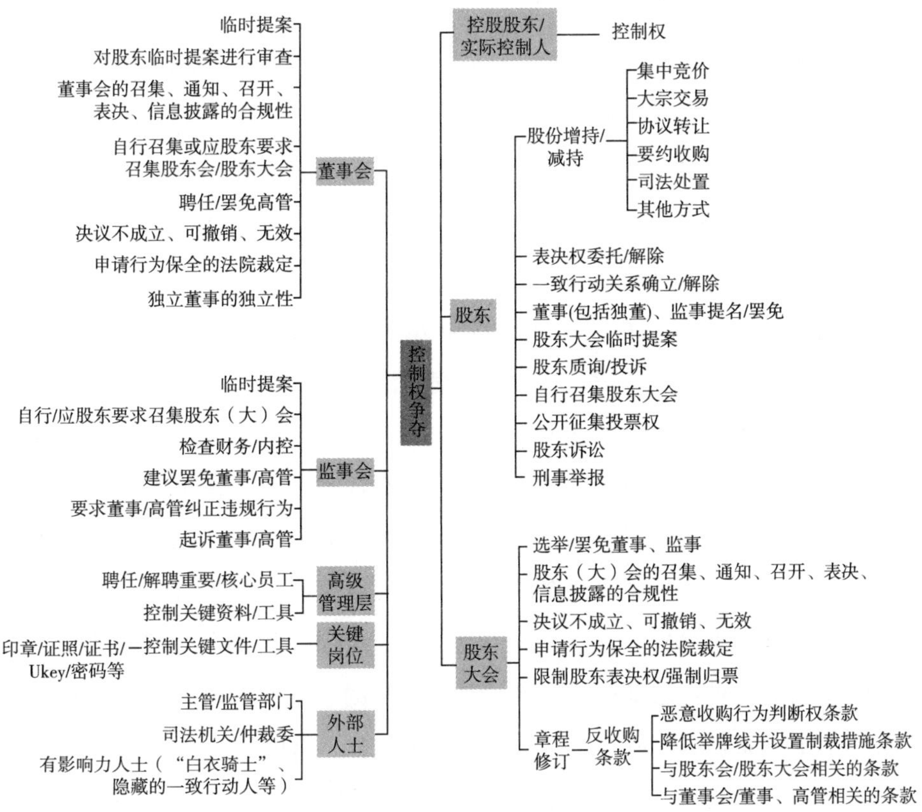

图6-1　控制权争夺的风险识别要点

很难说上述事件中的一项或多项的发生或试图发生就一定构成控制权争夺，但应该将其作为控制权风险已经产生的重要指标或信号，提示相关方应予警惕和高度重视，尤其是持有公司股权（份）比例较低，所在公司其他股东或其他几位股东的合计持股比例接近或超过第一大股东，公司市值较低、质地较好，拥有公司实际控制权、处于防守态势的一方。如果站在控制权争夺风险防范，防止控制权争夺激化、后期更加被动、成本更加高的角度，此时或此阶段应该迅速介入，及时寻求解决方案，将问题控制或消灭在早期萌芽状态。

控制权争夺的风险识别是其他后续工作和安排的逻辑起点。如果认知上不能清晰识别、心理上不能准确定位，也就谈不上早做筹划、提前布局了。

二、控制权争夺案例启示

每个人都有自己的性格和命运，在一个或一群人控制下的公司也是如此。

控制权争夺只是一个结果、现象或者存在状态，背后一定有其原因和发展过程，特别像生活中的两口子吵架和家庭内战：如果双方当初不满意，不会走在一起，更不会结婚；如果没有分歧或矛盾，或者通过正常沟通能够解决也就不会吵架；如果经常吵架，甚至打架、家暴，“冷战”、分居或离婚几乎成为唯一的选项和结果（个别情况例外）。从双方认识、了解，到恋爱、结婚、居家过日子、生孩子、吵架、分居、离婚等完整过程与控制权争夺发生发展的过程相似，原因也基本相同。

托尔斯泰说，幸福的家庭是相似的，不幸的家庭各有各的不幸。与一些最终走向离婚结局的婚姻类似，分析和回顾控制权争夺各方从开始合作、产生分歧和矛盾发展到控制权争夺的全部历程，如果一定要总结出一些经验和教训的话，技术上和理论上是完全没问题的。但是，整体不等于部分之和，这种总结会有一种比较苍白的“事后诸葛亮”的感觉。正如某一段感情或者婚姻的开始并不被人看好，事后也得到验证一样，有时候一个看似合理的商业合作或并购也会让人明显感觉到未来的争夺和分手结果几乎是注定的。

即使是这样，本着善意，笔者要从已有的案例出发，在总结经验和教训的同时，对实际控制一家公司，或者预计要与其他方合作使自己公司的控制权发生变化的企业领导者进行一些提示。

（一）早做规划，不宜“病急乱投医”

很多控制权争夺案例的最初起因是上市公司出现业绩下滑、经营恶化、股价和市值下跌，或者是控股股东在上市公司体系外的多元化布局失败、现金流枯竭、出现债务危机，不得不以所持上市公司股票进行质押融资、转让控制权，或者是所持股份直接被司法拍卖，从而主动或被动与外来投资者合作。发展到这个阶段再寻求解决办法，往往带有很强的“救急”“危机处理”色彩，时间紧、主题明确、目标比较单一、可选择性不多，无法做到充分的、长时间的“自由恋爱”“慢工出细活”，带有较强功利色彩，甚至只能做“次优”或“相对不坏”而不是“最优”的选择，双方或多方的真实、多元的诉求被暂时压抑、延后，为后续各种分歧、矛盾的暴露和爆发埋下隐患。

企业管理既是科学问题，同时也是哲学问题。日常经营管理如财务、人事、采购、生产、品控、销售、成本控制、研发等方面可能涉及技术层面的问题多一些，而企业文化、管理理念、发展战略、政府关系、投资者关系、商业和盈利模式、市场定位等可能涉及哲学和价值观层面的问题多一些。当科学、技术层面的问题得不到重视，不能很好地提前规划、规避企业经营风险，导致企业问题众多、困难重重，几乎可以肯定那一定是企业经营和管理的哲学出了问题，而不单纯是技术或科学层面的问题。

譬如一家上市公司业绩下滑、陷入亏损、股价和市值低迷、即将被 ST 或即将退市，大股东或实际控制人债台高筑，此时再四处联系收购优质标的公司，试图以优质标的公司的注入，挽救上市公司的颓势，同时为了不失去对公司的控制权，其选择的收购方式是发行股份购买资产，交易完成后标的资产的出售方成为上市公司的二股东，上市公司的实控人试图强力控制已收购的标的公司，转移其资金，偏离双方各自对对方的预期，此时就比较容易出现控制权争夺，且还可能同时出现两种争夺：新股东对上市公司整体控制权的争夺，以及上市公司对新收购的标的子公司控制权的争夺。

因此，要早做规划，未雨绸缪，不能“病急乱投医”和“临时抱佛脚”，尽管这句话在科学上、理论上和理性角度是对的，但令人遗憾的是，要实际做到真的很难。正如绝大部分人不会晴天买伞，只会“下雨时再说”一样。

在一段不确定性比较强的合作开始之前，主导方就应有清晰的对未来合作的规划，例如：为什么要合作？想解决何种问题？达到什么目标？找谁合作？对合作对方有什么条件和要求？自己的优劣势与对方的优劣势分别为何？如何合作与协同？是否分阶段合作？何时开始？关于公司控制权如何约定？对方品行和价值观如何？是否值得信赖和托付？是否将控制权交给对方对公司、股东最有利？等等。在此基础上根据潜在合作对象的不同，不断动态评估己方与对方的诉求、资源、能力、优劣势等，看己方是否能够应对、接受或驾驭。如果回答是肯定的，那么就从众多潜在合作者中找出最优解和最佳合作对象展开合作；如果答案是否定的，从防止控制权争夺的单一角度，要么别开始，要么做好最坏的打算，心甘情愿地主动让贤。

（二）“不了解、不合适、不开始”

一个投资、合作或并购与一段感情一样，都是从了解开始。专业投资机构或收购方在投资或并购之前一个必经的程序是尽职调查，一般包括业务、财务和法律三个主要方面。

随着投资并购失败风险的增加，近年来一些专业投资机构对拟投资、收购的标的公司的尽职调查工作提出了新的要求，除常规的以外，还根据不同的项目类型、行业特点、收购目的和标的公司具体情况细分出了知识产权、人力资源、数据合规和创始人性格、爱好、生活作风及价值观等方面的专项深入尽调，有的还别出心裁地引入命理分析、玄学预测等作为决策和判断工具，以尽可能增加对对方的全方位了解，降低未来合作的风险。

当然，全方位尽调不仅是投资方、收购人对被投资收购标的公司单向的尽调，也包括反向尽调，即被投资方对潜在投资方和收购方的尽调。不过反向尽调常常被忽略或者受重视程度不够，被投资方往往被投资方巨大的光环所笼罩，不敢、不愿意或者没有条件、没有能力对投资方进行反向尽调。

很多控制权争夺案例不是没有在引发争夺的事件（如现金收购、发行股份购买资产等）前进行专门的尽调工作，而是尽调工作的深入程度、重点分布、针对性、专业性存在一定不足。其中有主观上的原因，例如，收购方与被收购方基于商业机会难得的考虑或其他原因，都希望加快工作进度、删繁就简、特事特办，尽快进入决策程序；有技术和手段上的原因，例如，对于一方潜在的业绩虚增、财务造假、关联交易等情形，如果没有深入细致的核查就很难发现；有心态上过于自信、盲目轻信的原因，例如，一方是上市公司，日常监管较严、经过第三方审计、股价表现正常、大股东口头保证、抹不开面子等；也有一方和多方对中介机构控制和压缩尽调时间、尽调费用和成本的原因，因为不同的尽调范围、深度与广度、工具和手段、尽调时长等都可能会增加成本，而聘请中介机构的一方希望省掉这笔费用，以自己的经验和感觉代替专业判断。总之，回过头看，当初不是客观上做不到尽调，也不是没有尽调费用支付能力，而是主观上不想做，认为没有必要，最终埋下隐患，后悔不已。

超过半数的上市公司控制权争夺来源于控制权的交易，这个比例实属不低。对重要的大型投资和并购而言，没有充分的事前了解和详细的尽职调查，不建议贸然大规模合作。有些项目可以找到过渡性的解决方案，如部分合作、分步进行，先参股再并购，在合作中增加了解。但并非所有项目都能分步进行。也许读者看到这里，会有一个强烈的感觉："不了解、不开始"的观点和结论是没错，但太书生气、太绝对，因为现实生活不允许。所以，从这个角度说，有些控制权争夺确实不可避免。

有资格、有意愿和有实力参与控制权争夺的都不是等闲之辈，过去大都有值得夸耀的成功故事、身经百战的商业经验、光辉亮丽的外在形象、极富感染性的人格魅力以及真真假假的人际关系等。随着社会阅历的增加，很多人都已经修炼得"百毒不侵"，善于应对不同的复杂环境，同时也将自己包裹得严严实实、天衣无缝。如果不是高手，不放在特定的极端场景里，一般人根本无法发现隐藏在其背后的性格特质、底层逻辑、价值观以及交易目的以外的其他用意。

大量因并购引发控制权争夺，导致双输或多输的失败案例表明，合作之初的价值观匹配、性格脾气相投、实控人和主要成员之间气质相容、能够在同一频道对话等显得格外重要。也就是常说的，投资和合作主要是"看人"。

以利相交者，利穷则散。

（三）"以终为始"选择合作者和合作方案

不合适的上市公司控制权交易或并购重组容易引发控制权争夺。主要原因在于，控制权交易或并购重组开始前和开始时，交易双方在逻辑上追求的是"最小公约数"，即"求同存异"，重点在于解决关键问题和主要诉求，"抓大放小"，认为其他事项不重要或者可以延后解决，"以时间换空间"。交易或重组的法律手续完成、双方进入整合与协同时期后，其逻辑"应该"是追求"最大公约数"，即"和谐共处""全面达成共识"。和谐共处的关键在于如何处理原先就存在的"异"，如果双方之前被掩盖、忽略、延后的"异"没有及时得到消除或消化，一旦时机合适，"异"随时可能转化为"分歧"，如随后仍未得到解决，"分歧"将再升级为"矛盾"。

也就是说，开始时为了促成交易而"求同存异"，也就是说天然存在"异"，只不过故意将"异"推迟，寄希望于延后解决。问题的关键在于在合作开始前对双方存在的"异"是否有足够的了解、认知、判断和准备。如果没有，基本上相当于"掩耳盗铃"，尤其是对于合作有优势地位、比较主动、有选择权的一方。

选择只有在有选择权、选择资格和条件时才可能发生。提前进行规划就是提高自己的选择权，在自己优势比较明显、地位比较主动、筹码比较丰富时进行比较和选择可以有效、提前降低失误的风险。控制权交易和公司并购是竞争相对比较充分的市场，各方在交易开始前的谈判阶段有足够的自由可以选择合作或者不合作。

例如，某上市公司实际控制人直接持股比例比较低（约 10%），上市公司市值不高但质地较好，存在被外部投资者从二级市场以较小代价增持并失去控制权或产生争夺控制权的风险。因此，实际控制人提前几年就在评估各种可能性后，抢在潜在的敌意收购方动手之前，决定寻求战略投资者并转让上市公司控制权。在近两年的时间内，其先后与 5 家潜在合作方进行了深入沟通，每家条件都不错，但多多少少存在一些不完美，到第 6 家时各方面条件均极为匹配，双方迅速达成协议，快速成交，控制权交易完成后至今合作良好。反之，如果假定与之前的 5 家中的任何一家合作，很可能现在会出现各种各样的问题，说不定就会产生控制权争夺。

以终为始，即以预期中的最佳结果和状态为导向，要求有主动权的一方目标和方向清晰，对合作对象的要求精准，对己方的优缺点判断要理性客观，己方的诉求要合理，对对方诉求有充分的估计和包容度，对己方内部的不同意见能够充分沟通达成一致，不轻易承诺，也不对对方提过高要求，对双方的企业文化、管理风格、管理方式、内部制度、资源和能力等有充分的介绍和理解，对合作后的未来整合和协同有充分的共识并愿意担责，等等。

这些评价维度、标准及其权重可以用来作为对多个候选的潜在合作对象进行筛选和确定的依据，当然这需要对合作对象进行较为系统的反向尽调。例如，笔者在从事上市公司控制权交易的过程中就曾对多个候选潜在战略合作对象从发展理念、企业文化、战略目标、规模和市场、业务协同、人员协同、管理协同、资源优势及互补、区位优势、可持续性十个方面进行权重判断，并对各自的合作内容和方案进行客观评价、打分和排序，以最终得分高低作为选择最优秀合作者的依据，并提供给客户作为决策和参考的依据。

（四）“防微杜渐”注重日常分歧的弥合

专业投资机构在完成对标的公司的投资、参股后，会有专门的投后管理部门接手，参与到被投资企业的日常管理过程中。在收购与兼并的相关法律手续完成后，收购方与被收购方的整合，包括日常经营管理沟通，业务、人员、财务、资产等方面的对接、沟通、整合、融入、协同等甚至比并购动作本身还要重要，稍有不慎，后果严重。

在公司日常经营管理过程中，股东之间、管理层与股东之间、管理层与其他相关方之间的战略方向、重大决策、管理理念、管理动作、人事安排等诸多方面难免产生分歧，特别是没有经过长期共事、没有深厚的感情基础、没有良好的沟通技巧和合作心态的各方之间比较容易出现难以沟通、互不妥协、针锋相对的情况，这些分歧、矛盾如不能及时弥合、消除，要么一方妥协或一方退出，要么控制权争夺开始。

如经过各方努力，实在无法弥合分歧，并且在可以预见的未来仍旧无法解决，在控制权争夺激化前及时寻求退出可能是个有效回避控制权争夺的途径。

三、控制权争夺发生后各方的救济途径

控制权争夺发生或者公开后，各方（包括进攻方、防守方、中间方和其他方）的资金实力、决心意志、态度和策略、外部环境、舆论氛围等随时会发生变化，由此带来攻守双方对争夺各方的力量大小、态势优劣、利弊得失、心态强弱的评估和调整。其中，主动进攻一方的主观心态、意愿和实力可能会更加重要。进攻方可以随时停止进攻，一旦进攻停止，防守方可能停止反击。

如果不对进攻方的主动进攻行为和防守方的反击行为进行道德评价，仅从维护自身利益的法律技术而言，攻守双方均可从民商事、行政、刑事、媒体等多个不同维度出发，制定己方的维权、救济或反攻（以攻为守）战略和策略。

民商事层面是自力救济，由矛盾、冲突双方以自己的方式自行协商、谈判解决，即使提起诉讼和仲裁，也只需要己方准备好对自己的主张有利的证据，即“谁主张，谁举证”。缺乏事实和证据支撑，轻易启动诉讼程序可能会面临败诉或者己方主张得不到支持的结果，道德、情感和自信心等方面可能还会陷入被动。

因行政举报进而导致对方遭受行政处罚的难度较之民商事层面进一步升级，需要对方或者被举报的主体存在行政违法行为的事实和证据，否则己方的主张和要求也不一定能够得到行政主管部门的支持。有时举报行为反而会激起对方更激烈的对抗，使双方的冲突进一步升级，再返回民商事协商解决的难度加大。

刑事举报、报案和使对方被刑事追责、被判刑的难度更进一步加大，因为要实现这一目的，前提条件不仅是被举报的主体存在违法、犯罪的事实和掌握初步证据，还在于刑事责任的证明和证据规则更加严格，需要排除一切合理怀疑；更重要的是，刑事举报一旦启动，公安机关、司法机关会按照法律规定的程序和要求，以国家公权力固有的方式和逻辑推进，并不以举报方的意志为转移。换句话说，举报后的办案流程、时间期限、案件走向和后果

大多不受举报方控制，就一方最初的控制权争夺而言，不一定能够完全达成自己的原有目的。

刑事报案的最终结果以及对方有可能采取的反制措施，有时会大幅度偏离举报者当初的想法，令自己后悔不已。一旦双方的争夺上升到追究对方刑事责任层面，双方争夺的性质就发生了变化，上升了一个维度，从利益、权力之争转变为以一方失去人身自由为代价的“你死我活”的“敌我矛盾”。

俗话说，冤家宜解不宜结，和气才能生财。控制权争夺本质上就是利益之争，利益的事情就应该用利益的方式去解决。

一般情况下不建议轻易将争夺事件升级。

（一）民商事层面

在控制权争夺发生前和发生后，民商事层面的解决办法是能够最先想到、最常见，同时也是最容易采用的、综合代价较小的办法。民商事层面的救济措施可分为诉讼和非诉讼两种，一般是先以非诉讼的协商、谈判、斡旋等方式开始，达不到目的和效果再启动诉讼程序。

按照攻守双方不同的地位、角色和所欲达到的目标，结合标的公司各方面的具体情况，以比较典型和多发的民商事层面的事项为例，攻守双方可以采取的救济措施包括但不限于以下几种（见表6－1）：

表6－1　在民商事层面攻守双方可以采取的救济措施

事项	攻击方措施	防守方措施	备注/注意事项
股份	二级市场增持、股份受让	二级市场增持、股份受让	需要遵守证券监管机构关于增持股份的相关规则并及时履行信息披露义务
表决权	一致行动、表决权委托/解除、征集投票权	一致行动、表决权委托/解除、征集投票权、限制违规增持部分股份的表决权	行为保全、限制表决权、其他股东表决权争取、弃权

续表

事项	攻击方措施	防守方措施	备注/注意事项
股东（大）会临时提案	提出临时提案	审查/否决/拖延/不提交审议	提起诉讼
修改章程	就反收购条款相关的公司章程修订投反对票	增加反收购条款	交易所问询、提起诉讼请求确认条款无效
股东质询	股东提出质询/质疑	答复、应对、质询/质疑	—
自行召集股东（大）会	符合条件和程序的可自行召集	反对、阻止其他股东召集、召开	—
股东诉讼	主动提起诉讼/行为保全	反诉、另行起诉、行为保全	—
罢免、聘任董事、监事	提出罢免、聘任议案	排除、阻止、反对议案	需以（临时）提案的方式提交
罢免、聘任高管	提出罢免、聘任议案	排除、阻止、反对议案	—
公章、证照等	强制取得、起诉、查封保全、重新取得	拒绝移交	信息披露、监管关注

此外，发起民商事诉讼或仲裁，充分利用一审、二审的司法程序，既可以作为控制权争夺的目的，也可以作为工具和手段，包括增加己方谈判筹码、增加对方压力、牵扯对方精力、拖延时间以为己方争取时间等。

关于民商事领域的救济程序和相关问题，本书在其他章节会有所涉及。同时，市场上也有相当多的文章就此进行分析和介绍，笔者就不在此赘述了。

（二）行政管理/监管层面

除企业所在的特定行业监管，以及各企业需要共同面对的市场监督、税收、土地和房屋、环保、安全生产监督、劳动、海关、外汇、外资等部门监管以外，上市公司还会受到来自中国证监会及其派出机构的行政监管和证券交易所的自律监管。

1. 行政处罚种类和监管措施

根据《行政处罚法》第9条的规定，行政处罚的种类包括：（1）警告、通报批评；（2）罚款、没收违法所得、没收非法财物；（3）暂扣许可证件、降低资质等级、吊销许可证件；（4）限制开展生产经营活动、责令停产停业、责令关闭、限制从业；（5）行政拘留；（6）法律、行政法规规定的其他行政处罚。

除上述行政处罚外，《证券法》还赋予了中国证监会暂停或者撤销相关业务许可、撤销任职资格或者证券从业资格等行政处罚权。

但实际上除了行政处罚之外，中国证监会及其派出机构还可以对监管对象采取一系列监管措施，包括：监管谈话、谈话提醒；重点关注、出具监管关注函、出具警示函；记入诚信档案；责令改正；指定中介机构进行核查；要求报送专门报告、提交合规检查报告，要求披露资料；通知出境管理机关依法阻止其出境；限制业务活动；市场禁入；请司法机关禁止其转移、转让或者以其他方式处分财产，或者在财产上设定其他权利；限制分配红利等。

2. 行政处罚程序

目前，除了中国证监会根据《证券法》的规定有调查取证权之外，中国证监会还委托上交所、深交所实施调查取证。

中国证监会履行职责可采取下列措施：现场检查；进入违法行为发生场所调查取证；要求相关单位和个人对被调查事项作出说明，要求其按照指定的方式报送有关文件和资料；查阅、复制相关财产权登记、通信记录、证券交易记录、登记过户记录、财务会计资料等；查询相关资金账户、证券账户和银行账户等；封存、扣押可能被转移、隐匿或者毁损的文件和资料；限制被调查当事人的证券买卖；等等。

2015年，中国证监会委托上交所和深交所对部分涉嫌欺诈发行、内幕交易、操纵市场、虚假陈述等违法行为，进行调查取证；采用一事一委托的方式，委托交易所对涉嫌重大、新型、跨市场等特定违法行为，进行调查取证。

根据《中国证券监督管理委员会行政处罚委员会工作规则》，调查取证结束后，中国证监会稽查局应当将案件调查终结报告连同全部案件卷宗材料一并移交行政处罚委员会，由行政处罚委员会进行审理。

案件经行政处罚委员会审定后需要进行行政处罚的，应当在作出处罚决定前，向当事人送达行政处罚事先告知书，告知当事人依法享有的权利。在特定情况下，当事人享有申请听证的权利。

当事人对行政处罚事先告知书没有提出异议，或者没有在规定的期限内提出陈述和申辩意见的，由行政处罚委主审委员拟定行政处罚决定书，经主任委员审核后报会分管领导签发。

公民、法人或者其他组织对行政处罚不服的，有权依法申请行政复议或者提起行政诉讼。

3. 其他行政监管或处罚

在控制权争夺过程中，一方为了取得优势地位或者打击对方，有时不惜采取鱼死网破的“焦土策略”，如向行政主管部门举报，要求进行调查，试图通过行政机关的力量取消、暂停相关行政许可、资质证书，降低许可等级，对相关负责人进行处罚等。

此外，控制权争夺发生后，各方对各种民事、商事、行政举报的方案、路径、成本、难度、需要的条件、时间紧迫程度等进行评估后，一方或多方可能会采取一些强力措施，如抢夺公章、执照、Ukey，派人进入公司、厂区，甚至可能出现带有物理破坏性、武力性肢体冲突等行为。这些行为可能都被要求控制在不受刑事处罚（不构成刑事犯罪）的范围和限度内。这种情况下，假如一方报警，公安机关介入后需要评估和判断是否构成违反《治安管理处罚法》规定的情形，并依法作出行政处罚决定。情节严重、构成犯罪的可能还会移交刑事侦查部门处理。

《治安管理处罚法》主要由公安机关负责执行并具有强制执行力，对扰乱公共秩序，妨害公共安全，侵犯人身权利、财产权利，妨害社会管理，具有社会危害性，但尚未构成犯罪、不够刑事处罚的，由公安机关依法给予包括行政拘留在内的治安管理处罚。

需要说明的是，将对方的相关涉嫌违法违规行为向行政机关、证券监管机关举报、报案等的行为，本意可能仅仅是向控制权争夺对方施压，无意伤害控制权争夺的对象即标的公司，但是对方的违法违规行为可能不是独立个体的单独行为，而是通过控制权争夺的对象即标的公司表现出来的，或者标的公司也需共同承担责任。例如，实际控制人或一方高管信息披露违规，那么标的公司和违规的实际控制人或高管均需承担自己的责任，而标的公司一并被处罚后会使上市公司的价值贬损，在己方也是公司股东的情况下，也间接损害了己方的利益。可谓“伤敌一千，自损八百”。这也是控制权争夺各方较少向行政机关或监管机构举报的原因之一。因此，在向行政机关或监管机构举报前，需仔细权衡、评估己方举报行为的可能后果。

（三）刑事责任层面

控制权争夺无非是金钱利益、物质财富、权力和面子之争，但是，这些利益与失去人身自由的严重后果相比，立刻变得不再重要，甚至可有可无。

在现今社会评价体系和社会认知中，无论一个人过去多么辉煌、多么富有、多么有威望，只要这人因涉嫌犯罪被抓了、“进去”了、被判刑了，除了个人遭受失去自由之苦，非法所得可能被收缴、罚没以外，其过去竭力营造的好形象顷刻之间就会坍塌，个人价值和人生意义一夜之间就会大幅贬损、直接“清零”，甚至变成负数都有可能。这种极端后果和巨大心理落差是不难想象的，也是很多人无法承受的。

即便如此，由于其巨大的威慑性可能给对方压力，以及可能给自己一方带来的无与伦比的优势，在一些上市公司和非上市公司控制权争夺的案例中，仍然时常出现一方或者双方因对方举报、报案或其他情况被公安局带走、被采取刑事强制措施、被逮捕、被法院判处刑罚的情况。为数不少的实践案例表明，当一方失去人身自由后，关于控制权争夺的局面就会发生重大逆转或颠覆性变化，有的上市公司也会因此陷入群龙无首的困境或公司治理僵局。

因此，考虑到刑事举报、刑事责任有“核武器”一般的威力，有必要对控制权争夺过程中，对刑事责任追究的相关问题进行一番探究。

1. 作为手段或目的的刑事追责

实务中，会有上市公司相关人员了解控制权争夺过程中可能存在的违法行为的情况。此时，有些人可能就会利用自己了解的信息，选择追究相应行为人的刑事责任，甚至有人将追究对方的刑事责任视为控制权争夺中的“撒手锏”。在控制权争夺过程中使用这个“致命武器”可能存在两层意思：

（1）追究对方的刑事责任仅是手段、工具和筹码。

（2）“让对方坐牢”本身就是目的或者目的之一，对方在失去人身自由的同时失去控制权争夺的条件和资格，从而使己方获得控制权。

前者以获得控制权为真正目的，将追究刑事责任作为对对方的威慑手段和己方的筹码，并不真的打算追究对方刑事责任，主要是想逼迫对方在争夺过程中让步和妥协，属于一种有限度的、可放可收的谈判策略，不是一种“你死我活”的搏杀，在道德和心理上具有一定优势，在操作上可进可退、游刃有余。后者将取得控制权争夺的胜利与让对方失去人身自由、失去参与争夺的资格、降低对抗的程度等结合在一起，在情感和意志上比较决绝和彻底，基本上属于“一招致命”的“绝杀”，在性质上有点“敌我矛盾”的意思，不再留有回旋的余地。

例如，在“真功夫”控制权争夺案中，处于弱势和不利地位的潘宇海向法院提起股东知情权诉讼，在诉讼过程中掌握了前姐夫蔡达标人等涉嫌职务侵占罪、挪用资金罪的证据，并据此向司法部门举报。2011 年 4 月，蔡达标等被依法逮捕，后被判处 14 年有期徒刑；二审维持原判后，“真功夫”的控制权重回潘宇海之手。

再如，在*ST 顺利原实控人连良桂与新收购资产的实控人彭聪之间的控制权争夺案中，在控制权争夺最激烈的时候，彭聪因涉嫌合同诈骗罪，于 2020 年 12 月 28 日被公安机关带走并于当日被采取刑事拘留强制措施，三天后彭聪辞去上市公司董事长职务。但从彭聪辞去董事长职务直至 2022 年 5 月 31 日，在长达几乎一年半的时间里上市公司仍未选举出新的董事长，上市公司股票也被实施退市风险警示并叠加实施其他风险警示。

以追究对方刑责作为己方的救济手段时，各方都需要考虑和评估几个问题：

（1）一旦有一方使用这一手段，事态就可能升级，争夺的性质可能发生根本变化，局面将变得更为复杂、不可控且不可预测；

（2）对立双方均可以也可能使用这一手段，甚至对方还可能在己方之前主动升级，直接将此作为目的；

（3）一方主动发起时，对方是否会以同样的手段反击，对方反击时己方是否能够扛得住；

（4）在调查评估对方的刑事责任时，对己方也可能构成犯罪、需担刑责是否有足够客观、理性的了解和认知，对方是否可能已经掌握己方涉嫌犯罪的证据，己方是否有足够把握确保不被追究刑责；

（5）刑事责任的追究需要公安、司法机关介入，司法机关有法律法规规定的办案程序和要求，除自诉案件和一些特别情形外，一旦启动，难以撤回；

（6）反思自己是否仅为利益之争，是否有必要主动促使事态升级，是否可以尽量将追究对方刑事责任仅作为手段和筹码，将争夺激烈程度控制在自己能够掌控的范围内，避免升级和扩大；

（7）是否在掌握对方足够的刑事犯罪证据的前提下，不到必要时可优先采取谈判等方式解决。

2. 高频刑事犯罪

根据《刑法》及相关法律法规的规定，并经检索已有案例，包括上市公司在内的公司实际控制人、董事、高管涉及频率比较高的刑事犯罪及其罪名包括：

（1）妨害对公司、企业的管理秩序罪，如隐匿、故意销毁会计凭证、会计账簿、财务会计报告罪，非国家工作人员受贿罪，背信损害上市公司利益罪等；

（2）破坏金融管理秩序罪，如内幕交易、泄露内幕信息罪，操纵证券、期货市场罪等；

（3）金融诈骗罪，如集资诈骗罪、贷款诈骗罪等；

（4）危害税收征管罪，如逃税罪、骗取出口退税罪、虚开增值税专用发票罪等；

（5）侵犯知识产权罪，如侵犯著作权罪、侵犯商业秘密罪等；

（6）扰乱市场秩序罪，如串通投标罪、合同诈骗罪等；

（7）侵犯财产罪，如职务侵占罪、挪用资金罪、故意毁坏财物罪、破坏生产经营罪等；

（8）妨害社会管理秩序罪，如伪造公司印章罪、破坏计算机信息系统罪等；

（9）妨害司法罪，如虚假诉讼罪，拒不执行判决、裁定罪等。

上述各类犯罪行为和罪名中，有些只有上市公司相关人员才是适格的主体（如背信损害上市公司利益罪），有些无论是上市公司还是非上市公司的相关人员都有可能触犯（如非国家工作人员受贿罪、职务侵占罪等）。

3. 刑事违法行为和刑事责任的预防

过去在企业管理和商业活动中司空见惯的做法，其实在刑法修正案和司法解释中早已明确规定为犯罪，一些新的犯罪和罪名也不断产生。当然，由于司法资源的有限性，可能存在有些人的有些行为实质上已经构成犯罪，但客观上并没有及时被追究刑事责任，这也是很多违法犯罪行为不被当事人重视的原因之一，甚至时间久了行为人自己都不认为有问题。但这并不表明犯罪行为永远不会被追究，不能因此而产生“法不责众”的侥幸心理，忘记了还有一把“达摩克利斯之剑”高悬头顶。

这种个人观点与客观事实之间的差异，容易导致一些人对自身刑事责任风险的认知“盲区”。但是，自己不知道、不承认，并不代表别人不知道，对手不知道，也即可能在控制权争夺的关键时期会被对手利用。

因此，从控制权争夺不在潜在刑事责任方面被对手攻击、不陷于被动的角度，有必要探讨刑事风险的预防问题。

以刑事责任承担主体的不同，刑事风险预防可分为两个方面：一是标的公司的刑事风险，即单位犯罪；二是个人刑事风险，包括实际控制人、法定代表人、董事、监事、高级管理人员及其他责任人员的刑事风险。如果控制权争夺双方都是标的公司股东，除非攻击方持股比例不高，被攻击方（防守方）因标的公司的单位犯罪很大概率会受牵连，一般情况下，攻击方不会主动将标的公司作为刑事举报的重点对象。

从控制权争夺中遭受攻击的概率和必要性角度，又可将刑事责任主体分为两种：一是易受攻击的关键人员，如实际控制人、法定代表人、董事、监事及高级管理人员；二是己方的其他人员。从攻击方攻击行为的威胁性、有效性、经济性和易受法律追究性等多个维度分析，很显然第一类人员很大概率会成为攻击的重点对象。

从实际控制人、法定代表人、董事、监事及高级管理人员刑事风险防范的角度，可分为两种：一是已有的刑事责任如何处理；二是未来刑事责任如何预防。

基于上述分类和分析，对在控制权争夺过程中的刑事责任和风险的防范，笔者提出如下初步建议：

（1）在控制权争夺激化以前，聘请专家对自己、己方当事人做个全面的“法律体检”，以便清楚地了解己方是否存在可能被追究刑事责任的隐患。

（2）根据“法律体检”结果，分门别类地采取针对性改进措施，如及时退赔、归还、补缴、补办、取得谅解、取得授权等，以消除或减轻危害后果，争取案发后的从轻或减轻的法律责任。

（3）敬畏法律、尊重规则，去除侥幸心理，不赚昧心钱，不贪小便宜，严格要求自己、公司及团队成员，确保在法律的框架内行事。对法律法规规定不明，或者法律法规规定与实际执行情况之间存在的差异、延后，行业内惯常但不合法的“灰色”行为保持足够的警惕和敏感性。

（4）结合公司管理实际情况，及时建章立制，按较高、较严标准要求自己和所在企业，并对执行效果、防控能力随时进行理性评估，完善以内控内审为核心的预防机制，将风险控制前置于事前、事中管理。

（四）媒体

在关键、重大、敏感题材的报道中，可以发现权威媒体在新闻信息的及时性、权威性、客观性、公正性、导向性等方面的作用是巨大、独特且不可替代的。譬如央视“3·15晚会”“焦点访谈”等栏目的曝光效果，问题企业和问题产品几乎就是“见光死”，影响力极大。有影响力的媒体在关键时刻的力量和作用不容忽视。

整体来看，企业界对如何主动与媒体沟通，通过媒体报道树立积极正面的公众形象还有很大改进的空间。近年来，企业家群体还或多或少地出现了一种“人怕出名猪怕壮”的悲观、回避心态，特别是在特殊情形下，如企业出现“危机事件”时，更是无从下手，茫然不知所措，甚至昏招迭出、应对失策。

依笔者的不完全观察，在公司日常经营、重大决策、危机事件等关键、重要环节，关于媒体的作用，呈现如下特点：

1. 就上市公司而言，监管机关对媒体监督、舆论报道，特别是负面新闻非常重视，常常第一时间就会通过舆情监测发现并予以关注，并就此及时发出监管问询函，要求上市公司进行核查并补充披露。

2. 因为上市公司及其股票价格波动牵涉众多中小投资者的切身利益，也为了给自己的读者提供及时、全面和权威的重大新闻服务，在上市公司发生明显的控制权争夺事件时，大多数财经媒体都会进行新闻报道或转发，有的甚至连续跟踪报道或者深度报道。

3. 基于“家丑不可外扬”的心态，担心负面信息引致股价下跌，上市公司常常会有信息披露不完全、不充分、不及时的情况，媒体介入后往往通过采访可以挖出一些背景性的“干货”，这些原本应由上市公司主动披露的缺失性信息，往往会被要求补充公告，有的上市公司甚至会招致监管处罚。

4. 一些媒体的报道线索往往由公司内部熟悉情况的人士提供，媒体记者再顺藤摸瓜进行扩大调查、深度挖掘。一些事件虽然有记者介入和关注并进行了调查，但最终并没有能够成稿或者见报、公开发表。

5. 除符合中国证监会规定条件的媒体（金融时报、经济参考报、中国日报、中国证券报、证券日报、上海证券报、证券时报，以及其依法开办的网站）外，比较活跃且对上市公司控制权争夺比较感兴趣的财经媒体包括：财联社、券商中国、参考网、经济观察报、金融界、新京报、每日经济新闻、搜狐网、北京商报、广东财经网、投资快报、中国经济网、雪球、腾讯网、新华财经、界面新闻、新浪财经、全景网、第一财经、21 世纪经济报道、和讯新闻、东方财富网、证券市场红周刊、华夏时报、同花顺财经等。

6. 除上述平面媒体和网络媒体以外，近年来还有一些自媒体（如微博、微信公众号、视频号、抖音、哔哩哔哩等），股吧、论坛等也会成为一部分民间、非正式信息的集散地。

所以，参与控制权争夺的一方如果认为自己掌握了对方足够的证据，有充分的法律依据，或是与政府部门、监管机构沟通不畅或者受阻，在经过充分评估后可以主动向媒体披露或举报，寻求公正的调查，取得舆论的支持。例如，“达娃（达能与娃哈哈）之争”中，双方均从民意、舆论、法律、政府公关等多个领域全方位展开控制权争夺，娃哈哈一方通过舆论导向成功将其上升为全民性的“民族品牌保卫战”高度，最终娃哈哈彻底扭转不利局面全面获胜，其中媒体发挥了关键性甚至决定性的作用。

在控制权争夺尚未大规模展开时，即关于重大事件的举报、报案、诉讼、仲裁以前，为慎重起见，建议增加媒体视角，分析可能的舆论走向，必要时聘请有经验的财经公关公司或律师事务所，提供专业分析、判断和支持，帮助己方少犯常识性错误，以营造良好的舆论氛围和公众形象，争取舆论和媒体的支持，提高胜算。

（五）其他

除上述民商、行政和刑事救济途径外，在一些典型案例中，控制权争夺的过程和结果可能既会受到其他力量和人士的影响，也会影响外部包括舆论走向、监管介入与处罚、控制权争夺结果的改变，甚至影响立法趋势等，这些外界的变化和影响因素应在控制权争夺参与方的考虑范围之内。

例如，在2015年至2017年的“万宝之争”过程中，深圳市政府和国资委介入协调，万科的独立董事也出面公开发表意见。2016年12月，证监会前任领导也在公开场所发表了措辞严厉的讲话：“我希望资产管理人，不当奢淫无度的土豪，不做兴风作浪的妖精，不做坑民害民的害人精，你用来路不当的钱从事杠杆收购，行为上从门口的陌生人变成野蛮人，最后变成行业的强盗，这是不可以的。这是在挑战国家金融法律法规的底线，也是挑战职业操守的底线，这是人性和商业道德的倒退和沦丧，根本不是金融创新。”2017年2月，中国银行保险监督管理委员会发布处罚公告，姚某华10年内不得进入保险业。此后控制权争夺事件的结局渐渐明朗，华润和恒大将所持全部股份转让予深圳地铁，深圳地铁一跃成为万科的第一大股东。

（六）综合决策和战略判断

在控制权争夺项目中，进攻一方往往在没有整体规划的情况下贸然发动，而防守一方比较普遍的认知状态和行为模式是“兵来将挡、水来土掩”，发生什么事，就处理什么事，并等着率先挑起事端的一方继续出牌，再讨论或决定如何应对，将一个比较复杂的控制权争夺事件拆解为一个一个的局部动作，并认为如果这些分解动作都做到位了，就能取得控制权争夺的胜利。

经济学家萨缪尔森曾提出合成谬误（Fallacy of Composition）的观点，对局部来说是对的东西，对总体而言并不一定是对的。

在本书中比较强调一个观点：整体不等于部分之和。笔者认为，一场控制权争夺就是一个小型战役，是宏观之战、战略之战、系统之战、实力之战、认知之战，也是双方决心和意志力之战。

对参与控制权争夺一方的实际控制人和决策者来说，在合法合规、合理有度的前提下，无论是作为攻方还是守方，比较理想的状况应该是这样的：

1. 系统、全面、战略地看待控制权争夺这一事件，站在全局性、宏观性高度整体认识和看待这一问题。只有认知升维才能俯察整个事件的来龙去脉，全面把握、系统分析、综合决策。

2. 充分评估各种影响因素及其相互关系，包括已有的、潜在的、隐形的、变动的因素，结合己方的优劣势、主要资源，对方的优劣势及其变化性的预测分析，制定系统性、整体性的解决方案，包括目标、原则、策略、时间表、负责人等，并附带组合拳、工具包和各自的替代性措施。

3. 掌握事件发展的主动权，引领事件和事态的发展趋势和方向，及时调整和改变无准备的启动，被动、消极、等待和防守的姿态。即使是暂时性退让、回避、妥协也是策略性的，服务于整体方案和整体目标。

4. 对对方相关决策人员、执行人员、主要社会关系、主要优劣势等进行信息收集和整理，对主要人员的性格类型、心理状态、行为模式、决策习惯等进行精准分析，并有针对性地制定对策。

5. 动态评估方案的执行效果和临时、意外情况，对己方欲达到的目标、接近目标的程度、是否需要调整目标和改变策略进行实时监控和分析，并据此修改、调整方案和策略。

6. 注意保密性，缩小参与人员和决策人员的范围，做到高效精简，防止己方实施方案、行动计划和谈判底线被对方人员知晓，失去突击和先发的优势，不给对手足够的准备时间。

7. 将决策人员和执行人员适当分开，无须具体、分项执行人员知晓的整体方案内容不能向其透露，只需告知其具体的执行内容，并及时了解执行结果。

8. 将意志不坚定、容易被对方收买、已经泄密或有泄密嫌疑的人员清理出决策范围，及时评估和修补可能的泄密后果。

9. 提前准备后备的、替代的高级管理人员和核心技术人员、关键管理岗位人选，做到需要人员替换时能够及时增补，防止出现人员和岗位职责缺失的情况，尽最大可能减轻或消除对标的公司的负面影响。

10. 要有底线思维，对己方可能面临的最坏结果进行预判，并评估己方是否能够接受。预估此事件的解决需要花费的成本和费用。对解决方案中可能出现的股权受让、资产收购、人员安置、现金补偿、行政处罚等与现金筹措相关的财务安排要提前进行准备。

11. 注意维护和改善政府关系、媒体关系，对突发事件、群体性事件、暴力事件和负面舆情的发生概率进行动态评估，将相关方案的执行力度控制在合理合法的范围内，提前准备新闻稿、相关证据和理由，指定有公关、媒体经验的人员担任新闻发言人和对外联络人，及时答复来自监管机关、消费者、股东和媒体等方面的问询、采访和关切。

12. 在事件发展取得阶段性成果后，及时进行复盘和总结，总结经验和教训，对后续可能的结果进行分析和预判，调整、修正或重新制定新情况、新局面下的战略和对策。

总之，要想打赢控制权争夺之战，既要战略上藐视，而不是“无视”或“忽视”，又要战术上重视，而不是“过度重视”，不能用战术上的努力掩盖战略上的疏忽。在全面、系统分析全局的前提下进行综合决策和战略判断，知己知彼，不打无准备之仗，避免仓促、被动应战，要始终掌握控制权争夺的主动权。

后　记

本书写作时，恰逢国内许多地区偶尔暴发疫情，尤其是上海，正处于疫情形势比较紧张、防控政策比较严格的时期。很多人工作、购物、上学、就医、出差、出行、旅游、出国等各方面都因此受到不同程度的影响。

据笔者观察，经过两年多的疫情和抗疫，国民心态发生了一些微妙的变化。一些人被迫长时间居家，原有的生活和工作节奏一下子被打乱和改变，在变慢和受限的同时，一些人终于有时间“停下来等一等灵魂”，开始深度思考生命的意义，意识到个体作为大自然和社会环境一分子的渺小、脆弱、无能和无助，变得更加平和、友善、谦虚、低调和包容，更加注重生活质量、身体健康以及回归家庭；而另一些人可能变得更加自我、独立、不妥协、安全感低，更加在乎短期利益，注重物质和金钱利益，关注个人享受和及时行乐，等等。

而恰好这期间笔者接受一位客户的委托，处理了一起具有疫情时期特色的控制权争夺案。案情是这样的：一家行政总部在北京的拟上市公司（母公司）在外地有一家全资子公司 A，A 公司的董事兼总经理在董事会的委托和董事长的高度信任下，全程参与 A 公司的筹建，全面负责 A 公司的日常经营事务，并通过部分自行出资和股权激励等方式间接持有少量拟上市公司股权。在接近 10 年的合作和经营管理过程中，其渐渐自认为在公司建设、发展过程中厥功至伟，A 公司离了他“别人玩不转”，开始变得自我膨胀和有恃无恐，拒绝听命于董事会和董事长。A 公司除了在资金缺乏时向母公司伸手要钱以外，其他事务基本不让董事、董事长和母公司工作人员参与，以各种理由不让其他董事和董事长进入 A 公司厂区，重大事项也不向董事会和董事长汇报，甚至开始几个月不接董事长电话、微信也不回复等。分歧和矛盾开始明显和公开化，以至于母公司几乎完全不了解A公司状况，对A公司几乎完全失控。A公司董事、董事会和董事长经过长时间思考和认真评估，认为应该马上聘请专家，采取断然措施改变这一局面，必要时接管公司。经过为期两个月（包括相关工作人员因疫情防控政策在A公司当地隔离的14天）的尽职调查、事实了解、方案形成、细节论证、心理分析、全面准备、组织实施、赶赴现场、临时应变及现场处理等有惊无险的过程，母公司成功接管了A公司，免去了A公司总经理的职务，原总经理在抗争无果后带着几位原高管离开了A公司和当地，A公司生产经营在新的控制局面下重归正常。

A公司控制权争夺的结果非常理想，完全实现了客户事前确定的目标，顺利程度甚至超过客户的预期。

尽管结果算是不错，但A公司控制权争夺是否原本可以不发生呢？原总经理为什么会发展到自认为“功高盖主”，不在乎董事会和董事长的态度呢？董事会为什么一直不采取措施，以至于矛盾累积到不得不解聘总经理的程度呢？在公司日常治理的阶段有哪些工作是可以防微杜渐的呢？诸多问题确实值得企业经营和管理者思考。

不得不说，主观上我们并不期待控制权争夺这种一般人心理上并不喜欢、行为上比较愿意躲避的事情发生。但控制权争夺事件犹如历史长河中永不熄灭的战火，我们避之不及却又不得不一次又一次地深陷其中。

经济发展阶段和社会思潮已经演变到这个程度，一定程度上也可以说控制权争夺是无法绕开和回避的。从大数法则上看，一定数量的控制权争夺几乎是必然要发生的。从客观和历史角度看，创始团队、股东和管理层没有经过控制权争夺的过程和阶段，其管理和驾驭公司的能力和认知也无法提高和突破，个人也无法成长到一定高度。从人性的普遍存在状态看，所谓“身经百战”“九死一生”应该是企业家成长过程的常态，“顺风顺水”“一帆风顺”反而应该是偶然，甚至是异常现象。

在控制权争夺这个问题上，笔者认为，“预防远胜于治疗”。待到“病急乱投医”时再解决，代价可能更大、痛苦的时间更长，还可能陷入难以挽回、无法“治疗”的境地。

在怎样处理控制权争夺的问题上，笔者认为应该在认知和判断上“升维”，站在企业经营和管理“哲学”的高度，坚持合法、合规原则，符合或超出公序良俗及道德、道义上的评价标准，秉持“以西医方式诊断、以中西医结合方式治疗、以中医方式调理”的技术路线，为控制权争夺的一方制定全面、系统、战略的一站式解决方案，保证战略的高远和战术的精准。

企业内部控制权争夺可能是今后一段时期比较常见的社会现象之一。它并不可怕，既可以当期解决，也可以提前预防。

想说的太多，但能写出来的太少，这也是本书的遗憾之一。

但愿岁月静好，世界和谐。